Manna am Morgen

H.-E. Alexander

MANNA AM MORGEN

Herausgegeben von der Action Biblique

DAS HAUS DER BIBEL

Genf, 11, Rue de Rive
Zürich, Stockerstraße 50
Basel, Rebgasse 21
Paris, 8, Rue du Val-de-Grâce

Die Bibelstellen sind der neudurchgesehenen Original-Übersetzung von F. E. Schlachter entnommen. Andere Übersetzungen sind mit den folgenden Abkürzungen hinter dem Text angegeben:

(A) = Autorisierte englische Übersetzung
(E) = Elberfelder Bibel
(L) = Luther
(M) = Menge
(O) = Französische Übersetzung Ostervald
(S) = Französische Übersetzung Segond

Fünfte Auflage 1987
ISBN 2-8260-5008-7

In der Schweiz gedruckt
R+L Müller Druck AG, Lenzburg

«Ich will Selber mit dir gehen und dir Ruhe geben.»
2. Mose 33, 14 (S).

Mose hatte eine Bitte auf dem Herzen, einen von Gott Selber eingegebenen Wunsch. Hinter ihm und um ihn her herrschten Not und Verwirrung, und vor ihm lag eine unbekannte Zukunft. Dem Volke Gottes drohten die schrecklichen Folgen seiner Treulosigkeit. Unter diesen Umständen stieg aus seinem Herzen, das treu geblieben war, ein Seufzer auf, den nur Gott hörte: «*Laß mich Deinen Weg wissen ... Laß mich Deine Herrlichkeit sehen!*» Worauf Gott antwortete: «Ich will Selber mit dir gehen und dir Ruhe geben.»

Gott hört auf solche Gebete und beschließt, sie zu erhören. Die Wege, die Er Seine Kinder führen will, sind schon vorbereitet und vorgezeichnet; aber Er zeigt sie ihnen in Seiner Weisheit erst nach und nach. Er will, daß im Leben Seiner gehorsamen Kinder der Grundsatz des Glaubens gelte. Wir dürfen uns also nicht wundern, daß Er uns in Unwissenheit läßt darüber, welcher Art Seine Wege für uns sein werden. Es genügt zu wissen, daß Er versprochen hat, Seine Gegenwart selber werde uns vorangehen und den Weg bahnen.

Wenn wir Ihm gehorchen und folgen, Schritt für Schritt, machen wir Ihm Freude. Die Bewährung unseres Glaubens, der kostbarer ist als vergängliches Gold, ist Ihm wichtig. Er will, daß unser Glaube Ihm zu Lob und Ehre diene an dem Tage, da wir Ihn sehen werden. Zu dem Glauben, den Er von uns erwartet, gesellt Er Seine Gabe des Friedens. Dazu kommt noch die Hoffnung, die nicht zuschanden werden läßt, sondern in unserem Herzen brennt wie ein immer heller werdendes Licht, eine treibende Kraft.

Brauchen wir mehr als Seine Gegenwart? In ihr ist alles eingeschlossen, wirklich alles. Sie ist unsere Vorhut und Nachhut. Sie sichert uns Leitung und Bewahrung. Sie ist uns Weisheit und Friede. Und diese herrliche Gegenwart Gottes ist uns gesichert durch den Heiligen Geist. Mitten in aller Unruhe, in allen Stürmen, gibt sie uns Ruhe. Sie macht unsere Arbeit fruchtbar und siegreich. Sie läßt uns zunehmen in der Erkenntnis Gottes und heranwachsen zum Maße der vollen Größe Christi. Und durch die Ausrüstung mit dieser göttlichen Gegenwart wird unser Leben Menschenseelen zu Gott ziehen und Schwierigkeiten überwinden.

2. Januar

«Laß mich Deinen Weg wissen … Laß mich Deine Herrlichkeit sehen.» 2. Mose 33, 13. 18.

Wer Gottes Herrlichkeit sucht, will nur Seinen Willen und Seinen Weg. Aber wachet! Hat unser HErr nicht gesagt: «Wenn dein Auge lauter ist, so wird dein ganzer Leib licht sein»? Matthäus 6, 22. Wenn der Blick nicht verschleiert ist und das Auge nur nach einer Richtung schaut, folgt das ganze Wesen dieser Richtung. Unser Blick muß lauter und aufrichtig sein. Nur dann können wir den Weg wissen. Gott zeigt ihn denen, die Seine Herrlichkeit suchen und nichts anderes.

Dein Weg ist vielleicht nicht leicht. Wenn es aber Sein Weg ist für dich, dann bist du in Sicherheit, und Seine Herrlichkeit wird zutage treten. Gott hat Mose Seine Wege wissen lassen. Sie waren voller Hindernisse; aber weil Gott Sein Volk mit der Wolken- und Feuersäule leitete, zeigte sich Seine Herrlichkeit. Er machte die Hindernisse zunichte und half Seinem Volk, die Schwierigkeiten zu überwinden. Für dich wird es ebenso sein. In der Wüste und Einsamkeit offenbart Gott Seinem Kind, das Seinem Ruf gehorcht, Seine Herrlichkeit.

Gottes Antwort auf Moses Bitte lautete: «Ich will vor deinem Angesicht alle Meine Güte vorüberziehen lassen». In den Umständen, in denen sich Sein Diener befand und die menschlich gesprochen nicht schwieriger hätten sein können, öffnete Gott ihm die Schleusen Seiner Gnade. Du hast dich zu Ihm geflüchtet. Nun schaut Er dich gnädig an. Er wirkt in Gnaden für dich, wie es jeweils deinen Bedürfnissen entspricht. Laß dein Herz nur immer offen bleiben für diese wunderbare Gnade und gewöhne dich nicht an sie.

Unter welcher Bedingung läßt uns Gott Seinen Weg wissen und Seine Herrlichkeit schauen? Sie ist einfach, diese Bedingung: *«Es ist ein Ort bei Mir … Ich stelle dich in die Felsenkluft»*. Der Apostel Paulus hat gesagt, dieser Fels, der Israel folgte, sei Christus gewesen. 1. Korinther 10, 4. Wir wollen uns also in die Kluft dieses Felsens stellen. Nur dort sind wir wirklich in Sicherheit. Die Gemeinschaft mit Jesus Christus ist das Geheimnis der Ausdauer und Treue. Dort, an diesem Ort, nahe bei Ihm, läßt uns der HErr Seinen Weg wissen und Seine Herrlichkeit sehen.

«Siehe, es ist ein Ort bei Mir, da sollst du auf dem Felsen stehen. Wenn dann Meine Herrlichkeit vorübergeht, so stelle Ich dich in die Felsenkluft und will dich mit Meiner Hand decken.» 2. Mose 33, 21. 22.

So handelte der HErr zugunsten Moses, der um Gottes Ehre willen betrübt war über den Zustand Seines wissentlich in Ungehorsam und Verwirrung lebenden Volkes.

Wem die Interessen des Volkes Gottes am Herzen liegen, der weiß um solche Betrübnis und weigert sich, etwas mitzumachen, was den Anweisungen des Wortes Gottes widerspricht. Er wird vom Feind angegriffen, der diese Verwirrung in der Christenheit anrichtet und die daraus entstehenden Illusionen für sich ausnützt. Aber der Gläubige hat dadurch Teil an der Gemeinschaft der Leiden Christi für die Seinen; er wird als «Trankopfer ausgegossen» über dem Dienst für den Glauben der anderen, während «alle das Ihre suchen, nicht das, was Christi Jesu ist», obschon sie Christi Namen tragen. Er erduldet mit dem HErrn die Schmerzen des Hauptes der Gemeinde über Seine ihres Zustandes unbewußten Glieder, die Seine Mittel zur Heilung ablehnen und der Welt einen so traurigen Anblick bieten. Wenige Christen weihen sich Gott für diese Sache. Viele stellen sogar die traurigen Zustände in Abrede und bleiben in der Verblendung, die Offenbarung 3, 15-17 schildert. Wenige verstehen den tiefen Sinn der Leiden Christi gemäß Kolosser 1, 24. 25. Vergl. Philipper 2, 17-21.

Eine solche Stellungnahme und Berufung geht über die Kraft und den guten Willen menschlicher Fähigkeiten. Da greift nun unser HErr ein, wie für Seinen Diener Mose. In dem für uns geschlagenen Felsen ist eine Kluft. Dort birgt uns unser HErr und deckt uns mit Seiner Hand.

Um ein anderes inspiriertes Gleichnis anzuführen: Das mit dem Weinstock zusammengewachsene Rebschoß ist ein Bestandteil des Weinstocks, es lebt vom Leben des Weinstocks, und man sieht, daß die Fülle des Weinstocks genügt! Die, welche ihrem HErrn auf dem Wege folgen, den obiger Abschnitt des Alten Testaments schildert, lernen das verborgene Leben mit Christus in Gott kennen. Es steht im Gegensatz zu dem, was um sie her geschieht; aber in diesem Heiligtum birgt Gott die Menschenleben, durch die Er Seine Pläne ausführen will.

«Er wußte wohl, was Er tun wollte.»
Johannes 6, 6.

Darin liegt das Geheimnis des Glaubens und Friedens für die Christen. Welches auch die Umstände sein mögen, Jesus weiß im voraus, was Er tun will für die, die sich auf Ihn, ihren Retter, verlassen und Ihm gehorchen. Schwierigkeiten und Leid sind nötig zum geistlichen Wachstum. Das Leben des Jüngers kann nicht anders sein als das seines Meisters.

Auf jede Nacht folgt ein Morgen. Wenn es durch Dunkelheit geht, stärkt uns die Gewißheit, daß Jesus weiß, wie Er das Licht zum Durchbrechen bringen wird. Wenn wir weder aus noch ein wissen, tun wir gut, die Ruhe des Glaubens zu bewahren und zu bedenken, daß Jesus weiß, wie Er eingreifen wird. Er hat einen Plan für uns und die Unseren gemacht, und wenn Er gewisse Umstände zuläßt, um uns zu prüfen, so setzt Er der Schwierigkeit doch Grenzen und wird uns zu Seiner Stunde siegreich hindurchführen.

Eine bittere, schwere Anfechtung mag uns unverständlich scheinen und sehr schmerzlich sein, so daß wir fast unterliegen und erdrückt werden. Dann sollten wir aber versuchen, sie so anzusehen, wie wir's einige Zeit später tun würden. Und wenn Gott einen Glaubens- oder Gehorsamsschritt von uns verlangt, ohne uns eine sichtbare Stütze zu geben, dann wollen wir getrost vorwärtsgehen und gehorchen, wie Abraham, der auszog, ohne zu wissen, wohin er komme. Später werden wir dann sehen, daß der HErr am Ausgang des Tunnels schon für alles Vorsorge getroffen hatte und Sein Kind in ein zuvor bereitetes Werk einführt, in welchem es einfach wandeln kann.

Ja, Er weiß wohl, was Er tun will! Von uns erwartet Er nur, wie von Seinen ersten Jüngern, daß wir Ihm alles ausliefern, was wir besitzen, seien es auch nur fünf Brote und zwei Fische, und daß wir tun, was Er uns sagt. Er ist der Erste und wird immer der Erste sein, der weiß, wie Er Seinen Ausweg für uns finden wird.

Als Er uns berief, in all unserer Schwachheit und Unwissenheit, wußte Er schon, was Er tun wollte. «Wer Mir nachfolgt, wird nicht in der Finsternis wandeln, sondern er wird das Licht des Lebens haben.» Joh. 8, 12.

«Der Geist Gottes, des HErrn, ist auf Mir . . ., den Traurigen in Zion Schönheit statt Asche, Freudenöl statt Trauer und Feierkleider statt eines verzagten Geistes zu geben.» Jesaja 61, 1-3 (A).

Der HErr redet hier zu den Seinen, die ihre Verbindung mit Ihm scheinbar verloren haben, weil sie sich von ihrer Umgebung beeinflussen ließen. Er erinnert sie an die Tatsache, daß das Gnadenjahr, die angenehme Zeit, noch währt, und daß Er da ist! Er kam, um gute Botschaft zu bringen und unseren Zeugendienst ganz anders zu gestalten. Nur allzu oft sieht man jammernde Christen und jämmerliche Christen, ja, «Traurige in Zion»!

Wie unschön ist doch Asche! Manche Gläubige meinen, es sei heilig und fromm, alles Schöne abzulegen und sich zu kleiden, ...wie es keine Empfehlung für Jesus Christus ist! Gottes Gedanken sind genau das Gegenteil! Er kam, um Zion *«Schönheit»* zu geben *«statt Asche»*. Wir wollen also beten wie der Psalmist: «Die Schönheit des HErrn, unseres Gottes, sei über uns, und das Werk unserer Hände ordne Du für uns.» Psalm 90, 17 (A).

Was bedeutet *«Freudenöl statt Trauer»*? Es gibt Christen, die wie unter einem Todesgeist stehen und dies tragischerweise für «Heiligkeit» halten! Der Herr Jesus aber gibt uns «Freudenöl»! Damit wollen wir uns salben lassen! Diese Freude und Kraft, dieses frühlingsartige Auferstehungsleben, ist ein Geschenk von Ihm, eine Gabe, die zum «Tag der Gnade» gehört, in dem wir jetzt leben. Und *«Feierkleider statt eines verzagten Geistes»*? Verzagt sind uneingestanden und unvermutet viele in Zion. Sie sind mutlos, niedergeschlagen und matt, gebunden an finstere, negative Gedanken. Sie wissen nicht, daß die Bibel ihren Zustand beschreibt und ihnen das Heilmittel anbietet.

Welch helles Licht werfen doch diese inspirierten Worte in die Finsternis! Welch ein Schlüssel zu vielen Menschenleben! Wir wollen unsere Asche wegwerfen, unsere Trauer ablegen und von unserer Verzagtheit befreit werden. Christus ist auferstanden! Das Morgenrot eines neuen Tages ist da, eine große, lebendige Hoffnung, die Befreiung!

6. Januar

«Ein Regenbogen war rings um den Thron, anzusehen wie ein Smaragd.» Offenbarung 4, 3.

Die Welt und der Lauf dieser Welt mögen enttäuschen und vergehen. Der auf dem Thron sitzt, bleibt und hält Wort.

Die sichtbare Kirche mag versagen, auf Nebenwege geraten und dem Abfall vom Glauben die Tür auftun. Der von Anfang an ist und Seinen Willen deutlich offenbart hat, ändert Sich nie.

Der Christ mag in Versuchung kommen, mutlos zu werden, in Formenwesen zu erstarren und in eingefahrenen Geleisen zu verderben. Der aber, der uns Leben versprochen und Verheißungen gegeben hat, ist treu. Er wird ausführen, was Er gesagt hat.

Ist es Nacht um dich? Weht der Wind dir entgegen? Fühlst du dich müde und angegriffen? Blick auf! Sieh den Bogen am Himmel stehn! Sieh ihn über den Wolken, die dir so schwer und bedrohlich erscheinen! Sieh auf den Himmelsbogen, der dir sagt: Gott bleibt treu, auch wenn wir untreu werden. 1. Mose 9, 14-16. Er hat einen Bund mit uns gemacht, in allem wohlgeordnet, und Er hält Wort. Er kommt zu uns, sobald Er sieht, daß wir uns beugen und reuig sind, bereit, Seinen Segen zu empfangen. «Wir verkündigen euch die frohe Botschaft, daß Gott die den Vätern zuteil gewordene Verheißung für uns, ihre Kinder, erfüllt hat, indem Er Jesus auferweckte, wie geschrieben steht.» Apostelgeschichte 13, 32-33.

Die Menschen haben uns enttäuscht. Wir hatten uns auf sie verlassen, aber sie hielten nicht Wort. Gott aber enttäuscht nie. Der Bogen in den Wolken bürgt für Seine Treue. Damit ein Regenbogen erscheinen kann, ist Regen und Sonne nötig. Gottes Gnade und Treue offenbaren sich gerade da, wo es «Regen», d. h. widrige Umstände gibt! Wir wollen doch nie dem Regen erlauben, uns die Sonne der Hilfe Gottes zu verhüllen.

Was Er versprochen hat, hält Er auch. Um Seinen Thron ist ein Regenbogen. Also ist Hoffnung vorhanden. Auf, laßt uns Ihm entgegengehen! Er hält Wort: «Ich bin gekommen, damit Meine Schafe Leben haben und es im Überfluß haben.»

«Ein Engel des HErrn öffnete in der Nacht die Türen des Gefängnisses und führte sie heraus und sprach: ...Redet zum Volk alle Worte dieses Lebens.» Apostelgeschichte 5, 19.

Gottes Kind sitzt oft geistig in einem Gefängnis. Gebundenheiten hindern es, für seinen Retter zu zeugen. Aber Gottes Kraft kann die Türen dieses Gefängnisses öffnen, und dann kommt Sein Kind heraus, endlich frei, um seine Zeugenaussage geben zu können.

Unser Christenstand trägt nicht immer den Stempel des Lebens und der Freiheit des Geistes. Ohne es zu wollen, ja ohne es zu wissen, begnügen wir uns mit religiösen Gewohnheiten, durch die unser Bekenntnis nach außen aufrechterhalten bleibt. Aber wir haben gar nicht mehr das Bedürfnis, unsere Verantwortlichkeit auf uns zu nehmen und dem Heiligen Geist zu gehorchen, um ein wirklich geistliches Leben zu führen, und wir sind keine Werkzeuge zur Bekehrung anderer. Der HErr hat vorausgesagt, daß die Menschen in den letzten Zeiten einen Schein von Gottseligkeit haben werden, deren Kraft aber verleugnen.

Ist unser Zeugendienst eingekerkert? Sind wir Gefangene der Untätigkeit, der Unwirklichkeit? Der Augenblick ist gekommen, da der HErr uns herausführen will, damit wir von dem reden können, was Er Großes für uns getan hat. Die Stille hinter unseren Gefängnismauern sollte uns unerträglich werden, unsere Unfruchtbarkeit und Leblosigkeit uns Abscheu einflößen, so daß wir nur den einen Wunsch haben, da herauszukommen.

Wollen wir Ihn nicht um Befreiung bitten? Unser Leben müßte doch mehr Frucht bringen, unser Zeugendienst zu mehr Ergebnissen führen! Wenn wir aufrichtig sind in diesem Wunsch und Gebet, wird Er uns erhören.

Für die Jünger in der Urkirche war es keine Anstrengung, ein Zeugnis abzulegen. Ihr Mund floß über von dem, was in ihrem Herzen war, und der HErr segnete es. Wenn wir uns wirklich bewußt wären, was Jesus Christus alles für uns getan hat und aus was Er uns herausgeführt hat, dann könnten wir nicht mehr schweigen! Und wenn wir endlich das Gefängnis verlassen und begriffen haben, daß Tausende darauf warten, daß wir mit ihnen reden, dann wird der HErr uns Freuden und Segnungen schenken, die wir bisher noch nicht kannten.

«Seid getrost! Ich bin's; fürchtet euch nicht!» Matthäus 14, 27.

Der Feind wußte wohl, daß er den Sohn Gottes nicht an der Vollendung Seines Erlösungswerkes hindern konnte. Aber er bemühte sich, Ihm mit allen erdenklichen Mitteln zu schaden. Eine seiner schändlichsten Absichten war, Ihm Seine Jünger zu nehmen.

Dazu schien nun die Gelegenheit gekommen. Die Jünger fuhren allein übers Meer. Sie taten es auf Befehl ihres Meisters, erfüllten also Seinen Willen. Sie handelten nicht aus Unabhängigkeitsgefühl oder Ungehorsam, sie waren auch nicht einer Verführung des Feindes zum Opfer gefallen. Aber ein heftiger Sturm, vom Feind hervorgerufen, bedrohte ihr Schiff und ihr Leben. Vor Schrecken darüber vergaßen sie das eben erlebte Wunder der Speisung der 5000. Wie Kinder, deren Eltern nicht bei ihnen sind, waren sie ratlos, sobald der Messias nicht unter ihnen weilte.

Der HErr, der auf dem Berge für sie betete, wußte das alles und kam im gegebenen Augenblick zu ihnen. Er ließ den Sturm toben, bis zu einem gewissen Grade, und die Jünger schrieen vor Furcht. Dann war Er plötzlich da und wandelte auf dem Meer! Aber sie erkannten Ihn nicht. Der Sturm und die Sorge um ihre eigene Sicherheit beschäftigte sie mehr als Seine Gegenwart und die Verheißungen, die Er ihnen gegeben hatte. Sie hielten Ihn sogar für ein Gespenst.

Sie wußten nicht, daß hinter diesem starken Wind und den drohenden Wellen die Absicht Satans stand, sie zu vernichten. Christen, wenn ein Angriff aus der Unterwelt über euch kommt, dann fürchtet euch nicht! Versucht auch nicht, auf dem Wasser zu wandeln, wie Petrus! Überschätzt euch nicht! Erwartet ein direktes Eingreifen von Dem, der für euch betet und zu euch spricht: «Seid getrost! Ich bin's; fürchtet euch nicht!»

Euer Leben gehört dem HErrn. Er hat verheißen, Er wolle dem Schwachen eine Zuflucht sein, ein Schirm vor dem Unwetter, vor dem Zornhauch der satanischen Geister, die über die Heiligen herfallen. Gott läßt solche Angriffe zu, damit ihr wüßtet, daß Er da ist und noch mehr, daß Er göttliche Macht über den Wind und die Wellen hat. Er kann euch völlig befreien von eurer Furcht, von den Schäden, die der Sturm anrichtet, und von den Folgen eures Unglaubens.

«Der vor mir gewesen ist, ... das Lamm Gottes, welches die Sünde der Welt hinwegnimmt.» Johannes 1, 30. 29.

Johannes dem Täufer gab Gott den unvergleichlichen Auftrag, den Menschen das Lamm Gottes vorzustellen, das die Sünde des Menschen und der Welt wegnimmt. Seitdem hört jede Seele, die Gott in Wahrheit sucht, diese Stimme in der Wüste rufen. Wenn wir unserem Meister nachfolgen und mit Ihm bis zur Stätte, die Schädelstätte heißt, gehen wollen, dann müssen wir Ihm zuerst persönlich als dem Lamm Gottes begegnet sein, welches unsere Sünde wegnimmt.

Was dem Gesetz mit seinen vielen Opfern unmöglich war, das hat Gott getan, indem Er Seinen einzigen Sohn zu den Menschen sandte, die von ihren vergeblichen Bemühungen ermüdet und mit der Last unerfüllbarer religiöser Pflichten beladen waren. Hier ist nun das Lamm Gottes, das alle Forderungen des Gesetzes erfüllt und Sich dann als Sühnopfer für die Sünde hingegeben hat, ein ganz vollkommener Stellvertreter für den tief verschuldeten Menschen. Die Jünger, diese einfachen Männer aus dem Volk, erkannten das und folgten dem Lamme nach.

Aber Johannes der Täufer, dieser große Prophet Gottes, sagt von Jesus, *Er sei vor ihm gewesen*. Verstehen wir, was das bedeutet? Wenn wir standhaft auf den Wegen des HErrn bleiben, Ihm folgen und dienen wollen, müssen wir die gottgewirkte Überzeugung haben, daß Er vor uns gewesen ist. Sein Blick ruhte schon auf uns, ehe wir an Ihn dachten, Seinen Ruf hörten und unseren Entschluß faßten. Er ist vor Seinem Diener Johannes gewesen. Das wußte dieser, deshalb konnte er die Verantwortung für seine Botschaft auf Ihn abladen. Wieviel mehr dürfen wir, die wir auf den Ruf gehört und geantwortet haben, gewiß sein, daß in unserem Dienst eine von Seiner Gnade und Weisheit getroffene Wahl zum Ausdruck kommt und Er gewollt hat, daß wir Ihm nachfolgten. Er ist vor uns gewesen. Wir wollen also nicht versuchen, Ihm vorauszugehen oder schneller zu laufen als Er.

Wenn wir Ihm folgen auf dem Wege, auf dem Er uns ausbildet und erzieht und den Er uns voranging, werden auch wir den Menschen das Lamm Gottes vorstellen können, welches der Welt Sünde hinwegnimmt.

«Ich will die Blinden auf einer Straße führen, die sie nicht kennen, und auf Pfaden leiten, die ihnen unbekannt sind. Ich werde die Finsternis vor ihnen her zum Licht und das Höckrichte zur Ebene machen. Diese Worte werde Ich erfüllen und nicht davon lassen.» Jesaja 42, 16.

Die Welt und die Völker, die Familien und die Einzelnen stehen heute vor dem Unbekannten. Nur Gottes Wort bringt Licht in die Dunkelheit und erleuchtet den Horizont. Für die allernächste Zukunft erwartet Gott von den Seinen, daß sie sich auf Seine Verheißung verlaßen: «Ich will sie auf Pfaden leiten, die ihnen unbekannt sind.» Er, unser himmlischer Vater, will, daß wir unsere Zuversicht auf dieses Wort aus Seinem Munde setzen. Seine Pfade sind sicherer als ein schon im voraus bekannter Weg. Diese Versicherung genügt uns.

Niemand ist gern im Dunkeln. Aber was jetzt wie Finsternis aussieht, kann ein Werkzeug sein, durch welches Gott Sein Licht umso heller aufleuchten läßt. Was uns jetzt dunkel und unverständlich erscheint, wird nicht immer so bleiben, wenn wir gehorchen und unser Vertrauen auf Gott setzen. Er hat ja versprochen, diese Finsternis in helles Licht zu verwandeln!

Ist es möglich, daß die jetzt in der Welt herrschende Finsternis zum Licht wird? Ja! Denn Christus Selber wird auf diese Erde kommen, um die Regierung anzutreten und alle Menschen Seinem Segenswillen zu unterwerfen. Dann werden alle Bemühungen um Gerechtigkeit und Wahrheit, alles heute in den Herzen so vieler Menschen vorhandene Streben danach, völlig befriedigt werden.

Das einzig Beständige in dieser Welt ist der Wechsel. Aber die Treue, die Liebe und das Wort Gottes ändern sich nicht. Darum ruft Er uns zu, nicht aufs Sichtbare zu schauen, sondern aufs Unsichtbare. «Denn was sichtbar ist, das ist zeitlich; was aber unsichtbar ist, das ist ewig.» 2. Korinther 4, 18.

Der HErr schenke uns die Gnade eines einfältigen, vor Ihm aufgeschlossenen Herzens! Keine Spur von Widerstreben, Steifheit oder Zurückhaltung sei zwischen Ihm und uns! Er betont noch einmal: «Diese Worte will Ich erfüllen und nicht davon lassen!» Was brauchen wir mehr?

«Ihr werdet Kraft empfangen, wenn der Heilige Geist über euch kommt, und werdet Zeugen für Mich sein . . .»
Apostelgeschichte 1, 8.

Als der HErr Seinen Jüngern die Ausrüstung mit Kraft verhieß — und Er verheißt sie auch für heute —, war dieses Versprechen mit der Bedingung verknüpft: Ihr sollt Zeugen für Mich sein. Die Kraft von oben ist das Geschenk des verherrlichten HErrn, zu dem ganz bestimmten Zweck, daß wir als Menschen «von gutem Zeugnis, voll Heiligen Geistes und Weisheit», Zeugen für Ihn seien. Apostelgeschichte 6, 3. Dann können wir durch unser tägliches Leben, das der Ausdruck eines gesunden, normalen Geisteslebens ist, unseren Mitmenschen Christus vorstellen. Die echte Kraft äußert sich nicht in überspannten Erscheinungen. Sie wird uns verliehen, damit wir Gott in unserem Leben verherrlichen können.

Zweitens verwandelt uns diese Kraft, sie befreit uns und ermöglicht uns, «des HErrn würdig zu wandeln, zu allem Wohlgefallen, in allem guten Werk fruchtbar und in der Erkenntnis Gottes wachsend, mit aller Macht gestarkt nach der Macht Seiner Herrlichkeit, zu aller Standhaftigkeit und Geduld mit Freuden». Kolosser 1, 10. 11.

Das Geschenk der Kraft des Heiligen Geistes wird uns drittens versprochen, damit wir Gottes Wort ausbreiten und Christus dort predigen, wo Er noch nicht verkündigt wurde. Diese Kraft wird unsere Kenntnisse wie Brennmaterial entflammen. Sie wird mit ihrem göttlichen Hauch alles beleben, was in uns verwendbar ist für den Dienst Gottes. Sie ist dazu da, um die Herzen mit Macht, Liebe und Festigkeit, mit heiliger Kühnheit und großer Schlichtheit auszurüsten, so daß sie nicht anders können als gehorchen und Den verkündigen, an den sie geglaubt haben.

Viertens gibt Gott uns Seine Kraft, damit wir ausziehen ins Weite. Sein herrlicher Plan ist, die Welt zu retten durch Menschen, die selber gerettet sind.

So wie Er zu Abraham sagte: «Ich will dich segnen, und du sollst ein Segen sein», so ist es Sein Wille, daß wir anderen zum Segen werden. Wir sind gerettet, um zu dienen, und berufen, Seelen zu gewinnen. Das ist des Christen Lebenszweck.

«Du hast mit Gott und mit Menschen gekämpft.» *1. Mose 32, 28.*

Gott hat für unser Leben einen Plan gemacht, der gelingen soll. Wir dürfen uns also nicht wundern, wenn wir innere Kämpfe haben, denn unser Fleisch kann die göttliche Berufung nicht annehmen. Es kann voller Eifer und sehr fromm sein, aber die heilige Salbung ruht nie auf ihm.

Gott kennt die Herzen, die Ihm dienen möchten. Er sieht die Ratlosigkeit, in der sich viele Seiner Kinder befinden, weil sie falsche Begriffe vom christlichen Leben haben. Wie oft kämpfen wir gegen die Umstände an und merken nicht, daß Gott diese Umstände anwenden will. Wir kämpfen mit Menschen und erkennen nicht, daß Gott sie als Werkzeuge benützt. «Denen, die Gott lieben, wirkt alles zum Besten mit.»

Junge Männer und junge Mädchen kämpfen mit ihren Eltern und wehren sich gegen Bevormundung. In Wirklichkeit kämpfen sie mit Gott. Die Eltern werden betrübt, und Gott hat Geduld. Wir murren wie Israel über die Grausamkeit der Wüste, über die Nägel und Dornen des Kreuzes, die doch der Kern unserer Berufung sind. Wir murren über Gottes Diener und wissen nicht, daß wir mit Gott Selber kämpfen.

Jakobs Kämpfen wäre endlos gewesen, wenn nicht Gott eingegriffen hätte. Aber Er rührte Seinen Diener dort an, wo er am stärksten war. Er verrenkte ihm die Hüfte, die für den Christen die Triebfeder der eigenen Kraft bedeutet, den Sitz seines Hochmuts. Dasselbe möchte Gott für uns tun. Das «Starke» in uns ist unfähig, Ihm zu dienen. In unserem Leben muß das Kreuz aufgerichtet werden, das nicht nur gen Himmel ragt, sondern auch seine Wurzeln tief in unser ganzes Wesen hineinsenken will.

Wenn dem so ist, werden wir die Menschen und Umstände nicht mehr für Hindernisse halten, sondern für Werkzeuge, die unser himmlischer Vater erwählt, um uns von uns selber zu befreien. Wie bei Jakob wird dann unsere Seele endlich frei, weil wir Gott von Angesicht gesehen haben. Wir erkennen, daß wir uns irrten und uns etwas einredeten, was nicht von Gott war. Dann beugen wir uns tief vor Ihm, alles wird anders, und wir werden endlich anfangen, die Kraft kennenzulernen, die von einem dem Willen Gottes gänzlich unterworfenen Leben ausgeht.

«Wer wird mir Wasser zu trinken geben aus dem Brunnen von Bethlehem?» 2. Samuel 23, 15.

Dieses Verlangen Davids war normal, ehrlich, kindlich, es konnte nicht unterdrückt werden. Wie leicht bringen wir aber das Verlangen des Geistes in uns zum Schweigen! Und es kann verhängnisvoll für uns werden, wenn wir die Kraft zur Ausführung unserer Berufung anderswo als an der göttlichen Quelle suchen. Ist das Verlangen des Geistes nicht in jedem von uns? Laßt uns stille werden, darauf hören und uns sagen, daß es gestillt werden kann! Der Preis dafür ist bezahlt worden. Gott der Vater, der Sohn und der Heilige Geist hat dafür gesorgt, daß die Gläubigen immer ihr Erstgeburtsrecht in Anspruch nehmen können, aus der Quelle zu trinken und als «Könige und Priester» aus dem Kronschatz zu leben.

Bist du müde, erschöpft, mutlos? Geht es abwärts mit deinem christlichen Leben? Ist dein Blick verhüllt, dein Eifer, deine erste Liebe erkaltet? Kehre um zur Quelle! «Deine Ohren werden hören das Wort, das *hinter* dir her also spricht: Dies ist der Weg, denselben geht!» Jesaja 30, 21.

War Bethlehem nicht Davids Heimat? Ist es nicht der Geburtsort des größten seiner Söhne, des göttlichen Jesuskindes, und auch die Stätte der Einfalt in Christus, der Ausgangspunkt deiner Berufung? Ihr, die ihr tapfer arbeitet, kämpft und in der Rennbahn lauft, die ihr den Geist des Davidssohnes habt, hört auf dieses Verlangen des Geistes in euch! Sehnt euch danach, vom Lebenswasser zu trinken! Löscht euren Durst nie an den löchrigen Zisternen abseits vom schmalen Weg! Ihr seid aus Bethlehem! Ihr habt die himmlische Gabe, das Wort Gottes und die Kräfte der zukünftigen Welt geschmeckt. Seitdem kann euch nichts anderes mehr befriedigen.

Paulus schildert den Römern dieses Seufzen des Geistes in uns (8, 26. 27). Es sind Gebete, und der die Herzen erforscht, hört sie. Hörst du sie auch? Wie sehr verlangt der Heilige Geist danach, dein Leben, dein Herz endlich ganz zu besitzen, damit Er dich gebrauchen kann, wie Er will, um andere zu retten.

Schöpfe aus der Quelle, dann wirst du wie David dein Leben auch vor Gott ausschütten können zum Dienst in der Welt. 2. Samuel 23, 16. 17.

«Du sollst den Sühndeckel oben über die Lade legen,… daselbst will Ich mit dir zusammenkommen und mit dir reden, von dem Sühndeckel herab, über alles, was Ich dir… befehlen will.»

2. Mose 25, 21. 22.

Wir müssen gesammelt und ruhig sein, damit dieses Wort Gottes uns wie Tau durchdringe. Der Sühndeckel, wörtlich «der Sitz der göttlichen Barmherzigkeit», stellt die einzigartige Stätte dar, wo Gott uns ruft und begegnet, um uns Seine Befehle zu geben.

Es ist eine ungemein heilige Segensstätte, von der aus Er uns die Reichtümer Seines Vaterherzens erschließt, wie nur Er es kann. Dort sind wir geborgen vor den Ablenkungen und dem Lärm des irdischen Lebens. Dort gibt es kein Fieber, keine Überstürzung, keine rivalisierenden Mächte. Wir sind allein mit dem Vater Selber, der Sich in Seiner ganzen Barmherzigkeit offenbart. Er verkehrt mit uns wie ein Freund, der mit seinem Freunde redet, wie ein Vater, der sein geliebtes Kind unterweist und ermutigt, tadelt und warnt. In dieser Zurückgezogenheit, die uns heute so nottut, «innerhalb des Vorhangs», redet Er, schenkt Er Sich uns, und wir schweigen.

Dort gibt Er uns auch Seine Befehle. Alles, was wir aus dem Heiligtum erhalten, trägt den Stempel Seiner Autorität und Seines Segens. Dieses Geheimnis ist vielen Christen unbekannt, manche haben nicht einmal den Wunsch, es kennenzulernen. Ihre Tätigkeit, ihre Werke, die Kompromisse, die sie schließen und die bestimmt nicht aus dem Heiligtum stammen, werden von der Welt gesehen, haben aber vor Gott keinen Wert und bringen den Menschen keinen wirklich ewigen Nutzen.

Wohl dem Christen, der seine Anweisungen aus dem Heiligtum erhält! Im vertrauten Umgang mit Gott kann er für die Bedürfnisse der Welt einstehen und im Geist des Herrn Jesus, unseres Hohenpriesters, für die Menschen beten. In dem Maße wie die Gläubigen mit ihrem Meister zusammenwachsen, verschmelzen ihre Gebete mit den Seinen. Aus dieser Gemeinschaft quillt Segen wie ein Strom und fließt über auf die Welt. Überall, wo dieser Strom hinkommt, erfüllt neue, freudige Hoffnung das Herz der treuen Kinder Gottes, und ihr Tun wird frisch und neu.

«Wir beteten zu unserm Gott und bestellten Wachen wider sie, Tag und Nacht, um uns gegen ihre Angriffe zu verteidigen.»
Nehemia 4, 9 (S).

Nehemia war berufen, die Mauer wieder aufzubauen und unter den Trümmern zu arbeiten, die von der Treulosigkeit des Volkes Gottes herrührten. Er stieß auf alle möglichen Hindernisse. Neidische, hinterlistige Feinde, die ihn verächtlich behandelten, maßten sich an, im Lande selbst ihre Macht auszuüben. In unseren Tagen machen die Streiter des HErrn dieselbe Erfahrung wie Nehemia: «Unser Kampf richtet sich nicht wider Fleisch und Blut, sondern ... wider die geistlichen Mächte der Bosheit.» Epheser 6, 12.

«*Wir beteten zu unserm Gott.*» Wir hätten Ursache, uns Sorgen zu machen, wenn die Lage über unsere Kraft geht und der Kampf heftiger wird. Aber das Gebet ist ein Schild, ein Schutz für Gottes Kind, eine in Jesu Namen unternommene Offensive gegen den Feind und seine Kunstgriffe. Es dringt in ein Gebiet vor, das unerreichbar ist für «Fleisch und Blut». Gebet appelliert an Gottes Eingreifen. Beten bedeutet, unsere Schwachheit zugeben. Das Gebet im Namen Jesu gegen die geistlichen Mächte der Bosheit läßt sich von dem, was ins Auge fällt, und von den Drohungen der Menschen nicht beeinflussen. Es setzt Gottes Arm in Bewegung und macht uns zu Nutznießern der ganzen Macht, die Ihm zum Eingreifen und zum Verändern einer Lage zur Verfügung steht.

Gebet verleiht uns die Kraft und Wachsamkeit, die uns aus aller gefährlichen Passivität herausbringt. Wir stellen dann wie Nehemia «Tag und Nacht Wachen» auf. Die Wachsamkeit der Gläubigen überwacht die Bewegungen des Feindes und seine listigen Anschläge. Viele Christen unterliegen, weil sie mit Fleisch und Blut unterhandeln — mit der Sünde, der Welt, den Menschen, der Familie —, als ob Gott nie gewarnt hätte und es keinen geistlichen Feind gäbe!

Ihr, die ihr zu Gott betet, stellt «Tag und Nacht Wachen» auf. Gott hat Sein ganz bestimmtes Niveau, Seine Berufung, Seinen Weg für euer Leben. Fleisch und Blut gehen in anderer, oft dem Willen Gottes ganz entgegengesetzter Richtung. Verlaßt den schmalen Weg nicht, bleibt auf eurem Standpunkt und gebt die euch anvertraute Arbeit nicht auf!

«Die Hand des HErrn war auf mir, um mich zu stärken, ... und ich hielt mich dort auf, wo die Gefangenen sich aufhielten.»
Ezechiel 3, 14. 15 (O).

Die Hand des HErrn lag auf Ezechiel. Dadurch wurde er gestärkt, und das unmittelbare Ergebnis war, daß er die Gefangenen seines Volkes aufsuchte. Er ging zu ihnen und hielt sich zu ihnen, dort, wo sie sich aufhielten. Ein freier Mann stellt sich den Gefangenen gleich, dort, wo sie sich befinden! Ein mit dem Heiligen Geist erfüllter Mann widmet sich denen, die voller Traurigkeit und Bitterkeit sind. Gottes Gegenwart und Gottes Segen im Leben Ezechiels drängten ihn, zu den Unglücklichen zu gehen, denen er etwas aus der oberen Welt zu bringen hatte. Diese Art Gesinnung findet man so selten unter Christen. Man hat Teilnahme, aber kein Mitgefühl, aus dem heraus man sich den Unglücklichen gleichstellen würde.

Abraham wagte es, für Sodom Fürsprache einzulegen und um Gnade zu bitten, sei es auch nur wegen fünf Personen. Mose flehte zu Gott für Israel, bis die Plage aufhörte. Unser göttlicher Retter nahm die Gestalt eines Knechtes an und trat wie ein schlichter Mensch auf. Paulus ist allen alles geworden, damit er wenigstens einige rettete.

Vielen unter uns fehlt die Bereitschaft, uns denen gleichzustellen, die wir gerettet sehen möchten. Es gilt, mit den Gewohnheiten zu brechen, auszuziehen aus uns selbst und die ausgetretenen Wege zu verlassen. Wir dürfen keinen Abstand dulden zwischen uns und den Seelen und sollten die Schranken beseitigen, die der Feind durch Vorurteile zwischen den Menschen und ihrem Retter aufrichtet. Gott will uns die Gabe geben, den «Gefangenen» nahezukommen. Kastengeist, religiöse oder andere Überheblichkeit und Eigenliebe sind gottfremde Dinge und ein Beweis, daß wir unsere Berufung nicht erfaßt haben und die Menschenseelen nicht verstehen. Sie sind in Not und Zweifeln, in Sündenketten, in Leid und Einsamkeit, ja, in Verzweiflung! Und was tun wir für sie?

Ezechiels Erfahrung zeigt uns, daß der Geist der Weissagung uns nicht mit Engelszungen reden läßt und nichts Außergewöhnliches aus uns macht. Nein, wenn die Hand des HErrn auf mir liegt und Er mich stärkt, dann suche ich die Gefangenen und «halte mich dort auf, wo sie sich aufhalten».

«Petrus aber fuhr fort zu klopfen.» Apostelgeschichte 12, 16.

Petrus war im Gefängnis. Die Gemeinde war zusammengekommen, um für seine Befreiung zu beten. Ehe sie damit fertig waren, hatte Gott schon erhört. Aber sie glaubten nicht an eine so schnelle Antwort auf ihre Gebete. Sie ließen Petrus auf der Straße stehen und vergeblich an die Türe klopfen.

Wir beten so oft und erbitten etwas von Gott. Aber glauben wir eigentlich, daß Er antworten kann und wird? Wie oft ist die Erhörung da, klopft aber vergeblich an die verschlossene Türe unseres Unglaubens!

Seit dem Pfingsttage stand der Himmel offen über den Jüngern, und Gottes Geist wirkte mächtig. Alles war für diese ersten Christen möglich. Ja, Gott hatte eingegriffen. Petrus war frei. Aber die Gemeinde glaubte es nicht.

Gott gewährt uns manchmal Befreiungen, wir aber lassen sie vor der Türe stehen. Er schenkt uns Gebetserhörungen, aber wir erkennen sie nicht und besitzen sie deshalb nicht. «Petrus» muß oft fortfahren zu klopfen! Wir beten in unseren Gebetsstunden immer wieder um dasselbe und wissen nicht, daß wir schon erhört worden sind. Wir brauchen es nur zu ergreifen. Auch auf unser persönliches Beten hat Er geantwortet. Wir brauchen Sein Geschenk nur anzunehmen.

Im Bericht heißt es weiter: «Als sie öffneten, sahen sie ihn und erstaunten sehr», erstaunten über die Gebetserhörung! Tun wir das nicht oft auch, anstatt mit der Wirklichkeit der Kraft Gottes, mit der Er Seine Verheißungen erfüllt, zu rechnen? Gott ist bereit, uns den Segen, um den wir Ihn für unsere Arbeit gebeten haben, zu geben, wenn wir die Bedingungen der Erhörung erfüllen. Wir haben vielleicht die ganze Nacht gearbeitet und nichts gefangen. Aber der HErr rät uns, das Netz auf der anderen Seite des Schiffes auszuwerfen. Wollen wir es nicht tun? Dann wird der Segen kommen.

Wir bitten Gott um dies und jenes. Ist Gott taub? Ist Seine Hand zu kurz? Es steht geschrieben: «Das ist die Freimütigkeit, die wir Ihm gegenüber haben, daß, wenn wir Seinem Willen gemäß um etwas bitten, Er uns hört. Und wenn wir wissen, daß Er uns hört, um was wir Ihn bitten, so wissen wir, daß wir das Erbetene *haben.*» 1. Johannes 5, 14. 15.

«Daniel aber nahm sich vor, sich mit des Königs feiner Speise nicht zu verunreinigen.» Daniel 1, 8.

Man kann sich kaum vorstellen, was es für Daniel und seine Freunde bedeutete, unter den ihnen aufgezwungenen Verhältnissen leben zu müssen. Alles ging gegen ihre Erziehung, gegen ihren Geschmack und gegen die geistlichen Lehren, die sie erhalten hatten. Die grausamste Diktatur, das krasseste Heidentum war die Atmosphäre, in der sie lebten. Aber Daniel hielt stand. Er versuchte nicht, den Feindseligkeiten auszuweichen oder die Schwierigkeiten zu umgehen. Er wußte, daß er ein Fürst aus königlichem Geschlecht war und Verheißungen sein eigen nennen konnte. Aber er widersprach nicht, als man seinen Namen, der eine göttliche Bedeutung hatte, in den Namen eines heidnischen Götzen verwandelte. Er wußte, daß Gott eine Absicht damit hatte.

Daniel hat mehr als andere biblische Persönlichkeiten einen tiefgehenden Einfluß ausgeübt, nicht nur auf die Herrscher, die während seiner Lebenszeit aufkamen, sondern auch auf den Lauf der Ereignisse in seinem Volk und anderen Nationen. Sein Geheimnis bestand darin, daß er in seinem Herzen den Entschluß gefaßt hatte, dem Gott seiner Väter, der die Verheißungen gegeben hatte, treu zu bleiben. Für solch ein Leben, das Gott und dem König untertan ist, hat Gott unbegrenzte Verwendungsmöglichkeiten. Daniel machte kein «langes Gesicht», als er sich lossagte von dem, was Gott mißfiel, im Gegenteil, er und seine Freunde sahen besser und schöner aus als die anderen. Sie machten Gott Ehre mit ihrem männlichen Auftreten, und ihre Mitmenschen wurden dadurch gewonnen.

Das sollte jedem Christen zum Beispiel dienen und eine Lehre sein. Wenn der Platz, an dem du stehst, die Stellung, die du innehast, schwierig ist, dann beklage dich nicht. Wurdest du nicht dahin gerufen? Warum der Schwierigkeit ausweichen? Dazu bist du nicht berufen! Halte stand! Wisse, daß Gott verborgene Pläne und bestimmte Absichten hat. Aber Er erwartet von dir, daß du den Entschluß fassest, Ihm unbedingt gehorsam und der Menschen Diener zu sein. Wenn es ihnen dann auffällt, daß unser Glaube und unser Christentum uns ein «besseres und schöneres Aussehen» geben, werden sie um unsertwillen an Gott glauben!

«Man bemerkte nicht einmal einen Brandgeruch an ihnen.»
Daniel 3, 27.

Die Hebräer, von denen das gesagt wurde, waren dort, wo Gott sie hingestellt hatte. Als die Anfechtung über sie kam, taten sie den Willen Gottes. Sie ehrten Ihn und dienten Ihm. Darum errettete Er sie wunderbar. Das Feuer hatte keine Gewalt über sie. Man bemerkte nicht einmal einen Brandgeruch an ihnen.

Gott beschützt dich, wenn du Seinen Willen tust und in allen Lebenslagen Ihm gehorsam bleibst. Aber Er wird auch geehrt durch die Tatsache, daß in deinen Worten und in deinem Benehmen nichts die überstandenen Schwierigkeiten verrät und daß keine Klage oder Erregung, kein Fieber und keine Bitterkeit vorhanden sind. Die Bewährung deines Glaubens hat das Lob Jesu Christi zur Folge.

Bist du von Gott dorthin gerufen worden, wo du jetzt stehst? Bist du Ihm in allem freiwillig untertan? Dann wird Er dich beschützen, nicht nur während der Anfechtung, sondern auch nachher. Seine Gnade und die Gemeinschaft mit Ihm verhindern, daß der «Brandgeruch» den Tau von oben, der auf deinem Zeugendienst liegt, austrocknet.

Mancher Christ geht durch tiefe, persönliche Anfechtungen. Und doch dient er seinem Gott und seinen Mitmenschen, ohne daß diese einen Brandgeruch bemerken. Trotz seinem Herzeleid verbreitet er durch seinen Geist des Glaubens Frieden und Trost, sogar Freude ... Hebräer 11, 39. Dort, wo Gott dich haben will und wo du arbeitest, herrscht vielleicht eine drückende, vergiftete Atmosphäre. Du lässest dich aber nicht davon überwältigen, es bleibt kein Brandgeruch an dir haften. Du lebst vielleicht unter Formalisten oder Selbstgerechten, von denen etwas Bedrückendes, Todbringendes ausgeht. Bleibe in Gemeinschaft mit deinem Gott und birg dich in Seinem Schutz. Gewissenlosigkeit und Selbstgerechtigkeit können anstecken. Laß diesen Brandgeruch nicht an dir haften.

Wie ist das möglich? Durch Verharren in inniger Gemeinschaft mit Gott. Mit Ihm wandeln ist Zuflucht für dich. Du bist berufen, in dieser Welt Seelen für Christus zu gewinnen, ohne von der Welt angesteckt zu werden.

«Soll ein Mensch Gott berauben, wie ihr Mich beraubt? Aber ihr fragt: Wessen haben wir Dich beraubt?» Maleachi 3, 8.

Haben wir Ihm die Zeit geraubt, die wir Ihm widmen sollten, um beim Lesen Seines Wortes Seine Stimme zu hören, zu beten und Fürbitte einzulegen? Nichts kann solchen Tagesanfang ersetzen, wenn wir Ihm zuhören, ehe die Stimme eines Menschen an unser Ohr dringt. Steht nicht geschrieben: «Er hat dich vorherbestimmt,.... die Stimme aus Seinem Munde zu hören»? Ap.-Gesch. 22, 14.

Wir nehmen uns Zeit zum Plaudern mit Bekannten, zum Zeitunglesen und Radiohören. Aber haben wir Gott nicht die Zeit geraubt, die Ihm gehören sollte, die erste Morgenstunde, den letzten Moment am Abend und einen Augenblick um Mittag? Er möchte mit uns reden, Seinen Tau auf Sein Wort legen. Aber wie oft sind wir zur verabredeten Zeit nicht da! Haben wir Ihn dessen beraubt?

Oder haben wir Ihm die Zeit geraubt, die wir anderen widmen sollten? Wir beschäftigen uns so gern mit uns selber und unseren Interessen. Die Stimme des Mazedoniers dringt nicht an unser Ohr, weil es von anderen Dingen eingenommen ist. Ap.-Gesch. 16, 9. Wir haben Seelen in ihrer Not an uns vorübergehen lassen, viele Gelegenheiten versäumt und unserem Gott dadurch die Freude und Befriedigung geraubt, Sich einer Seele zu nahen, Seine Liebe über sie auszuschütten und ihr Befreiung zu schenken.

Und wie oft berauben wir Gott auf dem Gebiet unseres Zeugendienstes. Die Art, wie wir uns benehmen, wie wir reden und handeln oder unser Äußeres, ist keine Empfehlung für Ihn und zieht die Menschen, die Er retten möchte, nicht an. Wir geben nicht unser Bestes für Seinen Dienst.

Oder behalten wir in unserer Hingabe einen Teil des Preises für uns? Die anderen merken es nicht, aber Gott weiß es. Haben wir Ihn dieser Abgabe beraubt? In alten Zeiten waren die tapferen Männer in Israel ganz ihrem Gott geweiht. Die Jünger der Urkirche behielten nichts für sich. Wenn das bei uns auch der Fall wäre, würde sich manches ändern, und was auf unseren Text folgt, würde in Erfüllung gehen: «Prüfet Mich, spricht der HErr der Heerscharen, ob Ich euch nicht des Himmels Fenster auftun und euch Segen in überreicher Fülle herabschütten werde!» Maleachi 3, 10.

«Mein Fuß hat sich an Seine Schritte gehalten. Seine Wege habe ich innegehalten und bin nicht zurückgeglitten.» Hiob 23, 11 (A).

Man könnte meinen, Hiob sei in den Alpen gewesen! Wer je Berge bestiegen hat, weiß, daß diese drei Sätze die besten Grundregeln für einen Aufstieg enthalten. Wenn wir ein Schneefeld oder einen Gletscher überschreiten, geht der Führer voran, schlägt Stufen, wendet sich um und sagt: «Setzen Sie Ihre Füße fest in meine Fußstapfen, auf die Stufen». Das Christenleben ist ein Aufstieg, bei dem wir unserem göttlichen Führer mit der größten Aufmerksamkeit folgen müssen.

Er hat vor uns den Aufstieg gemacht. Ist Er nicht unser Vorläufer? Er hat die Stufen ausgehauen, eine harte Arbeit! Er hat für uns gelitten, damit wir Seinen Fußstapfen nachfolgten.

Welche Ermutigung, auf einer vielleicht gefährlichen, ermüdenden Wegstrecke ausgehauene Stufen, feste Stützpunkte dort vorzufinden, wo Ausgleiten verhängnisvoll wäre, und festzustellen, wie treu unser Führer für unsere Sicherheit gesorgt hat. Wenn wir unsere Füße in Seine Fußstapfen setzen, gleiten wir nicht aus.

Dem göttlichen Führer nachgehen bedeutet, dem apostolischen Beispiel folgen. Er weiß den Weg, der sich im unbekannten Land nur nach und nach vor uns auftut. Wir blicken auf Ihn und erklimmen so den Abhang.

Um den Gipfel zu erreichen, muß man die Regeln des Aufstiegs befolgen. Welche Sicherheit zu wissen, daß wir auf einem vorgezeichneten Wege gehen, auch wenn wir berufen sind, in einer Zeit zu leben und zu arbeiten, in der alles sich ändert. Entschlossen folgen wir Ihm, Schritt für Schritt, und halten uns an Seinen Willen und an Sein Wort.

Wir wollen uns doch nicht durch andere Erwägungen vom Wege abbringen oder durch Rufe von außen aus der Bahn werfen lassen, sondern immer stracks vorwärts schauen und uns kein Abweichen erlauben, damit wir nicht zurückgleiten. Wir wollen in den Fußstapfen unseres Führers bleiben, ganz nahe bei Ihm, in der Reichweite Seiner Hand. Darin liegt unsere Kraft und Zuflucht. Wenn wir uns an Seine Schritte halten, besteht keine Gefahr, daß wir fallen oder versagen, sondern Friede und Segen werden uns zuteil.

«...damit, wenn Petrus käme, auch nur sein Schatten einen von ihnen überschattete.» Apostelgeschichte 5, 15.

Was kann uns dieser inspirierte Ausdruck «sein Schatten» lehren? Damit es Schatten gibt, ist zweierlei nötig: erstens ein undurchsichtiger Gegenstand oder ein Mensch, zweitens das Licht der Sonne. Ein Schatten entsteht geräuschlos, unabhängig vom Willen des Menschen. Er ist wie ein stillschweigender Einfluß zum Besten oder zum Unheil für andere.

Nicht nur auf das, was wir tun, kommt es an, sondern auf das, was wir sind und was von uns ausgeht. Dieser Einfluß kann durch Worte, ebensogut aber auch durch Schweigen ausgeübt werden, nach dem Beispiel des inspirierten Schweigens Jesu! Nicht weitersagen, was man hört, eine eherne Mauer bilden gegen Geschwätz, Kritik und Klatsch, in aller Schlichtheit, erfüllt vom Geist der Gnade und selbstverleugnend seine Arbeit tun, sich nicht beklagen, wenn es Kämpfe gibt, wenn Schwierigkeiten und Anfechtungen kommen, immer liebevoll und friedfertig sein, — solch ein Leben wirft wohltuende Schatten.

Wir geben «Schatten» in unserer Familie und in der Öffentlichkeit, und diese «Schatten» hinterlassen segensreiche, geistliche Eindrücke, Beispiele, die von anderen befolgt werden und sich bis ins Unendliche vervielfältigen.

Die Form des Schattens hängt davon ab, wie der Mensch sich der Sonne gegenüber verhält. Wenn ich mich der göttlichen Sonne, meinem HErrn und Retter zuwende, sehe ich nichts von meinem Schatten, weil er hinter mir liegt, nur meine Umgebung sieht ihn. Jesus Christus ist das Licht der Welt. Wir werden «Kinder des Lichts» genannt. Vergessen wir also den Schatten nicht! Wenn unser Verhalten dem HErrn gegenüber richtig ist, wenn wir Gemeinschaft mit Ihm haben und Seinen Willen ausführen, werden wir einen wohltuenden «Schatten» auf unsere Mitmenschen werfen, ihnen dadurch Gnade, Hilfe und Frieden bringen und ein segensreiches Beispiel sein. Einst in der Herrlichkeit, vor Gottes Angesicht, werden wir dann alles erfahren, was unser stiller, starker Einfluß bei anderen ausrichten durfte.

«Sie sind im Lande verirrt, die Wüste hat sie eingeschlossen.»
2. Mose 14, 3.

So dachte der Pharao in seines Herzens Hochmut, das war sein Wunsch. Aber er hatte voreilig gesprochen, und vor allen Dingen seine Rechnung ohne Gott gemacht. Er hatte vergessen, daß Israel «*mit erhobener Hand*» ausgezogen war, ein Zeichen, daß es die Macht des Himmels kannte und in Anspruch nahm. 2. Mose 14, 8.

Bist du «verirrt», in einer schwierigen Lage, aus der es keinen Ausweg gibt? Der «Pharao» greift dich an, er spottet deiner! Hat die Wüste dich eingeschlossen? Siehst du keinen Ausgang? Flüstert dir der Feind zu, daß du besiegt bist und der Versuchung nicht widerstehen kannst? Du hattest Gottes Ruf vernommen, du folgtest und warst gehorsam, und nun? Alles scheint zu beweisen, daß du dich geirrt hast! Der HErr hatte geredet, du hattest geantwortet. Er hatte deine ersten Schritte gelenkt, und dann kamen Schwierigkeiten. Der Verkläger raunt dir zu: «Du hast dich verirrt!»

Christ, du bist durch das Blut des Lammes losgekauft und aus Gnaden berufen, dem HErrn zu dienen. Du gehörst zu dem Bundesvolk mit erhobener Hand. Du verläßt dich auf die Verheißungen, die nicht wanken können. Nichts hat sich geändert, weder an den Verheißungen noch an Dem, der sie gab. Weder das «Land» noch die «Wüste» können dir etwas anhaben.

Um der Verheißungen Gottes willen und dank Seiner Macht wird dir der HErr einen Weg bahnen in dieser «Wüste, die dich einschließt». Du mußtest diese Erfahrung machen, damit du lerntest, Gottes Verheißungen zu erproben. Gerade in dem Augenblick, wenn du meinst, du seist eingeschlossen und alles sei verloren, kommt Gott mit Seiner Befreiung. Für Ihn gibt es kein Hindernis, auch für dich wird Er einen Weg durchs «Rote Meer» bahnen. Er antwortet immer auf die «erhobene Hand», in der dein Glaube und deine Unterwerfung unter Seine Macht zum Ausdruck kommt.

Ehe der Morgen tagt, ist vielleicht die Antwort schon da. Warum zweifelst du? Du hast den Wunsch, Den zu kennen, der Türen öffnet, die niemand zuschließen kann. Darum erlaubt Er, daß die Wüste dich scheinbar «einschließt». Stehe nur fest im Glauben und sieh, «was für ein Heil Er heute an dir tun wird.» 2. Mose 14, 13.

«Als nun der Tag fast dahin war,... nahm Jesus die fünf Brote,... dankte... und gab sie Seinen Jüngern, damit sie sie dem Volk vorlegten.» Markus 6, 35-41.

Der Tag ist fast dahin, die Schatten werden länger, die Nacht ist da, das Unbekannte...

Die Zeiten kennen, in denen wir leben, aus der Schrift wissen, was sie bedeuten, ist eins; alles schwarz sehen, ist etwas anderes. Wir dürfen nicht vergessen, daß Jesus da ist und daß Er Gott ist. Nichts kann Ihm die Hände binden. Alles ist ihm unterworfen. Er hört das Rufen Seiner Kinder, die der Weltlage entsprechend zu beten verstehen und Sein Eingreifen bewirken. Gleichzeitig kümmert Er Sich um das hungrige Volk und nährt es mit Himmelsbrot, doch nicht ohne die Hilfe Seiner Jünger.

Bei den Jüngern ist aber immer etwas von der Gesinnung zu finden, die sich mit den Worten verrät: «Entlasse sie, damit sie sich Brot kaufen!» Es gibt Menschen, die meinen, ihre Bibel besonders gut zu kennen. Um die Volksmassen bekümmern sie sich aber nicht, ihr Schicksal ist ihnen gleichgültig. Sie lehnen jegliche Verantwortung ihnen gegenüber ab und sagen, sie «warteten auf die Wiederkunft des HErrn». Gleichen sie nicht den ersten Jüngern? Jesus Christus ist derselbe, heute, gestern und in Ewigkeit, und man kann wohl sagen, daß auch Seine Jünger sich stets gleichbleiben!

Er ist da, Er ist bereit, dem Volk zu essen zu geben. Er reicht den Jüngern das Brot, das Er gesegnet hat, damit sie es dem Volk vorlegen. Wenn wir uns des Ernstes unserer Zeit, aber noch mehr der Gegenwart des Herrn Jesus bewußt sind, wenn wir uns erinnern, daß unsere Berufung heute siegreich sein kann, *dann beauftragt Er uns, dem Volk dieses Brot zur Nahrung vorzulegen.* Tun wir das? Ist es uns klar, wie es moralisch um die Massen steht, um ihre Sünde, ihre Gottvergessenheit? Wenn ja, dann laßt uns ihnen das Brot des Wortes Gottes vorlegen und ans Werk gehen!

Gott hat uns in Seiner Gnade verstehen lassen, daß Er mit uns rechnet, um dem Volk Sein Wort vorzulegen. Wenn wir auch nur wenig Kraft haben, so segnet Er sie doch. Das Brot, das wir aus Seiner Hand erhalten, ist gesegnetes Brot. Darum wird auch das, was wir den anderen vorlegen, gesegnet sein.

«...weil die Sache des Königs solche Eile hatte.» 1. *Samuel 21, 8.*

David, der Gesalbte des HErrn, der von Sauls Haß verfolgt wurde und als Flüchtling lebte, ist nicht nur ein prophetisches Bild der Verwerfung Christi, sondern auch ein Vorbild für Christen, die mit Christus verworfen werden und Trübsale erdulden. Durch ihre Leiden werden sie vorbereitet, um eines Tages mit Christus auf dieser Erde herrschen zu können.

Sobald David die Salbung mit heiligem Öl erhalten hatte, begannen seine Schwierigkeiten. Saul trug Neid und Eifersucht gegen ihn im Herzen, und David wurde in die Wüste und Einsamkeit getrieben. Sogar der Priester Abimelech zögerte, als es galt, Partei für ihn zu ergreifen. «Warum kommst du allein?» fragte er. David bat ihn um Brot, und der Priester gab ihm die heiligen Schaubrote. Das war gegen alle Vorschriften strenger Rechtgläubigkeit. Ehe David sich wieder auf den Weg machte, bat er um eine Waffe und sagte: «Die Sache des Königs hatte Eile».

Dieses Wort ist besonders geeignet für unsere Zeit und bringt denen eine Botschaft, die wirklich dem Lamm folgen, wohin Es sie führt, und den Kompromissen, der Nachlässigkeit und den Zugeständnissen der heutigen religiösen Strömungen nicht beistimmen. Die Botschaft ergeht an die, welche die Salbung mit heiligem Öl erhalten haben, Teilhaber an der himmlischen Berufung sind und den Ruf vernahmen, dem lebendigen, wahren Gott zu dienen. Sie haben nur das eine Ziel, das sie zu ihren Entschlüssen treibt und sie in ihren Taten leitet: «Die Sache des Königs». Sie ist dringend, weil sie wichtiger ist als alle irdischen Angelegenheiten. Und die Zeit ist kurz, die Nacht kommt.

Auf wie vielen Gebieten und wie oft verrichten wir nicht gleich, was wir tun sollten, sondern verschieben es auf später, die täglichen Kleinigkeiten ebenso wie die großen Dinge des Lebens. Wie viele Gelegenheiten versäumen wir, weil wir die vor uns liegende Aufgabe nicht sofort ausführen! Wieviel Zeit verschwenden wir, weil wir warten! Und schließlich wird «die Sache des Königs» nie erledigt.

Gott redet zu uns durch die Ereignisse, die sich überstürzen, und durch die Schwierigkeiten, die sich mehren. «Die Sache des Königs hat Eile!» Gott gebe uns Gnade, dementsprechend zu handeln!

«Ich bin noch schwach und erst zum König gesalbt.
Aber diese Männer ... sind mir zu stark.» 2. Samuel 3, 39.

Wie lehrreich sind diese Worte! Wie viele Christen machen täglich die Erfahrung, daß sie, wenn sie mit Gott wandeln wollen, sagen müssen: «Ich bin noch schwach». Ja, die Menschen oder die Umstände sind mir zu stark!

Der Apostel Paulus bezeugt, daß es eine Schwachheit Gottes gibt. «Christus wurde in Schwachheit gekreuzigt.» *Diese* Schwachheit — nicht die Sündenschwächen oder der Ungehorsam unserer gefallenen Natur — gehört zu Gottes Erziehungsplan für uns. Paulus kannte sie in bezug auf seine Gesundheit und erklärte: «Wenn ich schwach bin, dann bin ich stark». Ja, er konnte sagen: «Ich bin noch schwach, aber zum König gesalbt».

Wenn wir unsere Unfähigkeit, unsere Schwachheit wirklich spüren und sagen müssen: «Ich bin noch schwach», wollen wir doch nicht den Schluß des Satzes vergessen: «Ich bin zum König gesalbt!» Um dieser Salbung willen, deren wir uns bewußt sind, offenbart Gott gerade in unserer Schwachheit Seine Kraft.

Diese Glaubensstellung ist anders als die, die sich gegen Schwachheit wehrt und sich einbildet, Kraft zu haben, wobei es sich aber um seelische Kräfte handelt, nicht um Gottes Kraft. Wir sind gesalbt, und diese Salbung versetzt uns in das Reich Dessen, der uns zu «Königen und Priestern» macht. Wir sind «ein königliches Priestertum!» Die Salbung ändert alles. Wo sie vorhanden ist, da ist auch die wahre Kraft zum Herrschen und der rechte Gebetsgeist.

Wenn wir uns anhand dieses Bibelverses selbst erkennen, dann wollen wir dem Wort auch glauben und es auf uns beziehen. Wir wollen die Erziehung durch die Schwachheit nicht abweisen, sondern sie im Licht dieser göttlichen Offenbarung ansehen. Gottes Kraft will sich dadurch in unserem Leben zeigen. In den Umständen, die stärker sind als wir, wird der himmlische Vater sich unseren Herzen in ganz neuer Weise offenbaren und alles zu unserem Besten mitwirken lassen, um Seiner Salbung willen.

Wir wollen uns in stiller Sammlung beugen vor dieser Wahrheit und bedenken, daß es Gott ist, «der uns samt euch in Christus befestigt und uns gesalbt hat». 2. Korinther 1, 21.

«Die Apostel versammelten sich bei Jesus und verkündigten Ihm alles, was sie getan und gelehrt hatten.» Markus 6, 30.

Es tut gut, sich diese Szene vorzustellen, denn die Jünger des HErrn können in unseren Tagen manche Lehre daraus ziehen. Wir haben es nötig, recht oft zu Jesus zu gehen und Ihm über alles, was wir getan und gesagt haben, Bericht zu erstatten. Dieses Bedürfnis eines vertrauten Umgangs mit Ihm sollte ein Teil unseres Lebens und Dienens sein. Wir verlieren so leicht die Verbindung mit unserem Meister, gehen mit unseren eigenen Kräften vorwärts und gewöhnen uns Dinge an, die die Frische und Lebendigkeit wahrhaft geistlichen Dienens in ein gewohnheitsmäßiges Handeln verwandeln.

Es fällt auf, daß dieser Bericht zwischen zwei wichtigen Ereignissen steht: der Enthauptung Johannes des Täufers und der Speisung der 5000. Wenn ein Christ, der unter dem Gesetz des Geistes des Lebens in Jesus Christus wandelt, seine Aufgabe richtig erfaßt, stößt er einerseits immer auf Feindseligkeit, anderseits aber auf die Bedürfnisse der Menschenmassen. Wenn uns Feindseligkeit begegnet, wollen wir zu Jesus gehen und Ihm sagen, was wir tun, Ihn alles wissen lassen, was wir gesagt haben. Dann werden wir in Ihm genau das finden, was wir in unseren Schwierigkeiten nötig haben. Meistens äußert sich die Feindseligkeit in passivem Widerstand, höflicher Gleichgültigkeit oder herablassender Selbstgerechtigkeit. Nichts ist angreifender als das.

Darum wollen wir recht oft zu Jesus gehen, Ihm unser Herz ausschütten und über unser Dienen mit Ihm sprechen. Er will uns die Augen öffnen für die Möglichkeiten dieses Dienstes. Seine Jünger sahen in der Volksmenge nur eine Masse von Menschen, die sich um sie drängten; Jesus sah in ihnen Schafe, die keinen Hirten haben. Es ist sehr wichtig, daß wir von Ihm diesen Blick für Menschenseelen bekommen, für die unerreichten und falsch erreichten, die Tausenden ohne Gott und ohne Hoffnung.

Wir wollen auch achtgeben, daß nichts unsere Augen trübt oder unser Herz verhärtet. Unser Retter will uns mit Seiner Barmherzigkeit füllen. Dann wird unsere Tätigkeit etwas ausrichten. Laßt uns Ihm unsere «fünf Brote und zwei Fische» bringen! Es ist wenig, aber wenn Er es segnet, kann unser Wenig viel vollbringen.

«Es erhob sich ein großer Sturm auf dem Meere,... Er aber schlief.»
Matthäus 8, 24.

Der HErr hatte Seine Jünger ins Schiff geführt. Sie standen also unter Seiner Leitung und Seinem Schutz. Aber dann war Er mitten im Sturm eingeschlafen. Kurz vorher lesen wir, daß «des Menschen Sohn nicht hatte, wo Er Sein Haupt hinlegen konnte», und hier schläft Er «hinten im Schiff auf einem Kissen», ein Bild der Gottheit, der freiwilligen Erniedrigung und der vollkommenen, menschlichen Natur Dessen, der heute, gestern und in Ewigkeit derselbe ist.

Wenn sich Stürme erheben gegen uns, die wir unter der Führung einer solchen Hand stehen und bis hierher so deutlich von Ihm geleitet wurden, dann brauchen wir uns nicht zu fürchten, auch wenn Er scheinbar schläft und nicht sofort eingreift, auch wenn das Schiff, auf dem Er doch Platz genommen hat, von den immer wütender werdenden Winden und Wellen bedroht wird. Sollten wir zweifeln, wir, die wir so viele Beweise Seiner Gegenwart und Treue erhalten haben? Darf uns der Gedanke kommen, Er könnte nicht danach fragen, daß wir verderben? Haben wir vergessen, daß Er Selbst uns in die gegenwärtige Lage hineingeführt hat? Unser Gott ließ sie ja zu. Oh, wir wollen doch nicht zweifeln! Er stellt nur unseren Glauben auf die Probe. Er ist bei uns. Steht nicht geschrieben: «Er trat in das Schiff, und Seine Jünger folgten Ihm nach»?

Unser Glaube hat in Seinen Augen mehr Wert als vergängliches Gold. Wir haben uns Ihm ausgeliefert, und Er hat Sich uns hingegeben. Aus der Verbindung von Seinem Ruf mit unserer Antwort wurde unsere Berufung geboren, und jetzt wird sie erprobt. Er schläft nicht. Er wartet nur, bis der Augenblick zum Eingreifen gekommen ist. Er ist bereit, aufzustehen, die Winde und das Meer zu bedrohen, und dann ist die Befreiung da. Die Winde und Wellen gehorchen Ihm. Er ist bei uns im Schiff, besser gesagt, wir sind mit Ihm im Schiff. Er wird uns nie umkommen lassen. «Was seid ihr so furchtsam, ihr Kleingläubigen?» ruft Er uns zu.

Sobald Er sieht, daß der Sturm sein erzieherisches Werk an uns getan hat, greift Er augenblicklich ein, und es gibt eine große Stille.

«Jesus zog von dannen und kam in Seine Vaterstadt, und Seine Jünger folgten Ihm nach.» Markus 6, 1.

Die Leute von Nazareth fanden, daß Jesus sie beunruhigte. Sie kritisierten Ihn und stießen sich an Ihm. Sie konnten sich das Geheimnis eines solchen Lebens nicht erklären. Sie behandelten Ihn wie den verachtetsten und unwertesten unter den Menschen, und dennoch mußten sie staunen über diesen «Zimmermannssohn»! Weil Er in allem dem Vater gehorsam war, sehen wir Ihn hier zum letzten Mal einkehren in diese Stadt, wo Er auf so viel Feindseligkeit gestoßen war.

Christ, der du von fieberhafter Tätigkeit und Lärm umgeben, deiner Hände Arbeit verrichtest und gegen den Strom angehst, machst du denselben Eindruck auf deine Kameraden wie der Sohn des Menschen? Stehst du in so enger Verbindung mit deinem himmlischen Vater, daß man in deinem Leben ein Geheimnis sehen muß und es nicht verstehen kann? Bist du der beste Arbeiter, der beste Angestellte, und in deinem Regiment der beste Soldat? Diese ganz menschliche Seite deines Lebens und christlichen Zeugnisses ist notwendig, damit das göttliche Leben, das in dir ist, sich zeigen kann. Zeugst du für Christus durch deine gut ausgeführte Arbeit, dein folgerichtiges Leben, voller Rücksichtnahme auf andere?

Denselben Menschen, bei denen Er jetzt auf eisige Gleichgültigkeit stieß, so daß Er von dannen ging, hatte Er zu Anfang Sein Herz aufgeschlossen und ihnen Seine unergründliche Liebe geoffenbart: «Der Geist des HErrn ist auf Mir ... Er hat Mich gesandt, die zu heilen, die zerbrochenen Herzens sind.»

In unserem Text heißt es: «Seine Jünger folgten Ihm nach». Folge Seiner Spur. Mach's ebenso wie Er. Verschwende deine Zeit nicht mit denen, die nicht hören wollen. In deiner Umgebung sind genug arme, zerbrochene Herzen, Gefangene, Blinde und Niedergeschlagene, die auf die frohe Botschaft und auf Heilung warten. Der Ruf der Gnade ergeht heute noch an alle, die müde und beladen sind. Die Bewohner von Nazareth mögen sich in ihrem Unglauben versteifen, du bist berufen, zu den Unglücklichen und Gefangenen zu gehen, die so notwendig einen Retter brauchen.

Wohin wird Er dich heute führen? Folge Ihm nur in aller Herzenseinfalt!

«Er ging zu ihr, neigte Sich über sie und bedrohte das Fieber. Da wich es von ihr.» Lukas 4, 39 (M).

Fieber ist immer ein Zeichen von Krankheit, aber hier hatte es eine geistige Ursache. «Er neigte Sich über sie und *bedrohte* das Fieber.»

Der Feind führt gern Fieber in christliches Dienen ein. Dadurch wird es unruhig, wirkt unangenehm auf andere und ist für den Diener selber ermüdend und angreifend. In wie vielen christlichen Familien herrscht Fieber, und nicht nur wegen einer Schwiegermutter! Ein Familienglied, das sich wie Martha viel Sorge und Unruhe macht, genügt. Sorgen bringen Falten auf die Stirn und verhüllen uns das Angesicht des HErrn. Unruhe führt zu Spaltungen und Leid. Wie traurig ist das!

Der HErr weiß, daß wir Ihm gern dienen und den Dienst gut ausrichten möchten. Aber unser Dienen kann Ihm nicht gefallen, wenn wir es mit fieberhaftem, fleischlichem, menschlichem Eifer tun. Das weiß der Feind, und darum hetzt er uns. Fieber im Leben junger und älterer Diener und Dienerinnen Gottes begünstigt die Absichten des Feindes. Er versteht es, aus unserer Unkenntnis über seine Anschläge Nutzen zu ziehen. Vielleicht bestärkt er uns auch in unserem Wunsch, eine Rolle zu spielen, oder treibt uns dazu, uns mit anderen zu vergleichen und sie überragen zu wollen. Oder drehen wir uns vielleicht um uns selber? Damit beginnt ein Fieber von Befürchtungen und Klagen!

Aber der HErr ist da und möchte Sich über uns neigen. Er ergreift die Hand, die Ihm dient. Er sieht, daß sie heiß und fiebrig ist, diese Hand, die so gern etwas für Ihn tun wollte. Und Er setzt Seinen Weg fort, von einem zum andern, segnet und heilt heute noch die Familien, die Werke und Unternehmungen, die fieberkrank sind. Aber Er kann nur eingreifen, wenn wir unsere Kraftlosigkeit zugeben und stille werden, so daß wir Ihn hören können. Dann neigt Er sich über uns, um dem Fiebergeist zu gebieten, von uns zu weichen.

«Und alsbald stand sie auf und diente Ihm.» Wenn wir von der Erregung und von fleischlichem Eifern befreit sind, können wir Ihm in Neuheit des Lebens dienen. Er in erster Linie hat ein Recht auf unseren Dienst, und unserer Liebe zu Ihm entspringt ein fruchtbringendes Dienen an anderen.

«Fürchte dich nicht, von nun an sollst du Menschen fangen.»
Lukas 5, 10.

Jesus ließ Sich dazu herab, in Simons Schiff zu steigen. Damit Sein Wort sich ausbreiten konnte, brauchte Er jemand, der Sein Diener werden sollte.

Langweilt uns unsere Tagesarbeit? Dann haben wir vergessen, daß der Herr Jesus in unser Schiff steigen und Sich an unserer Arbeit beteiligen will. Er möchte die Arbeit, die dir zur Gewohnheit geworden ist, mit der Herrlichkeit Seiner Gegenwart verklären. Wir wollen Ihn also einsteigen lassen in unser Schiff. Seine Gegenwart wird sich bestimmt bemerkbar machen. Wenn wir jeden Morgen in dieser Gesinnung an unsere Arbeit gehen, wird sich etwas ändern.

Außerdem prüft der HErr Petrus und bringt ihn dazu, seine Erfolglosigkeit einzugestehen: «Wir haben die ganze Nacht hindurch gearbeitet und nichts gefangen». Sind wir mutlos geworden, weil wir nicht viel Frucht bringen? Dann wollen wir es Ihm bekennen und lernen, auf Sein Wort das Netz auszuwerfen. Darin liegt das Geheimnis der Kraft. Anstatt uns auf unsere eigenen Bemühungen zu verlassen, werden wir dann von der Autorität Seines Wortes gelenkt. Unsere Gedanken werden gefangen genommen zum Gehorsam gegen Christus, und die Ergebnisse werden nicht ausbleiben. Bei Petrus war die Veränderung so groß, daß ihn ein Schrecken ankam wegen des Fischzuges, den er getan hatte.

Wenn der HErr und Sein Wort den Befehl in unserem Leben übernehmen, gibt es eine grundlegende Änderung. Was erstorben ist, wird neu belebt. Was unfruchtbar war, wird fruchtbar. Auf Mutlosigkeit folgt neue Hoffnung. Was unmöglich schien, wird möglich, und unser Lebensschiff wird zum Sprungbrett, von dem aus unser göttlicher Meister Sein herrliches Werk vollbringt.

Wenn wir in keiner Weise nach Ehre für uns selber trachten, wenn alles Vertrauen auf Fleisch uns genommen ist, dann sind wir in einer Verfassung, in der der Meister Seinen Ruf deutlich an uns ergehen lassen kann. Er wird uns dann das schöne Wort «von nun an» zurufen. «Fürchte dich nicht, von nun an sollst du Menschen fangen.» Er wartet unser am See Genezareth. Sein Wort dringe in unser Leben, unsere Erfahrung ein!

«Sie glaubten Seinen Worten nicht. Und sie murrten in ihren Zelten, sie gehorchten nicht der Stimme des HErrn.» Psalm 106, 24. 25.

«Sie murrten in ihren Zelten». ... Die große Sünde offener Empörung und gänzlichen Abfalls war noch nicht begangen. Hier ist nur die Rede von dem, womit es beginnt, vom «Murren», unterdrücktem, verborgenem Murren. Es zeigte sich noch nicht nach außen, nur in den Zelten. Aber Gott hörte es. Mit solchem Murren begann das Verhängnis in Israels Geschichte. Man kann im Vorhof des Hauses Gottes Loblieder singen, vor den Menschen vom HErrn zeugen, aber dabei «in den Zelten» murren!

Warum murrt man gegen die Lage der Dinge, gegen die Lebensumstände? Weil man den Verheißungen Gottes nicht glaubt und Seiner Stimme nicht gehorcht! Und doch sind die Umstände, die uns beunruhigen (nicht die, in die wir durch Unglauben oder Ungehorsam hineingeraten sind), nicht größer als Gott. Sie sind Ihm auch nicht gleichgültig. Laßt uns nur auf das hören, was Sein Wort sagt, und ohne Murren gehorchen. Wenn wir murren, sei es auch nur «in unseren Zelten», so hört es Gott, und Sein Geist wird betrübt. Sein Wort sagt, daß *«denen, die Gott lieben, alle Dinge zum Besten mitwirken.»* Römer 8, 28. Das ist das Heilmittel gegen Murren, das hilft uns, im Glauben Loblieder zu singen.

Warum murren wir «in unseren Zelten» gegen diesen oder jenen Menschen? Warum verletzen wir andere mit unseren Gedanken, die wir nicht offen auszusprechen wagen? Warum geben wir als Erlöste der Eifersucht Raum in unserem Herzen? Warum sind wir nachtragend, gehässig und hegen Gedanken, die uns vom «Lügner und Menschenmörder von Anfang» eingegeben werden? Wir wollen doch die Menschen, gegen die wir solche Gefühle haben, den Händen des HErrn überlassen. Und wenn uns Unrecht geschehen ist, wollen wir es Gott sagen, ohne zu murren!

Sein Blut reinige unsere Herzen von jeglichem Murren! Sein Heiliger Geist belebe uns und lasse in uns eine unerschöpfliche Quelle von Lobliedern entspringen, wie es Psalm 106, 1 und 48 ausdrückt: «Danket dem HErrn, denn Er ist gütig. Seine Gnade währet ewiglich! ... Und alles Volk soll sagen: Amen! Danket dem HErrn!»

«Die Wege des HErrn sind richtig, und die Gerechten wandeln standhaft darauf.» Hosea 14, 10 (A).

Nirgends steht in der Bibel, daß das christliche Leben leicht sei und unser Weg uns lange vorher bekannt sein müsse, sondern es wird uns ganz klar gesagt, daß Gott Seine Kinder beruft, sich im Glauben zu üben, zu lernen, von dem Wort zu leben, das aus Seinem Munde geht, und dabei standhaft ihren Weg zu gehen.

«Wer Mir nachfolgt, wird nicht in der Finsternis wandeln, sondern er wird das Licht des Lebens haben», sagt der Herr Jesus in Johannes 8, 12. Es ist abgemachte Sache für den Glaubenden, daß die Wege des HErrn richtig und sicher von Seiner Hand vorgezeichnet sind. Wenn der Gerechte auf diesen Wegen wandelt, bleibt er standhaft und im Frieden. Er weiß, daß er eines Tages verstehen wird, was ihm unverständlich war. Er sucht nicht, die Schwierigkeiten zu umgehen, sondern nimmt sie als Erziehungsmittel aus der Hand seines himmlischen Vaters, der ihn belehren will. Es genügt ihm, sich in Gottes Willen, in Seiner Gemeinschaft und unter einem offenen Himmel zu wissen.

Oft führt uns der HErr nicht den Weg, der uns am kürzesten scheint. Er ist fähig, Sein Volk, das Er um hohen Preis erkauft hat, durch die Wüste zu führen und mit Seinem Heiligen Geist sicher zu leiten. «Die Wege des HErrn sind richtig», der Gerechte wandelt standhaft darauf.

Auf Gottes Wegen wandeln sichert uns Seinen Schutz. Es ist das Geheimnis unentwegten Vorwärtskommens angesichts widriger Umstände. Wer auf Gottes Wegen wandelt, wird immer den Pfad entdecken, «den des Habichts Auge nicht erspäht». Der HErr wird ihm sogar in der Wüste einen Weg bereiten und ihn sicher durch die tiefen Wasser führen.

«Seid nicht wie Rosse und Maultiere ohne Verstand», sagt Gott, «Ich will dir den Weg zeigen, den du wandeln sollst.» Psalm 32, 9. 8. Das Geheimnis der Ruhe und des Friedens, des geistlichen Erfolges, liegt im Bleiben auf Gottes Wegen und im Wissen, daß Er Sein Kind führt. Wenn der Christ in dieser Stellung verharrt, wird der herrliche Plan der Liebe Gottes sich in seiner ganzen Klarheit zeigen, und dieser Liebe ist das Ende von Anfang an bekannt.

3. Februar

«David hielt sich fest an dem HErrn, seinem Gott.»
1. Samuel 30, 7.

Am Anfang dieses Bibelverses lesen wir, daß David sehr bedrängt war, denn das Volk wollte ihn steinigen. Er hatte alles verloren. Die Umstände sprachen gegen ihn, sie waren aus lauter Widerwärtigkeiten zusammengesetzt, und für die Zukunft war keine Hoffnung da. Aber David hielt sich fest am HErrn, und der HErr griff ein. David brachte alles wieder!

Du bist vielleicht in großer Not und stehst im Kampf. Der Feind greift dich von allen Seiten an. Du beschäftigst dich mit dem Gedanken, alles aufzugeben, und neigst dazu, unruhig um dich zu schauen. Dann halte dich nur fest an dem HErrn und fasse Mut! Versuche nicht, deine Lage zu verbessern, ehe du von Ihm Hilfe empfangen hast, die Er in diesem bestimmten Augenblick deines Lebens für dich bereithält. Laß dich nicht länger von schwarzen Gedanken quälen. Versuche auch nicht, dich in dich selbst zu verschließen. Dadurch wirst du nur niedergeschlagen! Zögere nicht, halte dich fest an dem HErrn, deinem Gott!

Das bedeutet, zurückkommen zur Quelle, zum Anfang, den du mit deinem Retter gemacht hast. Denke an die Verheißungen, auf die sich dein Leben und deine Berufung gründet, diese Verheißungen, die dein geistliches Leben und deine Berufung erzeugt haben. Gott kann Sich nicht Selbst verleugnen, auch dann nicht, wenn wir untreu werden. Gehe also in die Stille. Laß deine Besorgnis fahren. Halte dich fest am HErrn, um dir bei Ihm neuen Mut zu holen. Wenn die Prüfung an dir ausgerichtet hat, wozu sie bestimmt war, wirst du geläutert wie Gold aus ihr hervorgehen und wie David alles wiederbekommen.

Die Welt braucht Menschen, die diese Art von Festigkeit besitzen, die Gott dadurch verherrlichen, daß sie denen, die in Not sind, helfen können. Und sie werden dann mit David singen: «Du bist meine Hilfe geworden. Unter dem Schatten Deiner Flügel juble ich. Meine Seele hängt Dir an. Deine Rechte hält mich fest.» Psalm 63, 8. 9.

«Da meine Seele in mir verschmachtete, gedachte ich an den HErrn, und mein Gebet kam zu Dir.» Jona 2, 8.

Wer hätte nicht schon das Gefühl gehabt, zu verschmachten? Vielleicht war es in einer schmerzlichen Heimsuchung, beim plötzlichen Verlust eines lieben Menschen. Da erlebt man etwas von dem, was die inspirierten Worte in diesem Gebet des Propheten Jona ausdrücken. Wir sind ohnmächtig, unsere Seele verschmachtet. Aber wir gedenken an den HErrn, und gerade aus unserer Schwachheit entspringt ein Gebet, das bis zum Thron der Gnade aufsteigt.

Hat uns Dunkelheit überfallen? Umgeben uns Mächte der Finsternis mit ihrem scheinbar todbringenden Einfluß? Dann sind Geist, Seele und Leib niedergeschlagen, ohne Widerstandskraft. Aber wir gedenken an den HErrn. Unser Gebet dringt durch die dichten Wolken hindurch bis zu Ihm.

Steigen uns Zweifel auf? Werden wir in Versuchung geführt? Sind wir ratlos, in Unruhe und Angst? Kann sich unsere Seele nicht mehr aufraffen? Ihre Fähigkeiten sind wie gelähmt. Aber wir gedenken an den HErrn, und unsere Seufzer kommen vor Ihn.

Oder plagt uns körperliche Müdigkeit? Haben wir uns überarbeitet, so daß unsere Seele in uns verschmachtet, weil wir wirklich am Ende unserer Kraft sind? Dann wollen wir an den HErrn gedenken, der gesagt hat: «Knaben werden müde und matt, und Jünglinge fallen; die aber auf den HErrn harren, kriegen neue Kraft.» Jesaja 40, 29. 30.

Was Gottes Geist in unserem Text mit so bezeichnenden Ausdrücken schildert, erleben viele Kinder Gottes, die von ganzem Herzen wünschen, ein Ihm wohlgefälliges Leben zu führen. Der HErr läßt solche Anfechtungen zu, um Seinen Kindern zu zeigen, was für eine Macht das Gebet ist. Ihre Seele mag versagen. Der HErr versagt nie. Er herrscht auf Seinem Herrlichkeitsthron als mächtiger Überwinder des Feindes. Er ist der Erlöser Seiner Kinder für Geist, Seele und Leib. Er lehrt uns die Kraft Seiner Auferstehung kennen, und schließlich werden wir wie Jona am Ende seines Gebetes ausrufen: «Ich will Dir mit lauter Stimme danken und Dir opfern, was ich gelobt habe, ... denn das Heil kommt vom HErrn.»

«Wer auf Mich hört, wird sicher wohnen und frei von Angst vor plötzlichem Unheil sein.» Sprüche 1, 33 (M).

Bei unserem unruhigen Leben nehmen wir uns oft so wenig Zeit, auf Gott zu hören. Und doch ist Er unser Vater, und wir sind Seine Kinder. Er ist unser Haupt, der Anführer unseres Glaubens. Wir sind Seine Streiter. Wenn wir nicht auf Ihn hören, können wir weder Seines Segens noch unseres Lebens sicher sein.

Um auf Ihn hören zu können, muß man zuerst still vor Ihm werden. In dieser lärmenden Welt mit ihren tausend Stimmen, wo so viel Fieber herrscht, wo die Massen sich vor dem Rauschen der großen Wasser ängstigen und die Sturzwellen alles um sie her einreißen, gibt es ein göttliches Geheimnis: die Ruhe des Geistes, der in Verbindung mit Gott steht!

«Wer auf Mich hört, wird sicher wohnen und frei von Angst vor plötzlichem Unheil sein.» Diese Worte stechen besonders ab gegen die Zeit, in der wir leben. Bei der Unruhe und dem Lärm der vielen Stimmen, deren Zahl Legion ist, ist es gut, sich zu Gott zurückzuziehen, die Stille Seiner Gegenwart zu suchen und sich Zeit zu nehmen, auf Seine leise, sanfte Stimme zu hören und Seinen Willen zu erkennen. Das ist für ein Kind Gottes das erste, was es am Morgen tut. Wenn wir das vernachlässigen, ist unser geistliches Leben in Gefahr, zu verkümmern.

Warum sollte man Gott nicht auch in der Mittagsstunde wenigstens 5 Minuten widmen? Und am Abend sollte Er das letzte Wort haben, so daß wir den Tag mit Ihm beenden als Seine Kinder, Diener und Streiter. Dann werden wir mit einer Sicherheit und Ruhe des Geistes erfüllt, weil die Angst gewichen ist, diese Angst, die die Menschenherzen entweder hetzt oder lähmt.

«Wer auf Mich hört»... Unser Gott weiß alles. Seine unendliche Weisheit und unermeßliche Liebe ist ein Teil unseres Erbes in Christus. Er will, daß wir auf Ihn hören! Unser Gehorsam ehrt Ihn, und für uns ist Gehorchen das Unterpfand von geistlichem Leben, von unveränderter Kraft. Dadurch werden wir auch in unseren persönlichen und gemeinsamen Gebeten den rechten weiten Blick und die nötige Eingebung bekommen, so daß Gott unsere Bitten hören und erhören kann... zum Besten der Welt.

«Wer glaubt, wird nicht ängstlich eilen.» Jesaja 28, 16 (E). «Die beiden liefen miteinander, und der andere Jünger lief voraus, schneller als Petrus, und kam zuerst zur Gruft.» Johannes 20, 4.

Diese Worte sollen keine Entschuldigung sein für Trägheit, Passivität und Gemütlichkeit schläfriger Temperamente, die ihre Ruhe haben wollen, Opfer scheuen und Selbstverleugnung umgehen.

Aber man ist heutzutage zu schnellebig und bedenkt nicht, daß Oberflächlichkeit, Gewohnheit und Erschöpfung eine Gefahr bedeuten. In unserer Zeit sind die Lebensumstände dazu angetan, Ruhe, Rast und Stille auszuschließen.

Aber *für den, der glaubt,* gibt es ein Heilmittel: «*Nicht ängstlich eilen*», sich nicht von der Strömung des Lebens mitreißen lassen! Dann bleibt sein Herz ruhig, welches auch seine Tagespflichten und die zahllosen Einzelheiten, aus denen sie sich zusammensetzen, sein mögen, weil Gott Selbst dabei den Ton angibt und den Takt schlägt. Er hält Sein Kind geborgen unter dem Schatten des Allgenügenden.

«Wer glaubt, wird nicht ängstlich eilen», er läßt sich zu nichts zwingen und lernt es, seine Lasten und Sorgen abzuladen auf Gott. Aber wenn die Arbeit, zu der er berufen ist, ihn zu stark belastet, ihn bedrängt oder ermüdet und ihm die Gemeinschaft mit Gott raubt, dann wird er auf die Gefahr aufmerksam und bedenkt, daß er «nicht ängstlich eilen» soll. Er unterstellt sich der Leitung Gottes, der vor ihm hergeht und den Rhythmus seines Lebens regelt.

Wir sind berufen, in der Rennbahn zu laufen und den Preis zu erlangen. Aber es wird uns ausdrücklich gesagt, daß wir nach den Regeln kämpfen müssen. Es kommt vor, daß wir «schneller laufen als Petrus» und an einer «Gruft» ankommen, d. h. geistig austrocknen und ersterben, keine Frucht bringen, müde und mutlos werden, anstatt mit dem Auferstandenen in der Kraft Seiner Auferstehung, in Lebensneuheit zu wandeln. Wer in Ihm Ruhe findet für seine Seele, läßt sich nicht hetzen. Er wacht darüber, daß seine Arbeit den ihr gebührenden Platz einnimmt und die Gemeinschaft mit Gott die Hauptsache in seinem Leben bleibt.

7. Februar

«In allem guten Werk fruchtbar und in der Erkenntnis Gottes wachsend.» Kolosser 1, 10.

Diese beiden Sätze hängen voneinander ab. Das erlebt jeder Christ, der sich Gott geweiht hat und Sein Wort in der Welt ausbreiten will.

Fruchtbringen hängt von unserem *Wachsen in der Erkenntnis Gottes* ab. In der Natur ist die Vervielfältigung durch Samen ein allgemeines Gesetz. Das göttliche Gesetz für die geistliche Welt ist dasselbe. Wie wenige Christen haben das aber wirklich erkannt! Gott hatte bei ihrer Rettung die Frucht im Auge, die sie unter anderen Menschen für Ihn bringen sollten, und zwar auf ganz einfache, natürliche Weise. Wie viele Bäume haben jedoch nur Blätter! Wie viele Zweige tragen keine Frucht!

Der göttlichen Regel nach sollte man «*in allem guten Werk fruchtbar*» sein. Dazu sind wir berufen, bin *ich* berufen. Wie geschieht es aber? Durch «*Wachsen in der Erkenntnis Gottes!*» Wenn es keine Frucht gibt, kommt es daher, daß unsere Gemeinschaft mit Gott unterbrochen ist und wir keine Fortschritte machen in der Kenntnis Seines Wortes. Gott ist das Leben selbst, die unerschöpfliche Quelle allen geistlichen Lebens. Seine Erkenntnis macht uns fast wie von selbst fruchtbar, nicht durch fieberhafte Anstrengungen, sondern durch einfache Unterwerfung unter das göttliche Gesetz: die am Weinstock bleibende Rebe bringt geräuschlos Frucht.

«Fruchtbar *in allem guten Werk*» ... Unserer Hände Arbeit, unser tägliches Zeugnis und unser Gebetsleben sollen immer mehr Früchte tragen. Darum sei Wachsen in der Erkenntnis Gottes die Losung unseres Lebens! Das Ergebnis ist gewiß: wer Frucht gebracht hat, wird noch mehr Frucht bringen!

«Dadurch wird Mein Vater verherrlicht, daß ihr viel Frucht bringet und Meine Jünger werdet», sagt Jesus. «Gleichwie Mich der Vater liebt, so liebe Ich euch. Bleibet in Meiner Liebe!» Er ist die Liebe, in der wir bleiben müssen. Dann werden sich die Früchte zeigen!

«Er sandte Sein Wort und machte sie gesund und ließ sie ihren Gräbern entrinnen.» Psalm 107, 20.

Gott sendet Sein Wort, und wir geben es in Seinem Namen unseren Mitmenschen weiter. Darum brauchen wir menschliches Fühlen, die Weisheit und die Sorgfalt, die man in der Schule des HErrn lernt. Dann wird unser Dienst nichts von Frömmelei an sich haben, und wir werden ihn auch nicht mechanisch oder wie ein bezahlter Knecht tun.

Unser Text gibt uns den zu unserem Dienst nötigen Antrieb. Gott sandte Sein Wort, um die Menschen gesund zu machen, sie zu befreien von dem, was ihnen Verderben bringt. Aber liegen die Übel, an denen die Menschheit leidet, uns wirklich wie eine Last auf dem Herzen? Sie sind so verschieden wie die Menschen selbst. Gottes Wort bietet allen Heilung an. Unsere Aufgabe ist, das Wort in die Herzen auszustreuen in der Gewißheit, daß es nicht zu Gott zurückkehrt, ohne ausgerichtet zu haben, wozu Er es sandte.

Laßt uns in Gottes Gegenwart verweilen, um den rechten Blick zu bekommen für die leidende Menschheit, die unzähligen verwundeten Herzen, die von zerstörenden Mächten bedroht sind. Dann werden wir erkennen, wie viele Gelegenheiten sich bieten. Überall gibt es unabsehbares Leid! Manchmal äußert es sich in Empörung, Lästerung oder Frevel. Der Verfasser des Bibelbuches kann uns die Weisheit geben, sogar *diese* Herzen mit dem Heilmittel für ihre Wunden zu erreichen. Bei anderen verbirgt es sich hinter einer ruhigen, gefaßten oder gleichgültigen Außenseite. Wenn wir mit dem Verfasser des «Buches» in Verbindung stehen, werden wir auch dieser Art von Verletzten helfen können.

Eine solche Arbeit wird nicht vergeblich sein. Sie wird einst und auch jetzt schon belohnt. Zwar arbeiten wir nicht um Lohn, aber es steht geschrieben, daß ein jeglicher empfangen wird nach dem er gehandelt hat bei Leibesleben. 2. Korinther 5, 10. Nichts tun bedeutet, Böses tun. Wir leben in einer schwerverwundeten Welt. Diese Welt wird aber nicht zu uns kommen. Wir müssen zu ihr gehen mit dem Wort, das Gott sandte, und Er verspricht denen, die mit Tränen säen, daß sie mit Freuden ernten werden. Psalm 126, 5.

«Einer stellt sich reich und hat doch gar nichts, ein anderer stellt sich arm und besitzt doch viel.» Sprüche 13, 7.

Der Himmel hat ganz andere Ansichten über Menschen und Dinge als die Welt.

Unser heutiger Text erinnert an die letzte Warnung, die der HErr an Seine Kinder richtet: «Du sprichst: Ich bin reich und habe Überfluß und bedarf nichts.» Wo diese Art Selbstbefriedigung herrscht, fühlt man sich beruhigt und hält sich für reich, sehr reich. Man hat Selbstgerechtigkeit im Überfluß. In Wirklichkeit aber ist man arm, einsam und unbrauchbar. Der HErr sagt es und fügt hinzu, daß nichts weniger als ein Eingreifen Seinerseits notwendig ist, damit Seine Kinder zur Wirklichkeit erwachen, Seinen Rat befolgen und sich Augensalbe kaufen, um sehend zu werden.

Was lehrt uns aber das Wort: «Einer stellt sich arm und besitzt doch viel»? Nicht etwa, daß wir unsere Persönlichkeit unterdrücken sollen. Im Gegenteil, wir sollen uns aus Liebe zum Herrn Jesus und zu den Menschen vernünftig und ganz Gott ausliefern, echte Selbstverleugnung üben, damit andere Menschen gesegnet werden. Wir sollen wirkliche Opfer bringen und nicht eigene Interessen im Auge haben. Dann werden andere durch uns bereichert. Solche Entschlüsse zur Selbsthingabe werden nicht in der Öffentlichkeit, sondern im Verborgenen gefaßt, tief im Herzen drin, und im Gewissen, in der Gegenwart Gottes und im Licht geistlicher, ewiger Werte. Es sind Schritte, die am Scheidewege, dort, wo andere den breiten Weg wählen, aus Liebe zu Ihm getan werden.

Davon hat Jesus Christus ein Beispiel gegeben, als Er um unsertwillen arm wurde, obwohl Er reich war, damit wir durch Seine Armut reich würden. 2. Korinther 8, 9. Das erwartet Gott von uns, und dadurch werden wir, wie Paulus es in 2. Korinther 6, 10 ausdrückt, «Arme, die viele reich machen». Nur ein Leben, das diesen Preis bezahlt hat, kann andere bereichern und der Welt die herrliche Gabe der Gnade Gottes bringen. Der Geist Jesu Christi, der uns dazu treibt, ist eine wirkliche, obschon verborgene Kraft, und wenn Er in uns wirkt, werden die Menschen die Früchte sehen.

«Und ob ich schon wanderte im finstern Todestal, fürchte ich kein Unglück, denn Du bist bei mir.» Psalm 23, 4.

Dieser Text redet nicht nur vom «letzten Feind», dem Tod. Nein, jeder Christ, der seinem HErrn außerhalb des Lagers nachzufolgen wünscht, weiß etwas vom finstern Todestal: «Wenn jemand Mir nachkommen will, so verleugne er sich selbst und nehme sein Kreuz auf sich täglich und folge Mir nach.»

Bist du in diesem Tal angelangt? Stößt der HErr auf Widerstand, wenn Er dein ganzes Leben von dir fordert? Sind die von deiner Familie an dich gestellten Ansprüche oder deine persönlichen Wünsche, so berechtigt sie auch sein mögen, ein Grund dauernder, heimlicher Kämpfe? Ist dein eigenes Leben noch so stark, daß du von einer Krise in die andere fällst? Dann bist du an dem Ort angekommen, den man Schädelstätte nennt. Der HErr möchte dich nicht nur erfreuen mit gesegneten Versammlungen, sondern Selber Freude an dir haben, Freude an deiner völligen Hingabe an Ihn und deiner völligen Gemeinschaft mit Ihm.

Das finstere Todestal führt zu einem «gedeckten Tisch, zur Salbung mit Öl und zu einem überfließenden Becher.» Doch wisse, daß deine unangenehmen Erfahrungen, deine Kämpfe und Klagen solange dauern werden, bis du nachgibst und dein HErr dich dahin führen kann, *dir selber zu sterben, dich der Welt, deinem Fleisch und seinen Wünschen gegenüber für tot zu halten,* auch den Forderungen deiner Familie und deinen Freunden gegenüber, wenn sie Gegner dieses geheiligten Lebens sind.

David sagt: «Ich *wanderte* im finstern Todestal.» Warum also darin stecken bleiben, da dein guter Hirte dich hindurchführen möchte? Du mußt es *durchwandern* und siegreich aus ihm herauskommen.

Sich selber sterben, das ist leicht gesagt. Ist es aber eine Wirklichkeit für uns? Widerstrebe nicht länger, laß den HErrn in dir wirken! Das Tal hat einen Ausgang. Wenn du es durchschritten hast, wartet in Christus überfließendes Leben auf dich. Ja, «Güte und Gnade werden mir folgen mein Leben lang, und ich werde bleiben im Hause des HErrn immerdar.»

«Als sie aber hörten, daß er in hebräischer Sprache zu ihnen redete, wurden sie noch ruhiger.» Apostelgeschichte 22, 2.

Warum hören die meisten Menschen unserer Generation nicht auf den Ruf des Evangeliums? Warum interessieren sich unsere Zeitgenossen nicht für die Kirche und auch nicht für Den, den sie vertreten sollte? Nicht notwendigerweise deswegen, weil sie feindlich gesinnt wären gegen Gott, sondern weil das Leben und Zeugnis vieler Christen ihnen unverständlich ist. Sie warten, sie sehen sich unser Leben an; aber wir sprechen eine andere Sprache als sie. Die Verbindung zwischen ihnen und uns fehlt.

Vom Herrn Jesus wird uns gesagt, daß Er Gott war, aber die Gestalt eines Knechtes annahm und wie ein einfacher Mensch auftrat. Diese «Sprache» verstanden die Menschen. Der Apostel Paulus sagt von sich: «Den Juden bin ich wie ein Jude geworden, auf daß ich die Juden gewinne. Den Schwachen bin ich wie ein Schwacher geworden, damit ich die Schwachen gewinne. Ich bin allen alles geworden, damit ich allenthalben etliche rette.» 1. Korinther 9, 20. 22. Jesus Christus lehrt uns weinen mit den Weinenden und fröhlich sein mit den Fröhlichen, ohne dabei die göttliche Wahrheit zu verdrehen, oder die Grenzlinien zwischen göttlichen Dingen und Weltlichkeit zu verwischen.

Diese freiwillige Gleichstellung mit den Menschen, die wir gewinnen wollen, möchte der Heilige Geist in uns wirken. Er will uns die Liebe schenken, die unsere Herzen auftut für die von Gott so geliebte Welt. Dieser Liebe wird es gelingen, die Schranken zu beseitigen, die es den Weltmenschen so schwer machen, unser Leben zu verstehen und darin zu lesen wie in einem Brief Christi, den der Heilige Geist in unsere Herzen geschrieben hat. 2. Korinther 3, 3.

Sprechen wir die Sprache unserer Umgebung? Handeln wir so, daß es «ruhig» wird in den Herzen und Gewissen der Unbekehrten, weil unser Beispiel redet? Dann werden sie anfangen, Christus und Seine Botschaft zu verstehen.

«Denn die Liebe Christi drängt uns, die wir dafür halten, daß, wenn einer für alle gestorben ist, so sind sie alle gestorben.»
2. Korinther 5, 14.

Wenn ein Christ von der Liebe Christi ergriffen, gedrängt und eingehüllt wird wie der Apostel Paulus, dann wird diese Liebe zur treibenden Kraft seiner Gedanken, Entschlüsse und Worte. Heimliches Streben nach eigenen Vorteilen hört dann auf.

Daß Christus *«für alle gestorben ist»*, bedeutet in Wirklichkeit, daß wir von Natur alle tot sind, aber aus Gnaden lebendig werden durch die Auferstehung Christi. Darum sollen die, welche leben, die, welchen diese Gnade zuteil wurde, nicht mehr sich selbst leben, sondern *Dem, der für sie gestorben und auferstanden ist.*

Wie kleinlich und selbstsüchtig erscheinen diesen Tatsachen gegenüber die Einwendungen unseres Eigenlebens und die Gedanken, die uns dem Machtbereich dieser Liebe entziehen wollen! Wenn es sich darum handelt, Gott zu dienen und sich diesem Dienst ganz zu weihen, machen wir oft Einwände und stellen Berechnungen an, die wir nie wagen würden vorzubringen, wenn unser irdisches Vaterland unsere Dienste beanspruchte.

Gott gebe, daß wir erleben, wie die Liebe Christi uns drängt. Wir hätten ja sterben müssen, wurden aber aus Gnaden erlöst und mit Christus lebendig gemacht. Infolgedessen gehört alles, was wir sind und haben, nicht mehr uns!

Wir wollen das Kreuz bis auf den Grund unseres Wesens vordringen lassen, bis an die Wurzeln unseres Eigenlebens. Wir wollen zulassen, daß es unser «Ich» schlägt, welches sich so gern mit frommem Schein umgibt, um sich am Leben zu erhalten, Einfluß auszuüben und seine Interessen zu wahren. Das Kreuz enthülle die letzten Verschanzungen unseres Eigenlebens, dann kann die Liebe Christi unser ganzes Wesen durchdringen. Dann wird unser Verständnis, unser Denken und Urteilen erneuert, und unser Leben wird Ruhe, Freude und Frieden finden, weil es für die andern Menschen da ist.

«Es war kalt, und sie wärmten sich. Petrus aber trat zu ihnen und wärmte sich.» Johannes 18, 18.

Petrus, der vom HErrn geliebte Jünger, der Ihm Treue geschworen hatte bis zum Tode, wärmt sich bei den Feinden seines Meisters! Zuerst ging es bergab mit ihm, als er nicht eine Stunde wachen und beten konnte. Der zweite Schritt war dieses Stehenbleiben im Hofe, wodurch er sich trennte von seinem Meister, der, von Seinen Feinden angeklagt und mißhandelt, zum Sühnopfer wurde.

Wie viele Christen «wärmen» sich, anstatt sich zu ihrem HErrn zu halten, der von der Feindseligkeit derselben Welt, die Ihn damals kreuzigte, auch heute wieder angeklagt und verworfen wird.

«Es war kalt.» Auch heute erkaltet in vielen die Liebe zu Ihm. Sie wird ersetzt durch Formalismus, angebliche Heiligung, zahlreiche Werke und Unternehmungen. Aber das auf die Bibel gegründete Heil und die wahre Hingabe fehlen. Es ist keine Gemeinschaft Seiner Leiden, keine Gleichgestaltung mit Seinem Tode vorhanden. Anstatt sich so hinzugeben, «wärmt» man sich und denkt an seine eigenen Interessen. Die Religion, die man ausübt, gibt weder zu Kritik noch zu Verwerfung Anlaß. Anstatt es mit dem Angeklagten zu halten, steht man mit Seinen Verklägern in Verbindung, und anstatt die Wundmale Christi zu tragen, verletzt man seine Brüder . . .

Der HErr hat uns gewarnt und gesagt, in den letzten Tagen würde die echte, aufopfernde Liebe erkalten, Eifern und Werketun an ihre Stelle treten, und immer starrer werdende Formen der Gottseligkeit die Auserwählten verführen.

Darum laßt uns eine Stunde mit Ihm wachen und beten und Ihm dann folgen, ohne stehenzubleiben, ohne der Gleichgestaltung mit Seinen Leiden auszuweichen. Philipper 3, 10. Während die Jünger «sich wärmen» und die Christen bei einem leichteren Leben stehenbleiben oder einen allgemein beliebteren Dienst wählen, steht Er, der Meister, allein vor Gericht, trinkt den Kelch allein, und wird überdies tief verletzt von der Eiseskälte Seiner Jünger.

Und die Stätte, an der die Jünger sich «wärmen», wird schließlich zur Stätte der Verleugnung . . . Wie steht es mit uns?

«Ihr sollt so gesinnt sein, wie Jesus Christus auch war.»
Philipper 2, 5.

Philipper 2, 1—11 ist einer der wichtigsten Abschnitte in der Bibel. Er enthüllt einen anomalen Zustand unter den Christen im allgemeinen, zeigt uns aber gleichzeitig das Geheimnis, wie man leben und arbeiten kann, um dem HErrn Ehre zu machen.

Ein wahrhaft uneigennütziges Dienen mag unbeliebt sein — solche Pflanzen wachsen nicht auf den ausgetretenen Pfaden der Christenheit —, aber ihr Duft und ihre Früchte werden von wohlgesinnten Menschen anerkannt und erwecken Vertrauen. In religiösen Dingen Vorteile für sich selber suchen, ist so gang und gäbe, daß Ausnahmen Verwunderung und Widerstand, ja Neid und Mißtrauen erregen.

Gott, Seinem Volk und der Welt uneigennützig dienen, ohne etwas für sich zu erwarten, heißt gesinnt sein, wie Jesus Christus war, « welcher, da Er Sich in Gottes Gestalt befand, es nicht wie einen Raub festhielt, Gott gleich zu sein, sondern Sich Selbst entäußerte, die Gestalt eines Knechtes annahm und den Menschen ähnlich wurde, und in Seiner äußeren Erscheinung wie ein Mensch erfunden wurde, Sich Selbst erniedrigte und gehorsam wurde bis zum Tod, ja bis zum Kreuzestod. Darum hat Ihn auch Gott erhöht.»

Damit führt uns Gottes Wort in ein Heiligtum, und um hineindringen zu können, gilt es einen Preis zu bezahlen, in die Gemeinschaft der Leiden Christi einzugehen. Aber darauf folgt eine Belohnung! Wir werden Frucht tragen in der Welt. Dort gibt es noch andere Schafe, die nicht aus diesem Stall sind und die hergeführt werden müssen. Unsere Berufung gilt der Welt, und das Geheimnis, Seelen gewinnen zu können, liegt darin, daß man so gesinnt ist wie Jesus Christus, und daß man unter Seinen Kindern so lebt, wie Er unter Seinen Jüngern lebte.

Laßt uns das Wort des Lebens in die Welt tragen und in der allgemein herrschenden Verwirrung zu Ihm gehen, um von Ihm Selbst den rechten Blick zu erhalten, die Gesinnung, die in Ihm war, damit wir Seinen Fußspuren folgen, außerhalb ausgetretener Wege, dort, wo Er die Welt, die Er so sehr geliebt hat, segnen kann.

«Befiehl dem HErrn deine Werke, so werden deine Gedanken festgesetzt.» Sprüche 16, 3 (A).

Diese Worte gelten hingegebenen Christen, denen Gott eine Verantwortung überträgt, die viel verschiedene, wichtige Aufträge auszuführen haben und dabei, wie uns von den alten Propheten gesagt wird, «Menschen sind wie wir», in ihren Körper- und Seelenkräften begrenzt, arm an materiellen Mitteln. Solche «irdenen Gefäße» gebraucht Gott, damit die Macht und der Erfolg ihres Dienstes Ihm zugeschrieben werde.

Diese Worte gelten der Mutter, die mit Arbeit überhäuft ist, dem Kaufmann, dem Unternehmer, dem Geschäftsführer und dem Arbeiter, der weiß, daß der Mensch nicht vom Brot allein lebt, sondern von jedem Wort, das durch den Mund Gottes ausgeht. Sie gelten dem Glaubenden, der weiß, daß die geistlichen Dinge all sein Tun und Lassen eingeben und regieren sollen.

Schon beim Erwachen am Morgen können uns Gedanken an die Tagespflichten wie eine Lawine überfallen, und schnell werden wir mutlos oder lassen uns vor Angst den Glaubensblick trüben! Aber Gott sagt: «Befiehl dem HErrn deine Werke, so werden deine Gedanken festgesetzt.»

Das mit «befehlen» übersetzte Wort bedeutet, nach einem fest gefaßten Entschluß «etwas auf jemand abwälzen». Das lehrt der Meister Seine Jünger, denen Er eine Verantwortung übergibt. Gott gibt uns Aufträge, belastet uns aber nie. Wenn wir das begreifen, wird Ruhe unsere Tätigkeit, Herzensfriede unsere Arbeit begleiten.

Wenn wir alles auf Gott abwälzen, was wir zu tun haben, dann setzt Er unsere Gedanken in Ruhe und Frieden fest in Ihm. Und wenn der Tag zu Ende ist, sehen wir zu unserer Verwunderung, daß unsere Befürchtungen sich nicht bewahrheitet haben und wir bei unserer Arbeit, ohne es zu wissen, genährt wurden vom «verborgenen Manna».

«Deine Gedanken werden gesetzt». Gedanken können drückende Sorgen mit sich bringen und ganz falsche Begriffe erzeugen. Wenn Gott sie in Seine Ruhe setzt, wird alles anders. Er weiß, was kommen wird und was wir gerade in diesem Augenblick nötig haben. «Er macht alles wohl!»

«Sie hat getan, was sie konnte.» Markus 14, 8.

Sie hat getan, was sie konnte, so urteilt Der, der alles weiß und alles sieht. Wir Christen lassen uns so leicht zurückhalten von dem «Ich kann nicht!» Wenn ein Ruf zum Dienst, zur Hingabe oder zum Übernehmen einer Verantwortung an uns ergeht, weichen wir aus und sagen: *«Ich kann nicht!»*

Das ist aber ein Wort, das erstens unvereinbar ist mit der Gegenwart des HErrn und unserer Gemeinschaft mit Ihm; es beweist, daß wir Ihm fern sind. Zweitens ist es oft ein gewohnheitsmäßiger Ausspruch solcher Seelen, die nicht dem biblischen Niveau entsprechend leben, weil sie in gesetzlichen Geleisen steckenbleiben und das für Wandeln im Glauben halten. Drittens wird es unüberlegt ausgesprochen, und viertens ist es nicht wahr. Man sagt: «Ich kann nicht», sollte aber eigentlich sagen: «Ich will nicht, ich bin es nicht gewohnt, Gott auf die Probe zu stellen, und will nicht, daß Er mich auf die Probe stellt».

«Sie hat getan, was sie konnte.» Hier ist nicht die Rede von eigenen Kräften oder Willensanstrengungen, mit denen manche Menschen einen wahren Götzendienst treiben, sondern von einem ausgelieferten Leben, einer Liebe, die der Liebe Gottes Gegenliebe erzeigen will, von aktivem Glauben, Lebensgemeinschaft mit dem Herrn Jesus, die sich in Taten zeigt.

«*Sie*» (und das kannst du sein!) entschuldigt sich nicht mit ihrer tatsächlichen Unfähigkeit, sondern gibt sich ganz hin, wenn der Ruf zur Pflicht, zur Tat, zum Übernehmen einer Verantwortung an sie ergeht. Dann läßt Gott gerade in ihrer Schwachheit Seine Kraft durchbrechen und aus ihrer Armut Seine Reichtümer fließen.

Kann der Meister von uns sagen, daß wir den großen geistlichen Nöten und den wartenden Massen gegenüber getan haben, was wir konnten? Wir wollen es doch ebenso machen wie die Überwinder im Alten Testament, von denen geschrieben steht: «Kaleb beschwichtigte das Volk und sprach: Laßt uns hinaufziehen und das Land einnehmen, denn wir können es überwältigen.» 4. Mose 13, 30.

«Er fiel des Tages dreimal auf die Knie nieder, betete und dankte seinem Gott.» Daniel 6, 11.

Im Beten kommt die Geistesgemeinschaft des Christen mit seinem Großen Hohenpriester in der Herrlichkeit zum Ausdruck. Also betet er ohne Unterlaß, sein ganzes Leben ist Gebet, ein Widerschein des Priesterdienstes des HErrn.

Aber Beten ist auch eine geistliche Übung, kein frommer Brauch, keine Form, sondern eine Dienstverrichtung, entweder in Gemeinschaft mit anderen, die derselben Meinung sind, Matthäus 18, 18—20, oder allein mit Gott, wenn wir unser Herz vor Ihm ausschütten. Daniel ging durch schwere Anfechtungen und betete dreimal täglich auf den Knien, wie es seine Gewohnheit war. Sein Beispiel demütigt uns! Wir wagen zu sagen: «Wir haben keine Zeit»! Wir sollten lieber gestehen, daß wir uns keine Zeit nehmen mögen, um in der Stille mit Gott zu reden und Ihn zu loben.

Wir stehen in unseren Tagen wie zu Daniels Zeiten vor einem Manöver des Fürsten dieser Welt, der sich bemüht, das Gebet abzuschaffen, weil es eine Kraft für Gott und eine Gefahr für ihn, den Teufel, bedeutet. Um einen Anklagegrund gegen Daniel zu finden, verboten seine Feinde jegliches Beten zu Gott. «Als nun Daniel erfuhr, daß das Edikt unterschrieben war, ging er hinauf in sein Haus. Er hatte aber in seinem Obergemach offene Fenster gegen Jerusalem, und er fiel auf die Knie nieder und betete ...»

Wäre es nicht gut, wenn wir, die wir Gebetsgeist um uns her verbreiten sollten, es ebenso machten wie Daniel? Wenn wir uns bewußt sind, daß sich der Widerstand feindlicher Geistesmächte direkt gegen zielbewußtes Beten richtet, besteht keine Gefahr, daß unser Gebet zu einer Form der Gottseligkeit wird. Wir sollten «*des Tages dreimal*» beten — nicht zu lang, denn dazu eignet sich der Stundenplan der meisten unter uns nicht —, aber intensiv und im Bewußtsein unserer Gemeinschaft mit Gott.

Wollen wir nicht von nun an morgens, mittags und abends zur Kraftquelle gehen, nicht unter gesetzlichem Zwang, sondern getrieben von Gottes Gnade, nicht um von den Menschen gesehen zu werden, sondern damit Gott die, für die wir beten, gnädig ansieht?

«Dazu seid ihr berufen, weil auch Christus für euch gelitten und euch ein Vorbild hinterlassen hat, daß ihr Seinen Fußstapfen nachfolget.»
1. Petrus 2, 21.

Wir sind berufen, zu dienen und Frucht zu bringen, unter der Bedingung, daß wir unserem Herrn Jesus Christus in den Spuren Seiner Leiden nachfolgen. Wie oft versuchen wir aber, das zu umgehen! Und doch, der einzige, Christus angenehme Dienst geht vom Kreuz aus. Die einzig bleibende Frucht ist die eines Lebens, das mit Christus zusammengewachsen ist durch die Gleichgestaltung mit Seinem Tode und Seiner Auferstehung. Das ist der Maßstab für unseren Dienst, und welch ein Licht wirft das auf unser Dienen!

Die Fußspuren Christi beginnen in der Krippe, in der Er ein ganz einfacher Mensch wurde. Dann führen sie durch die Verständnislosigkeit sogar von Jüngern und Freunden, gehen dann durch die tiefen Furchen des inneren Leidens unter der Verwerfung. *«Dazu seid ihr berufen». Dieses* Vorbild hat Er euch hinterlassen, ein Beispiel von Entsagung, von Schweigen beim Opferbringen und von Selbstdrangabe.

Folgen wir Ihm nach, außerhalb der großen Masse, außerhalb der menschlichen Unternehmungen und Ränkespiele? Seine Fußspuren führen uns nicht zur Mehrheit, sondern in die Einsamkeit. Dreimal heißt es von Jesus, daß Er verborgen bleiben wollte. Aber gerade dann gingen Ströme lebendigen Wassers von Ihm aus. Und dahin führen Seine Spuren uns. Johannes 7, 38. Wenn der Tod, Sein Tod, in uns wirksam ist, wirkt das Leben in den anderen Menschen.

Der Weg, den unser HErr ging, wird nie allgemein beliebt sein, er umgeht, was in die Augen fällt. Wenn wir aber den Fußspuren Christi in der Gemeinschaft Seiner Leiden folgen, sehen wir in unserem Dienst göttliches Leben, Frieden und Trost, und die wartende Welt wird gesegnet. *«Dazu seid ihr berufen.»*

Beim Festmahl des Königs Saul bleibt unser Platz leer, 1. Samuel 20, 25, aber in der Spalte des geschlagenen Felsens ist Raum für uns. Und dort, wo die Fußspuren Seiner Leiden sind, werden wir Seine Herrlichkeit sehen. 2. Mose 33, 22.

«Wer dem HErrn anhängt, ist ein *Geist mit Ihm.»*
1. Korinther 6, 17.

Unser gestriger Text redete von den Leiden Christi, und wir sahen, daß wir mit der Gemeinschaft Seiner Leiden nicht am Endziel angelangt sind; es ist vielmehr der Weg, der uns zur Kraft Seiner Auferstehung führt. Heute wollen wir uns mit der Herrlichkeit Christi beschäftigen und das Erbe betrachten, das Er uns gewährt. Auf die Nacht der Leiden Christi folgt ein Morgen von Sieg, Reichtum und Frucht.

Ja, wenn unsere Füße in Seine Fußstapfen treten, wird unser Geist eins mit Seinem Geist, dem Geist des HErrn auf dem Thron der Gnade. Wir sind nicht nur in Seinem Tode mit Ihm verwachsen, sondern auch in Seiner Auferstehung. Wir erleben die Erhörung des in Epheser 1, 19 aufgeschriebenen Gebets: die Augen unseres Herzens öffnen sich für die Hoffnung, die mit unserer Berufung zusammenhängt, für die Reichtümer Seines Erbes in uns und die überwältigende Größe Seiner Macht an uns, die wir glauben, dieselbe Macht, die Gott in Christus wirksam machte, als Er Ihn von den Toten auferweckte, um Ihn hoch über alles zu erheben und alles unter Seine Füße zu tun.

Das ist unser Erbteil, unsere Berufung. Wir dürfen diese Kraft jetzt in unserem Leben und Dienst für Ihn kennenlernen. In einer Zeit, in der «die Sonne und die Luft verfinstert werden», Offenbarung 9, 2, steht unser Geist in Christus über dieser Finsternis. Wir leben hoch über den Unwahrheiten und Irrtümern, die in der Luft liegen und die wir einatmen.

Trotz der Unruhen, die durch die Zusammenstöße zwischen den Völkern entstehen, bleibt unser Geist vereint mit Christus, dem Verherrlichten, und schaut alles von oben her an. Während unsere Füße auf Erden weiter in die Fußstapfen des Herrn Jesus treten, ist unser Geist eins mit Ihm und bleibt auch unter dauernd wechselnden Umständen fest. Anstatt überwältigt zu werden, halten wir dann stand und bleiben aufrecht stehen in der Gnade. Römer 5, 2; Epheser 6, 10—11.

Wer dem HErrn anhängt, ist *ein* Geist mit Ihm. Auch bei einer Fülle von Tagespflichten und zunehmender Arbeit legt das Herz seine Lasten ab, die Seele atmet auf und der Körper entspannt sich. «Dazu sind wir berufen.»

«Er sagte ihnen aber ein Gleichnis dafür, daß sie allezeit beten und nicht ermatten sollten.» Lukas 18, 1 (E).

Unser HErr hat mehrmals besondere Unterweisungen übers Beten erteilt. Daraus sehen wir, wie wichtig Ihm das Gebet war und noch heute ist. Er will, daß Seine Kinder ohne Unterlaß ein von Schwäche und Ermatten freies Gebetsleben führen.

Dieser Ausspruch richtet sich an Christen, die unter der enttäuschten Menschheit ihren Mann stellen und, solange es noch Zeit ist, für Gott und Sein Wort wirken wollen. Er betrifft nicht die Rechtgläubigen, die sich nur mit äußeren Förmlichkeiten begnügen, «auf Fleisch vertrauen», wie der Apostel es nennt, und an ihren Kenntnissen, seien sie auch noch so biblisch, Gefallen finden, sondern die, die als gute Streiter Jesu Christi Stellung genommen haben. Diese verstehen den Sinn des Gleichnisses. Sie kämpfen wie diese standhafte Witwe gegen ihren «Widersacher», sie leiden wie sie unter der Feindseligkeit des Fürsten dieser Welt, unter den Umständen, die gegen den christlichen Zeugendienst sind, und nur sie kommen auch in Versuchung, im Gebet zu ermatten.

Jedem Christen, der für den heiligen Krieg angeworben ist, droht die Gefahr, durch Erschöpfung und Leid niedergeschlagen und mutlos zu werden oder in Rührseligkeit zu verfallen, sich um sich selber zu drehn und kampfunfähig zu werden. Allezeit beten und nicht ermatten, darin liegt das Geheimnis, um alles wohl ausrichten und das Feld behalten zu können. Epheser 6, 13.

«Betet, betet allezeit», sagt der Meister. Laßt euch von Seiner Gegenwart durchdringen und ermattet nicht. Müßt ihr um Seines Namens willen leiden, dann lest 2. Korinther 4. Dort spricht der Apostel von seinen Leiden und sagt schließlich: «Darum werden wir nicht entmutigt (wörtlich: deshalb ermatten wir nicht), denn wir sehen nicht auf das Sichtbare, sondern auf das Unsichtbare.» 2. Korinther 4, 16. 18.

Gott gebe, daß wir bei unserer täglichen Arbeit und schlichten Pflichterfüllung nicht erschöpft werden, sondern in Seiner Kraft und durch die übernatürliche Macht des Gebets den Feind in seinem Widerstand erschöpfen!

«Sie weiß nicht, daß es Jesus ist.»
Johannes 20, 14.

Dieser Vorfall ist lehrreich und tröstlich für uns. Angesichts gewisser Schwierigkeiten, die die Jünger hatten, tun wir gut, zu schweigen anstatt zu richten. Wenn wir an ihrer Stelle gewesen wären, hätten wir uns gewiß nicht besser benommen!

Diese getreue Frau, die unter ihrem Schmerz zusammengebrochen war, wußte nicht, daß sie der Gegenstand besonderer Fürsorge war und im Mittelpunkt eines unvergleichlichen Vorgangs stand. Der Auferstandene wollte Sich zum erstenmal zeigen. Sie wußte nicht, was das für sie und für die ganze Welt bedeutete. Sie glaubte, den Gärtner vor sich zu sehen. Aber ihre Unwissenheit war kein Hindernis für Gott. Sein Plan wurde ausgeführt, und die Befreiung kam.

Diese Botschaft gilt denen, die in Schwierigkeiten sind. Auch du «weißt es nicht», aber Er ist da, Er kennt deine Schwierigkeit und gebraucht sie als Erziehungsmittel. Er will deinen Glauben dadurch festigen. Lerne nur von Ihm, Er ist sanftmütig und von Herzen demütig. In Krankheitszeiten, oder bei Enttäuschungen, die du lieber nicht erlebt hättest, denkst du vielleicht gar nicht daran, daß Jesus sie zuläßt, um dir eine neue Offenbarung Seiner Selbst zu gewähren und dich auf ein höheres Niveau geistlichen Lebens zu führen.

Oder hat Er vielleicht jemand, der Ihm dient, als Werkzeug benützt, um dir etwas zu sagen, was dir schwer wurde, anzunehmen? Du «wußtest nicht», daß der gute Hirte durch diesen Menschen mit dir redete und von dir erwartete, daß du Ihm dein Herz und deinen Willen unterwürfest, damit der Sieg und die Freude der Auferstehung in deinem Leben erscheinen könnte. Es war der göttliche «Gärtner», der dich beschnitt, damit du mehr Frucht brächtest.

Wir wollen Ihn nur nicht fortschicken, sondern Ihn grüßen, Ihn, «den wir nicht gesehen und doch lieb haben und über den wir uns freuen werden mit unaussprechlicher und herrlicher Freude.» 1. Petrus 1, 8.

Wenn wir uns ein offenes Herz schenken lassen und unseren Willen unter Seine Liebe beugen, dann ruft Er uns bei unserem Namen «Maria», und wir sagen: «Meister!» Dann sind wir nicht mehr traurig und unser Leben wird anders!

«Und Er brach auf von dort und kam durch das Land jenseits des Jordan in das Gebiet von Judäa. Und abermals kam die Menge in Scharen zu Ihm, und Er lehrte sie wieder, wie Er gewohnt war.»
Markus 10, 1.

Jesus kam wieder in das Land, wo man Ihn hatte steinigen wollen, in das Gebiet von Judäa, wo Seine Feinde waren. Die Jünger warnten Ihn und sagten: «Rabbi, eben noch haben Dich die Juden zu steinigen gesucht, und Du begibst Dich wieder dorthin?» Johannes 11, 8. Aber Er wählte diese Gegend, um dort Seinen Dienst zu vollenden.

Wie schlicht klingt dieser Satz: «*Abermals kam die Menge in Scharen zu Ihm*», noch einmal, immer wieder von neuem! Welche Offenbarung der oft unbewußten Sehnsucht der Massen und der Menschenseele! Sie sucht hier und da, kommt dann aber wieder zu Ihm. Was die Welt bieten kann, was als Heil verkündigt wird von vielen, die unter dem Namen Christi auftreten, ist Täuschung. Alle «Lösungen», die sie gefunden zu haben meinen, verschlimmern nur die Lage der Welt. Die Menschenseele aber kommt zu Jesus, «abermals» zu Ihm. Welche Hoffnung für die, die Gott und Seiner Heilsbotschaft unter ihren Mitmenschen dienen wollen!

Bist du heute vielleicht mutlos geworden, weil du schon so oft einen Versuch gemacht hast? Komm nur zu Ihm, «abermals» zu Ihm! Versuche es noch einmal!

Mehr noch: «*Jesus lehrte sie wieder, wie Er gewohnt war.*» Welch ein Beispiel von der Geduld unseres geliebten Retters! Er läßt nicht nach, Er redet noch einmal, Er hilft von neuem. Seine Sanftmut, Sein Verständnis und Seine Güte ändern sich nie. Menschliche Untreue kann der Treue Gottes keinen Abbruch tun, denn diese strömt unaufhörlich über, wie eine frische, unerschöpfliche Quelle. Er lehrt, redet, segnet . . ., wie Er gewohnt war.

Verstehst du, was dir diese Worte zu sagen haben? Entsprechen sie nicht einem Bedürfnis in dir? Versuche es noch einmal, beginne von neuem, verliere nicht den Mut, laß nicht nach! Er kennt deine Schwierigkeiten, Er weiß, wie es um dich steht. Komm von neuem zu Ihm, Er wird dir wieder helfen, wie Er gewohnt ist. «Der HErr lenke eure Herzen zu der Liebe Gottes und zu der Geduld Christi!» 2. Thessalonicher 3, 5.

«Ich habe den HErrn allezeit vor Augen. Weil Er mir zur Rechten, ist, wanke ich nicht.» Psalm 16, 8.

«Ich habe den HErrn allezeit vor Augen», das war ein Entschluß den David gefaßt hatte. Diesen festen Anker für seine Seele besaß er in seinem bewegten Leben. Seine Blicke richteten sich auf den HErrn, der im Mittelpunkt seines Lebens und seiner Interessen stand.

Neutestamentlich ausgedrückt bedeutet dieser Gedanke, daß der HErr im Leben des Glaubenden in allem der Erste ist. Das Kind Gottes sollte allem widerstehen, was seinem HErrn den Vorrang streitig machen und die Gemeinschaft mit Ihm stören könnte. Unsere Blicke werden von so vielem angezogen, so viele Geräusche wollen unsere Ohren betäuben, so manch lockender Ruf versucht, unsere Schritte vom Wege abzulenken. Man könnte sich viel Verdruß und unnötiges Leid ersparen, wenn man den festen Entschluß faßte, den HErrn zum Mittelpunkt des Lebens zu machen. Nur dann wankt man nicht.

Haben wir den HErrn allezeit vor Augen? Ruht unser Glaube ohne Wanken in Ihm? Wenn wir in Versuchung kommen, einen leichteren Weg, ein niedrigeres Niveau zu wählen, laßt uns achtgeben, daß der HErr in unserem Leben in allem den Vorrang habe. Dann wird die Versuchung vergehen.

Wir wollen uns also prüfen im Licht dieses Wortes. Hat Gott wirklich den Vorrang? Suchen wir vor allem nach dem, was droben ist, wo Christus ist, zur Rechten Gottes? Trachten wir nach diesen Dingen? Ist Christus wirklich unser Leben? Gibt uns Sein Wille wirklich unsere Entschlüsse ein? Ist die Ehre Gottes tatsächlich der Zweck aller unserer Bemühungen?

Wenn ja, dann können wir sagen, weil es wahr ist: «Ich wanke nicht.» Dann ist unser Herz fröhlich, weil es eine Quelle besitzt, die nie versiegt. Und der HErr wird uns den Weg des Lebens zeigen, diesen Weg, der sich Schritt für Schritt vor uns auftut, während wir unserem Meister nachfolgen. Und der hat die Wegrichtung Selber vorgezeichnet.

« Ich habe den HErrn allezeit vor Augen.»

24. Februar

«Jesus Christus ist gestern und heute und derselbe auch in Ewigkeit.» Hebräer 13, 8.

Wir haben einen Gott, der in alle Ewigkeit derselbe bleibt, sowohl in Seiner unbestechlichen Gerechtigkeit und in Seinem gerechten Zorn, als auch in Seiner Treue und unermüdlichen Liebe. Alle Seine Eigenschaften zeigen sich in völligem Gleichmaß und vollkommener Harmonie.

Auch für den Glaubenden, Sein Kind, das Er um hohen Preis erkauft hat, ist Er gestern, heute und in Ewigkeit derselbe. Was Er in der Vergangenheit war, das ist Er auch heute und wird es morgen sein, der Vater des Lichts, bei welchem keine Veränderung ist, noch ein Schatten infolge von Wechsel. Er möchte, daß wir uns bei der Unbeständigkeit unseres Lebens auf Seine Beständigkeit verlassen. Unsere andauernden oder vorübergehenden Schwierigkeiten sollen uns lehren, Gott auf die Probe zu stellen. Dadurch wird unser Glaube geläutert und lernt sich auf Ihn stützen, um den Stempel der unwandelbaren Beständigkeit Dessen anzunehmen, der Sich nie ändert. Wie ruhig macht uns das, wenn wir umgeben sind von der Oberflächlichkeit und dem Wankelmut der Menschen! Der Glaube ist in einem unveränderlichen, treuen, ewigen Gott verankert, im Gegensatz zu dieser Welt, deren Kennzeichen der Wechsel und die Unbeständigkeit sind.

Abraham und Joseph, David und die Propheten, Paulus und eine Wolke von unzählbaren Zeugen sind zu allen Zeiten auf alle mögliche Weise und von allen möglichen Richtungen her angefochten worden. Aber sie alle sind ein Beweis für die Unwandelbarkeit der Verheißungen Gottes. Ein dauerhafter Glaube ist eine geistliche Macht, die bekümmerte Seelen anzieht. Sie wissen, wohin sie sich zu wenden haben, um geistliche Hilfe zu finden.

Darum wollen wir uns nicht wehren gegen schwere Erlebnisse. Unser himmlischer Vater möchte uns dadurch immer vertrauter werden, Sich uns immer völliger offenbaren. Er ist gestern, heute und in Ewigkeit derselbe. In der Erhabenheit dieses Ausblicks auf Ihn Selber werden wir Ruhe finden, alles Geschehen so beurteilen wie Er, und Seine Gedanken werden dann zu unseren Gedanken.

«Ich glaube, HErr.» Johannes 9, 38.

Das Evangelium schildert uns einen Blindgeborenen, der sein Herz vor seinem HErrn auftat. In diesem Herzen konnte der HErr dann in Gnade und Wahrheit wirken. Der Mann wurde zu einem Seiner Schafe und war dazu bestimmt, andere Schafe zu suchen, die nicht aus diesem Stalle sind.

«Ich glaube, HErr», das heißt, ich tue Dir mein Herz auf; nimm alles heraus, was Du an Zweifel und Ungehorsam darin findest!

«Ich glaube, HErr», ich glaube, daß Du alles vermagst, daß Dir alles möglich ist, alles, was Deinem Willen entspricht, nicht meinem.

«Ich glaube, HErr», daß Du Dich nicht irren kannst. Ich kann mich irren, aber Du nicht! Ich glaube, daß Du denen, die Dich lieben, alle Dinge zum Besten mitwirken lässest.

Aus der Fortsetzung dieser Geschichte sehen wir, daß die Werke Gottes offenbar wurden an dem Blindgeborenen und durch ihn in der Welt, wie es der HErr in Vers 3 vorausgesagt hatte. Dazu soll unser Glaube an Jesus Christus führen. Wir sollten uns nicht wohlfühlen in selbstsüchtiger Untätigkeit oder in unwirklicher Frömmigkeit, sondern diesen festen, kindlichen Glauben haben, durch welchen die Werke Gottes sich den Menschen zeigen. Während die Werke des Teufels zerstört werden, gehen dann Gottes Verheißungen in Erfüllung, Ihm zur Ehre.

«Ich glaube, HErr», dieser einfache Ausspruch kann gefährlich werden, wenn er nicht der Wahrheit entspricht. Kommt er aber aus einem offenen Herzen, ohne Widerstreben und ohne Hintergedanken, wie reich kann er dann an Ergebnissen sein! Welch ein Segen für die Welt, wenn sich in diesem Ausspruch der Glaube eines Herzens äußert, das ein für allemal befreit wurde von den lähmenden Erwägungen menschlicher Weisheit. Nichts verschließt ein Herz so sehr wie der eigene Wille. Nichts verhüllt uns den HErrn so sehr wie menschliche Erwägungen.

«Ich glaube, HErr»! Wirke in meinem Leben und verherrliche Du Dich! Durch Glauben haben einst die Gläubigen Königreiche bezwungen, Gerechtigkeit gewirkt, der Löwen Rachen verstopft und die Gewalt des Feuers ausgelöscht. Hebräer 11, 33.

«Er führte ihn zu Jesus.» Johannes 1, 41.

Mit diesem ganz einfachen Satz beginnt die Geschichte der Evangelisation dieser Welt. Mit ihm zeigt uns Gott die Arbeit, die uns zukommt. Jedesmal, wenn Andreas im Evangelium erwähnt wird, führt er jemand zu Jesus.

Er war soeben selber ergriffen worden, als er das Lamm Gottes sah, welches die Sünde der Welt hinwegnimmt. Er war zu Ihm gekommen, hatte Ihn angenommen und Ihm sein Leben ausgeliefert. Dann beschäftigte er sich sofort mit denen, die in seiner Umgebung waren. Zuerst suchte er seinen eigenen Bruder auf und führte ihn zu Jesus.

Warum wirken die Kirchen, die Christen nicht mehr in dieser Weise? Warum haben sie diese Tätigkeit aufgegeben? Hielten sie sich für weiser, als sie diese direkteste, wirksamste Methode aufgaben und sie durch etwas anderes ersetzten?

Unser Text drängt uns mit seiner Schlichtheit: Haben wir uns ans Werk gemacht, um einen Freund, ein Glied unserer Familie, einen Mann, eine Frau, mit denen wir täglich zusammenkommen, zu Jesus zu führen? Nichts in der Heiligen Schrift berechtigt uns, die erfundene Ausrede zu benützen, die anderen müßten zu uns, die Welt müßte in die Kirche kommen! Es sollte bei uns keine Passivität und Trägheit geben! Die Aufgabe der Christen ist, Gottes Wort in die Welt hineinzutragen. Wer erwacht ist, soll seine Umgebung wecken. Wer den HErrn gefunden hat, muß anderen helfen, Ihn auch zu finden.

Die Volksmassen wenden sich von den Kirchen ab. Deshalb sollten sich die Kirchen den Massen zuwenden und sie zu ihrem Retter führen. Wie viele Gelegenheiten bieten sich uns dazu an einem einzigen Tage! Welch einen Aufruf enthält dieser eine Satz: «Er führte ihn zu Jesus.» Wir wollen uns also an die Arbeit machen, ganz einfach und in der Art und Weise des apostolischen Beispiels: «Er führte ihn zu Jesus.»

Dieser schlichte Satz sollte uns dazu treiben, uns die Frage zu stellen: «Bin ich dabei, jemand zu Jesus zu führen?» Wenn nicht, dann wollen wir doch sofort damit beginnen!

«Er aber wollte es nicht trinken, sondern goß es aus vor dem HErrn.»
2. Samuel 23, 16.

David hatte ein Recht auf Wasser aus dem Brunnen von Bethlehem. Seinen Durst zu stillen, war notwendig und berechtigt zugleich. Aber getrieben von dem Geist seines größten Sohnes, Jesus Christus, verzichtete er darauf. Er wollte es nicht trinken, sondern goß es aus vor dem HErrn.

Damit gibt David denen ein Beispiel, die in engerer Verbindung mit Gott wandeln wollen, ausdauernder werden möchten und mehr Frucht zu bringen suchen. «Berechtigte» Dinge, die uns notwendig zu sein scheinen und für die man so leicht eine Entschuldigung findet, warten lockend an jeder Straßenkreuzung auf uns. Läßt Gott das nicht zu, um uns zu lehren, auf sie zu verzichten und unser Leben vor Ihm «auszuschütten»?

Verzichten, . . . ein tief im Herzen gefaßter, intimer, persönlicher Entschluß, den niemand sieht außer Gott und von dem man vor allen Dingen nicht zu reden sucht, ist ein lebendiges, Gott wohlgefälliges Opfer! Es ist das Kreuz Christi, Seine echte Kraft, die fortdauert im Leben Seines selber zu einem stillen, echten Opfer gewordenen Kindes.

Durch solche Entschlüße, solche Siege, reift der Glaubende. Seine Auffassungen und sein äußeres Verhalten werden anders. Er begreift, daß das Christenleben ein ständig ausgeliefertes Leben ist, ein dauerndes, fröhliches Verzichten auf sich selbst.

Das zu verstehen ist wichtig. Der HErr sucht nach Menschenleben, die freiwillig auf Selbstverleugnung eingehen und lebendige Opfer sind. Er sucht solche, die durch «Gleichgestaltung mit Ihm in Seinem Tode» vor Ihm auszugießen verstehen, was Er von ihnen fordert. Am Kreuz stirbt das Eigenleben mit seinen Wünschen, frommen Reden und Schwärmereien. Am Kreuz wird der Wohlgeruch Christi offenbar. Solch ein Dienst ist nicht wie die Arbeit eines bezahlten Knechtes, oder wie eine Liebhaberei. Man zählt seine Arbeitsstunden nicht. Es ist ein hingegebenes Leben.

Das erwartet die Welt, das erwarten unsere Mitmenschen von uns! Wenn ein Leben für andere hingegeben wird, bringt es Segen und Frucht, und Christus wird verherrlicht!

«An Kraft zunehmen durch Seinen Geist am inwendigen Menschen.»
Epheser 3, 16.

Dieser Satz aus dem zweiten Gebet des Apostels Paulus für die Epheser besteht aus Gegensätzen. Im ersten Gebet war die Rede vom *Erkennen* ihrer Berufung, hier von der *Macht* dieser Berufung.

«An Kraft zunehmen durch Seinen Geist am inwendigen Menschen», diese Gnade erbittet er von Gott für sie und für die Bedürfnisse ihres Christenlebens. Im Neuen Testament enthält das Wort «*Kraft*» den Gedanken an Macht, Autorität, Dynamit und Energie. «*Stärken*» bedeutet, diese Macht verleihen.

Der Heilige Geist ist und tut das. Sein Wirken an dem Gläubigen geschieht nach allen Richtungen hin; Ihm entgeht kein Gebiet unseres Lebens. Die Bedürfnisse mögen groß und wichtig sein, oder die Wunden, die Er heilen will, gering und unbedeutend scheinen; für alles wird uns Seine Macht verliehen, und sie wirkt in uns. Er wohnt durch den Glauben im Kleinsten und Schwächsten. Wenn wir durch die Gnade gerettet sind und Gott uns als Kinder angenommen hat, kommt Er zu uns, um uns mit Kraft zu stärken.

Inwiefern sind das Gegensätze? Die unendliche göttliche Macht des Heiligen Geistes wirkt in schwachen Wesen wie wir, im «inwendigen Menschen», im Verborgensten, Intimsten, im Heiligtum unserer Persönlichkeit, wohin niemand eindringen darf als Gott Selber. An anderer Stelle nennt es die Heilige Schrift den «verborgenen Menschen des Herzens», die Tiefe unseres Seins, etwas sehr Empfindsames, Persönliches.

Die große Macht Gottes wirkt dort, wo der Sitz, der Ausgangspunkt unseres Wesens ist, dort, wo die Quellen des Lebens liegen. Davon will der Geist Jesu Christi Besitz nehmen, und wir wissen durch den Glauben, daß Er dort wohnt. Das bedeutet Hilfe und Kraft von oben für unser ganz menschliches, alltägliches Leben, für die größten und kleinsten Angelegenheiten, für unser Privatleben und für unseren Dienst in der Öffentlichkeit, nichts ist ausgenommen.

Dann hört das fleischliche Kämpfen, Ringen und Eifern, das dauernde Enttäuschtwerden auf. Eine Gabe Seiner Gnade ist es. Laßt uns sie annehmen!

«Ich bin froh um euretwillen, daß Ich nicht dort gewesen bin, damit ihr glaubet.» Johannes 11, 15.

Der Bericht über die Auferweckung des Lazarus bringt wertvolle Einzelheiten über das Verhalten unseres HErrn. Er beschäftigte Sich nicht nur mit Lazarus, sondern auch mit der Erziehung Seiner Jünger. Diese Krankheit, sagte Er, «ist nicht zum Tode, sondern zur Ehre Gottes», denn Er sieht immer über den Tod hinaus. Er ist die Auferstehung und das Leben, und das sollten die Jünger lernen.

Nachdem Jesus die Nachricht über Lazarus erhalten hatte, «blieb Er noch zwei Tage an dem Ort, wo Er war». Die beiden Schwestern verstanden diese Verspätung nicht. Sie sagten beide: «HErr, wärest Du hier gewesen, wäre unser Bruder nicht gestorben.» Aber der HErr ist nicht nur Lebensfürst und Todesüberwinder, sondern auch liebender Lehrmeister Seiner Jünger. Er will sie erziehen. Er bringt etwas Neues in ihnen zur Entfaltung, den Glauben, dessen Bewährung «viel kostbarer ist als die des vergänglichen Goldes.»

«Ich bin froh um euretwillen, daß Ich nicht dort gewesen bin, damit ihr glaubet.» Wenn wir diese Worte über unser tägliches Erleben setzen, können sie uns das lange Ausbleiben einer Gebetserhörung, Prüfungen, vielleicht schmerzliche Krankheiten erklären. Unter dem Leidenshammer wird unser Glaube geschmiedet, und wir lernen, daß das Leben des Glaubens sich nicht von Sichtbarem nährt, sondern von Gott, von Seinem Wort und Seinen Verheißungen. Die beiden Wartetage waren nötig für die, die Er liebte, sie waren ein Teil Seiner Erziehungswege für sie.

Jesus Christus möchte Sich uns offenbaren als Herr über den Tod, als die Auferstehung und das Leben, als allerhöchster, allmächtiger Gott, als Vater der Ewigkeiten. Aber so offenbart Er Sich nur dem Glauben, so wirkt Er nur als Antwort auf Glauben. Die Erlebnisse, die diesen Glauben formen, auch wenn es eine Krankheit ist wie bei Lazarus, sind «nicht zum Tode». Sie werden zugelassen, um einen unbeschreiblichen Segen zu bringen: die Verherrlichung des Sohnes Gottes durch den Glauben Seiner Kinder.

«Während sie miteinander redeten und sich besprachen, nahte Sich Jesus Selbst und ging mit ihnen.» Lukas 24, 15.

Dieser Bericht schildert sehr treffend das Leben vieler Jünger, die wahre Christen sein und Dem, dessen Namen sie tragen, ähnlich werden möchten, denen aber etwas fehlt, was nur die Auferstehung geben kann: die Gegenwart des Auferstandenen, durch die ihr Leben unendlich bereichert werden könnte. Es gibt auch heute noch viel «Reden und Besprechen» unter Seinen Jüngern! Die Herzen sind ihnen noch nicht wirklich aufgegangen. Infolgedessen verfallen sie leicht ins Negative, das sie von außen und innen bedroht. Ihr Gemüt ist noch nicht ganz Ihm ausgeliefert, darum lassen sie sich von anderen Meinungen, von ungöttlichen Gedanken beeinflussen und verlieren viel Zeit damit.

Aber für diese Jünger und auch für uns kommt einmal ein Augenblick, in dem der Herr Jesus, der weiß, was wir brauchen, Sich uns naht und mit uns geht. Dann wird alles anders. Wenn wir mit Ihm in Berührung kommen, geht uns endlich das Herz für Ihn und unsere Mitmenschen auf. Ein ganz neuer Geisteszustand beginnt, denn unser Geist übergibt sich Ihm und kommt in Verbindung mit Ihm, mit allem, was Seine Auferstehung uns bietet. Unser Herz, das «langsam war zu glauben», beginnt «in uns zu brennen.» Unser Gemüt, das auf geistlichem Gebiet «unverständig» ist, empfängt, was ihm mangelt. Wir werden zu Kanälen und Zeugen für Ihn und Seine Auferstehung. Mit unnötigen Reden und Besprechungen wird dann keine Zeit mehr verschwendet, und vor allen Dingen ist keine Entfernung mehr da zwischen uns und unserem HErrn.

Seine Gegenwart bringt uns neues, göttliches Leben, Erleichterung und göttliche Ruhe. Er wohnt in uns durch Seinen Geist, diesen Tröster, der unsere Sorgen auf Sich nimmt. Niemand kann trösten wie Er. Wenn Er Sich uns naht, ändern sich unsere Begriffe. Er beruhigt das Temperament, welches Beruhigung braucht, und belebt, was passiv und schläfrig ist.

Schließlich «ging der HErr hinein, um bei ihnen zu bleiben». Die Auferstehung findet Menschen, in deren Leben sie sich zeigen kann, und die Welt sieht es und glaubt.

«Betet für uns, ihr Brüder, daß das Wort des HErrn ungehindert laufe und verherrlicht werde, wie bei euch.» 2. Thessalonicher 3, 1 (O).

So sollten wir für einander beten. Wir wissen, daß solch ein Gebet Gottes Wille ist und darum erhört wird. Denn es steht geschrieben: «Das ist die Freimütigkeit, die wir Ihm gegenüber haben, daß, wenn wir Seinem Willen gemäß um etwas bitten, Er uns hört.» 1. Johannes 5, 14. Es gibt Gebete, von denen wir wissen, daß sie Seinem Willen entsprechen. Es gibt Wege, von denen wir wissen, daß es Seine Wege sind, und wenn unser Leben und Dienen sich im Bereich dieses Willens bewegt, haben wir die Gewißheit, daß Gott unsere Gebete erhört.

Das Wort, das ungehindert laufen soll, ist das Wort des Herrn Jesus, sagt der Apostel. Damit meint er, daß wir beim Hören dieses Wortes den Eindruck haben, der Herr Jesus rede persönlich mit uns, wie damals, als Er «umherging und wohltat». Wir sollten ganz von dem Gedanken erfüllt sein, daß das Wort, welches wir verbreiten, das Wort des Herrn Jesus ist, ja, Seine Stimme, die Stimme des Verfassers der Bibel! Welche Würde verleiht allein schon diese Tatsache unserer Aktion! Welche Möglichkeiten, welche Erfrischung und welche Anregung für unsere Arbeit liegen darin!

Damit das Wort des HErrn ungehindert laufen kann, müssen wir wachen, daß es nie zu Stillstand oder Stockungen kommt, sondern daß es immer fortschreitet und vordringt. Wir dürfen auch nicht auf Nebenwegen gehen, nicht von der geraden Linie abweichen, Gottes Wort nicht aufstapeln und keine Methoden anwenden, die unvereinbar sind mit dem Geist Christi.

In dem Maße wie das Wort des HErrn zunimmt und die Oberhand gewinnt, heißt es wachen, daß der Widerstand der Geistesmächte unserer Zeit uns nichts zuleide tut. Diese Mächte wehren sich gegen die Eroberungen, die das göttliche Buch macht. Doch sein Vordringen ist ihm mitten im Reich der Finsternis vorgezeichnet. Darum laßt uns in diesem guten Kampf des Glaubens die ganze Waffenrüstung Gottes anlegen. Lebendiger Zeugendienst, wenn er recht verstanden wird, verlangt diesen Preis!

Wir wollen also beten und ans Werk gehen, «damit Sein Wort überall verherrlicht werde»!

3. März

«Ich habe den Raben geboten, daß sie dich daselbst versorgen.»
1. Könige 17, 4.

Elia, «ein Mensch wie wir» (Jakobus 5, 17), litt unter der Hungersnot im Lande und unter dem geistigen Kampf zwischen den Mächten des Himmels und der Hölle. Dabei war er durch seine Gebete Herr der Lage. Er versuchte nicht, die Schwierigkeiten, unter denen alle litten, zu umgehen. Er war ein Mann seiner Zeit. Aber der HErr behütete ihn, weil er Seinen Willen tat und seiner schwierigen Berufung treu blieb.

Da kam der Befehl von oben, er solle an den Bach Krit gehen und sich dort verbergen, denn «Ich habe den Raben geboten, daß sie dich daselbst versorgen.»

Ein Bach in Hungerzeiten, ein Rabe als Bote und Werkzeug Gottes zur Ernährung Seines Kindes! Wäre Elia mit seiner eigenen Weisheit zu Rate gegangen, so hätte er gezögert, dem Befehl zu gehorchen. Er hätte andere Werkzeuge gewählt. Aber Gott wählt das, was nichts ist, um Seine Pläne durchzuführen, Seinen heiligen Namen zu verherrlichen, Seine Getreuen zu segnen und ihnen zu helfen. Er kann in der Wüste Quellen entspringen lassen. Der Rabe, ein gefräßiger Vogel, dessen Nahrung gerade aus Brot und Fleisch besteht und der in 3. Mose 11 unter den unreinen Tieren genannt wird, stand dem Schöpfer zur Verfügung. Gott ist eben Meister Seiner Handlungsweise. Er ist über Schablonen, Gewohnheiten und Formen erhaben. In Hungersnot, in Zeiten des Abfallens vom Glauben, wählt Er zur Durchführung Seiner Pläne was und wen Er will, und diese Wahl ist oft eine Kampfansage an die menschliche Vernunft und an leblose, überlieferte Religionen.

Unsere heutige Betrachtung hat dir etwas zu sagen, dort, wo du gerade bist, wo du einem «Ahab» zu widerstehen oder, geistlich gesprochen, unter einer «Hungersnot» zu leiden hast. (Offenb. 6 und 13) Es gibt einen «Bach», aus dem man am Wege trinken kann. Psalm 110, 7. In Zeiten der Dürre «erfreut ein Strom mit seinen Bächen die Stadt Gottes». Psalm 46, 5. Und wenn alle Quellen versiegen, sollen wir auf Sein Wort hören: «Ich habe den Raben geboten, dich daselbst zu versorgen.» Gott hat bei allem Geschehen Seine Hand im Spiel, wenn wir nur wie Elia vor Ihm stehen!

4. März

«Und wenn der HErr Fenster am Himmel machte, wie könnte solches geschehen?» 2. Könige 7, 2.

Fenster am Himmel! Bei Fenstern denken wir an unsere kleinen, begrenzten Wohnungen. Der Himmel aber ist etwas Unendliches! Der Ritter, der diese Worte sprach, bezeugte damit seinen Unglauben. Hat sein Ausspruch nicht auch uns in unserem Unglauben etwas zu sagen?

Vielleicht stehen wir vor einem «unmöglich». Anstatt uns nun entmutigt darunter zu beugen, wollen wir bedenken, daß Gott an dem Himmel, der uns ehern zu sein scheint, Fenster auftun kann. Der Glaube weiß, daß seinem Gott alles offensteht und daß Er alles auftun kann für Seine Kinder, die hier auf Erden kämpfen.

In Psalm 102, 20 lesen wir, daß der HErr herabschaut von der Höhe Seines Himmels, um das Seufzen der Gefangenen zu hören und sie loszumachen, damit sie den Namen des HErrn und Sein Lob verkündigen. Er kennt unsere Umstände. Ja, es gibt Fenster am Himmel. Gott verläßt uns nicht. Er wendet Sein Auge nicht von uns ab. Laßt uns nach oben schauen, wenn wir von Sorgen erdrückt werden und ratlos sind!

Von Stephanus heißt es, daß er zum Himmel aufblickte und die Herrlichkeit Gottes sah, und Jesus zur Rechten Gottes stehen. Ap.-Gesch. 7, 55. Anstatt an dem hängen zu bleiben, was uns beunruhigt, anstatt uns von der Finsternis einhüllen und von unseren Schwierigkeiten aufhalten zu lassen, wollen wir aufschauen zu Dem, der zur Rechten Gottes ist. Dort ist alle Gewalt. Dort sind alle Vorräte.

Er ist immer und überall bei uns, wenn wir nach Seinem Plan auf dem Wege Seines Willens wandeln. Dieser Weg ist sehr wechselvoll. Es gibt Freude und Leid, Prüfungen und Siege darauf. Gott prüft unseren Glauben durch Lebensumstände, die Er zuläßt, damit unser Glaube sich bewährt. Wir wollen Ihn doch nicht enttäuschen, sondern zum Himmel aufblicken!

Sind an unserem Himmel Fenster? Wenn wir Jesus mit Herrlichkeit und Ehre gekrönt sehen, Ihn, der über die Werke Seiner Hände gesetzt, dem alles unter die Füße getan ist, dann ist alles möglich. Wenn der HErr Fenster am Himmel macht, «geschieht» etwas! Wie in dieser biblischen Geschichte gibt es dann Befreiung, ja Überfluß.

«Was ist das? Denn sie wußten nicht, was es war. Mose aber sprach zu ihnen: Das ist das Brot, das der HErr euch zu essen gegeben hat.» 2. Mose 16, 15.

Was ist das geistliche, oft verborgene Manna, mit dem der HErr uns nährt? In Offenbarung 2, 17 verheißt Er dem, der in Seinem Namen überwindet, vom verborgenen Manna zu geben.

Wer als Pilger und Fremdling hier auf Erden lebt, weiß, daß man in der Wüste nicht mit Bequemlichkeit und Beliebtheit zu rechnen hat. Er freut sich daran, daß Gott ihn mit Manna nährt. Manna ist innige Gemeinschaft mit Gott. Sein Kind folgt Ihm und bleibt ganz nahe bei Ihm, auf dem schmalen, häufig sehr einsamen Wege.

Oft entdecken wir nach einer schweren Erfahrung, daß wir gestärkt worden und Gott näher gekommen sind. Wir fühlen uns erleichtert, auch wenn es während der Prüfung durch Leid und Ratlosigkeit ging. Gott gab uns vom verborgenen Manna zu essen.

Die Hitze eines feurigen Ofens, Leiden und Trübsale, können uns im Augenblick selber wehtun. Aber nachher merken wir, daß wir erfrischt und erneut worden sind. Der HErr gab uns vom verborgenen Manna zu essen.

Wenn wir gebetet und uns ins heilige Buch vertieft haben, spüren wir, daß unser Geist ohne Aufsehen, ohne Lärm, ohne außergewöhnliche Erscheinungen erquickt und unsere Seele durch die Gegenwart des HErrn neu belebt worden ist. Er gab uns vom verborgenen Manna zu essen.

Gott stärkt so gern die Seinen, die einsam und ohne Gnadenmittel sind, mit Seinem besonderen Manna. Anstatt sehnsüchtig nach der Gemeinschaft der Heiligen zu verlangen, was ganz berechtigt wäre, empfangen sie ihre Speise direkt aus Seiner Hand. Das ist die beste Nahrung!

In demselben Kapitel des 2. Buches Mose lesen wir, daß die Kinder Israel sich gegen die Wüste wandten, «und siehe, die Herrlichkeit des HErrn erschien.» 2. Mose 16, 10. Unsere Gemeinschaft mit Ihm soll vertrauter werden, unser Leben Ihm völliger gehören. Dann werden wir auch die Herrlichkeit Gottes sehen, und unsere Brüder und Schwestern werden dadurch erbaut, zu Seines Namens Ehre und zu Seines Herzens Freude.

«Es sei aber auch ferne von mir, mich also am HErrn zu versündigen, daß ich ablassen sollte, für euch zu beten.» 1. Samuel 12, 23.

Dieser Ausspruch soll uns zur Ordnung rufen. Aufhören mit Beten ist Sünde, eine Sünde am HErrn. Ablassen, für jemand zu beten, ist ein Unrecht, das wir ihm zufügen.

Die Wichtigkeit, die der HErr dem Gebet beilegt, können wir nie ermessen oder zu hoch einschätzen. Wir werden auf Erden nie ganz erfahren, welch göttliche Kraft den Kindern Gottes mit dem Gebet in die Hände gelegt wird. Die Möglichkeiten des Gebetes sind unabsehbar. Beten heißt, Zusammenwirken mit Gott in allem, was Er vollbringen will und kann. Für andere Menschen beten, ist der größte Dienst, den wir ihnen erweisen können.

«Es sei ferne von mir, daß ich ablassen sollte, für euch zu beten», daß ich aufhören sollte, mit Gott zusammenzuarbeiten, bis Er erhört hat! In 2. Könige 13 lesen wir, daß Elisa seine Hand auf die Hand des Königs Joas legte und ihm befahl, einen Pfeil abzuschießen, einen Pfeil des Heils wider die Syrer. Dann befahl er ihm, auf die Erde zu schlagen. Da schlug der König nur dreimal, anstatt fünf oder siebenmal. Dadurch beschränkte er den Sieg, den der HErr geben wollte.

Wie oft machen wir's ebenso. Wenn wir nicht fortfahren mit Beten, setzen wir dem, was Gott durch uns tun wollte, Grenzen. Ausdauer ist der Kern des Glaubens. Wie leicht vergessen wir, für etwas zu beten, was uns ans Herz gelegt wurde! Aufhören zu beten, wenn Gott es uns aufgetragen hat, Nachlassen in der Fürbitte, ehe die verheißene Erhörung da ist, ist aber Sünde!

Wie groß ist unsere Verantwortung! Laßt uns an alle Gebetsgegenstände denken, die wir aufgegeben haben, an all die Namen, die Lebenslagen und Probleme, die wir nicht mehr vor den Thron der Gnade bringen, und laßt sie uns wieder aufnehmen! «Bei allem Gebet und Flehen aber betet allezeit im Geist, und wachet zu diesem Zwecke in allem Anhalten und Flehen.» Epheser 6, 18.

Wir wollen uns überführen lassen von der Sünde, mit Beten für jemand oder für etwas nachgelassen zu haben. «Es sei ferne von mir, mich also am HErrn zu versündigen, daß ich ablassen sollte für euch zu beten!»

«Richte ihr Herz fest auf Dich!» 1. Chronika 29, 18.

Das tut eine Mutter, wenn sie ihr Kind leitet, umgibt, lehrt und voller Sanftmut an sich zieht. Das tut unser Vater im Himmel, wenn Er unsere Gebete erhört, unsere Herzen auf Sich richtet, fest in Sich verankert, sie auftut für Sich und sie allen Gefahren, allen Nebenbuhlern entzieht.

Nicht von unserem Tun ist hier die Rede, oh, nein! Es handelt sich um etwas viel Wichtigeres, um Gottes Tun! «Richte unsere Herzen fest auf Dich!» Ziehe sie zu Dir, in alle Schätze der göttlichen Weisheit und Erkenntnis hinein, bis in die Tiefen Deiner unerforschlichen Reichtümer! Es handelt sich um den Lotsen, der das Schiff durch die Riffe und Gefahren hindurch sicher in den Hafen bringt, den Hafen Seines Herzens, wie der Apostel Paulus es in 2. Thessalonicher 3, 5 ausdrückt: «Der HErr lenke eure Herzen zu der Liebe Gottes und zu der Geduld Christi!»

Welche Offenbarung! In Jakobus 4, 5 wird uns gesagt, daß der Heilige Geist eifersüchtig danach verlangt, die ganze Liebe des Glaubenden zu besitzen, damit er sich Gott völlig unterwirft.

Kommt dieses Verlangen nicht in dem oben angeführten Gebet Davids zum Ausdruck? Wie wichtig ist es, darauf zu achten bei unserem Tagewerk, das uns völlig in Anspruch zu nehmen droht, und in der fieberhaft geschäftigen Welt, wo dem Glaubenden sogar der Dienst für Gott zu einer Gefahr werden kann!

Wir sollen «gepflanzt sein im Hause des HErrn» und fest dort wurzeln. Laßt uns wachen darüber, daß unsere Wurzeln tief im Allerheiligsten Seiner Gegenwart ruhen, denn das brauchen wir! Nur was von Ihm ausgeht, kann wachsen und gedeihen. Nur Wurzeln, die in Ihn eingesenkt sind, leiten Saft in die Zweige. Wir müssen es lernen, in der Stille Seiner Gegenwart zu bleiben, um durch sie erfrischt und erneut zu werden.

Wenn unser Dienst in der Welt den Platz einnimmt, der unserem Gott zukommt, oh, dann laßt uns innehalten und wenn nötig wieder ganz von vorne anfangen. Vater, richte mein Herz auf Dich, festige es in Dir!

«Nicht durch Heer und nicht durch Kraft, sondern durch Meinen Geist, spricht der HErr.» Sacharja 4, 6.

Beim Lesen dieses Kapitels stehen wir vor einem Gegensatz. Das Werk Christi beginnt in Schwachheit und Verwerfung, endet aber in Herrlichkeit und Majestät.

Wie nötig haben wir diese Wahrheit in unseren Tagen! Der HErr ist der Herrscher im Himmel und auf Erden. Er regierte zur Zeit der Sündflut, und Er wandelt noch heute auf dem Wasser. Die feste Überzeugung, die von dieser Gewißheit ausgeht, wird unserem Gemüt die Ruhe bewahren, auch in aller Unruhe der Gegenwart. Er ist der Herr der ganzen Erde, und die Stunde wird kommen, in der Er über die Reiche dieser Welt, die die Menschen ins Verderben geführt haben, Seine Herrlichkeitsherrschaft aufrichten wird.

Gott ermahnt Seine Getreuen, im Strudel der politischen Ereignisse, in jeder Weltlage, die die Evangelisation erschwert, und angesichts aller Bewegungen, die Vorläufer des Antichrists sind, «den Tag geringer Anfänge» nicht zu verachten. Vor den Augen des HErrn, die die ganze Erde durchlaufen, bestehen diese Anfänge hauptsächlich in reicher Aussaat des Wortes Gottes, des unvergänglichen Samens, auf den Sein Reich gegründet wird. Dann werden die jetzt verborgenen und verachteten Werke offenbar; die aber, die sich vordrängen und hervortun, werden vergehen. Laßt uns also den Tag geringer Anfänge nicht verachten!

Unter diesen Umständen müssen wir uns klarmachen, daß die uns anvertraute Arbeit nicht durch Heer oder Kraft geschieht, sondern durch Seinen Geist. «Heer» oder «Kraft» sind Fähigkeiten und Mittel, deren die Menschen sich rühmen. Gott hat Seine besonderen Mittel, Gnadenmittel. Unsere Fähigkeiten benützt Er nur, wenn sie am Fuß des Kreuzes niedergelegt werden.

Hat Gott uns aufgetragen, etwas zu beginnen, dann erwartet Er auch, daß wir es durchführen, es siegreich vollenden und Seinem Plan und Seiner Berufung gemäß festigen, nicht durch Heer oder Kraft, sondern durch Seinen Geist. Sein Geist teilt uns Seine Gedanken mit, gibt uns unsere Gebete ein, benützt unsere Schwachheit, nimmt unsere Hingabe an und ehrt unsere Tätigkeit für Ihn.

«Sie hatten den Dienst des Heiligtums auf sich und mußten ihn auf ihren Schultern tragen.» 4. Mose 7, 9.

In den Büchern Moses wird uns nicht nur Christus und der Dienst für Ihn, sondern auch das wahre Niveau dieses Dienstes geschildert. Jeder echte Dienst für Gott hängt von unserer Verbindung mit Christus ab und geht vom Heiligtum aus, wo Er Selber wohnt.

In unseren Tagen, wo so viel Oberflächlichkeit und Formenwesen herrscht, ist es sehr nötig, daß wir unseren Dienst im Licht dieses Wortes aus dem 4. Buch Mose prüfen. Ob nun unsere Tätigkeit in der Öffentlichkeit oder im Verborgenen ausgeübt wird, ob sie uns vor die große Masse führt oder sich aus den Kleinigkeiten des täglichen Lebens zusammensetzt, immer sollte dieser Dienst von Gott eingegeben und von Ihm abhängig sein.

«Der Dienst des Heiligtums!» Laßt uns bedenken, was das bedeutet, und Gott bitten, uns von aller Anmaßung, allem Hochmut zu befreien, der sich der gewährten Segnungen rühmt, sich mit anderen Menschen vergleicht und auf sie herabsieht. Der Dienst des Heiligtums ist die Verneinung jeglicher Selbstzufriedenheit. Er ist ein Bau von kostbaren Steinen, Gold und Silber, der die Feuerprobe vor dem Richterstuhl Christi bestehen kann und dort seinen Lohn empfängt. 1. Korinther 3, 12. 13.

Die rechte Gesinnung für diesen Dienst und seine wahre Wesensart wird uns geschenkt, wenn wir den im Worte Gottes vorgezeichneten Weg durch die Tür in den Vorhof, an den Altar und ans eherne Waschbecken gehen. Nach dem Erleben der Kraft Gottes zu unserer Rettung (die Tür), erfahren wir diese Kraft in unserer Gleichstellung mit Christus (am Altar). Galater 2, 19. 20. Das Wasser des Wortes Gottes (im Waschbecken) reinigt unser Gewissen und richtet unseres Herzens Gedanken und Gesinnungen. Hebräer 4, 12; 9, 14.

Dann «tragen» wir auch die Interessen des Herrn Jesus und Seines Werkes, so wie Er sie uns anvertraut hat, auf unseren Schultern im Gefühl der Verschmelzung mit ihnen und der Verantwortung für sie. Frei vom Suchen eigener, persönlicher Interessen, in Verbindung mit Dem, der uns berief, sind wir irdene Gefäße, in die Er diesen Schatz gelegt hat, damit die überschwengliche Kraft von Gott sei, nicht von uns. 2. Korinther 4, 7.

«Mit ewiger Liebe habe Ich dich geliebet; darum habe Ich dich zu Mir gezogen aus lauter Güte.» Jeremia 31, 3.

Diese tatkräftige Liebe hat uns aus der Hand des «Pharao» befreit und uns zu Gott, unserem himmlischen Vater in Jesus Christus, hingezogen. Sie ist unaufhörlich zu unseren Gunsten tätig. Sie löst die Ketten, die uns an «Ägypten» (die Welt), die Sünde und unser Fleisch fesseln. Gleichzeitig bindet sie uns aber an unseren Retter, und so vollzieht sich unsere Heiligung, ein Werk des Heiligen Geistes, der durch das geschriebene Wort Gottes an uns arbeitet und das am Kreuz vollbrachte Werk in unserem Leben wirksam macht.

Je völliger wir uns unserem HErrn überlassen, um so mehr werden wir uns Seiner Gegenwart bewußt. Wenn wir bereit sind, daß Sein Wille geschehe, führt Er uns in die Freiheit ein, indem Er uns aus allem herauszieht, was unseren Zeugendienst lähmt oder unsere Gemeinschaft mit Ihm trübt. Unsere Heiligung geschieht nicht durch Schläge und Stöße — es sei denn, daß wir Ihm ungehorsam sind —, sondern in aller Ruhe und Stille. Ist der Heilige Geist nicht wie Salböl? Wirkt Er nicht wie Tau? Er ist stärker als alle Gebundenheiten und Angewohnheiten.

Unsere Angewohnheiten, unsere Auffassungen, die aus der eitlen Überlieferung einer religiösen oder ungläubigen Welt stammen, alles, was zum Leben des alten Menschen gehört, soll durch den Geist des Lebens und der Liebe entlarvt und zerstört werden! Das religiöse «Ichleben» streitet gegen das Leben des Geistes. Überlieferte Frömmigkeit bedroht mit verkehrten Gedankengängen die Berufung, die wir empfangen haben. Wenige Christen sind da auf der Hut! Viele halten «religiöses» Leben, Eifern und Dienen für geistlich! Unser Seelenleben, unsere Gedankenwelt und unser Verstand sollten aber unter den heiligenden, befreienden Einfluß der Liebe kommen, die uns zu Gott zieht.

Diese Liebe haben wir so sehr nötig. Er will sie uns je länger je mehr bezeugen. Sie regiert im Leben Seiner Kinder und erstrebt das Beste für sie. Sie ist durch den Heiligen Geist ausgegossen in unser Herz, um uns zu Christus hinzuziehen und in uns in Erscheinung treten zu lassen, was von Ihm stammt.

«Er stellte den Altar des HErrn, der zerbrochen war, wieder her.»
1. Könige 18, 30.

Viele Christen machen die Erfahrung, daß scheinbar der Himmel ehern ist, das göttliche Leben und die göttliche Kraft nicht mehr wirken und das Böse überhandnimmt. Anstelle von Freude und Frieden tritt Traurigkeit und Dunkelheit, die Arbeit wird zur Angewohnheit oder zu einer Formsache. Dem aber, der aufrichtig einen Ausweg sucht, zeigt Gottes Wort ein Heilmittel: Stellt den Altar wieder her, der zerbrochen ist!

Im Mittelpunkt jedes erlösten Lebens soll der Altar stehen, das persönlich erlebte und ausgelebte *Kreuz Christi*. Sonst ist das Christenleben nur eine «Form der Gottseligkeit», und der Dienst «Holz, Heu und Stroh». Gott zeigt uns in Seinem Wort deutlich eine der Hauptgefahren, die jedem Gläubigen am Ende des gegenwärtigen Zeitalters droht: ein christliches Leben und Glaubensbekenntnis, in dem nur unsere eigenen Kräfte zum Ausdruck kommen. Rein menschliches Eifern tritt an die Stelle göttlichen Handelns, der Frucht persönlicher Gemeinschaft mit dem im Leben Seines Kindes wirkenden HErrn. Eine sogenannte Freiheit, aus der leicht Zügellosigkeit wird, tritt an die Stelle der geistlichen Disziplin, die uns im Neuen Testament für unser verborgenes Leben mit Gott und für unsere Beziehungen zu den Menschen empfohlen wird.

Laßt uns deshalb vor Ihm stille werden und den Altar wieder herstellen, der zerbrochen ist. Dieser Altar ist, das sagt uns Gottes Wort, der Ausgangspunkt unserer Berufung, das Mittel zur Reinigung unseres Lebens und Dienstes; er macht uns dauernd zu einem «lebendigen Opfer». Das ist «vernünftiger Gottesdienst» und der Prüfstein unserer Beziehungen zu anderen Menschen. Römer 12, 1.

Noch eins: Wir wollen lesen, was der HErr in Matthäus 5, 23—24 über den Altar sagt. Nur wenn wir mit Gott und Menschen alles in Ordnung gebracht haben, bevor wir bis zu Seinem Altar gegangen sind, können wir Ihn mit Freuden und Frohlocken rühmen.

«Warte auf den HErrn, sei guten Muts, so wird Er dein Herz stärken. Warte auf den HErrn, sage ich dir!» Psalm 27, 14 (A).

In der englischen Bibelübersetzung wirkt dieses Psalmwort besonders erfrischend. Es ist nicht nur die Rede davon, des HErrn zu harren, was sehr notwendig ist, sondern von mehr, *vom Warten auf den HErrn*, und dieses Wort wird wiederholt: «*Warte auf den HErrn, sage ich dir!*» Dieser zweimalige, inspirierte Ausspruch ist eine väterliche, durch die vielen Erfahrungen des Psalmisten diktierte Ermahnung. In dem Augenblick, wo Gottes Kind ungeduldig wird wie Abraham und selber etwas tun möchte, um die Verheißungen zu erfüllen, spricht der Geist Gottes: «Nein! Warte auf den HErrn!»

In Zeiten der Ratlosigkeit möchten wir oft, von dem ungezügelten Wunsch getrieben, Gott zu dienen und Ihn zu verherrlichen, etwas unternehmen, einen Weg einschlagen, der nicht wirklich der Glaubensweg ist. Um uns die bitteren Erfahrungen und Schwierigkeiten zu ersparen, die daraus entstehen würden, ruft uns Gottes Geist zu: «Warte! Warte auf den HErrn, sage ich dir!»

Das bedeutet nicht, träge werden, sondern ständig warten in kindlicher Liebe, freudig hoffen auf das Offenbarwerden der Herrlichkeit Gottes in der Erfüllung Seiner Verheißungen.

David sagt im Verse vorher: «Dennoch glaube ich zuversichtlich, daß ich die Güte des HErrn sehen werde im Lande der Lebendigen.» Sind deine Lebensumstände entmutigend, zum Verzweifeln? Dann schaue dir deine augenblickliche Lage im Glauben an. Steht nicht auf der ersten Seite deiner Bibel geschrieben: «Es ward Abend, und es ward Morgen»? Vielleicht sehnst du dich nach dem Himmel, eigentlich aber nur darum, weil du dann aus deinen Schwierigkeiten herauskämest, und das ist kein Glaubenswunsch. Gott redet durch dieses Psalmwort zu deinem Herzen. «Sei guten Muts», sagt Er, und Er verspricht dir, dein Herz, den Mittelpunkt deines Wesens zu stärken.

Höre also auf Ihn, vertraue Ihm! «Warte auf den HErrn, sei guten Muts, so wird Er dein Herz stärken. Warte auf den HErrn, sage ich dir!»

«Was schreist du zu Mir? Sage den Kindern Israel, daß sie ziehen!»
2. Mose 14, 15.

Es war für Israel ein entscheidender, kritischer Augenblick. Die Durchführung des großen Planes Gottes hatte eingesetzt. Seine Erlösung begann. Aber auch die Widerstandsbewegung des Feindes hatte eingesetzt; er war ihnen auf den Fersen, und das Rote Meer versperrte ihnen den Weg. Doch Gott hatte versprochen zu erlösen, und das genügte.

Aber das Volk beging den üblichen Irrtum, der auch für jeden Christen eine Gefahr bedeutet. Da sie sich fürchteten, die geistlichen Gesetze nicht kannten und die Befehle Gottes vergaßen, blieben sie stehen! Sie beteten nur und schrien zu Gott. Gott aber sprach zu Mose: «Was schreist du zu Mir? Sage den Kindern Israel, daß sie ziehen!»

Daraus können wir lernen, daß Beten notwendig ist, daß es aber eine bestimmte Zeit dafür gibt. Wenn es an die Stelle der Tat und des Gehorsams tritt, hat es keinen Zweck, die Seele verfällt in Passivität und Gott erhört nicht.

Beten ist der Ausgangspunkt, ja die Seele aller Arbeit und alles Gehorchens. Aber wenn der Christ vernünftig und gottgemäß betet, dann weiß er, wann er sich von den Knien erheben muß, um die Verantwortung des Handelns auf sich zu nehmen.

Sind wir vielleicht gerade in einer solchen Lage? Verhalten wir uns passiv aus Furcht vor den Umständen oder irgendeinem Hindernis? Stehen wir im Willen Gottes? Wandeln wir Seinem Plan entsprechend? Ist alles in Ordnung zwischen Ihm und uns? Hat Er uns das, was wir augenblicklich tun, befohlen? Leben wir Seiner Berufung gemäß? Genügen uns Seine Verheißungen? Warum schreien wir dann zu Ihm? Laßt uns ziehen! Das Rote Meer, der Jordan, wird sich vor uns zerteilen, wenn wir ziehen, wenn wir einen Schritt vor den anderen setzen. Die Mauern Jerichos werden einstürzen, wenn wir sie auf Gottes Befehl hin umziehen. Ein wunderbarer Fischzug wird uns gewährt, wenn wir das Netz auf der rechten Seite auswerfen. «Schlaffe Hände» werden wieder kräftig, wenn wir sie auf Befehl des HErrn ausstrecken. Die Türen unseres Gefängnisses tun sich auf, wenn wir unsere Ohnmacht zugeben, aber den Entschluß fassen, vorwärts zu gehen.

«Wir sind Knechte des Gottes des Himmels und der Erde und bauen das Haus, das vor vielen Jahren gebaut war.» Esra 5, 11.

So antworteten die aus der Verbannung zurückgekehrten, treuen Juden einfach und bestimmt ihren Gegnern, die ihrer Arbeit ein Ende machen wollten, und diese würdigen Worte werfen ein helles Licht auf das, was auch wir sein und tun sollten.

Wir müssen uns den Sinn des Wortes «Knecht» klarmachen und es in der Gesinnung Dessen betrachten, der Sich Selbst entäußerte, die Gestalt eines Knechtes annahm und den Menschen ähnlich wurde. Wenn wir so gesinnt sind wie Er, Philipper 2, 5—10, dann sind wir eines Sinnes und alle einmütig auf eines bedacht. Wenn wir uns selbst verleugnen, finden wir die Gemeinschaft mit dem Gott des Himmels, unserem Herrn Jesus Christus, und wer Ihm anhängt, «ist *ein* Geist mit Ihm.»

Weil wir nun Knechte sind, erhalten wir unsere Marschbefehle aus Gottes Wort. Was wir haben und tun, kommt nicht aus uns und ist auch nicht für uns selbst, sondern wir sind Knechte der Christen und der Welt, die Gott so sehr geliebt hat. Ein demütiger, dienender Sinn soll uns kennzeichnen.

Und dann, weil wir Knechte sind, wollen wir bauen, ja, bauen in den Menschenleben, beginnend mit den ganz kleinen Kindern, bauen im Leben der jungen Menschen, im Leben unserer Brüder und Schwestern und im Leben der Unwissenden in dieser Welt.

Aber das ist noch nicht alles. Die Juden bauten ein Haus wieder auf, welches vor vielen Jahren eingerichtet worden war. Daraus können wir einen Vergleich ziehen und ein Geheimnis darin entdecken, so daß diese Tatsache auch bei uns zur Wirklichkeit wird: Was wir bauen, entspricht einem im voraus gemachten Plan des HErrn. «Denn wir sind Sein Werk, erschaffen in Christus Jesus zu guten Werken, welche Gott zuvor bereitet hat, daß wir darin wandeln sollen.»

Welche Ruhe bedeutet es für uns, in diese zuvor bereiteten Werke einzugehen und zu wissen, was wir heute tun, entspricht einem schon gefaßten Entschluß des HErrn.

Wir brauchen uns nur einzufügen in Seinen Plan und in ihm zu wandeln. Epheser 2, 10. Das ist das Geheimnis des Segens, und ein Erbgut der Knechte des Gottes des Himmels und der Erde.

«Er führte uns von dannen aus, daß Er uns hierher brächte und uns das Land gäbe.» 5. Mose 6, 23.

Damit ist der ganze Plan Gottes mit unserem Leben angegeben. Die Rettung durch die Gnade, die Vergebung unserer Sünden und die uns erworbene Stellung als Gottes Kinder sind vollendete Tatsachen. «Es ist vollbracht», und es steht geschrieben, «damit wir wüßten, daß wir ewiges Leben haben.» 1. Johannes 5, 13.

Aber praktisch haben wir noch viel zu lernen. Unsere Heiligung hat zwei Seiten, wie unser Text sagt: Gott führt uns aus Ägypten *aus*, um uns ins Land *hinein* zu bringen. Ägypten ist ein Bild der Sitten und Gebräuche, des Benehmens und der Denkweise der Welt, ein Bild der Illusionen und Gebundenheiten, der Gewohnheiten, des Formenwesens und alten Sauerteiges dessen, was uns früher eigen war. Nur wenige Christen geben sich die Mühe, vor Gott zu treten, damit Er ihr Leben in bezug auf die Heiligung prüfe. Daher kommt es, daß so viele gerettete Christen noch in «Ägypten» leben, anstatt von dort ausgezogen zu sein. Sie sind an Gewohnheiten aus der Vergangenheit gebunden und kommen deshalb nicht vorwärts. Sie sind noch nicht ausgezogen, oder diese Dinge sind noch nicht aus ihrem Herzen ausgezogen. Wie steht es mit uns?

Die Botschaft des Kreuzes und der Auferstehung lautet: «Er führte uns von dannen aus ..., um uns in den Besitz der Verheißungen einzuführen.» Wir wollen uns also die Augen auftun lassen über alles, was aus der Vergangenheit stammt und das Leben des Geistes in uns lähmt. Laßt uns den Sieg Christi erfassen, der uns heute «von dannen ausführt», um uns wirklich in den Besitz der Kraft Seiner Verheißungen einzuführen.

Alle Verheißungen Gottes sind Ja und Amen in Christus. Ein Leben unter dem Gesetz des Geistes des Lebens, welches in Christus ist, ist unser Erstgeburtsrecht, Seine Auferstehung sichert es uns.

Echte Heiligung ist das Wirken des Geistes des Lebens in uns. In Gnade und Treue, ohne Stöße, ohne außergewöhnliche Erscheinungen macht Er uns aufmerksam auf das, was nicht mit Seinem Willen übereinstimmt, und befreit uns davon. Er lehrt uns die völlige Hingabe an Ihn Selbst, während Er uns *ausführt* ... aber auch *hineinbringt.*

«Gehet hin, saget Seinen Jüngern und Petrus, Er gehe euch voran nach Galiläa. Dort werdet ihr Ihn sehen, wie Er euch gesagt hat. Sie gingen hinaus ... und sagten niemand etwas.» Markus 16, 7. 8.

Eine herrliche Botschaft war diesen Frauen anvertraut, und sie sagten niemand etwas davon!

Wagen wir es, sie zu kritisieren? Wir sind Besitzer desselben Schatzes, Träger derselben Botschaft. Der HErr hat Sein vollkommenes Heilswerk vollbracht, es kostete uns nichts, aber wir behalten es für uns! Jesus ist auferstanden. Er rechtfertigt alle, die an Ihn glauben. Das wissen wir, aber wir sagen es nicht weiter. Außerdem hat uns der HErr den Auftrag gegeben, zu unseren Mitmenschen zu gehen, und wir haben es nicht getan! Er hat uns sogar gebeten, «Petrus» aufzusuchen, um ihn mit der frohen Kunde zu trösten. Aber wir haben nicht gehorcht!

Schweigen ist manchmal Gold. Oft tun wir gut zu schweigen. Aber es gibt auch ein verbrecherisches Schweigen:

Schweigen den Seelen gegenüber, die in Not sind — wir haben das Heilmittel für sie und schweigen!

Schweigen den Sündensklaven gegenüber — und wir geben vor, das freimachende Evangelium zu kennen!

Schweigen den enttäuschten, ratlosen Seelen gegenüber — und wir wissen, was sie befriedigen könnte!

Schweigen den Menschen gegenüber, die mit uns zusammentreffen in der Erwartung, etwas von uns zu empfangen!

Schweigen dem zunehmenden Bösen gegenüber, das Verderben bringt — und damit geben wir ihm stumm unsere Zustimmung!

Wie können wir schweigen, wo es um Leben oder Tod von Menschenseelen geht? Wie können wir schweigen, wo der Meister doch spricht: «Nötige sie, hereinzukommen»? Den Augen Gottes entgeht unser Schweigen nicht, und wir werden die Folgen tragen müssen.

Jünger des auferstandenen HErrn, steht es so mit uns? Halten wir durch Schweigen die Kunde von der Auferstehung auf? Behalten wir die lösende, erfreuende Botschaft für uns? Laßt uns dieses Schweigen bekennen, vor allen Dingen es brechen, unverzüglich ans Werk gehen und um uns her verkündigen, daß Jesus wahrhaftig auferstanden ist.

17. März

«Er wußte nicht, was er sagte.» Lukas 9, 33.

Petrus war tief ergriffen von der Verklärung Seines HErrn. Ehe er als Märtyrer starb, schilderte er in seinem zweiten Brief noch die wunderbare Herrlichkeit, die er mit eigenen Augen gesehen, und die Stimme des himmlischen Vaters, die er gehört hatte.

Aber als die Verklärung stattfand, war das Werk des HErrn im Herzen des Petrus noch nicht getan. Sein Meister hatte ihm sagen müssen: «Du denkst nicht göttlich, sondern menschlich!» Markus 8, 33. Und hier, bei diesem Kundwerden der Gottheit seines Retters, schlug Petrus vor, für Elia und Mose Hütten zu bauen. Auch für Jesus hätte er gerne eine gebaut. Als ob eine Hütte oder ein Zelt Seine Herrlichkeit fassen könnte! Nein, er wußte wirklich nicht, was er sagte.

Wir sind aber nicht besser als Petrus! Auch von uns könnte es heißen, daß wir oft nicht wissen, was wir sagen. Wie häufig reden wir nutzlose, unüberlegte Worte, die nur Schaden anrichten. Laßt uns eine Wache vor unseren Mund stellen, einen Wächter vor die Tür unserer Gedanken, wie es in den Psalmen heißt, und uns nicht scheuen zu schweigen, wenn wir nichts zu sagen wissen. Petrus hätte bei dieser Gelegenheit lieber nichts sagen sollen. Wir wollen doch nicht reden, nur um etwas zu sagen! Wir haben uns Gott geweiht, um Seine Botschaft zu verkündigen. Darum wollen wir unsere Worte abwägen und achtgeben auf unsere Gespräche.

Petrus brauchte eine Offenbarung des HErrn Selbst. «Eine Wolke kam und überschattete sie, und eine Stimme kam aus der Wolke: Dies ist Mein geliebter Sohn; auf Ihn sollt ihr hören! Und plötzlich, als sie umherblickten, sahen sie niemand mehr bei sich als Jesus allein.» Markus 9, 7. 8. Wir sollten so von der Gegenwart des geliebten Sohnes Gottes überwältigt werden, daß wir nur noch Ihn allein sehen. Und dann wollen wir wie die Jünger den Weg einschlagen, der ans Kreuz führt. Markus 9, 9. 10. Die Volksmenge wartet auf uns. Laßt uns also unsere Zunge zu nichts anderem hergeben, als zum Dienst für Gott und Seinen Willen. «Gott der HErr hat mir eine geübte Zunge gegeben, damit ich den Müden mit Worten zu erquicken wisse.» Jesaja 50,4.

«Gott hat uns nicht einen Geist der Furchtsamkeit gegeben.»
2. Timotheus 1, 7.

Wer kennte keine Furchtsamkeit und Schüchternheit? Sie dringen ins Herz ein, man weiß nicht wie! Und es gibt besonders dafür veranlagte Temperamente, bei denen Schüchternheit eine Gebundenheit ist, die nicht zum Namen und zur Berufung eines Kindes Gottes paßt. Was haben wir nicht schon alles unterlassen, weil wir schüchtern waren!

Die Gemeinde Gottes ist dazu berufen, in einer Welt zu leben, in der der Abfall vom Glauben überhandnimmt. Gottes Befehl ist klar: «Du aber, gürte deine Lenden, mache dich auf und rede zu ihnen alles, was Ich dir gebieten werde.» Aber wir richten uns so ein, daß wir nichts zu tun und zu sagen brauchen, bringen Einwendungen und Entschuldigungen vor, die nur schlecht den wahren Grund unseres Schweigens verhüllen, und vergessen das Urteil des Wortes Gottes über die «Feiglinge»! Offenbarung 21, 8.

Gott bittet uns, Ihm unser Leben zu übergeben und Ihm auf dem Wege des Gehorsams und der Hingabe zu dienen. Sein Ruf ist klar. Der Weg ist uns vorgezeichnet. Aber wenn die Menschenfurcht uns überwältigt, geraten wir in einen Fallstrick. Sprüche 29, 25. Wehe dem, der den Ruf gehört hat, aber aus Furcht vor dem, «was die Leute sagen werden», nicht gehorcht. Schüchternheit ist ein mächtiges Werkzeug in Satans Händen. Wenn wir furchtsam sind, wird Gottes Werk nicht ausgeführt und kein Glaubensschritt getan.

Was tat Gott mit der Furchtsamkeit? «Da nun die Kinder Fleisch und Blut gemeinsam haben, ist Er in ähnlicher Weise dessen teilhaftig geworden, damit Er durch den Tod den außer Wirksamkeit setzte, der des Todes Gewalt hat, nämlich den Teufel, und alle diejenigen befreite, welche durch Todesfurcht ihr ganzes Leben hindurch in Knechtschaft gehalten wurden.» Hebräer 2, 14. 15. Die Sklaverei der Furchtsamkeit und Schüchternheit ist mit inbegriffen in dieser «Todesfurcht», die auf Golgatha besiegt wurde. «Euer Herz erschrecke nicht! Vertrauet auf Gott und vertrauet auf Mich.» Johannes 14, 1. Sein Blut reinige unsere Herzen von aller Furchtsamkeit, und Gott wolle unseren Geist der Schüchternheit durch Seinen Geist der Kraft, Liebe und Weisheit ersetzen!

«Hat doch der Sperling ein Haus gefunden und die Schwalbe ein Nest für sich, darein sie ihre Jungen legt: Deine Altäre, Du HErr der Heerscharen, mein König und mein Gott!» Psalm 84, 4 (M).

David war auf der Flucht vor Absalom und hatte die Bundeslade nach Jerusalem zurückgeschickt. Er war ein entthronter König, fern vom Heiligtum, und seine Seele dürstete nach Gott.

Der Sperling, der gewöhnlichste unter den Vögeln — man verkauft zwei um einen Pfennig —, hat ein Haus. Die Schwalbe, der schnellste, beweglichste aller Vögel, hat ihren Zufluchtsort, ihr Nest, zu dem sie immer wieder zurückkehrt. David entfernte sich mit jedem Schritt weiter von den Altären seines Gottes, dem Heiligtum, in welchem er Gott begegnete. Nur dort konnte das Sehnen seiner Seele gestillt werden, nur am Altar, der den Zugang zum Thron öffnet, der Quelle des Friedens und der geistlichen Ruhe.

Bist du in derselben Seelenverfassung wie David? Hast du dich entthronen lassen? Bist du des Heiligtums beraubt? Wer ist der «Absalom», der dich besiegt hat? Gestehe es ein! Sieh, jeder Sperling hat sein Haus, jede Schwalbe ihr Nest. Warum irrst du schutzlos, heimatlos umher, wenn ein solcher Reichtum deiner wartet?

«HErr, ich sehne mich nach Deinen Altären! Führe mich dahin zurück, tue es jetzt!» So schütte dein Herz vor Ihm aus, verheimliche Ihm dein Abweichen nicht, sage Ihm die Ursache deines Zustandes, kehre zu Ihm zurück, zum Altar, wo Er Sich opferte, und erfasse ganz von neuem die von dort ausgehende Kraft. Komm mit Freimütigkeit zum Gnadenthron, um Barmherzigkeit zu erlangen und Gnade zu finden.

Dann kannst du mit diesem Psalm ausrufen: «Wohl den Menschen, deren Stärke in Dir liegt.» Wenn wir uns nicht mehr um uns selber drehen, sondern unser Lebenszentrum in Christus gefunden haben, sind wir wahrhaft frei und erfüllt mit der Freude am HErrn. Wenn es dann auch durchs Jammertal geht, bleiben wir doch ganz nahe beim Altar, sind stark im HErrn und finden den Ausgang aus diesem Tal. Diese Erfahrung wird uns und anderen zum Segen. Allein im Kreuz liegt das Geheimnis der Verwandlung unserer Trübsal in Segen, und wir werden sehen, wie es am Schluß des Psalms heißt; daß Er «denen, die in Unschuld wandeln, nichts Gutes versagt.»

«Was darüber ist, das ist vom Bösen.» Matthäus 5, 37.

Im Alten Bund wurde ein feierliches Versprechen mit einem Eid bekräftigt. Im Neuen Bund ist nicht nur jede Art von Schwören verboten, sondern unser Jawort soll «ja» bedeuten und unser Nein ein Nein sein. «Was darüber ist, das ist vom Bösen.» Damit betont der Herr Jesus, wie heilig ein von Menschen gegebenes Wort ist. Wenn wir «ja» gesagt haben, sollen wir dementsprechend handeln. Gott und Menschen müssen sich auf die Unverbrüchlichkeit und Aufrichtigkeit unseres gegebenen Wortes verlassen können.

«Was darüber ist, das ist vom Bösen.» Damit wird unsere Neigung zum Übertreiben streng getadelt und ins rechte Licht gerückt. Sie ist vom Bösen eingegeben!

Wie dankbar können wir sein, daß unser Verhältnis zu Gott, unserem Vater, nicht von unserem, sondern von Seinem gegebenen Wort abhängt, von der Gnade, die uns errettet und uns erwählt hat, Ihm zu dienen. Darum sei unser Ja in Wahrheit ja, wenn wir uns Ihm zum Dienst weihen und Ihm unser Leben ausliefern.

Wenn wir mit Ihm wandeln, der das Licht ist, ist keine Finsternis da, keine Verwirrung oder Unklarheit von unserer Seite. Ein gegebenes Wort ist heilig, sei es nun Gott oder Menschen gegenüber.

Wenn diese Ermahnung des HErrn beherzigt würde, gäbe es in der Kirche und unter den Christen tiefgehende Umwälzungen, Eingeständnisse und Wiedergutmachen von Unaufrichtigkeit, Falschheit und Heuchelei. Wenn dieser eine Satz: «Eure Rede sei Ja, Ja! Nein, Nein!» in die Tat umgesetzt würde, geriete die Hölle in Erregung, und die christlichen Kreise würden aufgerüttelt.

Wir wollen einmal still nachdenken über alles, was wir gesagt und versprochen haben. Ist unser Ja ein Ja geblieben? Haben wir unser Versprechen gehalten? Und ist dem Bösen gegenüber unser Nein ein Nein geblieben? Können andere Menschen sich auf uns und auf unser gegebenes Wort verlassen? Verstehen wir es, alle Übertreibung, aber auch alle Abschwächung der Wahrheit zu vermeiden? Erfüllen wir voll und ganz, was wir versprochen haben? «Eure Rede sei Ja, Ja! Nein, Nein! Was darüber ist, das ist vom Bösen.»

«Lobe den HErrn, meine Seele, und vergiß nicht, was Er dir Gutes getan hat.» Psalm 103, 2.

Wenn wir bedenken, wie gütig der Vater im Himmel gegen uns ist, könnten wir uns mit Recht fragen, ob es möglich ist, zu vergessen, was Er an uns getan hat. Ach, leider ist es möglich!

Es wird uns schwer, zu begreifen, daß Israel seine wunderbare Befreiung aus Ägypten, den Durchzug durchs Rote Meer und die anderen, darauffolgenden Wunder vergaß. Aber könnten die Israeliten nicht von uns sagen: Ist es möglich, daß die Christen, denen eine so große Erlöserliebe gilt, denen ein so wunderbares Heil und so viel Gnade gehört, alle diese Wohltaten vergessen?

Vergessen zeugt von Mangel an Dankbarkeit. Wenn wir Gottes Wohltaten wie etwas betrachten, was Er uns schuldig ist, versündigen wir uns. Undankbarkeit ist andererseits die Folge von Selbstsucht und ein Beweis, daß man sich im Leben nur um sich selber dreht. Wir lassen uns von Gott Gutes tun, freuen uns darüber, gewöhnen uns aber schließlich daran.

Für Israel tat Gott täglich das Mannawunder. Aber mit der Zeit gewöhnte sich das Volk daran, redete verächtlich darüber und begann, anderes zu begehren. Ist das nicht auch bei uns der Fall? Gott läßt Himmelsbrot auf uns regnen, geistliche Reichtümer im Überfluß, aber wir gewöhnen uns daran und begehren etwas anderes. Wir nehmen uns Zeit, alle möglichen Bücher zu lesen, während wir die ganze Fülle in dem Buch der Bücher noch bei weitem nicht erschöpft haben. Wir nähren unser Eigenleben, aber unser geistliches Leben wird nicht mit frischem Manna gespeist, und das Manna von gestern «wird stinkend». Wenn wir das Empfangene nicht verarbeiten, sondern eilig zu anderem übergehen, werden wir unempfindlich für das Wirken des Heiligen Geistes in uns. Diese Sünde wurde Israel zum Verhängnis, und Gott sagt uns, daß die Kirchen auf dieselbe Weise zu Fall kommen werden.

Wir wollen uns also warnen lassen, Gottes Gnadengaben nicht vergessen und ihnen den gebührenden Wert beimessen. Und wenn wir alles bekannt und bereut haben, wolle Gott uns in Seiner Güte die Erfahrung des Psalmisten machen lassen: «Lobe den HErrn, meine Seele, und vergiß nicht, was Er dir Gutes getan hat!»

«Wartet, bis ich vernehme, was euch der HErr gebietet.» 4. *Mose 9, 8.*

Mose war sanftmütiger als alle Menschen auf Erden, sagt uns 4. Mose 12, 3. Er hatte den Mut, zu gestehen, daß er auf eine ihm gestellte Frage keine Antwort wußte, und war so seinem Gott geweiht, daß er zum Volk sagen konnte: «Wartet, bis ich vernehme, was euch der HErr gebietet.» Trotz der Fülle von Segnungen und Offenbarungen, die er erhalten hatte, trotz seiner innigen Gemeinschaft mit Gott auf dem Berge, wußte er, daß er in allem von Gott abhängig war. Darum wollte er keinen Rat geben und keinen Schritt tun, ohne dieses Willens gewiß zu sein. Er verstand zu warten.

Wir Christen sollten es ebenso machen, um überstürzte Entschlüsse zu vermeiden. Wie leicht lassen wir uns zwingen, Entscheidungen zu treffen oder unsere Meinung zu äußern, ohne erst gehört zu haben, was der HErr gebietet. In dem bewegten Leben der heutigen Zeit muß der Christ «mit Christus in Gott verborgen» bleiben, sonst wird er von der allgemeinen Strömung mitgerissen, Dinge zu tun und zu sagen, denen sein HErr nicht zustimmen kann. «Wartet!», das sollten wir lernen, den Menschen zu sagen, die uns zu einem unbedachten, übereilten Rat, der nicht von Gott käme, drängen.

Junge Menschen sollten auf die Ratschläge hören, welche die älteren in der Gegenwart Gottes zu erhalten suchen. Wie viele junge Christen haben auf dem Glaubenswege einen guten Anfang gemacht, sich dann aber verirrt infolge eines plötzlichen Verlangens, eine bestimmte Richtung einzuschlagen, was nicht aus dem Heiligtum stammte. Dann gehen sie ihr ganzes Leben lang einen anderen Weg als den gottgewollten, und schließlich wird ihnen die Krone genommen. Wir würden Gott mehr Ehre machen, wenn wir in erster Linie nach dem Reich Gottes und seiner Gerechtigkeit trachteten. Darum hat Gott christliche Eltern und geistliche Führer eingesetzt, die diese Art Unglück zu verhindern suchen, um den ihnen anvertrauten Menschenleben das Bleiben auf dem Weg des Glücks und des Segens zu sichern ...

Darum wollen wir Gott Zeit lassen zu reden, und uns die Zeit nehmen, auf Ihn zu hören. Er hat uns aus Ägypten ausgeführt und möchte uns ins Land der Verheißungen einführen.

«Er spricht, das alte ist gut.» Lukas 5, 39.

Die Hauptursache des Widerstandes, auf den der HErr bei Seiner Tätigkeit stieß, war das Judentum, eine Religion, die zu einer Formsache, einer Tradition und dadurch zu einer geistlichen Macht in der Hand des Feindes geworden war. Jesus Christus kam, um die Gnade Gottes zu offenbaren und ganz neue Lebensgrundsätze einzuführen, wodurch das Gesetz für abgeschafft erklärt wurde; dieses zerrissene, alte Kleid sollte nicht wieder zusammengeflickt werden.

Aber unser Herz, unser Fleisch, hängt an dem, was alt ist. Das bezeugen die Kämpfe, welche die Urkirche mit denen auszufechten hatte, die das Gesetz aufrechterhalten und dabei die Gnade ausnützen wollten, — soweit sie keine Disziplin verlangte!

Wenn der Heilige Geist Erweckungswind wehen läßt und etwas Neues schafft, erwacht das Alte in uns und widerstrebt sofort. Unser Herz mag von Natur gern auf demselben Fleck bleiben. Dadurch hindern wir Gott, Sein Gnadenwerk in uns zu tun und uns den Lebenshauch zu schenken, der vorwärts führt. Was «alt» ist, widerstrebt immer den geistlichen Siegen und Schöpfungen. Wenn wir noch sagen: «Das alte ist gut», begreifen wir nur mit Mühe, daß der Geist des Lebens in Jesus Christus uns viel mehr geben kann als alles, woran wir uns so fest anklammern. Gott gebietet uns, vorwärts zu gehen. Aber unser Herz denkt — wie einst Israel — mit Bedauern an das alte, bequeme Leben. Wie töricht, an dem «alten Kleid» zu hängen und sich gegen den neuen Stoff, das Leben des Geistes, zu wehren!

Wie können wir fasten, uns mit wenigem begnügen, während der Bräutigam bei uns ist? Lukas 5, 34. Er ist da mit Seinen Segnungen, Seiner Freiheit, Seiner Freude und Seinem Überfluß. Laßt uns mit Ihm gehen, Ihm in Lebensneuheit dienen, Seinen Anweisungen folgen und Seine Gabe annehmen. Laßt uns aufgeben, was «alt» ist und Seinem Wirken widerstrebt. Laßt uns Seinen Heiligen Geist nicht mehr betrüben, sondern uns vorwärts führen lassen, indem wir Kanäle sind, durch welche Seine Kraft weitergeleitet werden kann.

«Indem sie sich an sich selbst messen und sich mit sich selbst vergleichen, sind sie unverständig.» 2. Korinther 10, 12.

Der Apostel redet hier von Gläubigen, die sich selbst empfehlen und hinter deren Eifern sich der Wunsch verbirgt, etwas zu gelten. Sie nützen bei ihrer Tätigkeit die Arbeit anderer aus, sie kennen keine Eingebung von oben, nur Nachahmung. Der Apostel geht diesem Übel an die Wurzel und sagt, sie messen sich mit menschlichem, nicht mit göttlichem Maß.

Sind wir dieser Gefahr etwa nicht ausgesetzt? Schauen wir nicht auf Menschen? Beneiden wir sie nicht im geheimen um ihren Dienst und versuchen, es ihnen nachzumachen? Wir vergessen so leicht, daß Gott für jedes Leben Sein Maß hat. Nicht eines gleicht dem anderen. Wenn unsere Brüder und Schwestern auf die eine Weise geführt werden, sollen wir es dann ebenso machen wie sie? Sogar ein Stern «unterscheidet sich vom anderen durch seinen Glanz.» 1. Korinther 15, 41. Es bestehen «Unterschiede in den Gnadengaben und Dienstleistungen, doch ist es derselbe HErr.» Die Glieder des Leibes Christi haben in ihrer Mannigfaltigkeit und Eigenart alle ihr Maß, ihre Aufgabe und ihren bestimmten Dienst.

Vergleiche sind gefährlich, auf geistlichem Gebiet sogar verboten. Warum also dieses Bedürfnis, uns mit anderen zu vergleichen? Dazu treibt uns nur unser Eigenleben, das in seinem Ehrgeiz unersättlich ist und sich der Überwachung Gottes, dem Wirken Seines Geistes entziehen will. Wenn wir uns mit unserem Bruder vergleichen, beneiden wir ihn um das, was er ist und hat, und Neid gehört zu den Werken des Fleisches. Wenn wir uns mit anderen vergleichen, machen wir uns also nicht nur dieser Sünde schuldig, sondern betrüben auch den Geist Gottes, der auf den Moment wartet, in dem Er in uns wirken und uns die Gnadengaben schenken kann, die für uns bestimmt sind. Wenn wir unsere Blicke vom HErrn weg und einem Geschöpf zuwenden, werden solche Vergleiche zu einer Quelle unaufhörlicher Unruhe und Enttäuschung. Beim Trachten nach Ehre für uns selber mindern wir die Ehre des HErrn und hindern die Welt, Ihn zu erkennen. Erst wenn unsere Gedanken unter den Gehorsam gegen Christus gefangengenommen sind, werden wir zur Ruhe kommen. Dann kann der Heilige Geist unserem Leben und Dienen Seine Maße geben.

«Mann Gottes, der König sagt, du sollst herabkommen.» 2. Könige 1, 9.

Elia hatte von Gott den Befehl erhalten, auf dem Berge zu bleiben. Aber die Gesandten des Königs sagten dreimal zu ihm: «Komm herab!»

So ergeht auch an uns oft der Ruf, uns auf Kosten unseres Christenstandes den Forderungen des Weltlaufs anzupassen. Wenn Gott jemand beruft, gibt Er ihm Seine Richtlinien und zeigt ihm die Ebene, auf der er zu bleiben hat. Die Versuchung, «herabzukommen», wird sich bald bemerkbar machen, und zwar in verschiedenen Formen, die der Feind jedem einzelnen Fall anzupassen versteht.

Ein Herabgleiten geht oft unmerklich und ganz allmählich vor sich. Junger Mann, junges Mädchen, sei auf der Hut! Du hast einen guten Anfang gemacht, dein Wunsch, dich Gott zu weihen, war echt. Du warst entschlossen, zuerst nach dem Reich Gottes und seiner Gerechtigkeit zu trachten und «alles andere» Seinen Händen zu überlassen. Aber dann hörtest du den Ruf: «Mann Gottes, komm herab!» Wenn du den Abstieg begonnen hast, oh, dann kehre um und mache einen neuen Anfang! In Christus ist die Vergebung.

Versuchungen kommen unvermeidlich für die, welche mit Gott wandeln wollen, durch leise Einflüsterungen des Feindes oder durch seine groben Angriffe, manchmal auch durch Menschen und ihr verlockendes Beispiel, oder durch einen falschen Ratschlag, eine feine Schmeichelei. Auch nimmt sie häufig die noch gefährlichere, bezaubernde Gestalt eines «Engels des Lichts» an, wie es in 2. Korinther 11, 3 und 14 heißt. Außerdem liebt es unser überaus trügerisches und verderbtes Herz, alles ebenso zu machen wie andere Leute und wie früher die verschiedenen Wünsche des Eigenlebens zu befriedigen. Wohl dem Glaubenden, der die Disziplin des HErrn annimmt und in ihr verharrt.

Auch jedes Werk Gottes, das im Kampf standhalten will, wird angefochten durch den Ruf: «Mann Gottes, komm herab!» Nur durch Reue und Demütigung vor dem Kreuz kann das ursprüngliche Niveau einer göttlichen Berufung gewahrt werden. Wohl den Werken und Kirchen, die unter den Trümmern der Christenheit, trotz herrschendem Formalismus und geistigem Tod auf die Warnungen des HErrn hören und sie befolgen!

«Du bist mein Schirm, Du wollest mich vor Gefahr behüten, mit Rettungsjubel mich umgeben.» Psalm 32, 7.

Was David in den Psalmen sagt, beleuchten die Apostelbriefe mit der Klarheit des Neuen Bundes. Sie führen uns in die geistliche Welt ein, die den Menschen des Alten Bundes noch verschlossen war.

David stärkte sich unablässig in seinem Gott. In Ihm fand er Kraft und Hilfe. Das bezeugt sein Leben und seine Regierung. Dem Apostel Paulus wurde es später gegeben, uns zu offenbaren, daß unser Kampf sich nicht gegen Fleisch und Blut richtet, sondern gegen das, was hinter dem Sichtbaren steht, die bösen Geister, die Finsternismächte und Gewalten in den himmlischen Regionen. Diese geistigen Feindesmächte greifen den Christen an, sobald er sich entschließt, wirklich mit Gott zu wandeln, um die Verheißungen zu erlangen und *ein* Geist mit dem HErrn zu sein.

Ein Kind Gottes, welches sich von der Einkreisung alles dessen lösen will, was es in der Unmündigkeit gefangen hält, wird sofort bemerken, daß es diesen Mächten in der einen oder anderen Gestalt begegnet. Sie suchen Boden zu gewinnen in seinen Gedanken, benützen Menschen, sogar Christen, die Umstände und den Gesundheitszustand, um das Kind Gottes anzugreifen. Solche Erfahrungen sind oft beängstigend und immer gefährlich, bis wir ihren satanischen Ursprung erkannt haben. Dann aber kommen wir durch den guten Kampf des Glaubens aus aller religiösen Schwärmerei heraus und in den wirklichen, geistlichen Kampf hinein.

Dann erneuern wir täglich unsere Gemeinschaft mit Christus, unsere Stellung in unserem gekreuzigten HErrn und sichern uns so den am Kreuz errungenen Sieg über den Feind und seine Werke. Wir wissen, daß wir vom HErrn beschirmt werden müssen und erleben, daß Er uns in der Spalte des Felsens birgt, wie einst Mose. Dort werden wir mit Seiner Kraft und Seinem Mut erfüllt und von Seiner unwandelbaren Treue geleitet.

Er ist unser Schirm, Er behütet uns vor Gefahr, noch mehr, Er umgibt uns mit Rettungsjubel. Möge durch die Kraft des Heiligen Geistes von Herzen kommender Lobgesang unser Leben und Dienen erfüllen, so daß der Feind gezwungen wird, sich zurückzuziehen, wenn er unsere Befreiungslieder hört.

«Wer weiß, ob Er nicht . . . einen Segen zurücklassen wird?»
Joel 2, 14.

Bei den biblischen Weissagungen muß man das oft schnelle Übergehen von einem Gegenstand zum anderen, vom Negativen zum Positiven und umgekehrt, beachten.

In dem Abschnitt, dem unser Text entnommen ist, redet der Prophet Joel von der Schlacht bei Harmagedon, diesem letzten internationalen Konflikt. Er schildert die modernen Heere des Antichrists, die gegen den HErrn vorrücken. Zu gleicher Zeit redet er von der großen Trübsal seiner Volksgenossen und von ihrer Reue. Er stellt ihnen den gnädigen, barmherzigen Gott vor Augen, der langmütig und von großer Gnade ist, und sagt: «Wer weiß, ob es Ihn nicht wieder reuen, und ob Er nicht einen Segen zurücklassen wird, Speis- und Trankopfer für den HErrn, euren Gott?»

Wer weiß, ob ein Kind Gottes, das mitten in der Unrast und im Leid unserer Zeit steht, *nicht einen Segen zurücklassen wird?* Es besitzt nicht nur Frieden mit Gott, sondern dieser Friede soll anderen geschenkt werden. Es ist ihm die Möglichkeit gegeben, ein Segen zu sein.

Wir dürfen dieses Wort auf uns selbst beziehen. Wer weiß, ob wir nicht einen Segen zurücklassen werden? Wenn der HErr in uns wohnt und wir in Gemeinschaft mit Ihm stehen, müßte es so sein. Ströme lebendigen Wassers sollten aus uns fließen. Dort, wo Gottes Segen herrscht, macht er sich bemerkbar, nicht notwendigerweise mit Worten, sondern in der ganzen Art des Seins und Auftretens. Welch verborgene Kraft liegt in jedem Christen! Welche Sünde ist es, kein Zeugnis abzulegen, oder im Leben negative Elemente zu dulden, die diese Kraft unwirksam machen!

Unser Daseinszweck auf Erden ist Fruchtbringen. Laßt uns also bestrebt sein, bei unserem Kommen und Gehen, bei unseren Begegnungen mit Menschen, hier und dort und überall zur Wirklichkeit zu machen, was die heutige Botschaft uns zu sagen hat. Ja, wir wollen etwas von unserem HErrn Selber zurücklassen!

«Folget Mir nach, so will Ich euch zu Menschenfischern machen.»
Markus 1, 17.

Haben wir erlebt, was diese bekannten Worte ausdrücken? Leben wir ihnen entsprechend? Als wir dem Ruf Gottes gehorchten, wurde dies unsere Berufung. Laßt uns also zu unserer ersten Liebe, dieser klaren Quelle, dieser einfachen Methode, die der Meister Selber eingeführt hat, zurückkehren. Gelegenheiten dazu gibt es, so weit das Auge reicht. Wer sich als Menschenfischer anwerben ließ, ist nie arbeitslos!

Kein Kind Gottes bildet darin eine Ausnahme, und diese Arbeit ist unerwartet hoffnungsvoll, schenkt einzigartige Freuden. Diese schlichte, direkte Art zu wirken hat die Verheißung segensreicher Früchte.

Sobald wir dem Ruf des HErrn folgen, sorgt Er für die Verwirklichung. Er braucht Menschen, um an Menschen heranzukommen. Dabei ist nicht die Rede von Predigen, so nützlich es auch sein mag, wo es am Platze ist, sondern von Menschenleben, die in Verbindung mit dem HErrn stehen und Seinen Befehlen gehorchen, dauernd auf der Hut sind und *keine Gelegenheit zum Zeugendienst versäumen.*

Wir können bei unserer täglichen Arbeit Menschenfischer sein. Das ist keine Anstrengung. Wir folgen einfach dankbar dem Ruf, der an uns erging, und angetan mit der Anmut und Gnade des Herrn Jesus, nützen wir weise jede Gelegenheit aus, ohne die Menschen abzustoßen.

Er ist es, der wirkt. Eine der schönsten Erfahrungen, die man machen kann, ist festzustellen, daß der HErr uns Menschen in den Weg führt, die Frieden suchen. Sie begegnen uns ganz einfach in dem von Gott gewählten Moment.

Ein Menschenfischer muß immer bereit und lenkbar sein in der Hand seines Meisters, und bestimmt wissen, daß er von Ihm geleitet wird und mit Ihm zusammenarbeitet. Er braucht als besondere Tugenden viel Ausdauer und Geduld, und der Meister will sie uns schenken, wenn wir Ihm getreulich nachfolgen und bereit sind, von Ihm zu lernen. Welche Freude erfüllt dann unser Herz, wenn wir jemand zu Ihm führen dürfen!

«Petrus ging hinaus und folgte ihm.»
Apostelgeschichte 12, 9.

Apostelgeschichte 12 lehrt uns, wie man beten soll und wie Gott wirkt. Gott ermuntert uns nie zur Trägheit. Was wir tun können, sollen wir tun. Aber göttliche Dinge und Gottes Werk gehören zum geistlichen Gebiet, auf dem die menschlichen Fähigkeiten machtlos sind. Darum bitten wir um das, was über unsere Kräfte geht, ja, um Unmögliches. Und dazu brauchen wir das geistliche Einsetzen geistlicher Kräfte, die Hilfe Gottes. Wir bitten z. B. um Bekehrung von Menschenseelen, um Befreiung und Segen für sie, um einen zu erringenden Sieg oder ein zu vollbringendes Werk, Dinge, die tatsächlich nur Gott tun kann. Es ist gut, wenn wir uns das klarmachen. Alle Ehre gebührt Gott.

Die Gemeinde in Apostelgeschichte 12 betete unter dem Druck widerwärtiger Umstände und wandte sich an die richtige Stelle, hatte aber kein rechtes Zutrauen zu ihren Gebeten. Als die Erhörung da war, merkte sie es nicht! Die Erhörung war jemand, Petrus. Unser Text zeigt ihn uns aus dem Gefängnis hinausgehen und seinem Befreier folgen. Auch wir haben oft keine Ausdauer im Gebet, oder beten, ohne mit der Erhörung zu rechnen; dabei ist Gottes Antwort schon unterwegs. Während wir beteten, oder nachdem wir gebetet hatten, ließ Gott Seine Kraft wirken, und die Erhörung begann. Sagt Er nicht: «Alles, was ihr gläubig erbittet im Gebet, werdet ihr empfangen», Matthäus 21, 22, und «wenn ihr etwas in Meinem Namen bitten werdet, so werde Ich es tun»? Johannes 14, 14.

Wir wollen uns den geistlichen Blick für die Pläne des HErrn und die von Ihm kommenden Gebetserhörungen schenken lassen. Unser Gebet dringt durch den Vorhang hindurch ins Heiligtum, und von dort kommt die Erhörung. Dort berühren wir den goldenen Herrscherstab, dort machen wir uns die geschriebenen Verheißungen unseres himmlischen Vaters zu eigen.

Gott wolle uns so einfältig machen, daß wir glauben können, und so standhaft im Glauben, daß wir von Ihm in Empfang nehmen, was wir nach Seinem Willen von Ihm erbeten haben. Wer weiß, ob die Erhörung (Petrus) nicht schon aus dem Gefängnis hinausgegangen und unterwegs ist?

30. März

«Ich vermag alles durch Den, der mich stark macht.»
Philipper 4, 13.

Der Apostel war in der größten Not. Die Lage, in der er sich befand, hätte den Mut und die Kraft auch des stärksten Christen auf eine harte Probe gestellt. Er wußte, was es heißt, bei keinem Menschen Halt und Hilfe zu finden. Ihm drohte der Tod, und eigentlich hatte er keine Hoffnung mehr! Aber er setzte sein Vertrauen auf Den, der den Tod überwand. Waren alle menschlichen Hilfsquellen erschöpft, so rechnete er eben mit den göttlichen. Er ließ sich nicht im Lauf aufhalten, und in Umständen, in denen jeder andere alles aufgegeben hätte, verlor er nicht den Mut. Er wußte, daß sein HErr ihn berufen hatte und daß seine Schwachheit der Kanal war, durch den die Kraft Gottes den Menschen zufließen sollte.

Aber er zeugte nicht nur von Gott, sondern bezeugte auch den Philippern seine Dankbarkeit für ihre Fürsorge und Liebe. Er hatte gelernt, allein zu wandeln mit seinem Gott, verstand es aber auch, sich an der Gemeinschaft mit seinen Glaubensbrüdern zu erfreuen. Neben seiner völligen Abhängigkeit von Gott brauchte er die Teilnahme und Fürsorge seiner Brüder. «*Ich vermag alles durch Den, der mich stark macht*», sagt er, «*doch habt ihr wohlgetan, daß ihr euch meiner bedrängten Lage annahmt.*»

Viel verborgene Not umgibt uns. Die Menschen brauchen Hilfe, unsere Hilfe, und uns stehen alle Reichtümer Gottes zur Verfügung. Laßt uns unserer Umgebung das sein, was die Philipper dem Apostel Paulus waren. In dem Maße, wie wir unseren Mitmenschen helfen, werden wir erleben, daß wir in unseren eigenen Nöten und Schwierigkeiten in Christus alles finden, was wir brauchen. Bei unserem Sorgen für andere und unserer Hingebung für sie laßt uns bezeugen, daß wir alles vermögen durch Den, der uns stark macht, die Fortsetzung jedoch nicht vergessen: «*Doch habt ihr wohlgetan, daß ihr euch meiner bedrängten Lage annahmt.*»

Unser Blick sei auf Ihn gerichtet, und durch Ihn auf die Menschen, die so dringend einen Erlöser brauchen!

«Ich habe Deinen Namen den Menschen geoffenbart, die Du Mir aus der Welt gegeben hast.» Johannes 17, 6.

Das Hohepriesterliche Gebet ist eine herrliche Offenbarung über die innige Gemeinschaft, die Gott den Vater mit dem Sohn verbindet. Nachdem der Sohn das Werk, das der Vater Ihm aufgetragen, vollendet hatte, in dem Augenblick, als Er das Kreuz vor Sich sah, stiegen diese einzigartigen Worte aus Seinem Herzen auf. Sie deuten schon auf den Dienst hin, den Er nach Seiner Verherrlichung tun sollte. «Jesus hob Seine Augen zum Himmel empor und sprach: Vater, die Stunde ist gekommen! Verherrliche Deinen Sohn, damit Dein Sohn Dich verherrliche ... Ich habe Deinen Namen den Menschen geoffenbart, die Du Mir aus der Welt gegeben hast.» In dieser entscheidenden Stunde betete der HErr also für die Menschen, die der Vater Ihm gegeben hatte, für Seine Jünger, die erste Generation des missionarischen Geschlechts, Männer und Frauen aus dem Volk, denen niemand in der Welt jemals gleichkam.

Aber man darf die Worte dieses Gebets nicht nur auf den Ort und die Zeit beschränken, in der sie gesprochen wurden. Sie haben eine viel größere Tragweite. Die Menschen, die der Vater dem Sohn als Lohn für Seinen Sühnetod gegeben hat, sind alle Erlösten, alle Nutznießer Seines auf Golgatha vollbrachten Werkes, alle durch die Gnade erretteten, durch die leibhaftige Auferstehung des Herrn Jesus gerechtfertigten und von Gott an Kindesstatt angenommenen Menschen. Alle sind gemeint mit dem Wort: «Die Du Mir gegeben hast.»

Angesichts dieses Vorrechtes werden wir uns unserer ganzen Unwürdigkeit bewußt, wissen aber, daß wir trotzdem in Sein Gebet eingeschlossen sind. Dank dieser Worte des HErrn haben wir das Recht, vor den Thron der Gnade zu treten und zu sagen: «HErr, ich bin einer von denen, die der Vater Dir aus der Welt gegeben hat. Ich komme zu Dir, so unwissend und schwach, wie ich bin. Ich weiß, daß Du mir Deinen Namen geoffenbart hast und daß der Vater Dir mit meinem Leben ein Geschenk gemacht hat. Du hast es gesagt! Gebrauche nun dieses Leben!»

Welche Reichtümer liegen in diesen Worten des HErrn! Wir wollen sie tief in unser Herz eindringen lassen!

«Deshalb ergreifet die ganze Waffenrüstung Gottes, damit ihr am bösen Tage zu widerstehen vermöget und, nachdem ihr alles wohl ausgerichtet habt, das Feld behalten (oder aufrechtbleiben) könnet.»
Epheser 6, 13.

Stephanus sah vor seinem Märtyrertode Jesus *stehend* zur Rechten Gottes, bereit, ihn in die Herrlichkeit aufzunehmen. Unser HErr steht aufrecht. Auch wir, Seine Streiter, sollen aufrechtstehen. Kämpfende Christen «stehen», obwohl sie sich in Christus in den himmlischen Regionen «gesetzt» haben. Epheser 1, 20; 2, 6.

Wenn der Feind gegen uns anstürmt und der Kampf hart wird, sollen wir feststehen in Christus, nicht weichen, nicht ängstlich werden. Jesaja 41, 10. Gott möchte uns geistig aufrechtstehend sehen in Christus, erstarkt in der Macht Seiner Stärke, mit der ganzen Waffenrüstung Gottes angetan, damit wir dem Feind widerstehen und den Streit den gegebenen Befehlen gemäß ausfechten können.

Wenn Gott uns eine Seele, die vom Feind bestürmt wird, zur Fürbitte aufs Herz legt, dann wollen wir für sie einstehen, im Namen des Siegers, stark im HErrn für sie kämpfen und uns dem Feind entgegenstellen. Der Sohn Gottes ist erschienen, daß Er die Werke des Teufels zerstöre. Auf diese Verheißung dürfen wir uns berufen. Darum wollen wir, wie einst Mose, die Hand zum Throne Gottes erheben, jede Niederlage zurückweisen und die, welche in den Streit ziehen, durch unsere Gebete mit einer schützenden Mauer umgeben.

Da Gott sagt: «Widersteht!», wollen wir widerstehen. Christus will uns immer wehrhafter machen, denn der «böse Tag» ist da. Trotz aller Ermüdung im Kampf und obwohl wir eine Zielscheibe des Feindes sind, stehen wir dank der von Gott erhaltenen Waffenrüstung unangetastet da und behalten das Feld.

Laßt uns also aufrechtstehen im Geist! Gegenangriffe dürfen uns nicht aus der Fassung bringen, und das ist möglich, wenn unser Herz ungeteilt dem HErrn gehört. Diese segensreiche Erfahrung haben alle gemacht, die Gottes Interessen den ersten Platz in ihrem Leben einräumten. Der Feind kann nichts ausrichten gegen Den, der ihn überwand. Vor Seiner Siegermacht muß er weichen. Das ist ein Ansporn, eine Lehre und ein Marschbefehl unseres Anführers für uns. Wir sollten es bedenken und dementsprechend leben.

«Umgürtet eure Lenden mit Wahrheit und leget den Panzer der Gerechtigkeit an.» Epheser 6, 14.

Die Teile der Waffenrüstung des Christen ergänzen sich. Wenn wir nicht mit Wahrheit umgürtet sind, hält unser Panzer nicht zusammen. Als Israel aus Ägypten zog, sprach der HErr: «Eure Lenden sollen gegürtet, eure Schuhe an euren Füßen sein, und ihr sollt eure Stäbe in der Hand haben.» 2. Mose 12, 11. Der Streiter des HErrn, der im Neuen Bunde siegreich sein will, hat ebenfalls eine von Gott vorgeschriebene Ausrüstung nötig.

Er muß achtgeben, daß sein ganzes Wesen durch den Gürtel der Wahrheit zusammengehalten wird. Er soll sich an die biblische Wahrheit halten, und der Kern seines Wesens soll Wahrhaftigkeit sein. Wenn es einem Christen daran fehlt, hat sein Panzer einen Riß. Alle anderen Waffen sind dann wirkungslos.

Der Gürtel eines orientalischen Gewandes erlaubte unbehindertes Bewegen, behendes, zwangloses Gehen. *«Der Gürtel der Wahrheit»* bedeutet, daß unser Leben und Wandel sich durch Aufrichtigkeit auszeichnet und alles Zweideutige, Heuchlerische verbannt ist. Dadurch wird dem Feind einer seiner beliebtesten Anknüpfungspunkte in uns genommen. Darum wollen wir uns vergewissern, daß wir im Verkehr untereinander mit Wahrheit umgürtet sind.

«Legt den Panzer der Gerechtigkeit an.» Auf dem Kampfplatz wird des Streiters Herz von listigen Anschlägen, Lockungen und Erwägungen bedroht. Wenn der Panzer der Gerechtigkeit ihn nicht schützt, können die Pfeile des Bösewichts in sein Herz dringen. Die durch die Wiedergeburt neugewordene Gesinnung des Herzens, dieselbe, die in Jesus Christus war, ist dann ungedeckt, und die Rührseligkeit regt sich. Unangebrachtes Mitleid bringt den Streiter dazu, seine Berufung aufzugeben. Darum laßt uns im Sinne von Hebräer 4, 12 wachen und beten. Wir brauchen eine vollständige Waffenrüstung, um am bösen Tage das Feld behalten zu können.

Wenn der Feind uns aufs tiefste verletzt, wenn die Pfeile böser Geistesmächte des Tages fliegen, dann laßt uns dafür sorgen, daß wir mit dem Panzer der Gerechtigkeit angetan sind, und durch Anlegen aller Waffen Gottes unsere Stellung in Christus festigen.

3. April

«Seid gestiefelt mit Bereitwilligkeit, die frohe Botschaft des Friedens zu verkündigen.» Epheser 6, 15.

Buchstäblich: «Seid so gestiefelt, daß ihr leichtfüßige Boten der Friedensbotschaft sein könnt.» Der Apostel fordert uns also auf, stets zu sofortiger Entgegnung bereit zu sein und ohne Zögern zu zeugen. «Predige das Wort, *tritt dafür ein, es sei gelegen oder ungelegen:* überführe, tadle, ermahne mit aller Geduld und Belehrung.» 2. Timotheus 4, 2.

Wie oft haben wir dem HErrn mit Schweigen Schande gemacht, weil wir geistig schwerfällig oder feige waren! Wir können die besten Theorien haben und hinter dem Rücken der Leute schnell das Wort ergreifen. Wenn wir ihnen aber gegenüberstehen, schweigen wir! Und wenn Gottes Ehre in den Staub gezogen wird, protestieren wir nicht, oder lassen Tage und Wochen vergehen, ehe wir etwas dagegen sagen und tun. Kurz, es fehlt uns ein wichtiger Teil der Waffenrüstung Gottes, *die Stiefel der Bereitwilligkeit,* die uns Geistesgegenwart zum Zeugen verleihen und uns so flink machen wie den Stein, der in Goliaths Stirn eindrang. Jedesmal, wenn wir nicht Farbe bekennen, bestärken wir den Gegner in seiner Stellung und versäumen eine Gelegenheit zum Zeugendienst. Gott schenke uns Fügsamkeit und ständige Alarmbereitschaft, daß wir jede Gelegenheit ausnützen, um eine Seele zu Christus zu führen, jemand in einer Not zu helfen, oder für die Wahrheit zu zeugen!

Wir wollen nicht sagen, wir hätten keine Gelegenheit zum Zeugendienst! Jeder Tag ist aus Gelegenheiten zusammengesetzt. Wenn unser Leben keine Frucht bringt, liegt es nicht an mangelnden Gelegenheiten, sondern am Fehlen der Liebe Gottes in unseren Herzen und an der Bereitwilligkeit, die Gelegenheiten zu ergreifen!

Darum wollen wir Gott bitten, uns aus dem Schlummer zur Wirklichkeit zu erwecken und von unserer Selbstsucht zu befreien. Wir wollen uns als lebendiges, Gott angenehmes und der Welt nützliches Opfer hingeben, aufrechtstehen, eifrig sein und immer die Stiefel der Bereitwilligkeit zur Verkündigung der Friedensbotschaft tragen.

4. April

«Bei dem allen aber ergreifet den Schild des Glaubens, mit welchem ihr alle feurigen Pfeile des Bösewichts auslöschen könnt.»
Epheser 6, 16.

Der HErr mißt dem Schild des Glaubens eine besondere Bedeutung bei. Er soll unser ganzes Wesen schützen. Als Abraham, der Vater aller Gläubigen, von einem schweren Kampf zurückkehrte, den er siegreich bestanden hatte, ohne Verluste zu erleiden, heißt es: «Nach diesen Geschichten begab es sich, daß des HErrn Wort an Abram erging: Fürchte dich nicht, Abram, Ich bin dein Schild, dein Lohn ist sehr groß.» 1. Mose 15, 1.

«Der Glaube kommt aus dem, was man hört, und was man hört kommt aus Christi Wort.» Römer 10, 17 (S). Der Glaube wird durch Gottes Wort erzeugt, er hängt unauflöslich mit Gottes Wort zusammen. Darum ist der Schild des Glaubens der wichtigste Teil der Waffenrüstung, der das ganze Wesen des Streiters deckt und schützt. Lebendiger, sieghafter Glaube beruft sich auf das, was Gott gesagt hat, «es steht geschrieben». Hinter Gottes Verheißungen ist der Streiter in Deckung, deshalb weicht er nicht zurück. Im Gebet setzt er seine Zuversicht auf Gottes Verheißungen und deckt sich so mit ihnen, daß die feurigen Pfeile des Bösewichts ihn nicht erreichen, sondern ausgelöscht werden.

In Hebräer 11, 34 lesen wir: «Durch den Glauben haben sie die Gewalt des Feuers ausgelöscht.» Die feurigen Pfeile des Bösewichts sind ein treffendes Bild von Gedanken, Einflüsterungen und grausamen Anklagen, die direkt aus der Hölle kommen können, mit großer Geschwindigkeit anschwirren und wie giftige Stachel verletzen. Ohne den Schild des Glaubens sind wir ihnen ausgesetzt. Aber der Streiter Christi birgt sich auf dem Schlachtfeld hinter diesem Schild. An ihm werden die Pfeile Satans stumpf und fallen ab.

So werden die Verheißungen Gottes für den Streiter zu einer persönlich erprobten Kraft. Er wird durch solche Erfahrungen ermutigt, seinen Lauf fortzusetzen. Er ist sicher vor den feurigen Pfeilen, woher sie auch kommen mögen. Er erstarkt im HErrn, in der Macht Seiner sieghaften Stärke, kämpft weiter und lernt seinen Schild immer besser handhaben.

5. April

«Und nehmet den Helm des Heils und das Schwert des Geistes, nämlich das Wort Gottes.» Epheser 6, 17.

Wenn der Christ seine Stellung in Christus in den himmlischen Regionen erkannt hat, merkt er, daß dort ein Kampf ausgefochten wird. Wenn sein Leben mit Gott in Ordnung ist, wenn er mit Ihm wandelt und Seinen Willen tut, braucht er die ganze Waffenrüstung Gottes, um den Anläufen des Feindes widerstehen zu können.

Feurige Pfeile fliegen gegen uns heran, oft wissen wir gar nicht, woher sie kommen, aber ihre Wirkung ist gefährlich. Plötzlich oder allmählich spüren wir, daß sich unsere Gedanken verdunkeln. Etwas Undefinierbares hüllt uns ein und hindert uns, richtig zu denken. Jede Kopfarbeit wird zu einer Anstrengung. Es ist wie ein Rauch, der aus dem Abgrund aufsteigt. Offb. 9, 2. Deshalb brauchen wir den Helm des Heils, mit dem Gott des Streiters Haupt und Vernunft, die Empfangs- und Sendestation seiner Gedanken bedeckt. Wenn Verleumdungen über uns oder unsere Mitstreiter im Umlauf sind, müssen wir den Helm des Heils aufsetzen, um zu verhindern, daß wir verletzt oder gegen jemanden beeinflußt werden. Sticheleien, die von der Welt, vom Fleisch oder vom Teufel herrühren, können tiefe Wunden schlagen und unsere Gedanken mit Feuer aus der Hölle erhitzen. Es gibt aber auch Pfeile des Bösewichts, die günstigen Boden finden in unserem Eigenleben, im Ungehorsam z. B., oder in unserem Unabhängigkeitsgefühl. Sie können geistliche Verführungen und verkehrte Ansichten hervorrufen, die viel schwerer zu erkennen sind als Sünden.

Gott kennt diesen Kampf und weiß, daß die feindlichen Mächte der Kraft und Weisheit Seiner Kinder weit überlegen sind. Deshalb hat Er für den Helm des Heils gesorgt, der den Kopf deckt. Christus hüllt uns ganz in Seine Gegenwart ein und umgibt uns mit der Macht Seines Sieges über den Widersacher und seine Werke.

Dieser Helm wird dem guten Streiter Jesu Christi geschenkt. Er deckt seine Vernunft. Das Blut Jesu Christi reinigt den Sitz seiner Gedanken, der Helm des Heils schützt ihn. So kann er mit dem Schwert des Geistes, dem Wort Gottes, in den Kampf gehen, und Gott wird seine Hände streiten lehren. Psalm 18, 35.

6. April

«Bei allem Gebet und Flehen aber betet jederzeit im Geist, und wachet zu diesem Zwecke in allem Anhalten und Flehen für alle Heiligen.» Epheser 6, 18.

Gebet ist keine Formel, nichts Auswendiggelerntes, und darf nie zur Form werden! Wahres Gebet ist Leben, ein Strom, eine Macht, ein zu Gott aufsteigendes Räucherwerk, auch ein Kampf und eine Siegeskraft, wenn es sich in der Vollmacht des Herrn Jesus auf die Verheißungen Gottes beruft.

Beten hört nie auf. Wir sollen jederzeit beten, mit der Inbrunst und dem Feuer des Geistes. «Flehen» bedeutet, einen aus der Tiefe des Herzens kommenden, brennenden Wunsch aussprechen.

Der Apostel sagt ausdrücklich, daß Beten ein Teil von des Kämpfers Rüstung ist, eine unbedingt notwendige Macht im geistlichen Kampf gegen den Feind, daß es aber auch alle Heiligen, die ganze Gemeinde Gottes, ebenso wie die einzelnen Menschenseelen, die der HErr uns besonders aufs Herz legt, umfassen muß. Das Gebet hat also ein großes Tätigkeitsfeld. Darum sollen wir um so mehr die dem Kämpfer gegebenen, deutlichen Anweisungen befolgen und uns der Gebetspflicht nicht entziehen.

Der Apostel zeichnet ein herrliches Bild: ein Feld, das feindliche Mächte besetzt halten, über dem aber eine zum Himmel aufsteigende Wolke von Räucherwerk liegt.

Wie die Wolkensäule sich zwischen Israel und die Ägypter schob, so schützt die Gegenwart des HErrn die Seinen und verwirrt das feindliche Heerlager, stößt die Räder von den Wagen der Feinde, bringt sie ins Gedränge und zwingt sie zur Flucht. Verständiges, von Gott gelehrtes und von Ihm geleitetes Gebet erringt solche Siege.

Wenn wir beten, sollten wir uns bewußt sein, daß wir *ein* Geist mit unserem HErrn sind. Wir stehen im Kampf gegen Geistesmächte und Gewalten. Hinter dem Widerstreben der Menschen gegen Gott und Sein Wirken steht der unsichtbare Widerstand des Feindes und seiner Horden. Der Streiter, der vom göttlichen Anführer Selbst ausgerüstet ist und feststeht in Ihm, hat diese sehr wirklichen Feindesmächte gegen sich. Der Kampf nimmt dauernd an Heftigkeit zu und wird damit enden, daß der HErr beim Schall der Posaune Gottes die Seinen entrückt.

7. April

«Das Himmelreich leidet Gewalt, und die, welche Gewalt anwenden, reißen es an sich.» Matthäus 11, 12.

Der Fürst des Friedens kam in die Welt, um den Menschen ein Wohlgefallen zu verkündigen und Frieden auf die Erde zu bringen. Aber die Menschen weigerten sich, in Sein Reich zu kommen, weigern sich auch heute noch. Sie begnügen sich mit einer gewissen frommen Form. Sobald Gott über sie herrschen will und sie sich dem Willen Gottes, so wie er in Seinem Wort geoffenbart ist, unterordnen sollten, gibt es Krieg und Trennung. Da der Satan wußte, daß er in diesem Kriege besiegt werden würde, machte er der Christenheit ein entehrendes Friedensangebot, und es wurde angenommen! Aber Gott hat noch überall Seine Getreuen. Darum hat der Krieg nie aufgehört, im Gegenteil, er wird immer heftiger.

Die Christenheit hat mit der Welt unterhandelt, und die Welt hat die Christenheit in Beschlag genommen. Die, welche sich bibelgläubig nennen, haben zwar Waffen, benützen sie aber nicht immer zum richtigen Zweck. Sie besitzen Gottes Wort, das Schwert des Geistes, kämpfen aber meistens nicht damit!

«*Das Himmelreich leidet Gewalt, und die, welche Gewalt anwenden, reißen es an sich.*» Welch ein Ausruf! Gehören wir zu denen, die «Gewalt anwenden», die mit der Macht der Liebe Gottes die Festungen Satans belagern und die Menschenseelen im Sturm nehmen? Gehören wir zu den Streitern, die ins Reich der Finsternis vordringen und dem Willen des Feindes widerstehen? Solche «Widerstandskämpfer» weigern sich, die Waffen niederzulegen und zu schweigen. Sie sind immer im Angriff. Sie wissen auch, daß die Anstürme des Feindes sich gegen ihr Leben richten, deshalb sind sie auf der Hut. Angetan mit der ganzen Waffenrüstung Gottes, fügen sie sich weder des Feindes Gewalt noch seinen Schmeicheleien und versäumen keine Gelegenheit, für die Ehre ihres HErrn einzutreten.

Gott mache Kämpfer aus uns, die immer auf dem Posten sind, bewahre uns aber vor fleischlichem Eifern! Von Natur haben wir wenig Kraft, aber Er verleiht uns Seine Kraft zum Einnehmen der Stellungen, die der Feind innehat, und zum Ergreifen der Gelegenheiten zum Zeugen. Wir wollen uns von diesem Wort prüfen und richten lassen, damit der HErr unser Leben umwandeln kann.

«Ich ermahne euch nun, ihr Brüder, kraft der Barmherzigkeit Gottes, daß ihr eure Leiber darbringet als ein lebendiges, heiliges, Gott wohlgefälliges Opfer.» Römer 12, 1.

Nach der Wanderung durch die Wüste zog die junge Generation Israels ins Land der Verheißungen ein. Das Wüstenleben mit Murren, Aufruhr und Niederlagen war vorüber und das Volk berufen, das von Gott für sie bestimmte Land in Besitz zu nehmen.

Auch uns, die wir durch Gottes Gnade gerettet und berufen sind, Ihm zu dienen, möchte Er die ganze Fülle Seiner Gnadengaben geben. Es genügt nicht, Seinen Verheißungen zuzustimmen. Gott erwartet von uns, daß wir ihnen entsprechend als Überwinder im Land der Verheißungen leben, mit anderen Worten, daß wir «unsere Leiber als ein lebendiges, heiliges, Gott wohlgefälliges Opfer darbringen.» Das sei unser vernünftiger Gottesdienst.

Darüber sollten wir uns ganz klar sein. Alles, was in unserem Leben ein Anknüpfungspunkt für den Feind sein könnte, muß fort. Wir müssen innerlich der Welt und ihrer Gesinnung gegenüber den Trennungsstrich gezogen haben. Diese innere Lösung vollzieht sich durchs Kreuz. Galater 6, 14. Dann wird «unser Wesen verändert durch die Erneuerung unseres Sinnes», Römer 12, 2, und wir sehen die Dinge so, wie Gott sie sieht. Unsere eigennützigen Ansichten weichen, und die göttlichen Ansichten werden zu den unsrigen. Es gibt tatsächlich eine vollständige Erneuerung, die uns in die Ruhe einführt, ein unschätzbarer Segen, der dem Eingehen auf Gottes Willen entspringt. Dann erleben wir, daß dieser Wille gut, wohlgefällig und vollkommen ist, und fürchten uns nicht mehr, ihm zu gehorchen.

Beim Eindringen in das Land der Verheißungen sind wir in Christus verankert und kommen vorwärts, dem Feind und seiner List zum Trotz, denn wir wissen, daß alles unser ist, weil wir Christus angehören. So kommen wir aus der Unmündigkeit heraus und wachsen zum Maß der vollen Größe Christi heran.

Wir wollen nur dieser Umgestaltung kein Hindernis in den Weg legen, sondern unser ganzes Wesen, Geist, Seele und Leib rückhaltlos unserem HErrn unterstellen, um in allen Dingen Seinen Willen zu tun.

«Führe mich auf den Felsen, der mir zu hoch ist!» Psalm 61, 3.

Dieser Ruf entringt sich oft dem Herzen des Glaubenden. Unsere *Stellung* in Christus ist uns erworben, aber ach, unser *Zustand* vor den Menschen macht unserem Erlöser so wenig Ehre, steht oft sogar in krassem Widerspruch zu allem, was Sein Heil und Seine Verheißungen in sich schließen. Seine Gnade hat uns in Ihm zu Königen und Priestern gemacht, aber unserer täglichen Erfahrung nach sind wir weit entfernt von diesem normalen Leben. Leiden wir darunter, daß wir Ihm und Seiner geistlichen Kraft so fern stehen? Es gibt einen Felsen, der höher ist als wir, und einen Gott, der uns schon in diesem Leben hinaufführen kann und will.

Dieser Fels ist Christus, der mit uns geht, 1. Kor. 10, 4; Er kann uns aus dem schmutzigen Schlamm ziehen und unsere Füße auf den Felsen stellen, wo wir Barmherzigkeit erlangen und Gnade finden. Er kennt unser Kämpfen mit der Welt und ihren Verlockungen, mit dem Fleisch, seinen Lüsten und Begierden, mit dem Teufel und seinen Werken. Um uns zu Überwindern zu machen, ist Er am Kreuz gestorben, auferstanden und in die Herrlichkeit aufgefahren, wo nichts Ihn überragen kann.

Diesen Felsen können wir nicht erklimmen, aber Er führt uns hinauf! Darum wollen wir nicht versuchen, ihn mit eigenen Bemühungen zu ersteigen und selber die Verheißungen zu erfüllen, sondern bedenken, was Abraham dadurch erlebte, 1. Mose 16, und was für schreckliche Folgen das hatte. Wenn wir mit unserer Willenskraft rechnen, verschließen wir unser Herz vor Gottes Gnade! Nur sie kann Seine Verheißungen erfüllen.

Die Befreiung geschieht durch den Glauben, und Gott schenkt uns die Gabe, glauben zu können. Die Fülle, nach der wir uns sehnen, ist uns zu hoch, sie ist über uns ... in Gott. Also wollen wir ganz einfach glauben, was Gott sagt, uns von Ihm auf den Felsen führen lassen und Ihm zutrauen, daß Er es tut. Es hat dem HErrn gefallen, durch Vermittlung des Glaubens mit uns zu verkehren, und aus diesem Felsen fließt Wasser im Überfluß. Laßt uns also in langen Zügen davon trinken! Das ist die Erhörung unseres Gebets.

«Als Abram 99 Jahre alt war, erschien ihm der HErr und sprach zu ihm: Ich bin der allmächtige Gott.» 1. Mose 17, 1.

Abram war in einem Zustand vollständiger Unfähigkeit. Alle Umstände waren gegen ihn. Er war fertig mit sich selber. Aber als er soweit war, hatte er eine Begegnung mit Gott, der Sich ihm als der «Allmächtige» offenbarte, das bedeutet eigentlich: «Der, welcher völlig genügt.»

Welche Offenbarung! Für viele unter uns ist Gott noch nicht der völlig Genügende. Viele Christen seufzen und sehnen sich danach, daß der HErr ihnen alles sei, sie ganz erfülle und ihr Herz gefangen nehme. Viele aufrichtige, rechtschaffene Menschen sind kraftlos und ohnmächtig und sehnen sich nach etwas anderem! Aber wir brauchen nicht etwas, sondern Jemand; keinen Segen, sondern Den, der segnet; keine Macht, sondern Gott Selbst. Ihm wollen wir alles sagen, was uns fehlt. Er sehnt sich ja danach, unser alles zu sein. Laßt uns mit Ihm wandeln, was auch geschehen mag, und gegen den Strom schwimmen. *Dazu* ruft Er uns auf. Solch ein Leben, solch ein Wandel ist möglich, wenn wir mit uns selber fertig sind und aufgehört haben, unsere eigenen Werke tun zu wollen und Vorteile für uns selber zu erstreben.

Ist es erstaunlich, daß Abram bei dieser Offenbarung auf sein Angesicht fiel? Kennen wir diese Stellung? Können unsere Knie sich beugen, unsere Herzen im Geist und in der Wahrheit anbeten? Wenn ja, dann wird Gott zu uns reden, nicht durch Visionen oder geheimnisvolle Erlebnisse, sondern durch Sein Wort.

Es gibt nur einen Weg dazu. Alle Hilfsquellen in uns selber müssen beiseite gelassen werden, der HErr muß allen Raum in uns einnehmen. Wollen wir nicht eingestehen, daß alles fehlgeschlagen hat, und wie Abram auf unser Angesicht fallen? Dann wird Gott Sich uns aus Gnaden als Der offenbaren, der für unser Leben und Dienen völlig genügt, und wir werden nicht nur ohne Tadel vor Ihm wandeln können, sondern Er Selber wird mit Seiner ganzen Fülle zu uns kommen und in uns wohnen, unser Leben umwandeln und uns befähigen, geistliche Früchte zu tragen. Oh, laßt uns umkehren zu Ihm! Er soll uns völlig genügen!

«Ich denke noch an deine jugendliche Zuneigung ..., da du Mir nachzogest in der Wüste, in einem unbebauten Lande. Israel war damals dem HErrn geheiligt.» Jeremia 2, 2.

So rief Jeremia «in die Ohren Jerusalems», seines rückfälligen, treulosen Volkes, das seine glorreiche Vergangenheit, das Gotteswunder des Auszuges aus Ägypten, vergessen und verleugnet hatte.

Aber ob wir des HErrn vergessen, Er vergißt weder uns noch die Umstände, unter welchen Er früher segnen konnte. «Ich denke an deine Zuneigung ..., da du Mir nachzogest in der Wüste, in einem unbebauten Lande.» Dort gab es keine Bequemlichkeiten. Alles war dazu angetan, uns in dieser Welt zu Fremdlingen und Pilgern zu machen. Gott ließ die «Wüste» zu, damit wir von Ihm abhängig blieben, uns auf Ihn verließen. «Gleichwie Er ist, so sind auch wir in dieser Welt.» 1. Johannes 4, 17. Damals folgten wir Ihm von ganzem Herzen nach, taten Seinen Willen und freuten uns an Seiner Gnade, Seinen völlig genügenden Gaben.

«Ich denke an deine *jugendliche* Zuneigung.» Wir waren zum Leben erwacht, der Frühling der Auferstehung zog ein. Stirnrunzeln, Murren und Seufzen wurden von der Frische, dem Segen und Leben dieser ersten Liebe verschlungen.

Aber aus Mangel an Wachsamkeit und Ausdauer wurden wir des Wüstenlebens müde, wo wir doch die Freude hatten, mit dem HErrn in Verbindung zu stehen. Gott hatte einen Plan für unser Leben gemacht, aber wir umgingen ihn und wählten eigene Wege. Wir blickten nach rechts und links, folgten den Lockungen der Welt und den Wünschen unseres Herzens und verließen den HErrn, die Quelle lebendigen Wassers, um uns löcherige Brunnen zu graben, die kein Wasser halten ...

Wenn wir nicht auf Gottes Wegen gehen, kann Gott uns nicht gebrauchen, und unseren Mitmenschen entgeht der Segen, den Gott ihnen durch uns geben wollte.

Oh, laßt uns umkehren zur Quelle des lebendigen Wassers, dem HErrn bekennen, daß wir Ihn verlassen haben, und uns nicht zufriedengeben, bis Er Sich uns von neuem geoffenbart hat.

«Ich habe für dich gebetet, daß dein Glaube nicht aufhöre.»
Lukas 22, 32.

Unser HErr dachte im Augenblick Seiner tiefsten Erniedrigung und Demütigung, kurz bevor Er Sich zum Opfer brachte, an einen Seiner Jünger, an den, der es am meisten brauchte, sich aber für den stärksten von allen hielt. Er sprach zu ihm: «Ich habe für *dich* gebetet, daß *dein* Glaube nicht aufhöre.» Auch heute noch betet der HErr für uns alle, aus demselben Grunde, der Ihn damals dazu trieb, für Petrus zu beten.

Eben hatte Er Seinen Jüngern gesagt: «Ihr seid die, welche mit Mir ausgeharrt haben in Meinen Anfechtungen ... Aber Ich habe für dich gebetet.» Wir sollten nicht von «unseren Anfechtungen» reden, die so anders sind als die unseres HErrn! Wir dürfen sie nicht mit den Seinen verwechseln und müssen uns hüten, uns nicht mit ihnen zu brüsten oder sie zur Schau zu tragen. Wenn wir das Leben Jesu lesen, wie es die Evangelien schildern, sehen wir, wie Er gelitten haben muß. Haben wir in *solchen* Anfechtungen mit Ihm ausgeharrt? Haben wir das Kreuz erduldet und der Schande nicht geachtet? Haben wir um Seinetwillen Widerspruch von den Sündern erduldet? Hebräer 12, 2. 3. Wenn ja, dann gelten auch uns die Worte: «Ich habe für dich gebetet, daß dein Glaube nicht aufhöre.»

Der HErr wußte, in welcher Gefahr Petrus war und später sein würde. «Simon, Simon, siehe, der Satan hat euch begehrt, um euch zu sichten wie den Weizen.» Das Wort «begehren» bedeutet hier eigentlich «vorladen vor Gericht.» Kennen wir diese Anklagen des Feindes? Ich meine nicht die Schwierigkeiten, in die wir durch eigene Schuld geraten, sondern Anklagen, die uns beunruhigen und den Glauben nehmen wollen. Satan wußte wahrscheinlich, was aus Simon, Jonas Sohn, werden würde, und wollte um jeden Preis diesen Triumph des HErrn verhindern. «Aber Ich habe für dich gebetet, daß dein Glaube nicht aufhöre.» Dieses Gebet ist immerwährend. In den wirklichen Anfechtungen, die wir für Ihn erdulden, betet unser Großer Hoherpriester für uns, damit der Plan, den Er für unser Leben gemacht hat, durchgeführt wird. Darum laßt uns aufblicken auf Ihn!

«Meine Brüder, ihr seht, welches eure Berufung ist!»
1. Korinther 1, 26 (O).

Ihr habt die Vergebung eurer Sünden, ihr seid gerettet. Aber das ist nur ein Anfang. Gott nimmt euch in Seinen Dienst und sagt: «Meine Brüder, ihr seht, welches eure Berufung ist.» Berufung ist keine außergewöhnliche Erfahrung, sondern die normale Durchführung des Planes, den Gott für unser Leben gemacht hat.

Den Korinthern war das Kreuz Christi so gepredigt worden, daß jeder Christ seine Berufung darin entdeckt hatte. Sie war nicht nur für einige Bevorzugte, sondern für alle Heiligen, und doch etwas ganz Persönliches. Das hatte die Urkirche begriffen. Alle Jungbekehrten legten Zeugnis ab. Auch heute sollte jeder persönlich überzeugt davon sein, daß diese Berufung sein ist.

Für Christen ist die Berufung, die vom Kreuz ausgeht, eine Verpflichtung und nicht etwa eine Erfahrung, die er je nach Belieben machen kann oder nicht. Wir wollen uns also fragen, was der HErr mit unserem Leben im Sinn hat. Saulus von Tarsus verfolgte die Gemeinde. Er hatte vor Gott den Entschluß gefaßt, alle Christen umzubringen. Aber in einem Augenblick wurde er umgewandelt und zum Apostel Paulus gemacht. Christus hatte Sich ihm geoffenbart, und von da an predigte er das Kreuz, das er vorher verlästert hatte. Es war ihm in seinem eigenen Herzen zum Erlebnis geworden! Die Gemeinschaft der Leiden Christi wurde der Kern seines Lebens. Weil er persönlich eine Erfahrung mit dem Kreuz gemacht hatte, kam das Evangelium bis an die Enden der Erde.

Dazu beruft der HErr auch uns. Sein Heiliger Geist will uns das Kreuz Christi auf besondere Weise lebendig machen. Er möchte es uns so vor Augen malen, daß wir dadurch von jeder Gebundenheit gelöst und von aller Angst vor der Zukunft befreit werden. Es soll uns gegeben werden zu begreifen, daß die Berufung des Kreuzes etwas ganz Persönliches ist, ein in der Kraft Gottes geführtes Leben und Dienen. Wir wollen uns also diese Berufung zu eigen machen mit der Verheißung von Leben und Auferstehung, die sie schenkt. Wir wollen das Ärgernis, die Torheit und die Kraft des Kreuzes annehmen!

«Bis der Geist aus der Höhe über euch ausgegossen wird.»
Jesaja 32, 15.

Diese Verheißung entspricht einem dringenden Bedürfnis, und Gott will sie für uns erfüllen. Aber Er stellt eine Bedingung. In den vorhergehenden Versen ist davon die Rede. Das Volk Gottes muß erkennen und bekennen, daß es in falscher Sicherheit und Sorglosigkeit dahinlebt!

Wir machen uns meistens Sorgen um Schwierigkeiten, die uns persönlich begegnen, bleiben aber anderen, wichtigeren Dingen gegenüber gleichgültig. Wir kümmern uns z. B. nicht um das, was der Geist heute den Gemeinden sagt, vielleicht auch nicht um das Zeugnis, für das Gott uns verantwortlich macht.

Wir betrachten das Erntefeld der Welt teilnahmslos, trotz der Berufung, die wir uns zu eigen machten, als Gott uns zum Fruchtbringen berief.

Wenn wir gleichgültig sind, bringen wir keine Frucht. Die Erinnerung an die Schönheit des Erntefeldes liegt dann weit zurück, und die Fruchtbarkeit des Weinberges gehört der Vergangenheit an. Wir gleichen dem unfruchtbaren Feigenbaum, an dem der HErr vergeblich Frucht suchte. Wir verlassen uns auf die Arbeit der anderen, erfreuen uns selbstsüchtig an Gottes Segnungen, und wenn keine Änderung eintritt, gilt uns das Jesajawort: «Aus ist's mit der Weinlese, und die Obsternte wird nicht kommen.» 32, 10.

Dieser Zustand hindert Gott, Seinen Geist über uns auszugießen. Wir wollen es Ihm also bekennen und zur Wirklichkeit erwachen! Gott löse unseren Geist und reinige ihn, so daß er in Christus verankert wird, nicht in uns selbst! In Christus sein ist nicht nur ein wirkliches, mächtiges Erleben, sondern eine Stellung, die dem Christenleben seinen wahren Sinn verleiht und es nützlich macht.

Dann wird Gott aus der Höhe Seinen Geist auf uns ausgießen, unsere Wüste wird zum Obstgarten, und dieser Obstgarten dehnt sich aus wie ein Wald. 32, 15. Gott öffnet uns die Augen für die Felder, die schon weiß sind zur Ernte. Er sendet uns aus zum Ernten, und wir bringen Ihm Garben von geretteten Seelen ein.

«Laßt uns hinzutreten mit wahrhaftigem Herzen, in voller Glaubenszuversicht, ... festhaltend am Bekenntnis zu unserer Berufung, ohne zu wanken, denn Er ist treu, der die Verheißung gegeben hat.»
Hebräer 10, 22. 23 (A).

Unser heutiger Text gibt uns eine dreifache Richtlinie: Ein wahrhaftiges Herz, völlige Glaubenszuversicht und nicht wankendes Festhalten am Bekenntnis zu unserer Berufung.

Ein wahrhaftiges Herz Gott gegenüber muß die Grundlage allen Dienstes für Ihn sein. Gott möchte mit einem ungeteilten Herzen rechnen können. Ein Leben, das Ihm rückhaltlos ausgeliefert ist, kann Er gebrauchen, nicht aber ein geteiltes Herz. Wie viel Unlauterkeit, Unaufrichtigkeit und Verschlossenheit gegen Gott dulden wir noch in unserem Herzen! Aber Seinen Augen entgeht nichts. Er fordert uns heute auf, im Licht unseres Textes unser Leben zu überschauen und alles daraus zu verbannen, was Ihm mißfällt.

Völlige Glaubenszuversicht brauchen wir unbedingt, um Schwierigkeiten zu überwinden. Unser Leben ist nicht leicht, im Gegenteil, es ist voller Hindernisse. Weil wir mit Gott wandeln, greift uns der Feind an und tut alles, was in seiner Macht steht, um uns zu entmutigen. Aber mit völliger Glaubenszuversicht können wir festbleiben, uns an den Unsichtbaren halten, als sähen wir Ihn, und schon etwas von den Kräften der zukünftigen Welt schmecken. Hebräer 6, 5. Das ist der Glaube, auf den es ankommt, der wahrhaftige, der durch errungene Siege seine Echtheit beweist. Aber nur ein wahrhaftiges Herz kann ihn besitzen.

Am Bekenntnis zu unserer Berufung festhalten, ohne zu wanken. Den Weg der Berufung schlägt man nicht ein, um sich später wieder zurückzuziehen. Eine göttliche Berufung verpflichtet fürs Leben. Darum ist sie auch die Zielscheibe der Angriffe des Feindes. Doch wenn unser Herz wahrhaftig ist und wir völlige, lebendige Glaubenszuversicht besitzen, können wir festbleiben und nicht wanken. Wir weigern uns, die Reihen zu verlassen, und der HErr gewährt uns täglich Seine Hilfe bis ins kleinste. Die Welt kennt diese von Gott geschenkte Standhaftigkeit nicht, sieht aber zur Ehre des Herrn Jesus ihre Früchte.

«Ich weiß, daß mein Erlöser lebt.» Hiob 19, 25.

«Siehe, wir preisen selig, welche ausgeharrt haben. Von Hiobs Geduld habt ihr gehört, und das ihm vom HErrn bereitete Ende habt ihr gesehen; denn der HErr ist voll Mitleid und Erbarmen.» Jakobus 5, 11. Mit diesen Worten beleuchtet der Heilige Geist zu unserer Erbauung das herrliche Buch des Patriarchen.

Hiob wurde von allen Seiten bedrängt, zunächst vom Satan, dem Verkläger der Brüder, und dann vom Urteilen seiner «Freunde». Aber seine Leiden erreichten den Höhepunkt, als seine eigenen Gedanken ihn anklagten. Unser Text zeigt uns jedoch, daß er in der Geduld das Geheimnis des Standhaltens entdeckte. Er wußte, daß sein Erlöser lebte und ihn rechtfertigen und befreien werde. Wie Mose, Abraham und Jesaja sah er den Tag der Offenbarung des HErrn und Seines Erlösungswerkes kommen.

Für uns Christen ist dieser Ausspruch wie ein Edelstein aus dem Schmuckkasten des Glaubens. Wir wissen nicht nur, daß unser Erlöser auferstanden ist, sondern auch, daß Er zur Rechten Gottes thront, um für uns und unsere Heiligung Fürsprache einzulegen. Im Glauben sehen wir Ihn als Anwalt, der den Widersacher abweist und unserem Glauben alle Früchte Seines Sieges über den Feind als Beute anbietet. Diese Siegesbeute macht Seine Kinder in allen Kämpfen zu Überwindern.

«Ich weiß, daß mein Erlöser lebt!» Ich weiß, daß Er für meine Sünden gestorben und zu meiner Rechtfertigung auferstanden ist. Ich bin überzeugt davon. Ich weiß, daß Er erschienen ist, um die Werke des Teufels zu zerstören, und daß in Seinem Namen, der über allen Namen ist, die Kraft und Vollmacht liegt, alle Pläne des Feindes zu vereiteln, die Gefangenen aus seiner Hand zu befreien und auch meinen Geist zu erleichtern und das Werk, das mir anvertraut ist, zum Siege zu führen.

«Ich weiß, daß mein Erlöser lebt.» Das ist der Kriegsruf des Glaubens. Es ist die feste Burg, in die der Gerechte läuft und beschirmt wird! Darum kann ich ruhig und zuversichtlich sein. Es ist das Geheimnis meiner Freude und meines Sieges, auch angesichts von Anklagen, wie sie Hiob trafen.

«Gehe hin in dieser deiner Kraft ...» Richter 6, 14.

Gideon war bei seiner Arbeit. Er drosch Weizen in der Kelter, um ihn vor den Midianitern in Sicherheit zu bringen. Weil er das tat und «im Kleinen treu» war, konnte Gott ihn berufen.

Kind Gottes, «gehe hin in dieser deiner Kraft!» Denke nicht, du müßtest einen besonderen «Ruf» haben, um eine Seele zum Herrn Jesus zu führen. Gott berief Gideon nicht, als er die Midianiter bekämpfte, sondern als er im Hause einfach seine Pflicht erfüllte. Höre auf die Stimme, die zu dir spricht: «Gehe hin!» Die Seele, zu deren Rettung Gott dich brauchen will, ist ganz in deiner Nähe. Er wird sie dir zeigen.

Wenn unser Herz in Liebe zu Gott und zu Menschenseelen brennt, dann sagen wir nicht, es fehle uns an Gelegenheiten, für den HErrn zu zeugen. Vergessen wir aber nicht, daß unser Herz von Natur immer eine Ausrede sucht, um sich zu rechtfertigen oder unsere Trägheit zu entschuldigen, wenn Gott uns zum Angriff führen will. Wir wollen uns also an die Arbeit machen und «hingehen», denn durch Warten und Aufschieben eines Entschlusses verfällt man schließlich in einen Schlaf, aus dem man nicht wieder erwacht.

«Gehe hin in dieser deiner Kraft!» Menschlich angesehen ist diese Kraft nicht vorhanden, göttlich angesehen ist sie aber eine Wirklichkeit. Und sie wirkt! Sie kommt in der Schwachheit zur Vollendung. Wenn das Werkzeug bereit ist, zeigt sich Gottes Kraft in ihm.

Gideon hatte seinem Gott geklagt, daß der Zustand seines Volkes erniedrigend und entehrend sei. Auch bei uns bekommt Gottes Kraft freien Spielraum, wenn wir alles Unheilige, Fleischliche und Anmaßende in uns vor Seinem Angesicht verurteilt haben. «Gehe hin in dieser Kraft», in Gottes Kraft, die zu deiner Kraft wird. Es liegt unserem Gott viel mehr am Herzen als uns, daß Seelen gerettet werden. Er weiß, wo sie zu finden sind. Sein Heiliger Geist wird uns Seine Gedanken eingeben und unsere Entschlüsse lenken. Wie viele verlorene Schafe gibt es doch! Wie viele Menschen tappen blind im Dunkeln und suchen jemanden, der sie führt! Liebe wartet nicht. Sie geht dahin, wo Bedürfnisse sind, und läßt sich nicht aufhalten. «Gehe hin in dieser deiner Kraft!»

«Durch Glauben gehorchte Abraham, als er berufen wurde, nach einem Ort auszuziehen, den er zum Erbteil erhalten sollte; und er zog aus, ohne zu wissen, wohin er komme.» Hebräer 11, 8.

Gott hatte mit Abraham geredet, und weil der Patriarch Seinen Worten glaubte, rechnete Er es ihm zur Gerechtigkeit.

Brauchen wir mehr, die wir dem HErrn nachfolgen wollen? Gottes Ruf richtet sich an den Glauben. Der Glaube steht nicht still. Er wirkt, er gehorcht. Er stellt keine Berechnungen an. Er ist einverstanden mit einer ungewissen Zukunft. Nur über die unwandelbare Treue Gottes ist er gewiß.

Auch über unser Seelenheil sind wir gewiß, weil Gott etwas getan hat, um uns zu retten, und uns Sein Wort gegeben hat, um es uns zu versichern. Unsere Gewißheit fußt auf dem Werk Jesu am Kreuz und auf dem Wort des Gottes, der nicht lügt. Darum ist sie unerschütterlich, auf Fels gegründet und kennt keine Schwankungen wie die religiösen Erfahrungen, die nur Gefühle und vorübergehende Erregungen hervorrufen.

Der Glaubende folgt dem Ruf Gottes im Vertrauen auf Seine Verheißungen. Seine Gewißheit, von Gott gerufen zu sein, ist unerschütterlich. Kindlicher Glaubensgehorsam kennzeichnet seinen Verkehr mit seinem himmlischen Vater. Er entdeckt, daß Sein Joch sanft und Seine Last leicht ist, und findet Ruhe für seine Seele, das Gegenteil von Gesetzlichkeit. Gesetzliche Menschen strengen ihre Willenskraft an; sie verwechseln Wollen mit Glauben, Gesetz mit Gnade. Auf dem Glaubensweg fühlt sich das Herz wohl. Vollkommene Liebe treibt die Furcht aus.

Wenn der Christ weiß, daß er an dem Platz steht, wo Gott ihn haben will, fürchtet er sich nicht, wenn er warten muß. Als Abraham in das verheißene Land kam, regte er sich nicht auf. Er bemühte sich nicht, die Verheißungen Gottes zu erfüllen. Er begann nicht die Grenzen des Landes festzulegen oder die Einwohner des Landes zu zwingen, seine Rechte anzuerkennen. Das alles war Gottes Sache. Abraham baute nur einen Altar.

Der HErr schenke uns den Glauben, der eine Überzeugung von Tatsachen ist, die man nicht sieht!

« Und nun, was zögerst du? » Apostelgeschichte 22, 16.

Der Apostel machte auf dem Weg nach Damaskus eine unvergleichliche Erfahrung. In einem Augenblick wurde sein Leben umgewandelt und in ganz andere Bahnen gelenkt. Und diese Begegnung mit Gott sollte ihn zu Begegnungen mit Menschen führen: «Alsbald predigte er in den Synagogen Jesus, daß dieser der Sohn Gottes sei», gerade die Botschaft, die Jerusalem nicht annehmen wollte. Die Geistlichkeit, die Hauptschuldige am Tode Jesu Christi, lehnte sie ab.

Die Bekehrung des Paulus hatte große Folgen. Gottes Kraft zeigte sich in seinem Leben und Dienen auf Erden. Er hatte seinen verherrlichten Retter geschaut, und diese Begegnung mit Ihm hatte ihn in den Staub geworfen. «HErr, was willst Du, daß ich tun soll?» fragte er. Der Wille des HErrn stand von da an über dem seinen. Unsere Segnungen verblassen und vergehen oft darum, weil wir nicht gehorchen. Warum zögern wir, wenn ein Gotteswort, ein Marschbefehl zu einem Licht auf unserem Wege geworden ist? Wir sollten gehorchen, dem Beispiel folgen, das uns der HErr gegeben hat, und den Weg einschlagen, den Er gegangen ist.

«Was zögerst du?» So wurde Paulus gefragt, als er betete. Beten ist wichtig. Aber einmal kommt der Augenblick, da sagt der HErr: «Und nun, was zögerst du?» Manchmal beten wir, während der HErr darauf wartet, daß wir aufstehen, um zu wirken und zu reden. Wenn wir in Seiner Gegenwart gesegnet worden sind, möchten wir wohl gerne im Gebet verharren, anstatt uns klarzumachen, daß die Botschaft, die wir empfangen haben, auch für andere bestimmt ist. Warum zögern wir so oft? Wir wollen doch weitergeben, was wir vom HErrn empfangen haben, und den Menschen sagen, daß Er die Macht hat, ihr Leben umzuwandeln.

Die Begegnung, die der Apostel Paulus auf dem Wege nach Damaskus mit dem HErrn hatte, wurde für ihn der Anfang eines neuen, in der Kraft des Heiligen Geistes gelebten Lebens. Die «himmlische Erscheinung» warf ihr Licht auf sein ganzes Leben. Für uns wird es ebenso sein, wenn wir gehorsam sind. «Und nun, was zögerst du? Stehe auf . . .»

«Es wird euch ein Mann begegnen, der einen Krug mit Wasser trägt: dem folget in das Haus, in das er hineingeht, und sprecht zu dem Hausherrn: Der Meister läßt dir sagen: Wo ist die Herberge, in der Ich das Passah mit Meinen Jüngern essen kann?» Lukas 22, 10. 11.

Der Name des Menschen, den die Jünger anreden sollten, wird uns nicht genannt, auch seine Adresse nicht angegeben. Wir wissen nur, daß er ein Haus besaß. Aber der allwissende Meister kannte ihn und hatte ihn erwählt.

Du zielloser, kraftloser Jünger, der keine Frucht bringt, der Meister läßt dir durch diese Zeilen sagen: *«Wo ist die Herberge, in der Ich das Passah mit Meinen Jüngern essen kann?»* Wo ist das Menschenleben, das aus dem Dunkel der Untätigkeit und Gebundenheit ins Licht eines fruchtbaren Dienstes, eines in der Kraft Meines Geistes gelebten Lebens versetzt werden soll? Wo ist das Leben, das sich um sich selber dreht und unter einer fruchtlosen Tätigkeit, einem nutzlosen Dienst leidet? Der Meister möchte bei dir einkehren! Der Apostel ruft dir zu: *«Für uns ist ein Passahlamm geschlachtet worden, Christus! So wollen wir denn das Fest feiern ...»* Fege aber den alten Sauerteig aus in deinem Hause, damit nichts den HErrn hindere oder betrübe! Dann wird das Alte vergehen und alles neu werden durch die Gegenwart deines auferstandenen HErrn.

Er kennt dich, den unbekannten Jünger. Er möchte deinem Leben einen Sinn geben und dir das wahre Ziel zeigen.

Der Meister, der Herr der Ernte, will bei dir, dem unbekannten Jünger, einkehren und dieses «Passah» mit dir feiern. Willst du die Einladung annehmen?

Aber Er hat dich nicht nur erwählt, denn Er fügt hinzu: «Er wird euch einen großen, mit Polstern belegten Saal zeigen.» Und das tat jener Unbekannte ohne Zögern, ohne Widerrede. Von dir möchte der HErr nicht nur ein Zimmer haben, sondern alles, was du hast und bist, nicht nur einige Fetzen deines Lebens. Könnten wir einem Meister wie Ihm etwas abschlagen?

Überlaß dich nur rückhaltlos Seinen Händen. Er wird mit Seiner Siegesmacht bei dir einziehen, und die Freude an einem erneuerten Dienst wird dich erfüllen.

«Das Wort ward Fleisch und wohnte unter uns ... voller Gnade und Wahrheit.» Johannes 1, 14.

Jeder einzelne unter uns ist eine Welt für sich mit besonderen Bedürfnissen und geistigen Gebrechen. Wie kein Eichblatt dem anderen gleicht, so gibt es auch in unseren Schwierigkeiten Schattierungen und Abstufungen. Ja, wir sind eine ganze Welt für sich. In diese Welt unseres Herzens hinein ist nun das Wort gekommen, um in uns zu wohnen, uns neu zu erschaffen, umzugestalten und zu vollenden.

«Es wohnte unter uns.» Es kam nicht nur zu Besuch wie der Engel des HErrn zu Abraham. Es will bei uns *bleiben*. Es ist das Wort Gottes, das kam, um uns zu begnadigen. Es will tun, was wir nicht können. Es will zu uns reden, Gemeinschaft mit uns haben, uns völlig retten und heiligen.

Nicht mehr wir sind an der Arbeit, sondern das Wort. Nicht mehr wir versuchen und hoffen, sondern das Wort wirkt und vollendet. Das ist wahre Ruhe! Wir wollen also lernen, die Zügel aus der Hand zu geben und Gott machen zu lassen, das wahre christliche Leben zu leben, in dem Christus alles für uns ist, in uns wohnt und alles für uns tut.

«Voller Gnade und Wahrheit.» Nicht wie ein verzehrendes Feuer wohnt Gott unter uns, sondern voller Gnade und Wahrheit. Diese Offenbarung ist nötig für unser müdes Herz, unser gequältes Gewissen. Das Gesetz forderte von uns, was wir nicht erfüllen konnten. Die Gnade schenkt uns, was wir nicht anders erringen können.

Der Glaube verläßt sich auf das, was Gott in Seinem Wort sagt. Er eignet sich alles an, was Christus ist und hat. So wird die Gegenwart des Wortes voller Gnade und Wahrheit täglich für uns persönlich zu einer Tatsache. Alles, was das Wort in Ewigkeit ist, können wir uns aneignen und dadurch ein normales Christenleben führen. Das schöpferische Wort wird in unserem Leben die Verheißung zur Wirklichkeit machen: «Ist jemand in Christus, so ist er eine neue Kreatur.» 2. Korinther 5, 17. Dieses Schöpfungswerk beginnt Gott dadurch, daß Er Tod und Finsternis vertreibt und dann Leben nach dem Bilde Seines Lebens in uns erzeugt. Diese Fülle ist für den Schwächsten und Kleinsten. Wir wollen doch wagen, es zu glauben und ganz einfach anzunehmen!

«*Wir haben Wasser gefunden.*» *1. Mose 26, 32.*

In der Wüste gibt es zwei eigenartige Erscheinungen: trügerische Luftspiegelungen und Oasen. Als Isaak wegen einer Hungersnot das Land verließ, fand er in der Wüste die Wasserbrunnen, die sein Vater Abraham gegraben hatte. Aber die Philister hatten sie mit Erde verstopft. Isaak grub sie wieder auf und setzte seine Reise fort, ohne sich um die Philister zu kümmern. So kam er nach Beerseba, wo der HErr Sich ihm offenbarte und sprach: «*Fürchte dich nicht, denn Ich bin mit dir, Ich will dich segnen und deinen Samen mehren!*» Und an demselben Tage kamen Isaaks Knechte und sprachen zu ihm: «Wir haben Wasser gefunden.»

Ein Leben, das auf den Verheißungen Gottes fußt, hat Hilfsquellen, die nie versiegen. Darum wollen wir wie Isaak weitergehen, trotz der eifersüchtigen Feinde. Wir dürfen aus der Quelle überströmenden Wassers trinken. Die Brunnen, die zu Anfang flossen, sind immer noch ebenso frisch. Ohne sie können wir kein christliches Leben führen.

Isaak mußte die Brunnen, die die Philister verstopft hatten, wieder aufgraben. Auch bei uns kommt es vor, daß die köstlichen Quellen lebendigen Wassers verstopft werden und der Segen nicht mehr fließt. Wollen wir nicht eingestehen, woraus sich die «Erde», die die Brunnen verstopft, zusammensetzt? Wir dürfen nicht oberflächlich darüber hinweggehen. Wir haben nicht das Recht, die heilsame Wirkung der Brunnen lebendigen Wassers aufzuhalten. Gott möchte sie für uns fließen lassen. Wir wollen Ihn doch nicht warten lassen, sondern den Sand herausnehmen, jeden Nebenbuhler Gottes aus unserem Herzen vertreiben und den HErrn bitten, tief zu graben in uns, damit das Wasser klar und frisch aus unserem Leben heraussprudeln kann.

«*Wir haben Wasser gefunden!*» So wird dann unser Dank- und Siegeslied lauten. Wenn wir unseren Ausgangspunkt wiedergefunden, die Brunnen aufgegraben und die Verheißung Gottes erhalten haben: «Fürchte dich nicht, denn Ich bin mit dir, Ich will dich segnen und deinen Samen mehren», dann werden auch wir bezeugen können: «Wir haben Wasser gefunden!»

«Wie sollen sie Ihn aber anrufen, wenn sie nicht an Ihn glauben? Wie sollen sie aber glauben, wenn sie nichts von Ihm gehört haben? Wie sollen sie aber hören ohne Prediger? Wie sollen sie aber predigen, wenn sie nicht ausgesandt werden?» Römer 10, 14. 15.

Nachdem der Apostel die Blicke seiner Leser auf die in Sünden verdorbene, von ihren Leiden erschöpfte Welt gelenkt hatte, beschrieb er ihnen den herrlichen Heilsplan Gottes. Und nun hält er ergriffen inne. Vier Fragen quälen ihn. Er gibt sie den Christen weiter. Sie sind wie vier Pfeile, die ins Herz dringen.

1. «*Wie sollen sie Den anrufen, an den sie nicht glauben?*» Wer könnte die Wohltaten zählen, die sich aus der einfachen Tatsache ergeben, daß man mit dem Herzen an Jesus Christus glaubt? «Wer den Namen des HErrn anrufen wird, der soll gerettet werden», sagt der Apostel in demselben Kapitel, gerettet von der in der Vergangenheit begangenen Sünde und Schuld, von der gegenwärtig vorhandenen Macht der Sünde und gerettet vor der Zukunft im Feuer- und Schwefelsee, gerettet in alle Ewigkeit! Was antworten wir auf diese erste Frage, wenn wir an die Hunderte von Millionen Menschen denken, die nicht gerettet sind?

2. «*Wie sollen sie an Den glauben, von dem sie nichts gehört haben?*» Wir sind taub für die Hilferufe der Heiden. Im Gebet liefern wir uns wohl dem HErrn aus, aber Gott wartet auf Taten!

3. «*Wie sollen sie hören ohne Prediger?*» Jenseits unserer Landesgrenzen gibt es Hunderte von Millionen Menschenseelen ohne Hoffnung, ohne Gott, ohne Gottes Wort sogar ... und niemand will zu ihnen gehen, um sie zu Gott zu führen? Auch wir nicht?

4. «*Wie sollen sie predigen, wenn sie nicht gesandt werden?*» Wir können den HErrn der Ernte bitten, Arbeiter in Seine Ernte zu senden. Sind wir aber bereit, selber die Erhörung unserer Gebete zu sein? Der Ruf ist erklungen, aber die Antwort blieb aus. Eine Berufung ist das normale Ergebnis der Erkenntnis eines Bedürfnisses und die Frucht unserer mit Recht aus dem Herzen kommenden Dankbarkeit gegen Den, der uns gerettet hat. Berufung bedeutet, einfach den letzten Worten unseres auferstandenen HErrn gehorchen: «Ihr sollt Zeugen für Mich sein ... bis an die Enden der Erde.»

«Gott aber sei Dank, der uns allezeit in Christus triumphieren läßt und den Geruch Seiner Erkenntnis durch uns an jedem Orte offenbart.»
2. Korinther 2, 14.

Zu wem redet der Apostel von Triumphieren? Wem schlägt er fruchtbares, siegreiches Dienen vor? Welchem Leben bietet er an, hier auf Erden ein Segen zu sein? 1. Korinther 6, 9-11 antwortet darauf: «Irret euch nicht, weder Unzüchtige noch Götzendiener, weder Ehebrecher noch Weichlinge, noch Knabenschänder, weder Diebe noch Habsüchtige, noch Trunkenbolde, noch Lästerer, noch Räuber werden das Reich Gottes ererben. Und solche sind etliche von euch gewesen; *aber ihr* seid abgewaschen, *ihr* seid geheiligt, *ihr* seid gerechtfertigt worden in dem Namen unseres Herrn Jesus Christus und in dem Geist unseres Gottes.» Ja, das alles waren diese Korinther gewesen. Wir brauchen also nicht zu verzweifeln! Gott erwählt mit Vorliebe Menschen, die sich keiner Vorzüge rühmen können, in denen Er Sich aber verherrlichen kann.

Dem Apostel Paulus schwebte ein beliebter Vorgang im kaiserlichen Rom vor: Nach einem siegreich beendigten Feldzug trifft das ganze Volk Vorbereitungen für den Einzug der siegreichen Truppen. Der Feldherr schreitet voran, seine Offiziere und Soldaten folgen ihm, und hinter ihnen gehen Gefangene der besiegten Armee, von denen einige fürs Amphitheater, andere zur Freilassung bestimmt sind. Zu beiden Seiten des Triumphzuges streuen die römischen Bürger dem Sieger Weihrauch, dessen Duft unter den Zurufen der Menge aufsteigt. Paulus beleuchtet diese Vorgänge mit göttlichem Licht. Der HErr der Herrlichkeit hat den Sieg über Seine Feinde errungen. Freiwillige Gefangene folgen Ihm. Er geht vor ihnen her und führt sie zur ewigen Belohnung, dem Ziel der himmlischen Berufung. Dann ändert der Apostel das Bild und sagt, daß diese Gefangenen, die der HErr mit Sich führt, den Wohlgeruch Seines Namens verbreiten und den Weihrauch Seines Sieges ausstreuen. Für die, welche diesen Sieg annehmen, wird er zu einem Geruch des Lebens zum Leben, für die, welche ihn abweisen, ein Geruch des Todes zum Tode. Wir wollen uns doch mit hineinziehen lassen in den Siegeszug, damit unser Leben Seinen Sieg über Seine Feinde verkündige und überall den Geruch Seiner Erkenntnis verbreite!

«Nachdem der Sohn die Reinigung unserer Sünde durch Sich Selbst vollbracht, hat Er Sich zur Rechten der Majestät in der Höhe gesetzt.»
Hebräer 1, 3.

Im Brief an die Hebräer verherrlicht der Heilige Geist die Person Christi, die das Alte Testament erfüllt und größer ist als alle heiligen Persönlichkeiten des Alten Bundes, Er, der Sohn, der Erbe aller Dinge, hochgelobter Gott in Ewigkeit. Diese Offenbarung beginnt mit einer Schilderung ihres herrlichen Fundaments: nachdem der Sohn durch Sich Selbst die Reinigung unserer Sünden vollbracht hatte, setzte Er Sich zur Rechten Gottes, um von dort aus Seinen Priesterdienst zu unseren Gunsten auszuüben.

Unsere Rettung, unsere Hoffnung, unser alles ist Er Selbst! Unsere Sicherheit, unser Friede, der Ursprung unserer Freude und unseres gegenwärtigen Lebens liegt in Seinem völlig ausreichenden, vollendeten Werk. Sein sühnendes Blut genügt den Forderungen der göttlichen Gerechtigkeit, und durch das Zeugnis Gottes über Seinen Sohn und dessen Werk können wir schon jetzt Gewißheit darüber haben. Er hat alles ohne unser Zutun, ohne unsere Bemühungen vollbracht. Er ist der Urheber und Vollender unseres Glaubens.

Jetzt sitzt der HErr zur Rechten der göttlichen Majestät, ein Beweis, daß der Vater Seinen Opfertod gelten läßt. Alle, die ihre Bemühungen aufgeben, ihre eigenen Verdienste verwerfen und sich auf Jesus Christus allein verlassen, macht Gott zu Seinen Kindern. Unser HErr tritt als Hoherpriester in der Himmelsherrlichkeit für die Seinen ein, um sie zu befreien, zu reinigen und zu heiligen für Seine Wiederkunft.

Darauf kommt alles an im Leben eines Kämpfers. Alles ist von Christus, in Christus und durch Christus! Er will uns zu Seinen Erben machen, uns Retter, HErr und Priester sein, der völlig genügt und immer gegenwärtig ist. Die Glaubens- und Kampfeswerke, zu denen Er uns beruft und die wir für Ihn zu vollbringen haben, hängen von Seinem Priesterdienst zur Rechten der göttlichen Majestät ab. Er bewahrt uns in Seinem Namen. Er leitet und stärkt uns in unserem Zeugendienst. Sein Name ist unser höchstes Gut. Aber wir haben die Verantwortung, allen Rivalen, Gegnern und Gefahren zum Trotz das Zeugnis aufrechtzuerhalten, das hier auf Erden mit diesem Namen zusammenhängt.

«Thomas antwortete und sprach zu Ihm: Mein HErr und mein Gott!»
Johannes 20, 28.

Daß Thomas den auferstandenen HErrn sehen wollte, war ganz natürlich. Aber Jesus sagte zu ihm: «*Selig sind, die nicht sehen und doch glauben!*»

Vom *Glauben* des Jüngers hängt seine Erkenntnis der Liebe und Kraft Gottes ab. Die teuersten und größten Verheißungen, deren Besitznahme unserem Leben so herrliche Möglichkeiten eröffnet, werden dem *Glauben* angeboten. Selig sind darum die, die nichts gesehen oder empfunden haben, sondern einfach dem Zeugnis glaubten, das Gott von Seinem Sohn abgelegt hat! 1. Johannes 5, 10.

Vor den Wunden in Jesu Händen schwand aller Unglaube bei Thomas, und es wurde ihm klar, daß Er nicht nur sein Meister, sondern auch *sein HErr und sein Gott* war.

Ist Er dein HErr? Er möchte es sein, und zwar ohne Nebenbuhler. Sollte in deinem Leben etwas Verbotenes sein, an dem du hängst, das du verbirgst, von dem niemand etwas weiß? Wenn wir die Kraft des Auferstandenen erleben wollen, müssen wir wachen, daß Er in allem den Vorrang hat. Dann wird Er uns in Seinem Siegeszug mitführen. In dem Maße, wie wir Ihm Schritt für Schritt folgen, wird Er uns als Werkzeuge gebrauchen, um überall Seinen Sieg über Seine Feinde zu verkünden. 2. Korinther 2, 14. 15.

Erst nach der Auferstehung wird der Titel «Herr» vor den Namen Jesus gesetzt. In Lukas 24, 3 werden die beiden Namen zum erstenmal zusammen erwähnt. Der Titel «Herr» gebührte nur dem römischen Kaiser, jeder andere, der sich anmaßte, ihn zu tragen, konnte mit dem Tode bestraft werden. Wir verstehen also, warum dieser Titel den Zorn der Feinde Christi erregte. Auch heute noch kann die Tatsache, daß wir die Herrschaft des Himmels über unser Leben anerkennen, den Haß der Welt erregen. Und doch will Jesus unser HErr sein mit allem, was das bedeutet.

Wenn wir unser Leben dem Auferstandenen ausliefern, leisten wir unseren Mitmenschen den besten Dienst; denn dann kann Er uns gebrauchen, wie Er will, und die Kraft Seiner Auferstehung wird in Strömen lebendigen Wassers aus uns fließen.

27. April

«Denn wir sind Sein Werk, erschaffen in Christus Jesus zu guten Werken, welche Gott zuvor bereitet hat, daß wir darin wandeln sollen.» Epheser 2, 10.

Das sind ermutigende Worte! Wenn wir mit unserem Bemühen und aufrichtigem Verlangen nach Heiligung vor dem Bankerott stehen, sollten wir daran denken, daß wir nicht nur Gottes Werk sind, sondern in Christus auch neu erschaffen wurden. Ein göttliches, schöpferisches Leben wurde uns eingepflanzt, um die alten Dinge zu vertreiben. Das Wirken der Gnade in uns befreit uns von unseren früheren Angewohnheiten, Neigungen und Gebundenheiten, alles wird neu durch den Geist des Lebens in Jesus Christus. Heiligung ist kein Ergebnis unserer Bemühungen, sondern das Wachstum des göttlichen Lebens, das die Oberhand in uns gewinnt. Seine Entwicklung kann niemand erzwingen.

Wir wollen diese Wahrheit erproben und lernen, mit Gott zu wandeln. Jeden Abend sollten wir die Siege und Niederlagen des Tages überschauen und gewiß sein, daß der Geist des Lebens in Christus Jesus uns am folgenden Tage weiterbringen, Seinem Bilde ähnlicher machen und in einen Zeugendienst einführen will, der Ihm Ehre macht.

Nicht nur die Werke, die wir tun sollen, sind im voraus von Gott zubereitet, sondern auch uns bereitet Er zu Seinem Dienst. Alle Lebenslagen dienen zu unserer Erziehung.

So werden wir in den Dienst eingeführt, für den Gott uns bestimmt hat, und wir entdecken, daß die uns anvertraute Arbeit einem Hause gleicht, das nach einem genau vorgezeichneten Plan gebaut wird und in dem alles an einem bestimmten Platz steht. Wir brauchen nichts zu erzwingen, nur einfach einzutreten, um in dem, was sich vor uns auftut, zu wandeln. Wenn wir dann merken, daß es das Werk ist, welches für uns zubereitet wurde, wird es uns auch klarwerden, daß wir erst am Anfang von dem stehen, was Gott durch uns tun will. Laßt uns nur Seinen Plänen keine Grenzen setzen, denn wenn Er Sein Werk in uns weiterführen kann, wenn wir fortfahren, uns auf Sein für uns vollbrachtes Werk zu verlassen, dann wird Er die Dienstmöglichkeiten unseres Lebens über Bitten und Verstehen mehren.

«Treu ist Gott, durch welchen ihr berufen seid zur Gemeinschaft Seines Sohnes Jesus Christus, unseres HErrn.» 1. Korinther 1, 9.

Das konnte der Apostel im Rückblick auf sein Leben sagen. Treu war Der, der ihn zur Gemeinschaft Seines Sohnes Jesus Christus berufen hatte. Und im Gedanken an die Zeit, die er noch auf Erden zu leben hatte, konnte er in völliger Glaubenszuversicht ausrufen: «Er bleibt treu!»

Wenn wir rückwärts schauen, müssen auch wir mit Dank gegen Gott feststellen, daß Er uns treu geblieben ist von dem Tage an, an dem wir Sein Heil aus Gnaden annahmen, bis heute, und im Glauben blicken wir in die unbekannte Zukunft. Hoffnungsvoll dürfen wir den Jahren entgegensehen, die noch vor uns liegen, ehe wir vor unseren Meister treten müssen, um Ihm über unseren Dienst Rechenschaft abzulegen. Auf der Treue des Vaters des Lichts, in welchem keine Veränderung, noch ein Schatten infolge von Wechsel ist (Jakobus 1, 17), baut sich unser Leben auf. Wir wollen also dankbar sein für Gottes Treue, denn diese Dankbarkeit ist eine Quelle; sie erzeugt in unserem Herzen und Geist eine Hoffnung, die nicht zuschanden werden läßt.

Gottes Treue steht wie ein Regenbogen über unserem ganzen Leben. Wie der Bogen nach einem Gewitter die Landschaft mit seinen leuchtenden Farben erhellt, so leuchtet Gottes Treue über unserem ganzen Dasein. Als Er uns bei der Hand nahm, uns Sünder, war Er es schon, der ein gutes Werk in uns anfing. Er wird es auch vollenden bis auf den Tag Jesu Christi. Philipper 1, 6.

In und um uns sehen wir viel Treulosigkeit. Um so mehr sticht die Treue Gottes, der uns zur Gemeinschaft Seines Sohnes berufen hat, dagegen ab. Darum sollten wir je länger je mehr bestrebt sein, ein Leben zu führen, das immer wahrhaftiger wird und immer enger mit Ihm, dem Treuen, in Verbindung kommt. Laßt uns Ihn von Herzensgrund bitten, daß unser Leben Seine Treue widerspiegle und daß vor allen Dingen unser Verhältnis zu Ihm und zu den Menschen durchzogen sei von der Gnadengabe der Treue.

«Du wirst mir den Weg des Lebens zeigen; Fülle von Freuden ist vor Deinem Angesicht.» Psalm 16, 11.

Der Sohn empfing das Leben vom Vater und teilt dieses Leben dem Glaubenden mit. Er zeigt ihm den Weg des Lebens, des überfließenden, frischen, mächtigen Lebens, das sich dauernd erneuert und immer genügt, das Leben, das wir in Jesus Christus, dem Auferstandenen haben.

Dieses Leben ist Gemeinschaft mit Jesus Christus, ein fröhliches, anmutiges Leben. In dem irdenen Gefäß unseres äußeren Menschen, der von Tag zu Tag abnimmt, besitzen wir diesen großen Schatz des Lebens unseres Retters Selber, das nie wirkungslos ist; sein Segen muß sich in uns und um uns her zeigen, wenn wir die Gewißheit haben, mit Christus gestorben und auferstanden zu sein.

Leidest du unter Mangel an Frucht? Fehlt es dir an göttlicher Freude? Fühlst du dich arm, weil du dich immer um ein und dasselbe drehst und fast den Mut verloren hast? Der HErr schlägt dir einen Ausweg vor: *Er will dir den Weg des Lebens zeigen. Fülle von Freuden ist vor Seinem Angesicht.* Dabei ist nicht von Gefühlen die Rede, sondern von Glauben an das, was Gott sagt. In dem Maße wie du in Christus heranwächst, wirst du dir immer mehr deiner Mängel und Gebrechen bewußt. Das ist ein sicheres Zeichen, daß Gott an deinem Herzen wirkt und dich heiligen will. Sieh durch einen Glaubensblick deine alte Natur am Kreuz, mit Christus gekreuzigt, und nimm das geistliche Leben in Besitz, das dir die Auferstehung Christi zusichert. Dieses Leben von oben will alle Gebiete deines Lebens durchdringen, ihm entspringt deine Heiligung und dein Zeugendienst, wie geschrieben steht: «*Da ihr ja den neuen Menschen angezogen habt, der erneuert wird zur Erkenntnis, nach dem Ebenbilde Dessen, der ihn geschaffen hat.*» Kolosser 3, 10.

Die Macht der Sünde erhielt am Kreuz den Todesstoß. Wer an die Auferstehung Jesu Christi glaubt, hat Anteil an Seinem Sieg und ist los von der Macht der Sünde. Darum kannst du nun durch deine Erfahrung den Beweis liefern, daß du in Jesus Christus eine neue Kreatur bist, und die Freude an der Gegenwart deines auferstandenen Retters wird dein Herz erfüllen.

«Alles ist euer ... es sei die Welt ... das Gegenwärtige oder Zukünftige, alles ist euer; ihr aber seid Christi, Christus aber ist Gottes.»
1. Korinther 3, 22. 23.

Viele Kinder Gottes haben die Vergebung ihrer Sünden empfangen und möchten auch in gewissem Grade Gott mit ihrem Leben Ehre machen. Sie können sagen, daß sie aus Gnaden gerettet, aber nicht, daß sie Erben Gottes und Miterben Christi sind und ihnen alles gehört, das Gegenwärtige und das Zukünftige.

Die unausforschlichen Reichtümer des Herrn Jesus Christus, die im Himmel zur Vollendung und gänzlichen Entfaltung kommen werden, sollen schon jetzt dem gehören, der an Ihn glaubt. Auch der Jüngste im Glauben, der Schwächste, ist zum Besitz dieses Erbes berufen, um in seinem jetzigen Leben seinem Retter Ehre machen zu können. Die Gegenwart des Heiligen Geistes in uns sichert uns die sofortige Nutznießung dieses geistigen Erbes, das über alle Begriffe, über alles Bitten und Verstehen geht, denn Er macht uns zu Söhnen und Erben Gottes, zu Miterben Christi. Römer 8, 17. Müssen wir nicht bekennen, daß unser Christenleben armselig ist, und eingestehen, daß wir nicht wie Erben leben? *«Alles ist euer, ihr aber seid Christi, und Christus ist Gottes.»* Persönliches Besitzen des Herrn Jesus als Retter ist die Bedingung, die uns jetzt schon die Nutznießung dieses geistigen Erbes sichert.

Aber Er, der zu uns gekommen ist und den wir aufgenommen haben, möchte auch in uns ein Erbe für Sich finden: unser Leben soll Ihm gehören. Dann kann Er unsere Blicke zu der verlorenen Welt hinlenken, die Er so sehr geliebt hat und die die Liebe Gottes, die alle Erkenntnis übertrifft, so notwendig braucht. Diese Liebe ist der Schlüssel, der das verdorbene Schloß des Menschenherzens aufschließt. Darum wollen wir doch den Entschluß fassen, uns ganz von Christus in Besitz nehmen zu lassen. Wir wollen Ihn bitten, uns mit Seiner Liebe zu erfüllen und uns die Menschen entdecken zu lassen, welche in der weiten Welt diese Liebe brauchen. Wir wollen uns verpflichten, unser Teil dazu beizutragen, daß verwirrte Herzen Frieden mit Gott finden. Dann werden wir erleben, daß alles unser ist, daß die Welt unser ist und daß wir Christi Eigentum sind.

«In Ihm wohnt die ganze Fülle der Gottheit leibhaftig; und ihr habt alles völlig in Ihm.» Kolosser 2, 9. 10.

Der Vater hat Sich durch den Sohn geoffenbart, und der Sohn hat uns in eine vollendete Herzensverbindung mit Gott eingeführt. Wir rufen nicht nur «Abba», d. h. Vater, sondern der Vater erschließt uns Sein Herz und überschüttet uns mit Seiner Güte. Wir waren blind, auf uns selbst angewiesen, in der Nichtigkeit eines aus Traditionen und Unwirklichkeit zusammengesetzten Lebens. Aber als der Vater Sich uns schenkte, zog Er uns nahe zu Sich, damit wir das Leben, das in Ihm Selber ist, erhielten. Er zeigte uns Seine vollkommene Liebe, Seine Kraft, Treue und Wahrheit, alles, was das Wort «Vater» in sich schließt.

Christus ist unser Leben, und Sein Leben ist in uns. Es füllt unsere Herzen und Gedanken aus, heiligt Geist, Seele und Leib. Dieses Leben ist ewig, und zwar nicht nur in der Zukunft, sondern es kommt schon von der Ewigkeit der Vergangenheit her. Können wir diese gewaltige Tatsache fassen, daß Gott uns schenkt, was der Ewigkeit, der Unendlichkeit angehört? *Unser* Leben ist nur ein Dampf. Wir leben in einer wechselvollen Welt. Das Verderben und die Gottlosigkeit nehmen zu. Wir sind in Sünden geboren. Und gerade wir dürfen als Belohnung für unseren schlichten Gehorsam, wenn wir Ihm folgen, wohin Er uns führt, diesen Hauch aus der Ewigkeit, der Gott Selbst ist, um uns her verbreiten. Wenn Gott mit uns machen kann. was Er will, dürfen wir bitten, um was wir wollen, und es wird uns gegeben.

Wir haben alles völlig in Ihm, und etwas von dieser Fülle soll von uns auf andere übergehen. Gott möchte uns ein Leben schenken, das Ihn widerspiegelt und alles abweist, was nicht von Ihm ist, ein Leben, das sich Ihm zum Dienst weiht, um den Mitmenschen Rettung zu bringen, ein Leben, das kein ermüdendes Bemühen ist, sondern durch welches sich einfach zeigt, was Er ist.

Dann wird an die Stelle unseres Lebens in der Unwirklichkeit das wahre Leben treten, ein Leben in Liebe und Wahrheit, in lebensvoller, mannhafter Ähnlichkeit mit Jesus Christus Selber. Er hat gesagt: «Ich bin gekommen, damit Meine Schafe das Leben haben und es im Überfluß haben.» Johannes 10, 10.

2. Mai

«Weil ihr denn Söhne seid, hat Gott den Geist Seines Sohnes in eure Herzen gesandt, der schreit: Abba, Vater.» Galater 4, 6.

Mit eigenen Kräften oder nur mit gutem Willen können wir nicht als Kinder, noch viel weniger als Söhne Gottes leben. Wir brauchen Hilfe dazu. Gerade weil wir schwach sind, hat Gott ja den Geist Seines Sohnes in unsere Herzen gesandt, und Er erzeugt in uns die kindliche, aufrichtige Gesinnung eines gehorsamen Sohnes. Dadurch entsteht zwischen uns und unserem himmlischen Vater eine innige, persönliche Verbindung, die unser Leben umwandelt und möglich macht, was uns unmöglich war.

Gott verlangt nichts Auffallendes von uns. Wir sollen nur einfach die Tatsache, daß der Geist Seines Sohnes in uns wohnt, praktisch ausleben. «Ich bin mit Christus gekreuzigt, und nicht mehr lebe ich, sondern Christus lebt in mir. Was ich aber jetzt im Fleische lebe, das lebe ich im Glauben an den Sohn Gottes, der mich geliebt und Sich Selbst für mich hingegeben hat.» Galater 2, 19. 20. Viele Christen wissen gar nicht, daß sie Erben und Besitzer dieses Schatzes sind, daß Christus durch Seinen Geist in ihnen wohnt.

Seine Gegenwart vermittelt uns ein neues Leben, den Hauch des göttlichen Lebens selbst. Der Geist Christi, der kindliche Geist eines Sohnes, führt das neue Verhältnis zwischen uns und dem Vater ein. Es äußert sich in dem Schrei des kleinen Kindes, das «Abba, Vater» zu sagen beginnt. Das läßt sich fast nicht in Worte kleiden, so intim ist es, ein Bekenntnis völliger Abhängigkeit und Liebe, rückhaltlosen Vertrauens, das erste Anzeichen des neuen Lebens der Gemeinschaft mit unserem himmlischen Vater. Er ist uns dann nicht mehr der fordernde, ferne Gott, der uns durch dichte Wolken verhüllt wird, wie am Berge Sinai, sondern der in uns wohnende Geist Christi offenbart Ihn uns mehr und mehr in Seinen väterlichen Eigenschaften.

Was wir sind, ist dann ein Abglanz dessen, was Er in uns ist. Was wir tun, trägt das Gepräge dessen, was Christus Selber ist. Wir sollten erkennen, welch ein Schatz Seine Gegenwart in uns ist, und alles in uns Seinem Wort unterstellen. Dann werden die Menschen glauben, daß Gott ein Leben umwandeln kann.

3. Mai

«Als es aber schon Morgen wurde, stand Jesus am Gestade.»
Johannes 21, 4.

Die Jünger waren sich selbst überlassen. «Ich gehe fischen», sagte Petrus, und die anderen folgten ihm. Aber ihr Herz war nicht bei der Sache, sie hatten kein Leben in sich, keinerlei Spannkraft mehr, denn sie waren allein. Sie gingen in eigener Kraft, es war Nacht, und sie fingen nichts.

Welch treffendes Bild des Christenherzens! Wie oft sind wir in Nacht und Dunkelheit, ziehen aber aus und rechnen mit unseren vermeintlichen Fähigkeiten. Dann fangen wir natürlich keinen einzigen Fisch! Wir versuchen zwar, uns zu entschuldigen und Ausreden zu finden. Aber das ändert nichts an der Tatsache; die Fische entfernen sich nur immer weiter von uns.

Doch *«als es Morgen wurde, stand Jesus am Gestade.»* Der Auferstandene wartet auf uns, ebenso wie damals, als Er uns zu Menschenfischern berief. Was ist seit dieser ersten Begegnung nicht alles geschehen! Wir hatten das große Vorrecht, bei Ihm in die Lehre zu gehen, wie die Jünger. Dennoch können wir Ihm nur leere Netze vorlegen. Laßt uns Ihm unser erfolgloses Fischen bekennen und zugeben, daß der Mangel an Gemeinschaft mit Ihm der Grund unseres fruchtlosen Lebens ist. Und dann wollen wir hören auf die Anweisungen und Befehle, die Er uns gibt.

Der Auferstehungsmorgen ist angebrochen. Jesus steht am Gestade, dort, wo unsere irdische Beschäftigung und der himmlische Schöpfer beieinander sind und unser Blick sich auftut über das weite Meer, in dem die erwünschten «Fische» sind! Nach dieser Begegnung mit dem Auferstandenen dürfen wir getrost unser Netz «auf der rechten Seite» auswerfen.

Laßt uns also hinaustreten aus unserer «Nacht», um in die herrliche Wirklichkeit der Auferstehung zu gelangen. Unser HErr erwartet uns. Er will uns den rechten Blick für den Fischfang geben und unserer Hände Arbeit mit unserem geistlichen Wirken verschmelzen, denn eins führt zum andern. Dann werden wir das Netz «auf der rechten Seite» auswerfen, auf der richtigen Seite. «Sie warfen es aus und vermochten es nicht mehr zu ziehen vor der Menge von Fischen. Da spricht der Jünger, den Jesus liebhatte, zu Simon Petrus: Es ist der HErr!»

«Ich achte alles für Schaden gegenüber der alles übertreffenden Erkenntnis Jesu Christi, meines HErrn, um Dessentwillen ich alles eingebüßt habe, und ich achte es für Unrat, damit ich Christus gewinne.» Philipper 3, 8.

So redet ein Mensch, der Christus besitzt, dem aber die ganze Fülle, die ganze Weite der Erkenntnis seines HErrn noch nicht geoffenbart wurde. Doch achtet er das, wonach er früher strebte, schon für völlig wertlos im Vergleich zu der Gotteserkenntnis, nach der er verlangt.

Vielleicht sehnst du dich bis jetzt nur nach einem gemütlichen Heim und einem bequemen Leben. Der auferstandene HErr will dich aber weiterführen. Du dachtest, was du empfangen hättest, genüge. Ganz aufrichtig meintest du, dem HErrn wohlzugefallen. Aber der Auferstandene will dir klarmachen, daß das, was bisher genügte, den vorliegenden Bedürfnissen nicht mehr entspricht. Die Rettung einer einzigen Menschenseele ist wichtiger als deine Bequemlichkeit, deine Beliebtheit und deine persönlichen Interessen.

Alles für Unrat achten gegenüber der alles übertreffenden Erkenntnis Christi Jesu, unseres HErrn, heißt das Kreuz erleben und begreifen, was dieses Opfer von uns verlangt. Im Licht des Kreuzes erhalten alle Dinge ihren wirklichen Wert: die Geschäftigkeit dieser Welt und die Bedürfnisse der Seelen, allgemeine Beliebtheit und der schmale Weg, die zeitliche Ergötzung der Sünde und das Heil aus Gnaden.

Der Apostel Paulus ermahnt die Philipper, und mit ihnen jeden einzelnen Christen, durch den Auferstandenen eine vollständige Umwälzung der Begriffe über das, was wertvoll ist, in ihrem Leben vollziehen zu lassen. Wenn wir das zulassen, werden unsere Opfer ein Gewinn. Im Licht der Ewigkeit verliert der Widerstand der Menschen den Stachel, wenn wir nur Christus gewinnen! Er nimmt uns die Furcht vor der Schmach und verlegt das Zentrum unseres Daseins, so daß wir uns nicht mehr um uns selber drehen, sondern die Gegenwart Christi unser ganzes Wesen erfüllt. Dann können wir Ihm in der Kraft der Auferstehung mit Freuden dienen. Die Ergebnisse werden Gott ehren und unseren Mitmenschen heilsam sein.

«Werde wach und stärke das übrige, was sterben will.»
Offenbarung 3, 2.

Was ist «das übrige», das gestärkt werden soll? Die Verantwortung, die wir diesen übriggebliebenen Dingen gegenüber tragen, können wir mit den Worten zusammenfassen: «Werde wach!»

Erstens ist es wichtig, auf Wachsamkeit in *unserer Gemeinschaft mit Gott* zu dringen. Davon hängt viel für unser geistliches Leben ab! In wirklicher Gemeinschaft mit Gott ist dem Glauben alles möglich, ohne sie versagt er sicher. In unseren Tagen ist das Leben so eingerichtet, daß alles unseren persönlichen Verkehr mit dem HErrn zu verhindern sucht. Eine fieberhafte Tätigkeit nimmt unsere Zeit und unsere Gedanken in Anspruch. Dennoch sollte nichts, gar nichts, den Platz besetzen, der unserem himmlischen Vater gehört. Wir sollten unser Leben so regeln, daß wir Zeit zum Alleinsein mit Ihm finden, auch wenn wir damit ein Opfer bringen. «*Wenn du betest, gehe in dein Kämmerlein und schließ deine Türe zu und bete zu deinem Vater im Verborgenen; und dein Vater, der ins Verborgene sieht, wird es dir vergelten öffentlich.*»

Bei vielen Menschen ist das Leben so ausgefüllt und abwechslungsreich, daß sie keine Gemeinschaft mit Gott kennen. Und doch ist dies das Heiligtum, wo die Liebe Gottes sich in unsere Herzen ergießt, wo unsere Liebe zu Ihm ungehindert überfließen und sich äußern kann. Das möchte Er in erster Linie von uns haben. Das sind wir Ihm vor allem anderen schuldig. Darum wollen wir wachsam sein und unsere Gemeinschaft mit Ihm festigen. Sie ist etwas Lebenswichtiges, Bleibendes; aber alles verschwört sich gegen sie, um sie zu stören.

Was wir stärken sollen, ist zweitens unser *Gehorsam*. «*Gehorsam ist besser denn Opfer*», 1. Samuel 15, 22. Es ist eine der Folgen des Sündenfalles, daß das Menschenherz von Natur immer den schlichten Gehorsamsweg umgehen will. Das Eigenleben bringt es sogar fertig, Bibelstellen anzuführen, um Ungehorsam oder Verirrungen zu rechtfertigen. Aber Gehorchen führt zum Dienen und zur Drangabe unserer selbst. Möge dieses seltene wertvolle Kennzeichen des geistlichen Lebens in uns zu finden sein!

«Als Jesus solches gesprochen hatte, ging Er mit Seinen Jüngern hinaus über den Winterbach Kidron. Dort war ein Garten, in welchen Jesus samt Seinen Jüngern eintrat.» Johannes 18, 1.

Wie der verworfene, von seinem eigenen Sohn verratene König David einst die heilige Stadt verließ und über den Bach Kidron ging, so geht hier der von Seinem Volk verworfene, von den Seinen verleugnete und von einem Apostel verratene Sohn Gottes über diesen Bach. Eine kleine Schar schreitet den letzten Stunden eines einzigartigen Lebens auf Erden entgegen. Der Herr Jesus sollte Sein Blut vergießen, um die Sünde zu sühnen, ihre Macht zu brechen und den Schandfleck zu tilgen. Wir wollen uns zu Seinen Jüngern gesellen und hören, was Er ihnen vom Weinstock und den Reben sagt, um den praktischen, geistlichen Sinn dieses Gleichnisses zu erfassen und die Berufung, die dadurch an uns ergeht, anzunehmen.

Im Evangeliumsbericht ist jedes Wort abgewogen, eingegeben von der alle Erkenntnis übertreffenden Liebe Seines Herzens für jeden einzelnen der Seinen. «*Ich bin der Weinstock, und Mein Vater ist der Weingärtner*». Er hat uns nicht im Stich gelassen. Sollten wir versagen, unser eigenes Leben leben und unsere Arbeit unabhängig von Ihm tun? Sollten wir nur dem Namen nach eine Seiner Reben sein und keine Frucht bringen, weil wir den Weg nicht gehen, den Er vor uns aufgetan hat?

Es gibt einen Ort, wo Jesus mit Seinen Jüngern zusammenkommt. Der Weg ans Kreuz führt über diesen Ort. Kennen wir die Erfahrung im Garten Gethsemane? Auch Judas kannte diesen Ort! Laßt uns bedenken, was das bedeutet! Im Zusammenhang *damit* sagt uns der HErr: «Ich bin der Weinstock, ihr seid die Reben, ... dadurch wird Mein Vater verherrlicht, daß ihr viel Frucht bringet und Meine Jünger werdet.»

Er hat alles getan und uns alles gegeben, damit es so sei. Was fehlt uns noch? Worauf warten wir? «Steht auf, laßt uns von hinnen gehen» und auf dem Weg über den Bach Kidron hören, was Er uns zu sagen hat, annehmen, was Er uns schenken will. Er möchte uns Sein Herz erschließen und uns mit Seinen Reichtümern überschütten!

«Er wird unterwegs Wasser aus dem Strom trinken und dann erhobenen Hauptes weitergehen.» Psalm 110, 7 (O).

Jedem Jünger ist ein schmaler Weg vorgezeichnet, der Gefahren in sich birgt, auf dem Gott uns aber behütet. Diesen Weg wollen wir zu erkennen suchen, ihn dann einschlagen und uns nicht über ihn beklagen.

Als Gott Sich uns in Jesus Christus offenbarte, nahmen wir Ihn zum Retter und Herrn an. Dadurch entstand ein neues Verhältnis zwischen uns und unserem himmlischen Vater. «*Ich bin das Licht der Welt, wer Mir nachfolgt, wird nicht in der Finsternis wandeln, sondern er wird das Licht des Lebens haben.*» Johannes 8, 12. Wir brauchen nur unserem göttlichen Vorgänger zu folgen, nur im Vertrauen auf Sein Wort kindlich gehorsam Seinen Willen zu tun.

Aber der Weg führt durch Feindesland. Darum müssen wir stets wachen und beten, um in der Versuchung nicht zu unterliegen, stets demütig dem HErrn nachfolgen und in Seiner Gnade und Erkenntnis zunehmen. Dann dient jede Schwierigkeit zu unserer Erziehung, und aus jeder Erfahrung werden wir etwas lernen.

Im 110. Psalm ist von Kampf die Rede. Das gibt dem Schlußwort eine besondere Bedeutung: «*Er wird unterwegs Wasser aus dem Strom trinken und dann erhobenen Hauptes weitergehen.*» Gott weiß, daß der Kampf unsere Kräfte zu verzehren droht, Sorgen uns bedrücken und die feindliche Atmosphäre uns ersticken will. Deshalb gibt Er uns einen Rat: wir dürfen nicht vergessen, unterwegs Wasser aus dem Strom zu trinken! Israel trank in der Wüste aus einem geistlichen Felsen, der ihnen folgte, und der Fels war Christus. 1. Korinther 10, 4. Wenn wir aus dieser belebenden, immer frischen Quelle trinken, können wir erhobenen Hauptes weitergehen.

Diese Erfahrung dürfen wir unter der einen Bedingung machen, daß unser Herz ungeteilt auf Gottes Seite steht, unser Wille Seinem Willen untertan ist und wir ohne Widerrede Seine Befehle ausführen. Wenn wir einen lenkbaren, gehorsamen Sinn haben, wird Gott uns die verheißenen Segnungen schenken, und das Wasser aus dem Strom wird uns unablässig erquicken.

«Ich bin der Weinstock, und Mein Vater ist der Weingärtner.»
Johannes 15, 1.

Wir sind einverstanden, Reben am Weinstock zu sein. Aber sind wir auch einverstanden damit, daß der Vater als Weingärtner an Seinem Weinberg arbeitet? «Ich, der HErr, hüte ihn und bewässere ihn zu jeder Zeit. Wenn Ich Dorngestrüpp fände, würde Ich im Kampf darauf losgehen und es allzumal verbrennen.» Jesaja 27, 3. 4.

Wir wissen, daß Christus der Weinstock und wir die Reben sind. Damit aber die Verbindung mit dem Weinstock wirksam wird, müssen wir uns die väterliche Fürsorge des Weingärtners gefallen lassen, der uns nicht entmutigen, sondern anspornen will. Wenn Er uns in Seiner Güte beschneidet, behauptet aber unser Eigenleben, man verzage dabei, und beklagt sich darüber. Es gibt viele Möglichkeiten, sich der väterlichen Disziplin zu entziehen, und Auflehnung ist ansteckend.

Wenn wir verzagen möchten, sollten wir bedenken, daß der göttliche Weingärtner bei dem, was uns bedrückt, die Hand im Spiel hat. Er will uns beschneiden, damit wir mehr Frucht bringen. Wenn unsere Pläne nicht zustande kommen, hat der Vater etwas anderes mit uns vor. Wenn wir auf ein bequemes, ruhiges Leben und allgemeine Beliebtheit hoffen und nichts daraus wird, wählt der Vater ein Leben für uns, in dem wir beschnitten werden, wobei es Wunden gibt. Da wir aber Anteil am Leben des Weinstocks haben, sollten wir uns nicht vor diesen Wunden fürchten; denn unser Lebenssaft kommt ja von Dem, durch dessen Wunden wir geheilt sind.

Der Vater verherrlicht den Sohn, indem Er uns fester mit Ihm verbindet, so daß der göttliche Lebenssaft im Rebschoß zirkuliert, sich in fruchtbarerem Gebet in Seinem Namen äußert und in Seiner Freude in unseren Herzen zeigt. Der Vater will uns zum Bewußtsein bringen, daß wir mit Christus in Seinem Tode und in der Kraft Seiner Auferstehung verwachsen sind. Das ist das Geheimnis fruchtbringenden Lebens. Dieses Ziel hat der Vater bei Seiner Arbeit als Weingärtner im Auge. Darum «achte nicht gering die Züchtigung des HErrn und verzage nicht, wenn du von Ihm gestraft wirst! Denn welchen der HErr lieb hat, den züchtigt Er.» Hebräer 12, 5. 6.

«Gedenke des ganzen Weges, durch den der HErr, dein Gott, dich geleitet hat, ... daß Er dich ... versuchte, auf daß kundwürde, was in deinem Herzen ist.» 5. *Mose* 8, 2.

Ohne Gottes Wort wäre der Christ in Anfechtungen und Widerwärtigkeiten nur auf sich selber angewiesen. Heutzutage kann man sich mit Recht fragen: Was tut die Welt, wenn Schwierigkeiten kommen? Wo sucht sie Zuflucht? Und wir denken an das Wort Jesajas: «Oh, daß du auf Meine Gebote merktest! So würde dein Friede sein wie ein Wasserstrom und deine Gerechtigkeit wie Meereswellen.» 48, 18.

«Gedenke des Weges, durch den der HErr, dein Gott, dich geleitet hat, um dich zu versuchen.» Gott läßt in der Wüste Schwierigkeiten zu, um zu prüfen, wie es um unser Herz bestellt ist. Er führt uns auf einem mit Hindernissen übersäten Weg, um zu erfahren, ob wir Ihn von ganzem Herzen lieben. Hebräer 12 sagt uns, daß Gott uns als Söhne behandelt, daß Seine Erziehung uns zum Besten dient und wir durch sie bereichert werden. Mit väterlichem Ehrgeiz sorgt Er dafür, daß wir in Seiner Liebe und Erkenntnis zunehmen. Und wenn wir auf Seinen Willen eingehen, wenn wir der Wolken- und Feuersäule folgen, werden wir die Frucht der Gerechtigkeit sehen. Durch solche Erfahrungen wachsen wir in Christus. Sein Wille ist uns dann keine Last, sondern ein Vorrecht und eine Stärkung.

Weiter sagt Gottes Wort: *«Er ließ dich hungern, um dir kundzutun, daß der Mensch nicht vom Brot allein lebt, sondern von allem, was aus dem Munde des HErrn geht.»* Gott ließ zu, daß Sein Volk durch Hunger angefochten wurde, Er erlaubte auch dem Teufel, Seinen geliebten Sohn durch Hunger in Versuchung zu führen, und unser HErr, der gänzlich von Seines Vaters Wort abhängig war, widerstand dem Teufel mit der Waffe des ewigen Wortes. Wenn der Verführer uns naht, wollen auch wir ihm widerstehen mit «Es steht geschrieben»! Dann muß er weichen. Solche Erlebnisse sind Gelegenheiten, Gott auf die Probe zu stellen, uns auf Sein Wort zu verlassen. Und jeder errungene Sieg bereichert uns.

Ja, unser himmlischer Vater möchte erfahren, was in unserem Herzen ist. «HErr, Du weißt alle Dinge. Du weißt, daß ich Dich liebhabe.»

«So fasset nun diese Meine Worte zu Herzen und in eure Seele, und bindet sie zum Zeichen auf eure Hände, daß sie ein Schmuck seien zwischen euren Augen. Lehrt sie eure Kinder.» 5. Mose 11, 18. 19.

Durch die Unterweisungen Moses war das Leben der Kinder Israel an Gottes Wort gebunden. In demselben Sinn ermahnt der Apostel Paulus die Christen: «Lasset das Wort Christi reichlich unter euch wohnen.» Kolosser 3, 16.

In allererster Linie laßt uns also Seine Worte *in unser Herz aufnehmen.* Wir können sie im Kopf haben, und das Herz bleibt leer. Das ist gegen Gottes Willen. Wir sollen Sein Wort in unser Herz fassen, damit es wie ein Feuer, eine heilige Flamme in uns brenne, damit es zu einer sprudelnden Quelle werde. Die Menschen werden bald den Unterschied merken und erkennen, was aus dem Herzen kommt.

Ihr sollt sie zum Zeichen auf eure Hände binden. Wenn das Herz mit dem Wort Christi erfüllt ist, werden wir mit unserer Hände Arbeit ein Zeugnis sein und des Wortes Kraft beweisen. Im Dienst für Gott entspringt das Reden, Wirken und Tun leider nicht immer Seinem Wort. Infolgedessen fehlt es an göttlicher Kraft. Oh, laßt uns alles, was wir tun, an Gottes Wort binden. Von Seinem Wort geht eine Kraft aus, die nicht nur die Gewissen beunruhigt und die Herzen aufschließt, sondern auch wie ein Hammer die Felsen zerbricht. Es ist wie Dynamit, das die feindlichen Stellungen sprengt und dem Himmelssegen die Bahn bricht.

Die Worte des HErrn sollen *ein Schmuck zwischen unseren Augen* sein. Gottes Wort soll da seinen Platz haben, wo der Sitz unseres Denkens und unserer Vernunft ist. Dann werden wir in der Kraft des Heiligen Geistes reden, dann werden unsere Gedanken zum Gehorsam gegen Christus gefangengenommen, und unser Herz wird ruhig.

Lehrt sie eure Kinder. Wenn wir von Gottes Wort durchdrungen sind und unser ganzes Wesen ihm untertan ist, können wir seine Botschaft nicht für uns behalten. Wir müssen die Worte, die uns wertvoll geworden sind, denen weitergeben, die um uns her sind, und so wird Kraft von unserem Leben und Dienen ausgehen.

«Vernimm, o Gott, mein Gebet,... merke auf mich und antworte mir,... weil ich unruhig bin beim Brüllen des Feindes.»
Psalm 55, 2-4 (S).

In diesen Worten ist von drei Stimmen die Rede, von der des Feindes, der des Kindes Gottes und der des himmlischen Vaters.

Die *Stimme des Feindes* kann brüllen und drohen, aber auch schmeicheln und verführen. Sie ist manchmal eindringlich und grob, gelegentlich aber auch engelhaft. Sie versteht sich jeder Lage anzupassen und ihren Klang dementsprechend zu ändern. Wir müssen lernen, die Stimme des Feindes zu erkennen, wie die Schafe, die die Stimme des Hirten kennen und keinem Fremden folgen.

Der Feind hat seine Kanäle. Wie unserem Meister gegenüber benützt er gelegentlich unsere Familie, um zu versuchen, uns vom schmalen Wege abzubringen. Wir sollten seine Stimme erkennen, wenn sie uns durch lockende Dinge dieser Welt oder durch Neigungen naht, die uns in Beschlag nehmen, erschöpfen und dem Willen Gottes entziehen.

Die *Stimme des Kindes Gottes:* «Vernimm, o Gott, mein Gebet und verbirg Dich nicht vor meinem Flehen.» Das ist kein auswendiggelerntes Gebet, sondern ein Herzensschrei! Und Gott hört die Stimme Seines Kindes, wenn es nichts vor Ihm verheimlicht. «Wie sich ein Vater über Kinder erbarmt, so erbarmt Sich der HErr über die, so Ihn fürchten. Denn Er weiß, was für ein Gemächte wir sind; Er denkt daran, daß wir Staub sind.» Psalm 103, 13. 14. Wir wollen also beten! Der Vorhang ist ja zerrissen, der neue und lebendige Weg ist eröffnet. Wir haben freien Zugang zum Thron der Gnade.

Und die *Stimme des Vaters.* Nichts kann größeren Segen bringen als das Hören auf das, was der Vater uns zu sagen hat. Wir dürfen in unsren Tagen fieberhafter Eile das Horchen auf Seine Stimme und Seine Lehren nicht vernachlässigen. Wir wollen diesen frischen Morgentau auf unsere Seele fallen und uns erquicken lassen. Es macht unserem himmlischen Vater Freude, Sich mit uns zu unterhalten und unsere Gebete zu erhören. Seine Stimme bringt die Stimme des Feindes zum Schweigen, sie gibt uns Frieden und Sicherheit, Kraft und Leben.

«Alle eure Sorge werfet auf Ihn; denn Er sorgt für euch.»
1. Petrus 5, 7.

Der große Gott gibt Sich mit unseren Sorgen ab und hat für jede eine Lösung. Wir alle haben mehr oder weniger schwere Sorgen. Gottes Wort zeigt uns, wie sie erleichtert werden können.

Gott hat von unseren Sorgen ebenso wie von unserem Heil und Frieden geredet und erwartet von uns, daß wir dem, was Er sagt, einfach vertrauen. Als Gottes Kinder haben wir das Recht, bei unserem himmlischen Vater Gehör zu finden. «Das ist die Freimütigkeit, die wir Ihm gegenüber haben, daß, wenn wir Seinem Willen gemäß um etwas bitten, Er uns hört. Und wenn wir wissen, daß Er uns hört, um was wir auch bitten, so wissen wir, daß wir das Erbetene haben.» 1. Johannes 5, 14. 15.

Wir dürfen jedoch unsere Sorgen nicht mit Zuständen verwechseln, in die wir durch eigene Schuld geraten sind. Wenn wir infolge unserer Leichtfertigkeit Schwierigkeiten haben, müssen wir es demütig unserem Gott bekennen und Ihn um Vergebung bitten.

Wenn Gott Sorgen zuläßt, will Er unseren Glauben prüfen und sehen, ob wir Ihm wirklich vertrauen. «Wirf dein Anliegen auf den HErrn, der wird dir beistehen und nicht zulassen, daß der Gerechte strauchelt.» Psalm 55, 23 (A). Das ist ein Gebot Gottes, dem wir glauben und gehorchen sollen. Dann werden wir den Beweis erhalten, daß Er treu ist.

Der am Kreuz unsere Sünde getragen und für immer fortgeschafft hat, lebt jetzt zur Rechten Gottes, und von dort aus bietet Er uns an, unsere Lasten für uns zu tragen. Warum uns also mit dem belasten, was Er auf Sich nehmen will? Warum tragen, was uns zu schwer ist? Warum nicht erleben, daß unser HErr tatsächlich unsere Sorgen trägt, sobald wir sie Ihm überlassen?

«Daran erkennen wir, daß wir aus der Wahrheit sind, und damit werden wir unsere Herzen vor Ihm stillen, daß, wenn unser Herz uns verdammt, Gott größer ist als unser Herz und alles weiß. Geliebte, wenn unser Herz uns nicht verdammt, so haben wir Freimütigkeit zu Gott.» 1. Johannes 3, 19-21. Gott schenke uns diese Freimütigkeit!

«Ich werde alle Meine Berge wegsam machen, und Meine Fußpfade sollen erhöht werden.» Jesaja 49, 11.

Der HErr wählt den Weg für den, der Ihm gehorcht. *Er läßt zu,* daß es durch tiefe Täler und über Berge von Schwierigkeiten geht. Darüber muß sich der Christ, der den schmalen Weg wählt, ganz klar sein. Aber dieser Weg führt ihn zu den Pforten des Himmels.

Warum erschrecken wir, wenn sich «Berge» vor uns auftürmen? Kommen wir dann in Versuchung, diese Berge zu umgehen, oder, was noch schlimmer ist, umzukehren? Wer den Namen trägt, der über allen Namen ist, tut das nicht! Hat Gott uns nicht gesagt, daß der Weg ins Land der Verheißung durch die Wüste führt? Das dient ja zu unserer Erziehung. Gott will unseren Glauben dadurch stärken und sehen, ob wir Ihn von ganzem Herzen lieben. Wenn wir den Bergen im Glauben trotzen, wird Gott sie uns zum Segen werden lassen.

Der HErr ist bei uns in der Anfechtung. Ist diese Gewißheit nicht das Geheimnis des Friedens, das Angelt des Sieges? Müssen wir nicht oft wie der Patriarch bekennen: «Gewiß ist der HErr an diesem Ort, und ich wußte es nicht»? 1. Mose 28, 16. Er ist bei uns in unserer gegenwärtigen Lage. Nichts ist Ihm unbekannt, und nichts ist Ihm unmöglich.

Wir wollen Seine Unterweisungen annehmen und aus unseren Schwierigkeiten lernen, was wir zu lernen haben. Er wird das scheinbare Hindernis zu einem neuen und lebendigen Wege machen. Gott will auf den Boden unserer Ratlosigkeit Sein Licht säen. «Das Licht wird dem Gerechten gesät und Freude den aufrichtigen Herzen.» Psalm 97, 11. Ein ausgesätes Samenkorn sieht man anfänglich nicht mehr. Aber es keimt in der Dunkelheit, und dann geht es auf in neuem Leben. «Der HErr wird deine Gerechtigkeit an den Tag bringen wie das Licht und dein Recht wie den Mittag; halte still...» Psalm 37, 6. 7. Unsere augenblickliche Traurigkeit ist das Ackerland, in das Gott die Freude aussät.

Gott braucht Diener und Dienerinnen, die Ihm den Weg bereiten, die ohne Furcht die Hindernisse überwinden und durch Seine Kraft siegreich sind. Wer will sich um Seiner Liebe willen dazu einreihen lassen?

«Die Stunde ist gekommen, daß des Menschen Sohn verherrlicht werde.» Johannes 12, 23.

Wie verherrlicht Sich der HErr in unsren Tagen? Und unter welchen Bedingungen kann unser Leben Ihn verherrlichen? «Wenn das Weizenkorn ... erstirbt, bringt es viel Frucht ... Wer Mir dienen will, der folge Mir nach ... Vater, verherrliche Deinen Namen!» Johannes 12, 24. 26. 28.

Nicht wir werden verherrlicht, im Gegenteil! Je tiefer wir in die Gemeinschaft Seiner Leiden eintreten, je geringer wir in unseren eigenen Augen sind, desto mehr wird sich Seine Herrlichkeit durch unser Leben zeigen. Je kleiner wir sind, je mehr wir in den Schatten treten und wirkliche Selbstverleugnung gelernt haben, desto mehr kann Er in unserem Leben, das Seinem Tode gleichgestellt ist, Früchte erzeugen.

Unter diesen Bedingungen werden wir das Geheimnis kennenlernen, daß «die Freude am HErrn unsere Stärke» ist. Erst wenn wir Ihm unser Leben als lebendiges Opfer hingegeben haben, fangen wir zu leben an und erkennen, daß wir bis dahin gar nicht lebendig waren, sondern nur unserem eigenen Leben dienten.

Der HErr will Sich durch das ganz menschliche Leben Seiner Jünger verherrlichen. Was ist ein Jünger des HErrn? Doch jemand, der sich von Ihm erziehen läßt! Wer sich der Erziehung durch das Wort des HErrn nicht unterwerfen kann und will, darf nicht behaupten, er folge Ihm nach! Sich gerne in Zucht nehmen lassen gehört unbedingt zur Berufung eines Jüngers.

Wie sehr widerspricht das dem Zeitgeist, der auf allen Gebieten die Grenzen zwischen Gut und Böse verwischt! Überall herrscht Verwirrung und Zügellosigkeit. Aber in allen Ländern gibt es Menschen, die den HErrn verherrlichen möchten und sich nach den Anweisungen Seines Wortes richten.

Unser Meister möchte uns in Seine Pflege nehmen und uns einführen in die heilige Gemeinschaft mit Ihm Selber, dem Retter der Welt, dem Mann der Schmerzen, dem Sünderfreund. Er will uns zu wirklichen Seelengewinnern machen, und unser menschliches Leben ist das irdene Gefäß, durch welches diese große Kraft sich zeigen kann. Dadurch wird der Sohn des Menschen verherrlicht.

«Knabe, wessen Sohn bist du?» 1. Samuel 17, 58.

Diese Frage wurde einst an eines Hirten Sohn in Israel, an David, den Sohn Isais, gestellt. Er war der Jüngste und Schwächste in seiner Familie, aber weil sein Herz ganz seinem Gott gehörte, wurde er zum König gesalbt. Mit der alleinigen Autorität des Namens des HErrn ausgerüstet, konnte er den Riesen Goliath überwinden, sein Volk erlösen und zum Siege führen. Dieselbe Salbung, die ihm Schmach eintrug und Opfer kostete, die ihn auf den Weg der Verwerfung und der Gefahren eines Lebens im Glaubensgehorsam führte, machte ihn ausdauernd, stärkte ihn und half ihm überwinden. Sie trieb ihn dazu, die Schafe seines Vaters zu verlassen und später auf seine Ehrenstellung am Königshof zu verzichten. Diese Salbung zog alle, die betrübten Herzens, in Not und in Schulden waren, zu dem verworfenen, einsamen David hin. Unter ihnen fand er seine Streiter und Helden. Das waren für David die Ergebnisse der Salbung zum Könige. Obwohl Saul ihn haßte, ermöglichte sie es ihm, zur Regierung zu gelangen und das Reich zu gründen, dessen Einfluß sich noch bis ins zukünftige Zeitalter erstreckt.

Wir wollen uns durch sein Leben, das dem Volk Israel zu einem neuen Anfang verhalf, belehren lassen. Es ist ein prophetisches Bild der Verwerfung unseres Retters und Seines Reiches. Immer wieder ging es durch Stürme. Konflikte brachen aus, Kämpfe mußten ausgefochten werden. Aber David war von Gott berufen, gehorchte Ihm und nahm Ihn beim Wort.

«Wessen Sohn bist du, Knabe?» Diese Frage appelliert an unser Verantwortlichkeitsgefühl. Wenn wir Söhne sind, sind wir auch Erben des Sohnes Davids, Erben des Dienstes an verlorenen Menschenseelen. Wie David sollten auch wir alle die zu uns ziehen, die in Not sind, und ihnen den Retter der Welt zeigen.

«Wessen Sohn bist du, Knabe?» Antworte! Diese Frage gilt dir. Sie wird dir im Namen des HErrn, des Sünderfreundes, gestellt. Du trägst Seinen Namen, bist du nicht Sein Sohn, der Gegenstand Seiner Liebe? Hast du Seinen Ruf nicht gehört und bist du nicht dafür verantwortlich? Zögere nicht mit der Antwort! Du darfst nicht mit der Zeit spielen, denn «jetzt ist die angenehme Zeit, heute ist der Tag des Heils», sagt dein Gott. Darum lebe wie ein wahres Kind Gottes!

«Als Er am galiläischen Meer wandelte ...» Markus 1, 16.

Wollen wir nicht stillstehen und den Meister anschauen, wie Er am galiläischen Meer wandelt? Was beschäftigt Ihn wohl? Woran denkt Er?

Eben hatte Er verkündigt, das Himmelreich sei nahe und die Menschen sollten Buße tun. Das Echo dieses Aufrufs war noch nicht verklungen an den Ufern des Sees. Aber sehen wir nicht auf den göttlichen Zügen des HErrn Verwunderung und Traurigkeit? Israel wollte nicht Buße tun. Das Kommen des Himmelreichs auf die Erde mußte aufgeschoben werden. Doch liegt in dem Blick des HErrn eine große Hoffnung und vertreibt Seine Traurigkeit: Israel, der kleine See, sollte im Ozean der verlorenen Welt versinken, dieser Welt, für die Er sterben wollte. Er wußte, daß nach Seiner Auferstehung alle, die an Ihn glauben und Ihm in Seinem Tod und in Seiner Auferstehung folgen würden, Juden und Heiden, Menschenfischer werden würden. Er sah in den einfachen Fischern aus Galiläa, ja, Er sieht auch in uns Menschenfischer, Seelengewinner!

Der Ruf zur Buße ergeht heute noch. Nur reuige Sünder können Sünder zur Buße rufen. Müssen wir feststellen, daß unser Leben keine Früchte bringt? Sind unsere Netze zerrissen? Sollte etwas vorhanden sein, was wir bereuen und in Ordnung bringen müssen? Wenn ja, dann wollen wir es doch sofort tun und weder unseren Retter noch die Menschen warten lassen. Es gibt so viele wartende Seelen!

Jesus, das Lamm Gottes, muß der Ausgangspunkt und das Ziel all unserer Tätigkeit sein. Wenn wir vom Lamm Gottes erfüllt und von uns selber entleert sind, hören die Menschen auf unser Rufen, wir ziehen sie zu Ihm, und sie folgen Ihm. Ihn bringen wir der Welt, zu Ihm wollen wir die Seelen führen, nicht zu uns. Gottes Lamm hat nicht nur die Sünde der Welt hinweggenommen, es bringt Seine Diener auch vorwärts in ihrem Dienst als Menschenfischer. Wollen wir Ihm nicht ganz einfach folgen?

«Ich bin den Griechen und Barbaren, den Weisen und Unweisen verpflichtet; darum habe ich den lebhaften Wunsch, auch euch in Rom das Evangelium zu verkündigen.» Römer 1, 14. 15 (S).

Der HErr möchte unsere Blicke von uns selber weglenken und sie auf die Welt richten. Wir alle müssen von der Angewohnheit befreit werden, uns nur um unsere eigenen Angelegenheiten und Schwierigkeiten zu drehen. Viele unter uns brauchen sogar Erlösung von ihrer Sehnsucht nach «Segen». Unsere Ohren sollten dem Verlangen unseres natürlichen Herzens gegenüber taub sein. Wir dürften weder Zeit noch Lust haben, ängstlich besorgt zu sein um uns selber oder um das, was die Leute über uns sagen. Dann könnte der HErr unsere Blicke auf Sich und auf die verlorene Welt richten. In unserem Leben würde eine Änderung eintreten, so daß wir ausrufen: «Ich bin den Griechen und Barbaren, den Weisen und Unweisen *verpflichtet.*» Gott will den Seufzern und Bemühungen unseres Eigenlebens ein Ende machen; und in dem Maße, wie wir uns unserem Meister übergeben, wird Er uns mit der Hoffnung füllen, die nicht zuschanden werden läßt. Dann sind wir bereit, zu gehorchen und ans Werk zu gehen.

Gott hat uns erlöst von dem, was wir von Natur sind: elende, entartete Geschöpfe. Je mehr wir den Wert der Erlösung aus Gnaden, der Liebe Gottes und der Kraft des Kreuzes Christi erkennen, desto klarer wird es uns, daß wir hier auf Erden immer Schuldner, nie Gläubiger sind. Wir sehen dann die Welt nicht mehr mit den Augen eines Richters, Pharisäers oder Selbstgerechten an. Es wird auch kein herablassendes Mitleid oder gar Gleichgültigkeit in unsren Blicken liegen, sondern wir werden sie ansehen mit den Augen eines Schuldners, der Gott und der Welt, die Er so sehr geliebt hat, verpflichtet ist.

Die Kraft des Evangeliums kommt von unserem verherrlichten HErrn. Ihn verzehrte ein göttliches Feuer, eine göttliche Liebe, und diese Flamme kann Er auch in uns anzünden. Sie wird unseren schlichten Worten Wärme geben und sie denen, die uns zuhören, verständlich machen. Der HErr wird uns eine gelehrte Zunge schenken, um anderen von Seiner Liebe zu sagen. Wir haben einen herrlichen Erlöser zu verkündigen.

Oh, daß dieses Feuer unsere Herzen erfaßte!

«Alles, was das Feuer aushält, sollt ihr durchs Feuer gehen lassen und reinigen.» 4. Mose 31, 23.

Nicht alles, nur gewisse Metalle können durchs Feuer gehen. Im Zusammenhang mit unserem Text werden Gold, Silber, Erz, Eisen, Zinn und Blei genannt.

Dieses Gesetz Gottes ist ein prophetisches Bild vom Gesetz des Geistes des Lebens, das in Jesus Christus ist. Die, welche dieses Gesetz kennen und sich ihm in kindlicher Gesinnung unterstellen, werden seine Wirksamkeit und seinen Segen erleben. Es gibt Menschenleben, die durchs Feuer gehen können, und andere, die unfähig sind dazu, es auch gar nicht wollen. Diese letzteren erfreuen sich vielleicht gewisser Segnungen, kennen aber nicht die Frucht und die Freude einer völligen Unterwerfung unter die Erziehung des himmlischen Vaters. Die ersteren erregen weniger die Aufmerksamkeit und Zustimmung der Massen, aber sie gehen durchs Feuer, und Gott Selbst reinigt sie. Sie werden kritisiert, aber Gott ehrt sie. Sie sind Seinem Herzen lieb und wert.

Gott hat euch gesegnet, Sein Wort ist euren Herzen klar wie die Milchstraße im mitternächtlichen Dunkel. Laßt euch also die Hitze nicht befremden, die euch seitdem begegnet, sondern freuet euch darüber. Was das Feuer aushält, läßt Gott durchs Feuer gehen. Erst seitdem ihr dem Ruf Gottes folgtet und euch Ihm ganz übergabt, erlebtet ihr so viel Schweres. Erkennt darin das Wirken dieses Gesetzes des Geistes des Lebens in Christus Jesus! Aber wisset, daß das Feuer erlöschen kann. Dazu braucht ihr nur den schmalen Weg zu verlassen! Dann wird euer Dienst «bequem», und ihr versinkt in der Unwirklichkeit und im Formenwesen.

Wenn dieses Feuer langsam, aber anhaltend in eurem Leben brennt, dann seht Gottes Hand darin und erkennt Seine Liebesabsichten mit euch. Er hat einen herrlichen Plan für euch gemacht, Er will euch ganz für Sich haben. Es ist eine große Gnade, wenn man dieses Geheimnis des HErrn kennt und Seines Herzens Gedanken für uns versteht. Das Feuer der Anfechtung ist ein Beweis, daß Er Seine Kinder liebt und daß Sein Auge wohlgefällig auf ihnen ruht.

«Wer sein Leben retten will, der wird es verlieren, wer es aber verliert um Meinetwillen, der wird es retten.» Lukas 9, 24.

Wir sind nicht von Feinden umringt, werden auch nicht um unseres Glaubens willen verfolgt. Wir führen ein ruhiges Leben, und wenn wir nicht wachen, gewöhnen wir uns daran. Unser Gewissen schläft ein und unser Herz verschließt sich. Viele Gnadenmittel stehen uns zur Verfügung, doch fehlt es uns oft an göttlichem Leben und göttlicher Kraft.

Woran liegt das? Unser Text sagt es uns: «*Wir wollen unser Leben retten!*» Wohl sind wir mit einer gewissen religiösen Tätigkeit einverstanden, schonen aber unser Eigenleben und weichen dem Kreuz aus. Wir entscheiden über unsere Zukunft, ohne Gott um Rat zu fragen, ohne uns um Seine Pläne zu kümmern, weil wir fürchten, unser Gehorsam könnte uns etwas kosten. Später erwachen wir dann zu der schrecklichen Wirklichkeit, daß unser Leben für Gott verloren war.

«*Wer es aber verliert um Meinetwillen, der wird es retten.*» Jeder Christ, sei er nun jung oder alt, hat die Möglichkeit, diesen Entschluß unter dem Kreuz zu fassen. Wer es tut, beweist, daß er den HErrn von ganzem Herzen sucht. Die Gegner des Herrn Jesus sagten von Ihm: «Andere hat Er gerettet, Sich Selbst kann Er nicht retten.» Wir Jünger retten uns selbst, deshalb können wir die anderen nicht retten!

Sein Leben verlieren heißt, Gott das ausliefern, was uns am meisten am Herzen liegt. Es heißt, den breiten, leichten Weg, der sich vor uns auftut, nicht betreten, auch wenn andere darauf gehen. Es heißt Gott gehorsam sein, tun, was Er uns sagt, wiedergutmachen, was wir Unrechtes getan haben, und auf manches verzichten. Sein Leben verlieren heißt, auf die Botschaft des Kreuzes eingehen, und am Kreuz zeigt es sich, ob eine Erweckung echt ist.

Um Christi willen, um Seiner wunderbaren Liebe und Seines Sühnopfers willen verlieren wir unser Leben mit Freuden. Um Seiner Todesnot und Seiner Leiden, um Seiner Auferstehung und bevorstehenden Wiederkunft willen verzichten wir gern darauf, unseren eigenen Willen zu tun. Denn das, was wir für ein Opfer halten, wird dann zu einem Gewinn, und unser Gehorsam bringt Segen.

«Keiner von uns lebt sich selbst, und keiner stirbt sich selbst.»
Römer 14, 7.

Dieser Grundsatz des Apostels Paulus sollte auch uns kennzeichnen. Paulus hat uns auf allen Gebieten ein Beispiel davon gegeben und fordert uns auf, seine Nachahmer zu sein.

«Keiner von uns lebt sich selbst», — wird unser Verkehr untereinander von dieser Gesinnung geleitet? Es gibt peinliche, traurige Zustände unter Kindern Gottes, weil sie für sich selbst, nicht für die anderen leben. Daß wir empfindlich sind und nicht wie Geistesmenschen leben, liegt im Grunde genommen daran, daß unser Eigenleben Rücksichtnahme verlangt, während es doch mit Christus gekreuzigt sein sollte. Unüberlegtes Handeln, verletzendes Verhalten sind eigentlich nichts anderes als das Ergebnis eines für sich selbst gelebten Lebens, in dem man nicht auf die anderen achtet. Wir wollen es zugeben und die Worte unseres Textes mit Sanftmut in uns einpflanzen lassen. Haben wir es nicht alle nötig, unser Leben und unsere Beziehungen zu unseren Mitmenschen zu prüfen?

Gott hat *jedem* ein Werk zu tun anvertraut. Warum herrscht denn so viel Verständnislosigkeit unter uns? Warum gibt es Neid und Spaltungen, die Ursachen geistlicher Schwäche sind? Der Grund ist immer der gleiche: wir leben uns selbst, für unseren religiösen Kreis, nicht für die anderen. Wir wissen nicht, wie sehr der Heilige Geist den ganzen Leib Christi liebt und um ihn leidet. Wenn wir uns in uns selbst verschließen und nicht an die verlorene Welt denken, verfallen wir dem geistigen Tod, und was das Schrecklichste ist, wir merken es nicht!

Ein Christ, der nicht sich selbst lebt, hat immer das Heil anderer Menschen im Auge. Ist sein Zeugendienst nach einer Richtung hin getan, dann sucht er eine andere Gelegenheit, die Fülle der Liebe Gottes zu verbreiten. Aus seinem Leben fließen Ströme lebendigen Wassers. Seine uneigennützige Aktion hört nie auf.

Das Kreuz Christi ist die verborgene Quelle und Triebfeder eines ganz hingegebenen Lebens. Laßt uns am Kreuz die Kraft zu schöpfen wissen, um Dem nachfolgen zu können, der auf diese Erde kam, um zu dienen und Sein Leben zu geben!

«Ich will für Israel sein wie der Tau; es soll blühen wie eine Lilie und Wurzel schlagen wie der Libanon.» Hosea 14, 6.

Im Orient ist der Tau ein noch größerer Segen als in unseren Ländern gemäßigten Klimas, und Gott hat uns durch den angeführten Text etwas fürs geistliche Leben zu sagen; Er möchte es erneuern, auf ein höheres Niveau bringen und unseren Dienst umwandeln, um ihn fruchtbarer zu machen.

Tau ist ein Himmelsvorrat für dürre Zeiten. Wenn keine Regenwolken aufsteigen und kein Wind weht, vollbringt der Himmel das Wunder, daß die Erde abends oder bei Tagesanbruch mit Tau getränkt wird. Das geht ganz geräuschlos vor sich. Wenn alles ruhig ist, wird die Erde plötzlich von Feuchtigkeit durchdrungen. Durch Gnadenmittel und Werkzeuge, die Gott erwählt, kommen Regen des Segens über uns; aber Tau kommt direkt von oben: «*Ich will für Israel wie der Tau sein.*»

Tau fällt, wenn die Erde trocken ist und sich nach einer Erquickung vom Schöpfer sehnt. Aber es muß windstill sein. Wir wollen also innehalten in unserem fieberhaften Lauf und unserem Gott bekennen, daß wir verdorren, daß es unserem Dienst an Frische fehlt. Weil wir das nicht tun, muß der HErr so oft warten.

Tau fällt nur in der Abend- oder Morgendämmerung, wenn alles still und die Luft klar ist. Wir dürfen also keine Wolken zwischen uns und Gott dulden und nicht innerlich erregt sein. Wenn das Herz des Glaubenden zur Ruhe gekommen ist, demütig und schlicht alles von seinem Gott erwartet, dann tränkt der HErr sein Leben mit wohltuendem Himmelstau.

Dann blüht es wie eine Lilie, schlägt Wurzel wie eine Zeder, Gnade und Kraft kennzeichnen es. Der Tau von oben will unserem Leben die bleibende Anmut und Frische des Himmels schenken, alles Erzwungene und Harte, alles Fieber, alle Müdigkeit fortnehmen. Aber dieser geräuschlose Tau vermittelt unserem Leben auch die Kraft Gottes, Widerstandskraft gegen harte Stöße, Kraft zum Wachsen und Überwinden.

Spürst du, daß der Abend mit seinen Schatten naht? Sei getrost, Gott weiß, was du brauchst. Sein Tau wird über dich kommen!

«In dem Bewußtsein nun, daß der Herr zu fürchten sei, suchen wir Menschen zu überzeugen.» 2. Korinther 5, 11.

Wer Gott dient, ist dazu berufen, in einer Welt zu arbeiten, in der Satan durch Finsternismächte, die sich überall einschleichen, die Aufrichtung seines Thrones vorbereitet. Wenn wir Gott in rechter Weise dienen wollen, müssen wir kämpfen und standhaft bleiben; denn der Feind widersetzt sich jedem wirklichen Vorwärtskommen, jedem Glaubensunternehmen und jeder geistlichen Eroberung unter seinen Opfern.

Wir werden zu spüren bekommen, was wir noch nicht wußten oder nur vom Hörensagen kannten. Aus Theorie und Intellektualismus heraus werden wir auf das praktische, machtvolle Gebiet der ausdrücklichen Feststellungen des Wortes Gottes geführt und erleben, wie dynamisch sie sind und der Wirklichkeit entsprechen.

Gleichzeitig mit dieser richtigen Erkenntnis der geistigen Mächte, die in unseren Tagen auf Erden aufeinanderprallen, werden wir auch neue Erkenntnis über den HErrn und über die Vollmacht Seiner gegenwärtigen Tätigkeit in der Herrlichkeit erlangen, unsere Anschauungen über die Dinge hier auf Erden von oben her bekommen und geistliche Unterscheidungsgabe erhalten, um nützlich und erfolgreich handeln zu können, anstatt aufs Ungewisse zu laufen und bloße Luftstreiche zu führen. Dann fließen Ströme lebendigen Wassers und göttlicher Liebe aus unserem offenen Herzen, und die Welt und die Menschenseelen werden zu einer Gebetslast auf unserem Geist. Wie eine Sende- und Empfangsstation fangen wir die tragischen Hilferufe der Welt auf und antworten durch Anrufen des Namens Jesu, sind aber auch bereit, unentwegte Aktion auf unsere Fürbitte folgen zu lassen.

Weil wir *ein* Geist sind mit dem HErrn, verbindet unser Geist sich nicht mit dem gegenwärtigen Weltlauf, aber mit brennendem Herzen dienen wir den Verlorenen. Die Widerstände werden wie zu einem Druck, der Gottes Liebe zu den Menschenmassen aus uns herauspreßt. Diesen Massen widmen wir uns, um sie zu überzeugen und zu gewinnen. In ihnen werden wir unsere Berufung finden und einst unsere Krone erlangen.

«Er weidet mich auf grünen Auen und führt mich zu stillen Wassern».
Psalm 23, 2.

«Er weidet mich auf grünen Auen», im frischen Frühlingsgras! Das klingt nach Frieden und Ruhe. Die schönsten Bilder aus der Natur steigen dabei vor unseren Augen auf. Und doch spricht dieser Psalm auch von Feinden und Todesschatten. Gerade weil David Schweres erlebt hatte, konnte er ein so positives Zeugnis ablegen. Stecken und Stab seines Hirten hatten ihn getröstet.

«Er führt mich zu stillen Wassern.» Wir wollen uns also führen lassen. Das ist der Wunsch des liebenden Vaters im Himmel für die, die Ihm heute dienen und trotz aller Widerstände nachfolgen wollen. Sehnt sich unser Herz nicht auch danach? Spüren wir nicht das dringende Bedürfnis, uns zu den stillen Wassern Seiner Gegenwart führen zu lassen? Dieses Sehnen hat der Heilige Geist in unser Herz gelegt, wir wollen es doch ja beachten. Der gute Hirte möchte uns von den stillen Wassern des Lebensstromes zu trinken geben, uns auf den Auen des Wortes Gottes mit zarten Gräsern nähren, fern von den steinigen, ausgetretenen Pfaden, im Schutz vor Wind und brennender Sonne. Laßt uns doch in Seiner Gegenwart bleiben, bis unser ganzes Leben von ihr durchdrungen ist. Mit dieser Salbung können wir dann dem Fieber und den Zusammenstößen des täglichen Lebens begegnen.

Wir lassen uns oft so sehr hetzen und stürzen uns von einer Arbeit in die andere, so daß wir gar nicht merken, wie der Dienst für Gott schließlich den Platz einnimmt, den Er selber in unserem Leben haben wollte. Dennoch möchte Er uns diese überaus notwendige, segensreiche Erfahrung machen lassen: «Er führt mich zu stillen Wassern.» Wir wollen sie also nicht zu umgehen suchen. Dürfen wir es wagen, ohne die Rasenflächen, die stillen Wasser und die grünen Auen der Vertiefung in Gottes lebendiges, kräftiges Wort auszukommen?

David überwand seine Feinde erst, nachdem er in Gottes Gegenwart verweilt hatte. Laßt uns dem guten Hirten eingestehen, daß uns dieses Verlangen nach Gemeinschaft mit Ihm fehlt, und Ihm dann erlauben, uns zu führen, wohin Er will. Dann werden wir mit Ihm unsere Feinde überwinden.

«Die sollen dem HErrn danken für Seine Gnade und für Seine Wunder an den Menschenkindern.» Psalm 107, 8.

In der englischen Bibelübersetzung klingt ein besonderer Ton durch diese Psalmworte: «Oh, wenn sie doch dem HErrn danken wollten!»

Das klingt erstaunt, und nicht zum erstenmal hören wir hier in der Bibel, daß Gott Sich wundert. Er ist überrascht über die Undankbarkeit der Menschenkinder, die Ihm so selten für all Seine Güte danken und deren Herz so selten zur Anbetung gestimmt ist.

Es klingt auch warnend. Müssen erst Prüfungen über uns kommen, damit wir merken, was wir vorher besaßen? Wenn wir den Tag unserer Gnadenheimsuchung nicht erkannt haben, könnte es sein, daß wir den Tag Seines Eingreifens durch Züchtigung erleben müssen. Oh, wie schrecklich ist die Gefahr, uns auf materiellem oder geistlichem Gebiet an die Güte des HErrn zu gewöhnen!

Aber auch Liebe klingt aus diesen Worten, und noch ruft sie uns. Die Jünger der Urkirche bewiesen ihre Liebe zu Gott durch gänzliche Hingabe ihres Lebens, das völlig und bedingungslos dem Willen Gottes unterstand und oft mit dem Märtyrertod endete. Laßt uns bedenken, was wir alles besitzen und was wir sind. Gott ist der Urheber und Geber. Wollen wir Ihm nicht auch unser Alles geben, Ihm die Sünde unseres Murrens und Suchens nach eigenen Vorteilen bekennen? Wir haben danach getrachtet, den Menschen zu gefallen. Unser Herz war geteilt, und so fand der Teufel eine offene Türe. Wahre Dankbarkeit und rückhaltlose Hingabe sollten endlich unser Leben kennzeichnen! Menschenfurcht ist ein Fallstrick, aber die Furcht des HErrn ist der Weisheit Anfang.

Lob und Dank ist eine Angriffswaffe, die den Feind zurückdrängt. «Als sie anfingen mit Jauchzen und Loben, ließ der HErr einen Hinterhalt kommen über die Ammoniter, Moabiter und die vom Gebirge Seir, die wider Juda gekommen waren, und sie wurden geschlagen.» 2. Chronika 20, 22.

«Ich rief: Gelobt sei der HErr! und wurde von meinen Feinden befreit.» Psalm 18. 4 (S).

«Es ist dir gesagt, o Mensch, was gut ist und was der HErr von dir fordert: was anders als Recht tun, Liebe üben und demütig wandeln vor deinem Gott?» Micha 6, 8.

Eine besondere Gefahr, die dem Christen am Ende der Verwaltungszeit der Gnade Gottes droht, ist der Formalismus, ein äußeres Bekennen zur Frömmigkeit, ohne daß das Herz dabei beteiligt ist. Je biblischer das Glaubensbekenntnis ist, desto größer ist diese Gefahr.

Micha redet mit den Israeliten über Brandopfer und Gaben: «Hat der HErr Wohlgefallen an Tausenden von Widdern oder an unzähligen Strömen Öl?» Ihre ganze Gottesdienstordnung baute sich auf den Opfern auf, und die Salbung mit Öl war die Bedingung, um zum Priestertum zu gelangen. Aber Gott verwirft auch die von Ihm Selber eingesetzte Gottesdienstordnung, wenn Er bei den Seinen keine Herzensoffenheit und Demut findet.

In unseren Tagen ist das Übel noch größer. Man redet über heilige Dinge, entfaltet eine rege religiöse Tätigkeit, erfüllt aber nicht die für den Dienst grundlegenden Bedingungen:

«*Recht tun*». Unter dem Einfluß des Geistes der Wahrheit wird das Gewissen geweckt und in Zucht genommen. Der Geist der Wahrheit ist der Wächter, der die Freiheit des Eigenlebens unterbindet und die Übertretung des Gesetzes Gottes verhindert.

«*Liebe üben*», *oder* «*Barmherzigkeit lieben*». Diesem Ausdruck begegnet man oft im Alten Testament, fast immer im Zusammenhang mit einem Vorwurf. Barmherzigkeit und Liebe ist das Gegenteil von starrer, heuchlerischer Gesetzlichkeit, die bei anderen verurteilt, was man sich selbst erlaubt. Barmherzigkeit ist etwas Göttliches und wird dem Herzen gegeben, das sich von Gott aufschließen und reinigen läßt.

«*Demütig wandeln mit Gott.*» — «Recht tun» betrifft unser persönliches Leben, «Liebe üben» unseren Verkehr mit anderen, «demütig wandeln» unser Verhältnis zu Gott. Der Prüfstein unseres Glaubens auf diesen drei Gebieten ist das Kreuz Christi, das in unserem persönlichen Leben zu einer Wirklichkeit wird. Unser Herz ist hochmütig von Natur. Das Lamm Gottes ist sanftmütig und von Herzen demütig und wir sollen von Ihm lernen.

«Wir sind Christi Genossen geworden, wenn wir die anfängliche Zuversicht bis ans Ende festbehalten.» Hebräer 3, 14.

Der Brief an die Hebräer ist für die geschrieben, die einen guten Anfang gemacht haben, aber in Gefahr sind, umzukehren, wie die erste Generation Israels in der Wüste umzukommen und das Land der Verheißungen nicht einzunehmen. Der Brief enthält Ermahnungen für Christen, denen von allen Seiten Versuchungen und geistliche Gefahren verschiedener Art drohen.

Unser Text betrifft die Erben des Heils, denen aus Nachlässigkeit oder Mangel an Wachsamkeit die Gefahr droht, vor der steigenden Flut der verschiedenen Anfechtungen zu weichen und alles zu verlieren. Dabei ist *nicht die Rede von der ewigen Seligkeit*, sondern vom Leben im Überfluß in Christus, wozu von unserer Seite die Zuversicht und Entschlossenheit gehört, die wir anfänglich besaßen. Gott fordert uns auf, unsere Lage vor Ihm zu überprüfen, an unsere Anfänge und an die Frische unserer ersten Schritte der Hingabe an Ihn zu denken. Es gilt, auf diesem Niveau zu bleiben, damit wir in Ihm wachsen können.

Wenn wir Genossen Christi geworden sind, haben wir Kämpfe auszufechten, Angriffe zurückzuschlagen und listige Anschläge zu überwinden. Es ist ein angreifender Kampf. Wenn die Lockungen des Fleisches, des Eigenlebens und der persönlichen Interessen nicht standhaft bekämpft werden, zerstören sie allmählich, was von Gott ist. Wie ein «Dieb in der Nacht» tut der Feind sein Werk, ohne daß wir es merken.

Laßt uns also wach werden, die Gefahr erkennen, sie eingestehen und in der Einfalt, die in Christus ist, wieder von ganzem Herzen den Kampf aufnehmen.

«Genossen» sein bedeutet, etwas gemeinsam besitzen. Die Interessen Christi sind die unsrigen, und in dem Maße wie wir uns Ihm hingeben, schenkt Er Sich uns. Unsere Teilhaberschaft an allem, was Er hat und ist, dient zu unserem Schutz und ist ein Vorrecht. Wir wollen Ihn also bitten, uns stets wachsam zu erhalten, damit wir die Frische unserer ersten Anfänge und den Eifer der ersten Liebe nicht verlieren.

«Das Gesetz des Geistes des Lebens in Christus Jesus hat mich frei gemacht von dem Gesetz der Sünde und des Todes.» Römer 8, 2.

Das Gesetz entlarvt und verdammt die Sünde in allen ihren Formen. Das Kreuz Christi dagegen verdammt nicht nur alles, was wir von Natur sind, sondern macht durch das, was Jesus Christus dort vollbrachte, der Herrschaft des Gesetzes ein Ende. Auf dem Boden des Kreuzes beginnt die herrliche Freiheit der Kinder Gottes, die es dem «inwendigen Menschen» ermöglicht, standzuhalten, weil er befreit ist vom Gesetz der Sünde und des Todes, das den «äußeren Menschen» regiert. 2. Korinther 4, 16.

Die Naturgesetze in der sichtbaren Welt sind Gleichnisse der geistlichen Gesetze. Die Libelle z. B., die ihrer Larve entschlüpft, ist ein Bild der Befreiung des inwendigen Menschen von der Herrschaft des äußeren Menschen. Römer 7, 22—24.

Die Larve der Libelle bleibt ihr Leib, bis sie hinausschlüpft und ungehindert in ihrer ganzen Schönheit herumfliegen kann. Im Inneren der Larve geht eine Veränderung vor sich, aber das Insekt sitzt in der Hülle gefangen, bis es ausgekrochen ist. Das menschliche Auge sieht nur die unschöne, mit Schlamm bedeckte Larve, ein Bild des äußeren Menschen, der die Spuren der Werke des Teufels an sich trägt. Die Lage des inwendigen Menschen wird immer peinlicher, so daß er schließlich ausruft: «Ich elender Mensch, wer wird mich erlösen von diesem Todesleib?»

Das, was von Gott geboren, d. h. durch die erneuernde Macht des Heiligen Geistes in Christus erschaffen ist, war fast unsichtbar; es lag in der Larve des äußeren Menschen gefangen. Aber an einem vom Schöpfer bestimmten Tage entsteht über den Augen der Larve ein Riß, der sich über die ganze Hülle zieht; die Libelle entschlüpft rein und schön ihrem Gefängnis und fliegt in die freie Luft. Das unterdrückte Leben des Geistes im inwendigen Menschen beginnt frei zu werden und festigt sich; es wird nicht mehr eingeengt und zurückgehalten. Was in uns von Gott geboren ist, nimmt zu, und im Gottesmenschen, d. h. in der von Gott nach Seinem Bilde geschaffenen, neugeborenen menschlichen Persönlichkeit, zeigt sich die Gegenwart des HErrn, entfaltet sich und wird wahrhaft frei.

«Die Frucht des Gerechten ist ein Baum des Lebens, und wer Seelen gewinnt, ist weise.» Sprüche 11, 30.

Wer durch den Glauben gerechtfertigt ist, gehört nicht mehr sich selber an, sondern einem Anderen, der ihn um den Preis Seiner sühnenden Leiden erkauft hat. Nach diesem Grundsatz müssen wir unser Leben einrichten. Das Heil ist eine Wohltat, die wir nicht für uns behalten dürfen, kein Ruhekissen, auch keine eingebildete Überzeugung eigener Gerechtigkeit, sondern ein brennendes Feuer, eine fließende Quelle, ein göttlicher Ansteckungsstoff, der um sich greifen soll.

Die Frucht des Gerechten ist ein Baum des Lebens. Wir sind durch den Glauben gerecht geworden. Besitzen wir aber Leben, Leben im Überfluß? Haben wir wie die Urkirche Leben und Sprungkraft, die unserem Zeugendienst Macht geben, «Seelen zu gewinnen»? Sind wir fruchtbringende Bäume, oder tragen wir nur Blätter? Laßt uns bekennen, daß wir unfruchtbar sind und selbstsüchtig für uns behalten, was wir besitzen!

Die Menschenseelen sind ihrem Schöpfer gestohlen worden. Wir müssen sie Satan, dem großen Räuber, entreißen. Sie sind von der Schlange vergiftet und verführt, von der Lüge und List des Teufels betrogen worden. Wir sollen sie durch Liebe zurückgewinnen und an den HErrn binden. Seelen ohne Heilsgewißheit gibt es überall in unserer Umgebung, und *«wer Seelen gewinnt, ist weise».* Es gilt eine Eroberung zu machen, einen heftigen Kampf auszufechten, um die Gefangenen aus der Hand des Feindes zu erlösen. Mit unseren eigenen Kräften können wir es nicht, nur Gottes Kraft und Weisheit kann solch einen Sieg gewinnen. Der Feind verteidigt sich. Wir müssen bedenken, daß der Kampf geistlich ist, auch die Kampfgesetze kennen und die ganze Waffenrüstung Gottes anlegen.

Seelen gewinnt man durch Geduld und Liebe. Des Menschen Herz und Seele lassen sich durch Liebe überführen. Aber diese Liebe muß es verstehen, die Seelen durch Hinführen zum Erlöser Selbst zu rufen, zu überwinden und zu gewinnen. Wenn Gottes Liebe und die Dankbarkeit, die Seinem Namen gebührt, in uns ist, werden wir nicht zögern, sondern die verlorenen Seelen suchen, um sie zu ihrem Retter zu bringen.

«Und siehe, Männer trugen auf einem Bett einen Menschen, der gelähmt war; und sie suchten ihn hineinzubringen und vor Ihn zu legen.» Lukas 5, 18.

Unser HErr ist in ganz Galiläa von Ort zu Ort gegangen und hat wohlgetan. Er kam auch nach Kapernaum, in die Stadt, die Matthäus «Seine Stadt» nennt. Dort tat Er viele Wunder, aber was Er zu sagen hatte, wurde abgelehnt. Darum sprach Er später über diese Stadt die schrecklichen Worte: «Und du, Kapernaum, die du bis zum Himmel erhoben bist, du wirst bis zur Hölle hinabgeworfen werden.»

Aber obschon Er von der Stadt verworfen wurde, waren dort doch Männer, die genug Glauben hatten, um Ihm zuzutrauen, daß Er ihren gelähmten Freund gesundmachen könnte. Auch bei uns brauchen die geistig Gelähmten Den, der in unseren Städten und Dörfern verworfen wird. Gehören wir zu denen, die von ganzem Herzen solchen Seelen nachgehen? Sind wir so eifrig, daß wir Mittel und Wege suchen, sie vor Ihn zu bringen? Dabei werden wir auf Schwierigkeiten und Widerstand stoßen, aber wahre Ausdauer läßt sich durch nichts zurückhalten. «Sie stiegen aufs Dach und ließen ihn mit dem Bett durch die Ziegel hinunter in die Mitte vor Jesus.»

Jesus ist bereit, solch einem Glaubensschritt entgegenzukommen. «Als Er ihren Glauben sah, sprach Er zu ihm: ‚Mensch, deine Sünden sind dir vergeben.'»

Wenn uns ein Gelähmter am Herzen liegt, dann wollen wir uns die Frage stellen, ob wir wirklich versuchen, ihn vor Jesus zu bringen, um ihn in Ihm zu verankern und nicht an uns zu ketten. Sind wir bereit, durchzuhalten und uns von keiner Schwierigkeit zurückhalten zu lassen, auch nicht, wenn es Dachziegel aufzudecken gilt, um unseren Freund vor Jesus bringen zu können? Wir behaupten, dem HErrn nachzufolgen. Beweisen wir es aber dadurch, daß wir unseren Dienst auf diese Weise tun? Wenn nicht, dann folgen wir Ihm nicht nach.

Darum wollen wir ans Werk gehen, um die gesegnete Erfahrung zu machen, daß den Gelähmten die Sünden vergeben werden und sie Heilung finden. Welche Freude, sie dann wandeln zu sehen und zeugen zu hören von dem, was der Retter für sie getan hat!

«Ist Gott für uns, wer mag wider uns sein? . . . Wer will gegen die Auserwählten Gottes Anklage erheben? . . . Wer will verdammen? Christus, der gestorben ist, ja viel mehr, der auch auferweckt ist, der auch zur Rechten Gottes ist, der uns auch vertritt?»

Römer 8, 31–34.

In diesen vier Fragen liegt eine Steigerung. Kämpfende Christen haben es mit Widersachern und Widerwärtigkeiten zu tun. Weil sie aber Den kennen, der für sie eintritt, rufen sie aus: «Wer kann eigentlich wider uns sein? Und wäre die ganze Welt gegen uns, was könnte es uns ausmachen, da Christus ja für uns eintritt?»

Bedrückender, nicht greifbarer Widerstand, der manchmal wie in der Luft liegt, kann sich zu Anklagen gegen uns und unsere Berufung entwickeln. Dann stehen wir aber auf der Seite Jesu, des göttlichen Angeklagten. Der Feind verklagt uns Tag und Nacht. Daraus erklären sich schlaflose Nächte und bedrücktes Erwachen. Aber dann sollten wir uns sofort unter dem Blut Christi bergen.

Er vertritt uns, das bedeutet, Er tritt zwischen uns und den Verkläger. Der Landpfleger Festus benützte diesen Ausdruck, als er zum König Agrippa sagte: «Wegen dieses Mannes ist man bei mir *vorstellig geworden.*» Unser HErr wird für uns vor Seinem Vater vorstellig. Er ist unser Fürsprecher gegen alle Anklagen. Er weiß, daß Anklagen schließlich zur Verurteilung führen können, wie bei Ihm, als man rief: «Kreuzige Ihn!» Sind wir wirklich mit Ihm Verurteilte? Stehen wir mit Ihm vor der Tür, außerhalb des Lagers? Wer will uns aber verdammen, da Christus uns ja vertritt?

Unsere ganze Hoffnung liegt in der Fürbitte, mit der Er vor Gott für uns vorstellig wird und für uns eintritt. Er stellt uns Seinem Vater so vor, wie wir wirklich sind, mit all unseren Schwächen. Aber Er nimmt Sich unser an, stellt Sich zwischen Seinen Vater und uns, weil Er alle unsere Bedürfnisse kennt.

Und noch mehr! Auch wir dürfen wie Er vor dem Vater vorstellig werden für die Menschen, die uns am Herzen liegen, so wie sie sind. Auch ihrer nimmt der HErr Sich an vor Gott. Wenn wir erfolgreich für sie beten wollen, müssen wir uns auf ihre Seite stellen, im Geist eins mit Ihm im Himmel vor Gott.

«Ich bitte aber nicht nur für diese allein, sondern auch für die, welche durch ihr Wort an Mich glauben werden.» Johannes 17, 20.

Jesus betete für die, welche durch das Wort der Seinen an Ihn glauben werden. Er konnte das tun, weil Er kurz darauf Sein vollkommenes Erlösungswerk am Kreuz vollbrachte.

In dieser Welt, die reif wird fürs Gericht, leben Menschen, die durch unser Wort an Christus glauben werden. Früher, unter dem Gesetz, kamen alle göttlichen Botschaften aus dem Heiligtum. Wie viel mehr sollte das jetzt unter der Gnade der Fall sein! Was wir sagen, kann Frucht bringen, wenn wir auf Erden unserer Stellung entsprechend leben, die wir droben in Christus, dem Verherrlichten haben.

«*Gleichwie Du Mich in die Welt gesandt hast, so sende auch Ich sie in die Welt.*» Dieses Vorrecht ist eine Verantwortung. Jesus sagt: «*Ich heilige Mich*», wörtlicher: «*Ich sondere Mich ab für sie, damit auch sie geheiligt seien in der Wahrheit.*» Johannes 17, 19. Auch wir sollten uns absondern um der anderen willen, wie es unser HErr um unsertwillen tat.

Dieses Gebet unseres Großen Hohenpriesters entsprang Seinem Erbarmen mit den Massen, die wie Schafe ohne Hirten waren. Er sagte Seinen Jüngern, sie sollten den HErrn der Ernte bitten, Arbeiter in Seine Ernte zu senden. Aber die Jünger waren damals zu sehr mit sich selbst beschäftigt und deshalb noch nicht fähig, für die weite Welt zu beten, deren Not ihr Herz noch nicht ergriffen hatte.

Unser HErr schaut hier, durch die Jahrhunderte der Gnadenzeit, die, welche aus allen Rassen, Völkern und Stämmen der Erde an Ihn glauben werden. Sein Blick umfaßt alle: die geglaubt haben, glauben und glauben werden. Das ist die Gemeinschaft der Heiligen! Welche Ermutigung für unseren Dienst! Aus den größten Sündern kann Gott Edelsteine für Seine Krone machen. Saulus von Tarsus, der Lästerer und Christenverfolger, wurde durch Gottes Macht zum größten Botschafter Seiner Gnade. Gott kann heute noch dasselbe tun. Von dieser Möglichkeit sollten wir so überzeugt sein, daß wir uns keine Ruhe lassen, bis solche Menschen durch unser Wort an Ihn glauben!

«Seid stark, alles Volk des Landes, spricht der HErr, und arbeitet! Denn Ich bin mit euch.» Haggai 2, 4.

Eine der positivsten Prophetenbotschaften ist die des Propheten Haggai. Er lebte in schweren, bedrückenden Zeiten. Die Bücher Esra und Nehemia schildern sie. Sein Aufruf, mit dem er allem Volk des Landes Mut machte, gilt auch uns.

Wenn schwierige Umstände sich unserem Dienst entgegenstellen, kommen wir leicht in Versuchung, nichts mehr zu tun und uns ganz zurückzuziehen. Wir wissen aber, daß Gott etwas anderes von uns erwartet. Die Menschen brauchen Christus. Die Welt stirbt, weil ihr die Botschaft des Wortes Gottes fehlt. Wir sollten unseren Dienst mit Entschlossenheit tun, so daß wir Wind und Wellen trotzen können; er sollte kraftvoll sein und tiefe Spuren in unserem Geschlecht zurücklassen.

Haggai ruft das Volk zur Ausdauer und zum Gebet auf. Das ist es gerade, was wir brauchen. Wir haben gut und im rechten Geist begonnen, sind aber vielleicht nicht standhaft geblieben. Unser Eifer wird leicht gehemmt oder wirkungslos durch das, was wir hören und sehen. Der Glaube muß sich festigen durch Ausdauer, die sich nicht zurückhalten läßt. Die Aufgabe, zu der wir berufen sind, muß ausgeführt werden. Standhaftigkeit wird genährt und gestärkt durch das Gebet, das uns mit den unversiegbaren Quellen des Himmels in Verbindung setzt.

«*Ich bin mit euch.*» Der HErr Selber ist da, mitten in den Trümmern der Christenheit und bei den Drohungen des Feindes. Sein Wort und Sein Geist sind bei uns, sie wirken mit Kraft und Wahrheit. Seine Gegenwart macht uns zuversichtlich in allen Lagen. Warum sollten wir uns vor der List des Feindes fürchten, wenn wir mit Gottes Waffen gerüstet sind? Müßiggang und andere Übel, die das Leben lahmlegen, gibt es dann nicht. Die listigen Anschläge, die uns aus unserer Kampfesstellung herauslocken wollen, werden überwunden und vereitelt. Tag für Tag gestärkt, umgeben von heimlichen Gefahren, unaufhörlich in Gottes Gegenwart und in Seiner Gemeinschaft lebend, können wir siegreich sein und Ihm dienen. «Selig ist der Knecht, den sein Herr, wenn Er kommt, bei solchem Tun finden wird.» Matthäus 24, 46.

2. Juni

«Christus hatte nicht an Sich Selbst Gefallen.» Römer 15, 3.

Dieses Wort sollte uns packen und zur Besinnung bringen. Es geht bis an die Wurzel unseres Christenlebens, wo so oft Selbstgefälligkeit herrscht. Gefallen an sich selber haben bedeutet nicht nur, daß man zufrieden ist mit sich, sondern daß man auch strebt nach dem, was angenehm ist, unseren Wünschen entspricht und in unserem eigenen Interesse liegt. Unser Retter aber, unser Vorbild, hatte, obschon Er alles besaß, nicht an Sich Selbst Gefallen. Er sagte: *«Ich bin von Herzen demütig . . . Ich suche nicht Meinen Willen, sondern den Willen Dessen, der Mich gesandt hat.»* Matthäus 11, 29. Johannes 5, 30.

Im Lichte dieser Worte wollen wir doch in uns gehen und versuchen, Seinem Beispiel zu folgen. Auch der Älteste unter uns, der am meisten Erfahrung hat, sollte nie vergessen, daß das Herz in seinem tiefsten Innern immer bereit ist, das Wort zu ergreifen und etwas für sich zu verlangen. Das «Ich» ist nie gefährlicher, als wenn es unter einem religiösen Deckmantel auftritt und sich in geistliche Dinge mischt.

Laßt uns vermeiden, Gefallen an uns selber zu haben durch Streben nach Befriedigung unserer Wünsche, unseres Ehrgeizes und unserer Interessen im Dienst für Gott.

Laßt uns auch vermeiden, im Verkehr untereinander nach dem zu verlangen, was angenehm und vorteilhaft ist und uns in den Vordergrund rücken könnte.

Laßt uns vermeiden, innerlich Gefallen an uns selber zu finden. Laßt uns die gute Meinung, die wir von uns selber haben, verdammen, *«durch Demut einer den anderen höher achten als sich selbst und gesinnt sein wie Jesus Christus.»* Philipper 2, 3. 5.

Hier liegt die Ursache so vieler Schwierigkeiten unter Christen, so vieler trauriger Zustände, die die Einigkeit des Geistes zerstören und den Heiligen Geist betrüben. Das Beispiel unseres Retters sollte uns zur Besinnung und zur Erkenntnis unserer Sünde bringen, damit wir durch Seinen Geist nach Seinem Bilde heranwachsen können. Denn «Christus hatte nicht an Sich Selbst Gefallen.»

«Wahrhaftig, du bist auch einer von ihnen, denn auch deine Sprache verrät dich.» Matthäus 26, 73.

Als diese Worte zu Petrus gesagt wurden, war er nicht da, wo er hingehörte. Wenn ein Jünger nicht im Willen Gottes steht und nicht auf Seinen Wegen geht, befindet er sich immer in Gefahr und ist auch eine Gefahr für seine Umgebung. Gottes Wort sagt uns unmißverständlich, daß jedem von uns ein Posten zugewiesen ist. Wir werden gesegnet, in dem Maße wie wir da, wo Gott uns haben will, Seinen Willen tun.

Aber unser Text enthält noch eine zweite Lehre: «*Du bist auch einer von ihnen.*» Der Weltmensch hat ein feines Gefühl für das, was ein Christ sein soll, was er tun darf und was nicht. In allen Lebenslagen, in allen sozialen Kreisen weiß die Welt oft besser Bescheid über das richtige Niveau eines Christenlebens als der Gläubige selber. Wir gehören Dem, dessen Namen wir tragen. Darum sollten wir achtgeben auf das Zeugnis, das unser Leben gibt, und auf unser Tun, das noch wichtiger ist als unsere Worte.

«*Deine Sprache verrät dich.*» Dieser Ausspruch hat auch eine positive Bedeutung. Unbewußt soll sich ein Christ als Christ zeigen und eine Empfehlung für seinen HErrn sein. Von Mose wird uns gesagt: Er wußte nicht, daß die Haut seines Angesichts strahlte. Die schlimmsten Feinde der Urkirche mußten zugeben, daß die Jünger mit Jesus gewesen waren. Es gibt Heiligkeit, deren man sich nicht bewußt ist. Wo sie wirklich vorhanden ist, werden andere ihrer gewahr, nicht wir. Es ist wie der Wohlgeruch der köstlichen Salbe, der das ganze Haus erfüllte, als Maria die alabasterne Flasche zerbrach. Bist auch du «einer von diesen Leuten»? Verrät deine Sprache dich?

Jedes Kind Gottes darf und kann Zeugnis ablegen. Von dem Namen, den wir tragen, geht ein Wohlgeruch aus. Christus, der in uns wohnt, redet durch unser Tun und Lassen, durch unser ganzes Leben. Wir wollen also wachen, daß wir in Ihm bleiben. Dabei laßt uns ganz natürlich und menschlich sein, fromme Redensarten vermeiden, aber in allem unseren Retter empfehlen.

«Wenn aber der Tröster kommt, der Geist der Wahrheit, wird Er euch in die ganze Wahrheit leiten.» Johannes 16, 13.

Wenn der Tröster kommt! Spüren wir die Notwendigkeit der Gegenwart dieses Trösters, unseres göttlichen Verbündeten neben uns, der gleichzeitig im Himmel zur Rechten des Vaters als Fürsprecher gegen den Verkläger für uns eintritt? Wir leben so gern bequem und sind dabei so jämmerlich allein! Wir begnügen uns mit unseren eigenen Kräften und vergessen, daß in der Bibel steht: «Ohne Mich könnt ihr nichts tun.» Der Heilige Geist ist es, der uns nicht nur in die ganze Wahrheit leitet, sondern uns auch in den freien Zugang zum Vater und in die Gemeinschaft mit Ihm einführt. Darum wollen wir doch nicht mehr wie Waisenkinder, unabhängig von unserem himmlischen Vater, nach unserem eigenen Gutdünken leben, uns immer um uns selber drehend, anstatt in Ihm zu sein! Solch ein Leben ist nicht wert, gelebt zu werden.

Der Tröster ist gekommen! Er ist an unserer Seite und möchte unsere Herzen zur Liebe Gottes hinlenken, uns ungetrübte Gemeinschaft mit Ihm schenken, dem Bild und Beispiel des Sohnes entsprechend. Der Sohn und der Vater sind eins, und es steht geschrieben, daß der Heilige Geist von dem nehmen wird, was des Sohnes ist, um es uns zu verkündigen.

Aber an uns ist es, auf Ihn zu hören! Wie der eingeborene Sohn, der im Schoß des Vaters ist, Zeit fand, vor jedem Dienst, bei allem Kommen und Gehen in Seinem Leben, zu Seinem Vater in die Stille zu gehen, so gibt es auch für uns keine Gemeinschaft mit dem Vater und dem Sohn, wenn wir Ihm nicht die nötige Zeit widmen, um auf Ihn zu hören und Seine Herrlichkeit zu betrachten. Selten sind die Christen, die nicht den Druck empfinden, den das Leben auf sie ausübt. Aber selten sind auch diejenigen, welche sich so in Zucht nehmen, daß sie vor allen Dingen Zeit finden zur Gemeinschaft mit Gott.

Gott erhalte in unseren Herzen den Wunsch, uns in allen Lebenslagen von dem Tröster leiten zu lassen; und unser Leben sei durchtränkt von der Gemeinschaft mit dem Vater und mit dem Sohn!

«Er wird nicht von Sich Selbst reden, sondern was Er hören wird, das wird Er reden.» Johannes 16, 13.

Vom Heiligen Geist, der dritten Person der allmächtigen, allwissenden göttlichen Dreieinigkeit, heißt es: Er wird nicht von Sich Selbst reden. Er redet nicht eigenmächtig, sondern ist der im Namen des Vaters gesandte Vertreter des Sohnes. Von dieser Quelle kommt Er her und macht ihr Ehre. Sein Dienst besteht darin, auszuführen, was der Vater Ihm aufgetragen hat: den Sohn zu offenbaren. Alles, was den Sohn nicht verherrlicht, ist kein Werk des Heiligen Geistes.

«*Was Er hören wird, das wird Er reden.*» Diese Worte offenbaren uns etwas besonders Heiliges. In der göttlichen Gemeinschaft des Vaters mit dem Sohn hat der Heilige Geist empfangen, was Er den Jüngern sagen soll. «*Von dem Meinigen wird Er nehmen und euch verkündigen.*» Johannes 16, 14. Er wird es uns mitteilen, uns die damit verbundene Kraft schenken. Welche Hoffnung für uns, so ausgerüstet und bereichert zu werden! Damit Er es aber ausführen kann, müssen wir ganz in Seiner Hand, immer auf dem Posten, folgsam und gehorsam sein.

Der Vater hat den Heiligen Geist in die Welt gesandt, um den Sohn bei den Menschen, die Ihn gekreuzigt haben, zu verherrlichen. Und dieser göttliche Geist wohnt in unseren Herzen. Wir sind Sein Tempel, durch den Seine Herrlichkeit der Welt kundwerden soll. Wird unser geliebter Retter durch unser Leben, unsere Gebete und unseren Dienst verherrlicht?

Der Geist Christi will uns die Reichtümer der Heiligen Schrift austeilen. Wie können wir aber hören, was Er uns zu sagen hat, wenn unser Leben eine Hetzjagd ist und von der reißenden Strömung des Lebens erfaßt wird, wenn wir auch auf dem Gebiet unseres Dienstes für Gott, ohne innezuhalten, von einer Beschäftigung zur anderen eilen? Wir sollten dieselbe Stellung einnehmen wie Samuel: «Rede, HErr, Dein Knecht *höret.*» Der Heilige Geist wird sagen, was Er vom Vater und vom Sohn *gehört* hat.

Wir haben ein Anrecht auf das Leben aus dem Heiligtum, und von dort aus werden dann Ströme lebendigen Wassers fließen, die unseren HErrn verherrlichen.

«Gedenke des Wortes an Deinen Knecht, auf welches Du mich hoffen ließest.» Psalm 119, 49.

Hoffnung im biblischen Sinn ist nicht Optimismus, dieser Wunsch unseres Herzens, alles in rosigem Licht zu sehen. Optimismus kann ebenso wie das Menschenherz «überaus trügerisch» sein. Hoffnung ist göttlichen Ursprungs, eine Saat, die in jedes Herz ausgesät wird, sobald es von neuem geboren ist.

So gering diese Hoffnung im Anfang auch sein mag, sie trägt einen Lebenskeim in sich, ein göttliches Samenkorn, das nicht umkommen darf. Darum braucht sie die Pflege und unendliche Geduld des göttlichen Ackermanns. Auch muß sie sich den göttlichen Gesetzen fügen, die jede Pflanze zur Reife bringen, durch Hitze und Kälte, Tag und Nacht, Sonnenschein und Sturm. Ohne die negative Mitarbeit von Wind, Sturm und Nacht kann sie nicht tief Wurzel fassen und wachsen.

Hoffnung ist Glaube in voller Tätigkeit. Sie ist zum Überwinden geboren und wächst, um gekrönt zu werden. Sie kann nur in Schwierigkeiten, Trübsalen und Widerständen gedeihen. Der heftigste Wind stärkt ihre Wurzeln. In der dunkelsten Nacht leuchtet sie nur umso reiner, und ihr Licht wird immer heller, bis zum vollen Tag. Hoffnung bleibt siegreich, wenn alles hoffnungslos aussieht. Dazu hat Gott sie erschaffen, so wie Er einst die Lichter an die Himmelsfeste setzte, um die Nacht zu regieren.

Wenn in einem Leben, das Christus aufgenommen hat, Hoffnung geboren wird, lernt es, seinem HErrn zu gehorchen, nachzufolgen und zu dienen, und sein Ziel ist die Herrlichkeit des Himmels. Optimismus bricht in Trübsalen zusammen. Hoffnung bricht in Trübsalen auf. Sie wächst fröhlich, Hand in Hand mit der Standhaftigkeit, die Bewährung wirkt, und diese drei Tugenden machen den Christen zum Überwinder, dessen Anker hineinreicht bis ins Innere des Heiligtums, hinter den Vorhang.

Ist nun dies alles nur Theorie für dich, oder ist es Herzenserleben mit Gott, ein Heiligtum, wo weder Freunde noch Verwandte eindringen können? *«Die Hoffnung aber läßt nicht zuschanden werden, denn die Liebe Gottes ist ausgegossen in unsere Herzen durch den Heiligen Geist, welcher uns gegeben ist.»* Römer 5, 5.

«Ich muß die Werke Dessen wirken, der Mich gesandt hat, solange es Tag ist; es kommt die Nacht, da niemand wirken kann.»
Johannes 9, 4.

Wenn der HErr Seine Reden mit Bildern schmückt, sollten wir darüber nachdenken, was sie bedeuten. Was bedeutet «die Nacht»?

Die Nacht ist die Zeitspanne, während der die Sonne unserem Blickfeld entschwindet. Wie kommt die Nacht? Lärmend, stoßweise, ganz plötzlich? Nein, leise wie das Morgengrauen, das einen neuen Tag ankündigt. Unmerklich nimmt das Licht ab, und die Dunkelheit tritt an seine Stelle, ohne daß man es wahrnimmt. Ist aber die Nacht da, muß man es wohl oder übel erkennen.

Ebenso ist es mit dem Tag der Gnade, dessen Helligkeit abnimmt, ohne daß die Menschen es merken. Geräuschlos wird es Nacht über der Welt. Wenn aber die Nacht des Gerichts gekommen ist, werden die Menschen gezwungen sein, es zu erkennen.

Die Schatten breiten sich aus über der Welt, und doch lebt man weiter, ohne es zu beachten, wie die Menschen zu Noahs Zeiten, die Noah in Liebe und Treue gewarnt hatte. Sie «merkten nichts, bis die Sündflut kam». Matthäus 24, 39. Auch in unseren Tagen kommt alles genau so, wie Jesus es vorausgesagt hat. Sein Wort sollte unsere Herzen und Gewissen aufrütteln, und wir sollten mit unserem Meister ausrufen: «Ich muß die Werke Dessen wirken, der Mich gesandt hat, solange es Tag ist; es kommt die Nacht, da niemand wirken kann.»

«Ich muß!» Unter diesem göttlichen Muß stand der HErr in den drei Jahren Seines Erdendaseins. Fehlt uns nicht oft dieses Muß? Der Gehorsam des Sohnes Gottes war nicht gesetzlich, sondern kindlich. Wir sollten Seinen Willen für uns und unseren Gehorsam vom Muß Seiner Liebe aus, im Licht vom Kreuz ansehen. Darum wollen wir uns nicht mehr um uns selber drehen, sondern auf Ihn und auf die Welt schauen, um uns mit den Schafen abzugeben, «die nicht aus diesem Stalle sind» und die ihrem Retter zugeführt werden müssen. Wir wollen uns unter das Muß der Not unserer Mitmenschen stellen und uns beeilen zu wirken, ehe es Nacht wird!

«Laßt uns mit Ausdauer die Rennbahn durchlaufen, welche vor uns liegt.» Hebräer 12, 1.

Unter den Aufrufen des Wortes Gottes, die mit besonderem Nachdruck an uns ergehen, gibt es einen, der wie ein Trompetenstoß klingt: Habt Ausdauer! Wenn tausend zu deiner Seite fallen und zehntausend zu deiner Rechten, halte du aus! Wenn die Liebe in vielen erkaltet, erdulde du das Kreuz, achte der Schande nicht! Wenn die anderen aus Liebe zu dieser Welt den Kampf aufgeben, setze du den Lauf fort!

Wer ausdauernd ist, erfüllt gern unscheinbare Aufgaben. Er weiß, daß der HErr nicht aufs Äußere, sondern aufs Herz sieht, daß nicht das, was in die Augen fällt, Wert hat, sondern was dem Meister wohlgefällt. Er wundert sich nicht über Feuerproben, sondern freut sich, der Leiden Christi teilhaftig zu sein, und weiß, daß er bei der Offenbarung Seiner Herrlichkeit frohlocken wird. 1. Petrus 4, 12. 13. Die Kraft Christi wohnt in ihm, und andere Menschen werden dadurch gesegnet.

Worin liegt nun das Geheimnis der Ausdauer? Mose wußte es, «er hielt sich an den Unsichtbaren, als sähe er Ihn». Hebräer 11, 27. Paulus wußte es und konnte sagen: «Da mir Hilfe von Gott widerfahren ist, stehe ich bis auf diesen Tag.» Apostelgeschichte 26, 22. Laßt uns also aufsehen auf unser göttliches Haupt, dann werden wir durchhalten können.

Das Geheimnis der Ausdauer liegt aber nicht nur in Dem, der unwandelbar ist, sondern auch in Seinem vollbrachten, ewig gültigen Werk. Wenn wir mit Christus gekreuzigt sind, werden wir die Machenschaften teuflischer Mächte zu spüren bekommen, aber nicht von ihnen überwältigt werden. Unsere Stellung in Christus ist eine Wirklichkeit, und wir erhalten die Gnadengabe der Ausdauer.

Das Geheimnis der Ausdauer liegt drittens in einem Leben, das sich anderen widmet und Gott ausgeliefert ist. Ausdauer ist ein Gottesgeschenk, das uns im Blick auf unsere Mitmenschen gegeben wird. Wir wollen den HErrn bitten um diese Tugend, die unser Erlöser Selber besaß. Er blieb ausdauernd auf Erden, in ungetrübter Gemeinschaft mit Seinem Vater im Himmel und in völliger Drangabe Seiner Selbst für die, welche Er zu Gott führen wollte.

«Erstarket im HErrn und in der Macht Seiner Stärke.»
Epheser 6, 10.

Der Brief an die Epheser ist eine Offenbarung über die herrliche Stellung der Kinder Gottes in Christus, dem Überwinder aller Werke des Teufels. In Christus wird der Glaubende gesegnet mit jedem geistlichen Segen in den himmlischen Regionen.

Der Apostel Paulus betont in allen seinen Briefen die Notwendigkeit, *in Christus* zu sein. Darin liegt für den Glaubenden das Geheimnis eines fruchtbringenden Lebens. Außerhalb von Ihm stiften wir Verwirrung, denn dann sind wir *in uns*, ein Spielball unserer Gefühle, unserer Launen und unserer Empfindlichkeit. Daraus zieht der Feind seinen Nutzen, und wir richten um uns her Unheil an.

Ehe der Apostel schildert, was das christliche Leben wirklich ist — nämlich ein Kampf —, ehe er dem Glaubenden die Waffen Gottes zeigt, ohne die er weder siegen noch glauben kann, bläst er Alarm. Er versetzt uns in die Wirklichkeit, erinnert uns an unser Erstgeburtsrecht und sagt uns, welche Stellung und welchen Besitz wir haben. «Erstarket im HErrn und in der Macht Seiner Stärke», ruft er uns zu; nach einer anderen Übersetzung: «Macht eure Herzen stark in der Überwinderkraft Seiner Stärke!»

Wissen allein genügt nicht. Unser Herz und unser Geist müssen in Christus sein, wirklich zum geistlichen Kampf gerüstet! Wenn wir nicht von Ihm abhängig sind, sind wir auf unsere eigenen Kräfte angewiesen, und sehr bald wird es sich herausstellen, daß sie nicht ausreichen. Darum sollen unsere Herzen stark werden in dem HErrn, dem Sieger über alle Feindesmacht.

Laßt uns also unserer Berufung entsprechend leben und unsere Stellung in Christus ausnützen, im Glauben darauf bestehen, daß wir stark sind, aber stark in Christus und in der Überwinderkraft Seiner Stärke. Diese Kraft ist aktiv, niemals passiv. Sie will Menschen aus uns machen, die auf die rechte Art zu kämpfen wissen. Unsere Zweifel und Niederlagen müssen verschlungen werden von Seiner Überwinderkraft.

Gott sei Dank für dieses Geschenk! Angesichts des Feindes wird Er Seine Macht beweisen, und wir werden für andere Menschen zum Segen.

«Denn unser Kampf richtet sich nicht wider Fleisch und Blut, sondern wider die Herrschaften, wider die Gewalten, wider die Weltbeherrscher dieser Finsternis, wider die geistlichen Mächte der Bosheit in den himmlischen Regionen.» Epheser 6, 12.

In den vorhergehenden Kapiteln zeigt uns der HErr unsere Stellung in Ihm in den himmlischen Regionen und ermahnt uns, sie auch einzunehmen. Es genügt aber nicht, sich dieses Vorrechts zu erfreuen, denn der Feind ist immer in der Offensive. Wir sollten nie nachlassen, Gott zu bitten, uns von aller Unwirklichkeit zu befreien und uns tatsächlich in den Kampf einzuführen; denn uns mag er unwirklich scheinen, für den Feind ist er Wirklichkeit, und er weiß sehr gut, welchen Gewinn es ihm einbringt, wenn wir in Illusionen und Passivität verharren.

Kind Gottes, du bist in Christus, Er ermahnt dich, alle Waffen Gottes anzulegen. Ohne sie kannst du den Kunstgriffen des Teufels nicht standhalten; denn er kämpft unablässig gegen die Heiligen, ist nie untätig und kennt die Schwächen jedes einzelnen. Verlasse dich also auf deine Stellung in Christus, rüste dich aber mit allen Waffen, die dein HErr für dich bereitet hat.

Unser Text erwähnt die Geistesmächte, die unserem Gott die Herrschaft über die Seelen der Menschen streitig machen wollen. Menschenseelen in Welt und Kirche sind der Einsatz, um den in den himmlischen Regionen gekämpft wird. Finsternismächte halten die Massen und die einzelnen in Unwissenheit über Gottes Wort oder machen es ihnen verächtlich. Böse geistige Kräfte belauern dauernd unsere Freiheit in Christus und suchen sie uns zu rauben. Zu dieser Wirklichkeit müssen wir erwachen und darauf bestehen, daß Christus alleiniger Herr unserer Seele und unseres Geistes ist.

Die geistlichen Mächte der Bosheit in den himmlischen Regionen bemühen sich, das Eigenleben von Gläubigen, die nicht in Christus sind, in die Hand zu bekommen, um sie verführen und als Werkzeuge benützen zu können, die ihren Brüdern im heiligen Krieg schaden. Wir müssen unbedingt eins sein mit dem HErrn, um Satan und seinen Horden in diesem Kampf widerstehen zu können, der sich nicht gegen Fleisch und Blut richtet, in dem aber negative Geistesmächte sich Fleisch und Blut zunutze machen.

«Ihr seid schon rein um des Wortes willen, das Ich zu euch geredet habe.» Johannes 15, 3.

Der aus Gnaden gerettete, von neuem geborene Christ ist durch den Heiligen Geist mit dem göttlichen Weinstock verbunden. Diese Stellung ist ihm gesichert. Aber für seinen Wandel auf Erden braucht er dauernd die reinigende Einwirkung des Wortes Gottes auf sein Leben und Gewissen.

Wie viele Worte unseres HErrn haben wir schon gehört, ohne ihnen Folge zu leisten! Sie blieben wirkungslos, weil wir schwerfällig zu glauben und ungehorsam waren. Kein Wunder, daß unser Leben fruchtlos blieb! Aber Gott will unser Gewissen befreien und erwecken. Er will durch Seine göttliche Berührung Bewegung in unsere kalten Herzen bringen. Er will uns aus Seinem Wort belehren und uns den Wunsch geben, Seinen Befehlen zu gehorchen. Er will uns das fruchtbare Leben einer Rebe am Weinstock schenken.

Als der HErr Seinen Jüngern die Füße wusch, war dies eine prophetische Handlung, ein Bild davon, wie die Seele des Erlösten durch das Wasser des Wortes gereinigt wird. Wenn Er heute durch Sein Wort zu uns redet, steht Er vor uns wie damals vor Seinen Jüngern, um uns zu dienen und uns die Füße zu waschen, Er, unser HErr und Meister. Ist es dann schwer, gehorsam zu sein?

Das Tun des HErrn erregte damals bei Simon Petrus Stolz und Unabhängigkeitsgefühle; er wollte nicht, daß sein HErr so an ihm wirkte. Aber Jesus versetzte ihn mit folgenden Worten in die Wirklichkeit: «Werde Ich dich nicht waschen, so hast du kein Teil an Mir.» Johannes 13, 8. Als Petrus sich weigerte, sich die Füße waschen zu lassen, lehnte er nicht nur die Reinigung durch das Wort seines HErrn ab, sondern auch die Verbindung mit Ihm als Rebe am Weinstock. Er hinderte den Lebenssaft des Heiligen Geistes, in seinem Leben zu fließen. Wenn wir dem Wort Gottes in einem Punkt nicht gehorchen, so genügt das, uns die Freude an dem Bewußtsein unserer Verbindung mit dem Weinstock zu rauben.

Wir wollen also an die Verheißungen, die Lehren und die Kraft des Wortes Gottes denken und es an unseren Herzen und Gewissen wirken lassen, damit der HErr uns sagen kann: «Ihr seid schon rein um des Wortes willen, das Ich zu euch geredet habe.»

«Damit der Segen Abrahams zu den Heiden käme.» Galater 3, 14.

In seinem Brief an die Galater erwähnt der Apostel auch die Hauptbedingung zur Verwirklichung dieser Verheißung: *«Ich bin mit Christus gekreuzigt.»* Das Kreuz Christi, das uns gerettet, uns Frieden gegeben und Sündenvergebung erworben hat, muß inwendig in uns wirken.

Persönlich das Kreuz erleben bedeutet, unser Leben und unseren Ruf drangeben. Das Kreuz bringt uns zum Bewußtsein, welch Unheil unsere menschlichen Gedanken über göttliche Dinge anrichten können. Das Kreuz Christi drängt sich unserem Herzen auf und zwingt uns zu dem Ausruf: «Wehe mir! Ich elender Mensch! Wer ist dazu tüchtig?» Die Liebe Christi möchte unser Herz so schmelzen, daß wir uns nichts mehr zuzutrauen wagen und uns wegen nichts mehr rühmen wollen. Dann werden wir Ihn über alles lieben, mehr als uns selber, und Ihm gern unser Leben zum Opfer bringen. Dann verstehen wir den Ausdruck: «Mit Ihm gekreuzigt sein», und wenn wir es sind, sprechen wir nicht darüber. Ja, wir werden wie Er in Schwachheit gekreuzigt. Weil der Herr Jesus für das Heil der heidnischen Welt einen so hohen Preis gezahlt hat, werden wir persönlich angeworben, Ihm zu dienen durch die Auslieferung unseres Leibes als lebendiges, heiliges, Ihm angenehmes Opfer. Römer 12, 1.

Eine zweite Bedingung, unter der diese Verheißung Wirklichkeit werden kann, ist das Erfülltwerden unseres Lebens mit dem Heiligen Geist. Des Christen Dienst ist keine Pflicht, keine Arbeit wie die eines bezahlten Knechtes, sondern die Folge des göttlichen Lebens, das uns erfüllt. Vielleicht müssen wir einen Kampf ausfechten, weil dieses Opfer uns zu groß erscheint. Aber könnten wir einem solchen Vater, einer solchen Liebe für die verlangende Welt verweigern, was Er von uns fordert?

Der verheißene Segen ist nicht nur für uns selbst, sondern für die Welt, für die Heiden. Er soll sich ausbreiten und zunehmen, unter der Bedingung, daß wir dem HErrn verfügbar sind, Ihm gehorchen und ohne Unterbruch direkt mit Ihm zusammenarbeiten. Er lenke unsere Blicke auf Seine Hände, die den Segen bis an die Enden der Erde austeilen. Und diese Hände wollen uns gebrauchen!

«Da nahm Ihn Petrus beiseite, fing an, Ihm zu wehren, und sprach: HErr, schone Deiner Selbst! Das widerfahre Dir nur nicht!»
Matthäus 16, 22.

Als Petrus vom Kreuz reden hörte, nahm er Jesus beiseite, um Ihm zu wehren. Er «*nahm Ihn beiseite*», welch bezeichnendes Wort! Er wollte seinen Herrn dem Zweck entziehen, zu dem Er in die Welt gekommen war, und dadurch entfernte er sich selber auch vom Kreuz ...

Die Worte des HErrn hatten ans Licht gebracht, was eigentlich im Herzen Seines Jüngers war, obwohl er ein schönes Glaubensbekenntnis abgelegt hatte. Er wollte wohl Jesus nachfolgen, aber nicht auf dem Weg ans Kreuz. Wenn wir einen leichteren Weg wählen, um nicht für Ihn leiden zu brauchen, machen wir's ebenso. In unseren Tagen ist mehr als ein biblisches Glaubensbekenntnis nötig. Es muß vervollständigt werden durch den Entschluß, um Jesu Christi und des Evangeliums willen unser Leben zu verlieren.

Jesus fügt hinzu: «*Will jemand Mir nachkommen, der verleugne sich selbst.*» Wir verleugnen entweder den Mann der Schmerzen und sagen: «Ich kenne diesen Menschen nicht», oder wir verleugnen unser Leben. Wir wollen uns doch entschließen, uns selbst zu verleugnen. Nur dann können wir Ihm nachfolgen.

Petrus wurde nach der Verleugnung wieder angenommen. Das Gebet des HErrn und der Blick, mit dem Er ihn nach der Gerichtsverhandlung anschaute, schmolzen das Herz Seines Jüngers, und die Botschaft des Auferstandenen: «Sagt Seinen Jüngern und Petrus, Er gehe euch voran», gaben ihm wieder Hoffnung.

Später fragte Jesus ihn: «Liebst du Mich mehr als diese?» Damit erinnerte Er ihn an seine Neigung, sich mit anderen zu vergleichen, was eine verfeinerte Art von Hochmut war. In Seiner dritten Frage: «Hast du Mich lieb?» benützte Er dann die gleichen Worte, mit denen Petrus auf die erste Frage geantwortet hatte. Die Liebe des Petrus zu seinem Meister und die des Meisters zu Seinem Diener waren nun gleichsam in eins verschmolzen. Gott wolle diese große Liebe, die Himmel und Erde erfüllt, in das kleine, irdene Gefäß unseres Herzens ausgießen. Dann werden wir nicht mehr vor dem Kreuz und seinen Forderungen zurückschrecken.

«Bis Er es findet.» Lukas 15, 4.

Das Schaf ist seine eigenen Wege gegangen und hat sich verirrt. Der gute Hirt macht Sich auf und sucht es. Ob das Schaf auch vor Ihm flieht, Er verliert den Mut nicht und läßt nicht nach. Er gibt die Seele, die Er sucht, nicht auf, sondern sucht weiter, «bis Er sie findet ...»

Darin liegt eine Lehre für uns, die wir Seelen für Gott gewinnen wollen. Wir lassen uns so leicht abschrecken durch ein Nein, einschüchtern durch Widerstand und Feindseligkeit. Das ist aber nicht die Gesinnung des wahren Seelengewinners, der sagt: «Ich habe nach Gottes Willen begonnen und werde fortfahren.» Wenn wir wirklich entschlossen sind, werden wir durch das Widerstreben des «verlorenen Schafes» nur noch mehr ins Gebet getrieben und bleiben standhaft, bis wir es gefunden haben. Das hat der HErr ja auch in unserem Fall getan. Sollten wir es mit den anderen nicht ebenso machen?

Es wird uns gesagt, daß der gute Hirt die 99 übrigen Schafe verließ, um Sein Ziel zu erreichen. Gehören wir vielleicht zu den Christen, die wissen, daß sie Seelengewinner sein *sollten*, es aber nicht sind? Die Erklärung für unsere Unfähigkeit ist einfach, aber es ist eine unangenehme Wahrheit für unser Eigenleben: Um das verlorene Schaf zu suchen, gilt es etwas zu verlassen. Der gute Hirt verließ absichtlich die Selbstgerechten, um Sich mit dem Schaf abzugeben, von dem Er wußte, daß es verloren war. Wir können das verlorene Schaf nicht finden, wenn wir in der Atmosphäre von Selbstgerechtigkeit bleiben, die die 99 anderen umgibt.

Und vielleicht müssen wir noch etwas verlassen. Unser Herz hängt daran. Wir wissen genau, daß wir es aufgeben müssen, um dem verlorenen Schaf nachzugehen. Gott kann uns nicht gebrauchen, wenn unser Herz geteilt ist. Wir wollen Ihm also ausliefern, was nicht Seinem Willen für uns entspricht, und uns den Blick auftun lassen für die Tausenden von Schafen, die sich immer weiter von der Herde entfernen und ins Verderben laufen. Unter ihnen sind solche, die sich mit unserer Hilfe zum guten Hirten führen lassen wollen, um gerettet zu werden.

«Und alsbald wurden seine Ohren aufgetan und das Band seiner Zunge gelöst, und er redete richtig.» Markus 7, 35.

Man führte einen Tauben, der kaum reden konnte, zu Jesus und bat Ihn, ihm die Hände aufzulegen. Jesus nahm ihn beiseite, um ihn der Neugierde der Umstehenden zu entziehen. Das Wunder, das Er tun wollte, sollte denen, die nicht zu Ihm kommen wollten, keinen Stoff zu Schwätzereien geben.

Er legte Seine Finger in die Ohren des Tauben und berührte seine Zunge mit Seinem Speichel; Er machte Sich eins mit diesem Menschen und teilte ihm Seine Lebenskraft mit. Aber «dann blickte Er gen Himmel, seufzte und sprach zu ihm: Ephata, d. h. tue dich auf!» Dies ist eine von den Gelegenheiten, wo der himmlische Vater uns erlaubt, Seinen Sohn mit den Sündenschäden und Finsternismächten kämpfen zu sehen. Im Blick auf Seinen kommenden Sieg auf Golgatha gebot Er einfach: «Tue dich auf!» Da wurden die Ohren des Tauben geöffnet und seine Zunge gelöst.

Wir können Kinder Gottes sein, dabei aber doch taub für die Stimme des Geistes, taub für Gottes Wort bleiben. Wenn es sich aber darum handelt, auf das zu hören, was wir nicht hören sollten, sind wir durchaus nicht taub. Und gerade deswegen hören wir Gottes Stimme nicht mehr und merken nicht, daß die verlorenen Seelen um Hilfe rufen. Wenn wir der Stimme der Welt und den Klatschereien unter Christen Gehör schenken, gesellen wir uns zu der Masse der «unnützen Knechte ...»

Es wird uns schwer, von Gott zu reden. Wenn es sich aber darum handelt, auf unserem Recht zu bestehen oder unseren Bruder zu kritisieren, macht uns das Reden keine große Mühe, und wir haben weniger eine «Handauflegung» nötig, als daß Er uns Schweigen auferlegt.

Oh, daß Sein Finger (ein Bild des Heiligen Geistes) unsere Ohren berührte, diesen Kanal, durch den Gott zu uns redet und den wir bisher so mißbraucht haben! Und wenn wir dann auf unseren Gott gehört haben, wollen wir Ihn Besitz nehmen lassen von unserer Zunge, diesem Kanal, durch den die Welt uns hören kann. Eine solche Umwandlung wird unsere Mitmenschen wundern und Gott die ganze Ehre geben.

«Der dein Leben vom Verderben erlöst und dich krönt mit Gnade und Barmherzigkeit.» Psalm 103, 4.

Diese Worte fassen alles zusammen, was Gott für uns getan hat und in Zukunft für uns tun will. Unsere Seele lobt Seinen heiligen Namen für alles, ohne etwas zu vergessen, weder die Vergebung unserer Sünden noch die Heilung von unzähligen geistlichen und körperlichen Gebrechen.

Wir waren dem Satan als Sklaven verkauft, sagt der Apostel Paulus. Aber am Kreuz rächte Gott alle Schläge, die wir vom Feind erhielten, überwand ihn, nahm ihm die Macht, befreite seine Gefangenen und erlöste sie durch Sein heiliges Blut.

Wenn David unter dem Gesetz schon mit solch einem Psalm Gott loben konnte, wieviel mehr wir unter der Gnade! Unser Retter hat uns erlöst von allen todbringenden Mächten, die des Menschen Leib, Seele und Geist überfallen können. Er hat sie auf Golgatha besiegt und die Seinen von ihnen befreit. Er hat uns auch von allem erlöst, was unseren alten Menschen kennzeichnet, von allen Forderungen, die unser Eigenleben stellt. Will es sich nicht dauernd vordrängen und überall der Mittelpunkt sein?

Warum sollten wir unseren früheren Herren unterworfen bleiben? Auf Golgatha kam doch die furchtbare Vergeltung des göttlichen Gerichts über sie! Jesus hat uns vom Verderben erlöst. Golgatha bedeutet auch für unseren Körper, unsere Gesundheit, Bewahrung und Befreiung.

«*Er krönt dich mit Gnade und Barmherzigkeit.*» Der HErr erlöst uns nicht nur, sondern will uns auch Sein göttliches Leben im Überfluß schenken. Er Selbst ist mit Herrlichkeit und Ehre gekrönt, Hebräer 2, 9, und unser Leben krönt Er mit Gnade und Barmherzigkeit; es wird durch alle Seine Gnadengaben bereichert.

«*Er sättigt dein Alter mit Gutem, daß du wieder jung wirst wie ein Adler*», fügt David hinzu. Wenn der Adler alt wird, bildet sich ein hornartiger Auswuchs auf seinem Schnabel, so daß er ihn nicht öffnen kann. Aber die Menschen, die vom Verderben erlöst und mit Gnade und Barmherzigkeit gekrönt sind, altern geistlich nicht. Gott sättigt ihr Alter mit Gutem und gibt ihnen immer wieder neue Kraft, bis sie an der Himmelstür stehen.

«Mein Gebet steige vor Dir auf wie Räucherwerk, meiner Hände Aufheben sei wie das Abendopfer.» Psalm 141, 2.

Im Gebet kommt das Leben des Geistes in uns zum Ausdruck. Gebet erheischt dauernde, gläubige, kindliche Unterwerfung unter den Willen unseres Vaters im Himmel, und das schenkt uns der Heilige Geist. Dann ist unser Gebet eine für Gott wirkende Macht in der Welt. Rechtes Beten versetzt uns in eine Stellung, in der Gott uns nahekommen und uns segnen kann. Es öffnet uns den Himmel, und unser Retter antwortet. Durch Gebet werden wir Gottes Mitarbeiter und nehmen teil am Priesterdienst unseres Großen Hohenpriesters. Wir treten in den Riß und setzen Gottes Arm zugunsten der Welt in Bewegung.

Beten erschließt den Jüngern des HErrn, wer sie auch sein mögen, grenzenlose Möglichkeiten. Es ist ein Teil des Bundes, den der HErr mit den Seinen macht, ein verborgenes Zusammenarbeiten mit sichtbaren Ergebnissen unter den Menschen. Wenn jemand von solchem Gebetsleben erfaßt wird, greift es um sich wie Feuer und geht auf andere über. Das ist es, was wir heutzutage brauchen. Wir müssen Gott auf die Probe stellen und beten fürs Erntefeld, für die Rettung von Menschenseelen. Und wenn das Gebet erhört zu werden beginnt, wird das Herz des Jüngers froh.

Der Ausspruch des Psalmisten weist uns auf unsere Pflicht und unser Vorrecht hin, so mit Gott zusammenarbeiten zu dürfen. Der Abend des Gnadentages ist gekommen. Unser Gebet soll vor Gott aufsteigen wie das Räucherwerk des Abends im Heiligtum. Die Menschen mögen sich erregen und ratschlagen, vergeblich reden und sich gegen Gott auflehnen, Er, der HErr, greift von Seinem Thron aus ein. Er fordert uns auf, vor diesen Thron zu treten, und dort nimmt Er unsere Gebete in Empfang, die wie kostbares Räucherwerk in Seinen Augen sein sollen. Laßt uns eintreten in diesen heiligen Priesterdienst!

Gott erwartet Gebete von uns, die eine Frucht unserer Gemeinschaft mit Ihm sind. Und die Welt braucht das, denn es ist Abend geworden. Das Licht nimmt ab, die Nacht kommt. Das Aufheben unserer Hände sei also wie das Abendopfer, an dem Gott Wohlgefallen hat!

«Wer im Sommer sammelt, ist ein kluger Sohn; wer aber in der Ernte schläft, ist ein Sohn, der Schande macht.» Sprüche 10, 5.

In der Erntezeit ist jedermann mit doppeltem Eifer auf seinem Posten. Auf dem Lande richtet sich alles nach der Ernte. Die Arbeitsstunden werden nicht mehr gezählt, höchstens bei den Faulen. Vermehrte Arbeit, Hitze und Müdigkeit gehören zur Ernte. Wer erntet, weiß das und rechnet von vorneherein damit. Nur eine Regel gilt: ernten, solange man kann, wenn der Himmel klar ist; die Gelegenheit ausnützen und die Garben einbringen, ehe schlechtes Wetter kommt und es nicht mehr möglich ist.

Wer in der Ernte schläft, ist ein Sohn, der Schande macht. Solange die Heils- und Gnadenernte währt, vergibt Gott noch und bietet allen, die an Jesus Christus glauben, völlige Rettung an. Wir Menschen haben das Vorrecht, dieses Heil unseren Mitmenschen zu verkündigen. Wenn wir aber schlafen, sind wir der Welt ein Ärgernis und machen Gott Schande. *Der Sohn* ist es ja gerade, der schläft, nicht die Welt, nein, der, der sich Sohn des Hauses nennt ...

Bleibt unser Herz dem Schicksal der Welt gegenüber gleichgültig? Möchten wir uns einreden, daß es besser wird auf Erden? Wenn wir das tun, leben wir mitten in der Ernte wie im Traum, ja, wir schlafen sogar.

Gott will uns ein fruchtbares Leben geben. Wir sollen Menschenfischer sein, die die unvergleichliche Freude haben, Seelen zu gewinnen. Diesem Leben gelten alle Verheißungen des Meisters, und es kann von Ihm gebraucht werden. Wenn wir aber in der Ernte schlafen, verdorren wir wie ein abgeschnittenes Rebschoß und werden ins Feuer geworfen.

Wir haben eine gute Botschaft zu verkündigen, die Freude und Frieden in unzählige verzweifelte Herzen bringen könnte. Wir besitzen eine göttliche Kraft, die viele Gebundene von Sünde, Irrtum und Aberglauben losmachen könnte, und wir werden dem Richterstuhl Christi nicht entrinnen; dort wird Rechenschaft von uns gefordert werden über alles, was wir getan haben. Werden wir uns dann in dieser ernsten Stunde der Abrechnung schämen müssen?

«Jesus ging samt Seinen Jüngern hinaus ..., und auf dem Wege fragte Er sie: Für wen halten Mich die Leute?» Markus 8, 27.

Es wird Schweigen eingetreten sein zwischen dieser Frage des HErrn und der Antwort der Jünger: «Die einen sagen, Du seiest Johannes der Täufer, und andere, Du seiest Elia, andere aber, Du seiest einer der Propheten ...», also ein Mensch! Welche Enttäuschung für den HErrn, der Sich dem Volk mit so großer Barmherzigkeit gewidmet hatte! Wir sollten mit Ihm in die ganze Tiefe des Schmerzes hinabsteigen, den Er in diesem Augenblick empfand, als Ihm die Antwort der Jünger zeigte, daß Er endgültig verworfen und der «Mann der Schmerzen» war. Wissen wir um diese Traurigkeit? Nicht darüber, daß *wir* verworfen werden, sondern daß wir sehen müssen, wie *Er* verworfen wird?

«Ihr aber, für wen haltet ihr Mich? Da antwortete Petrus: Du bist der Christus.» Als Jesus jedoch verkündigte, daß des Menschen Sohn viel leiden und verworfen, ja, getötet werden müsse, fing Petrus an, Ihm zu wehren!

Woher kam diese Verständnislosigkeit dem Kreuz gegenüber? Jesus sagt: «Du denkst nicht göttlich, sondern menschlich.» Wenn der Mensch seine Meinung übers Kreuz vorbringt, gibt es Verwirrung; denn hinter diesen menschlichen Gedanken steht der Satan und versucht, uns zu hindern, das Geheimnis des göttlichen Lebens, das Zusammenwachsen mit Christus in Seinem Tode zu erfassen, um in Lebensneuheit zu wandeln. Gott sagt: «Wer sein Leben retten will, der wird es verlieren; wer aber sein Leben verliert um Meinetwillen und um des Evangeliums willen, der wird es retten.»

Petrus machte sich mit seinem ungekreuzigten Jüngerleben große Illusionen über seinen Jüngerdienst, und das wurde den anderen zum Fallstrick, zur Gefahr. Seine ganze Tätigkeit wurde ihm von seinem Eigenleben eingegeben. Er folgte Dem nach, der alles hingab, hatte aber selber noch nicht alles drangegeben.

Der Hauptgrund unserer Schwierigkeiten ist unsere Liebe zu unserem Eigenleben. Dieser Isolator hindert den Heiligen Geist, so in uns zu wirken, daß wir die Menschenseelen erreichen können. Erst wenn wir uns ganz ausgeliefert haben, werden wir Seelen für Christus gewinnen.

«Er sah, daß kein Mensch vorhanden war, Er verwunderte Sich, daß niemand Fürbitte einlegte.» Jesaja 59, 16 (S).

Die Gedankenverbindung zwischen den Worten «*Mensch*» und «*Fürbitte*» ist zu beachten. Man muß wirklich Mensch sein, ehe man sich betend ins Mittel legen kann. Wir müssen lernen, einfach Gottesmenschen zu sein, die «so gesinnt sind, wie Jesus Christus, ... welcher Sich Selbst entäußerte, die Gestalt eines Knechtes annahm und ... in Seiner äußeren Erscheinung wie ein Mensch erfunden, Sich Selbst erniedrigte und gehorsam wurde bis zum Tod, ja bis zum Kreuzestod».

Er trat als Mensch auf; darum verachteten Ihn die Pharisäer und Priester, darum verstanden Ihn die Gesetzeslehrer nicht, aber darum liebten Ihn die Massen, nannten Ihn Freund der Zöllner und Sünder, und darum ehrte Ihn Gott. Wir wollen Ihn bitten, uns von aller Pharisäergesinnung zu befreien, und unters Kreuz gehen, um dort Seinen Geist der Barmherzigkeit zu erhalten.

Gott «verwundert Sich», daß Er unter den Seinen keinen Menschen dieser Art findet! Ein notwendiger Teil des Heiligungswerkes, das in uns vollbracht werden soll, besteht darin, daß wir lernen, für Gott als Mensch unter Menschen zu leben.

Wenn das der Fall ist, haben wir den Wunsch, uns neben die Menschen zu setzen, die Hilfe brauchen. Wir haben Geduld mit ihnen, interessieren uns für ihre Sorgen und für ihr Leben. Wir versuchen, uns in ihre Lage zu versetzen, unser steinernes Herz wird in ein fleischernes verwandelt, und anstelle unseres Richtgeistes empfangen wir den Geist der Barmherzigkeit des HErrn. Wir fühlen uns von Herzen eins mit den Volksmassen, die wie Schafe ohne Hirten sind und die der HErr so sehr liebt. Wir bekommen den Blick für das Verderben der Menschheit, aber anstatt sie zu richten, beten wir mit Tränen für sie, nicht mit einem Gefühl von Überlegenheit, sondern aus Barmherzigkeit und Liebe; und wir legen mit Seinem Verständnis, in Seiner Liebe und Macht Fürbitte vor dem Thron der Gnade für sie ein.

Oh, daß Gott Sich doch nicht zu verwundern brauchte, weil kein Gebetsleben unter uns ist! Wenn Er doch Beter in uns fände, die Fürbitte einlegen können!

«Der Sämann ging aus, seinen Samen zu säen.» *Lukas 8, 5.*

Was unser HErr hier wegen der Herzenshärtigkeit und Verblendung derer, die sich Seine Kinder nennen, in Gleichnissen lehrt, ist das Wesen des Christenlebens, die Grundlage allen wahren Dienstes für Gott. Der Same, d. h. Gottes Wort und das, was es uns offenbart, ist der Maßstab, an dem jede christliche Tätigkeit gemessen wird.

Der Sämann *verfolgt ein ganz bestimmtes Ziel.* Siehst du ihn aufs Feld hinausgehen? Er denkt an nichts anderes als an seine Arbeit und tut sie in Erwartung der kommenden Ernte. Dieses Bild benützt unser göttlicher Meister, um uns über die Art des Dienstes zu belehren, die Er von uns erwartet.

Der Sämann *ist sich seiner Verantwortung bewußt.* Seine Arbeit soll nicht nur seinem Meister, sondern auch den Menschen angenehm sein und vielen Hungrigen Brot liefern.

Der Sämann *ist ein Glaubensmensch.* Er ist einverstanden damit, den Samen aus den Augen zu verlieren, damit er in vielen Ähren wieder auferstehe. Er weiß, daß die Frucht der Aussaat kommt. In seiner Arbeit liegt das Angelt der Zukunft, die Gewißheit, daß der Same später, wenn der Sämann vielleicht nicht mehr da ist, sich in eine reiche Ernte verwandeln wird.

Er sät nicht leichtfertig. Das Feld muß zuerst bearbeitet werden, und der Sämann weiß, daß alles, was er der Erde anvertraut, Frucht tragen soll. Für ihn ist die Saat nicht von der Ernte zu trennen, eins gibt es nicht ohne das andere. Darum freut er sich der Gegenwart und ist voller Hoffnung für die Zukunft.

Es wird uns gesagt, daß der Sämann *ausging.* Wir müssen ausgehen, verlassen, was uns bindet, uns zurückhält und das ungehinderte Wirken des Geistes Gottes in unserem Leben erschwert. Da gilt es einen Preis zu bezahlen, aber darin liegt auch das Geheimnis der Belohnung.

Der Sämann geht aus, *um zu säen.* Sind wir mit dieser Tätigkeit einverstanden? Wollen wir mit Freuden ausziehen? Dann werden wir in Frieden geleitet werden, und das Wort, das wir ausstreuen, wird in den Herzen der Menschen die Pläne Gottes durchführen. Jesaja 55, 11. 12.

«Während sie miteinander redeten und sich besprachen, nahte Sich Jesus Selbst und ging mit ihnen.» Lukas 24, 15.

Worüber reden wir miteinander? Über nützliche Dinge? Oder verschwenden wir die Zeit mit etwas anderem? Oh, daß wir doch die Zeit, die Gott gehört, auszunützen verständen, anstatt sie mit Reden und Besprechungen zu vergeuden! Könnte jemand, der unsere Gespräche mitanhörte, Nutzen daraus haben, oder würde er durch sie in Versuchung geführt?

Wenn unsere Reden recht und erbaulich sind, kann Jesus Sich uns nahen und mit uns gehen, und wenn Er bei uns ist, wird der Gegenstand unserer Gespräche, mag er auch nur materiell und praktisch sein, durch Seine Gegenwart gesegnet.

«Sie besprachen sich», dieser Ausdruck bedeutet «um Worte streiten, Rede und Gegenrede vorbringen, Meinungen äußern». Das ist eine Gefahr, die jungen und alten Christen droht. Bei den Emmausjüngern war der HErr Selber der Gesprächsgegenstand. Sie redeten von dem, was vorgefallen war, und auch von dem, was sie sich gewünscht hatten. Wir aber gehen so leicht vom Betrachten des Wortes Gottes und rechter Erbauung zum Streiten um Worte über. Wir tragen unsere Ansichten vor, auch über das, was den HErrn Selbst betrifft.

In unseren Tagen redet man z. B. viel über die Wiederkunft Christi, tut es aber oft nur verstandesmäßig. Man hört Vorträge darüber ohne Leben und Kraft. Sie sind nicht wie der brennende Busch, denn es fehlt ihnen das Feuer. Jesus müßte Sich uns nahen, um mit uns zu gehen! Er würde unserem Streiten ein Ende machen, denn Er würde die Ursache des Streites, die ja in unseren Herzen liegt, beseitigen. Er befreit uns von dem Verlangen, zu diskutieren und uns hören zu lassen.

Wenn Er im Mittelpunkt unseres Lebens steht, brennt unser Herz in uns, und bei unseren Gesprächen wird das Wort des Propheten Maleachi Wirklichkeit: «Da besprachen sich die Gottesfürchtigen miteinander, und der HErr merkte darauf und hörte es.» 3, 16. So werden unsere Besprechungen nützlich und erbaulich, treiben uns ins Gebet und haben praktische Ergebnisse.

Gott helfe uns, dieses Niveau aufrechtzuerhalten, und Jesus Selbst nahe Sich uns und gehe mit uns!

«Gedenke, was dir Amalek antat ..., wie er dir auf dem Wege begegnete und deine Nachzügler abschnitt, alle Schwachen, die zurückgeblieben waren, als du müde und matt warst.»

5. Mose 25, 17. 18.

Es ist ein Erziehungsgrundsatz unseres himmlischen Vaters, Zusammenstöße mit dem Feind zuzulassen, damit wir lernen, mit Gott zu rechnen, und Seine Kraft und Befreiungen erleben.

Sein Wort macht uns auf die Gefahren aufmerksam und warnt uns vor den Methoden des Teufels. Oft überfällt er die Christen, wenn sie müde und matt sind! Die Geschichte manch eines auf dem Missionsfeld ermüdeten Dieners Gottes beweist es. Das Klima greift an, die Körperkräfte nehmen ab, und dann kommt der Feind mit seinen anklagenden Gedanken. Gottes Kind war nicht darauf gefaßt, läßt sich niederdrücken, seine Berufung ist bedroht, und es wird aus dem Land der Verheißung vertrieben.

Aber Amalek kämpft nicht nur auf dem Missionsfeld. Auch die Zeugen Christi, die in der Heimat bleiben, können müde und matt werden. Satan mit seinen Anklagen verschlimmert diesen Zustand. Er möchte, daß wir der Lüge glauben, damit unser geistiges Leben gelähmt wird. Darum müssen wir wachen und beten und bedenken, daß unser Leib ein Tempel des Heiligen Geistes ist und daß wir uns nicht überarbeiten dürfen. «Amalek» versteht es, die Schwachen und unsere schwachen Seiten anzugreifen.

Er versteht es auch, uns in den Rücken zu fallen. Nicht umsonst hatte der HErr dem Volk Israel versprochen, seine Vorhut und Nachhut zu sein. Es ist die Methode unseres Widersachers, die Umstände auszunützen und oft auch Menschen, sogar Christen zu gebrauchen, um uns in den Rücken zu fallen. Auch wir wollen deshalb Jesus Christus unsere Vorhut und Nachhut sein lassen.

Wir dürfen auch nicht vergessen, daß unser Herr Jesus Christus in der Wüste vom Teufel versucht wurde, als Er 40 Tage gefastet hatte und hungrig war. Aber Er überwand den Versucher mit Gottes Wort, und Sein himmlischer Vater sandte Ihm Engel, die Ihm dienten. Anstatt mutlos zu werden und den Einflüsterungen des Feindes zu glauben, wollen wir seine Absichten zu durchschauen suchen und ihm fest im Glauben widerstehen.

«Ich werde aber in Ephesus bleiben bis Pfingsten, denn eine Tür hat sich mir aufgetan, weit und vielversprechend; auch der Widersacher sind viele.» 1. Korinther 16, 8. 9.

Für den Apostel war der Druck des Widerstandes notwendig, damit die Kraft Gottes offenbar wurde. Druck und Kraft gehörten unzertrennlich zusammen. Er wußte, daß Gott den Türschlüssel besaß, nicht die Menschen. Er schließt zu, daß niemand öffnet; Er öffnet auch, daß niemand zuschließt.

Paulus lebte nicht wie eine Treibhauspflanze; er war dauernden Stürmen ausgesetzt. Wir dürfen uns nicht wundern, wenn der Wind uns entgegen ist. Widersacher sind unbewußt Werkzeuge, die Gott benützt, damit wir Seine Kraft besser kennenlernen. Sie sind auch der Schlüssel, mit dem Gott eine Tür, *Seine* Tür, aufschließt.

Von den Widersachern des Apostels Paulus ist verschiedentlich die Rede. Es waren Verstockte, die den Weg des HErrn lästerten, religiöse Menschen, die das Wort Gottes des Alten Testaments besaßen und sich doch Gott widersetzten, auch Spiritisten, die okkulte Macht ausübten. Einige unter ihnen ahmten sogar den Apostel Paulus nach. Apostelgeschichte 19, 1—19. Eine dritte Quelle von Widerständen nennt uns 2. Korinther 1, 8. Dort spricht der Apostel von persönlichen, körperlichen und seelischen Leiden, die noch zur Bosheit der Menschen hinzukamen. Aber alle diese Schwierigkeiten mehrten seinen Glauben und Gehorsam, und eine Menge Menschen hörten das Wort des HErrn, das die Oberhand gewann.

Nichts konnte diesen Kämpfer aufhalten. In allen Lebenslagen fand er Gelegenheit, Gott zu dienen und Seinem Wort zum Sieg zu verhelfen. Widerstände waren Trittbretter für ihn, die ihm auf dem Siegesweg vorwärtshalfen.

Dieselbe sieghafte Gesinnung sollte auch in unseren Herzen sein. In kritischen Augenblicken sollten wir offene Augen haben für die immer vorhandenen günstigen Gelegenheiten. Die Schwierigkeiten mögen größer werden und die Widersacher an Zahl zunehmen. Gerade darin liegt aber unsere Hoffnung auf Erfolg, denn dadurch tut uns Gott eine Tür auf, die niemand zuschließen kann.

«Jesus spricht zu ihm: Gehe hin, dein Sohn lebt! Der Mensch glaubte dem Wort, das Jesus zu ihm sprach, und ging hin.»
Johannes 4, 50.

Der königliche Beamte, von dem hier die Rede ist, besaß als Heide weder Kenntnisse noch ein Glaubensbekenntnis wie Nikodemus oder andere Pharisäer. Er glaubte nur ganz einfach dem Wort, das Jesus zu ihm sprach. Dieses Wort war ein Befehl und zugleich eine Verheißung: «Gehe hin, dein Sohn lebt.» Dieser Mensch gehorchte, ohne etwas zu sehen. Er glaubte, was Jesus gesagt hatte, ging hin und fand seinen Sohn lebend. Durch diesen einfachen Glaubens- und Gehorsamsschritt wurde seine Traurigkeit in Freude verwandelt. Jesus hatte gesagt, sein Kind werde genesen, und es geschah. Ist es da zu verwundern, daß der königliche Beamte samt seinem ganzen Hause an Ihn gläubig wurde?

Oft vermittelt uns Jesus Segen durch Sein Wort. Er redet persönlich mit uns und gibt uns eine Verheißung. Aber nichts ändert sich in uns, alles bleibt beim alten, weil uns der schlichte, tätige Glaube dieses Heiden fehlt. Es wird uns schwer, Jesus beim Wort zu nehmen und Ihn auf die Probe zu stellen. Darum kann Er keine Wunder für uns tun.

Als Elisa den Mantel des Propheten Elia aufgenommen hatte, gebrauchte er ihn sofort, um den Jordan damit zu zerteilen, und das Wunder geschah.

Oft glauben wir das Wort, das uns vom HErrn gesagt worden ist, aber weiter gehen wir nicht. Wir stellen es nicht auf die Probe und erleben deshalb nicht, daß die Verheißungen Gottes Wirklichkeit werden.

Der königliche Beamte und sein Sohn wurden gesegnet, und der Segen erfaßte ihre ganze Familie. Wenn wir einen Glaubens- und Gehorsamsschritt tun, können wir nie wissen, was das alles nach sich ziehen wird. In erster Linie haben wir selber einen Segen davon, unsere Traurigkeit wird in Freude verwandelt; aber Gott hat «unser ganzes Haus» im Auge, alle, die in unserer Nähe leben, und auch die Heiden, die wie dieser königliche Beamte zu glauben bereit sind.

Wir wollen also glauben, was Er uns sagt, und auch dementsprechend handeln!

«Gott, ... welcher dem ruft, was nicht ist, als wäre es da.»
Römer 4, 17.

Unser Gott ruft dem, was nicht ist, als wäre es da. Er kann Türen auftun, wo wir keine sehen, einen Weg bahnen, wo keinerlei Möglichkeiten bestehen. Wenn Menschen und Verhältnisse uns den Durchgang zu versperren scheinen und der Teufel uns zuflüstert: «Alles vergeblich!», dann wollen wir Gottes Gedanken und Wegen, die nicht die unsrigen sind, folgen; denn ein herrlicher Augenblick ist gekommen: unser HErr will uns Seine Tür auftun!

Was hat Gott vor Sich, wenn Er ruft? Eine widerspenstige, verdorbene Welt, in Sünden und Übertretungen tote Menschen und unfähige, von Natur unbrauchbare Christen! In jedem einzelnen sieht Gott die Welt, in die Er ihn als Zeugen aussenden könnte, und in der Welt sieht Er die einzelnen, zu denen Er spricht (auch zu uns): *«Ich rufe dem, was nicht ist, daß es sei . . .»* Wollen wir nicht den Lauf von neuem beginnen?

Was ist nach unserem Text das, was nicht ist? Abraham, das Werkzeug, war noch nicht bereit, aber der Ruf war schon an ihn ergangen. Er hatte die Verheißung erhalten, er werde einen Sohn bekommen, ohne daß die Möglichkeit dazu vorhanden war. Abrahams Zustand schien seiner Berufung zu widersprechen. Auf welche Weise wurde aber Gottes Ruf verwirklicht? Durch den Glauben dessen, der berufen worden war, und durch das Eingreifen Gottes in das Leben dessen, der geglaubt hatte.

Wenn wir im Glauben stehen, macht Gott durch persönliches Eingreifen unsere Unmöglichkeiten zu Möglichkeiten. Wenn wir glauben, rüstet Er uns mit der Kraft des Heiligen Geistes aus, die die schwachen Jünger am Pfingsttage erhielten. Diese Kraft liegt dann auf dem Zeugnis, das wir in der Küche oder im Bureau, in der Werkstatt oder in unserem bescheidenen Zimmer ablegen. Und dadurch bestätigt Gott unseren Glauben.

Wenn alles sich gegen die Erfüllung der Verheißungen Gottes in unserem Leben zu verschwören scheint, laßt uns wie Abraham gegen alle Hoffnung auf Hoffnung hin glauben! Das wird uns zur Gerechtigkeit gerechnet werden.

«Habt Glauben an Gott! Denn wahrlich, Ich sage euch, wenn jemand zu diesem Berge spräche: Hebe dich und wirf dich ins Meer, und in seinem Herzen nicht zweifelte, sondern glaubte, daß das, was er sagt, geschieht, so wird es ihm zuteil werden.» Markus 11, 22. 23.

Glauben ist keine menschliche Fähigkeit, sondern eine Gabe Gottes. Man kann ihn nicht erwerben, er kommt von oben. Man kann ihn nicht herstellen, er kommt aus dem, was man hört, und was man hört, kommt aus Christi Wort. Römer 10, 17.

Unser HErr sprach die Worte unseres Textes, als Er den Feigenbaum zum Verdorren gebracht hatte und die geistliche, prophetische Bedeutung dieses Wunders erklärte. Er lehrte die Seinen den Glauben *an Gott* und seine Folgen. Glauben ist kein passives, sondern ein aktives Element. Er läßt sich nicht überwältigen, er muß überströmen. Er läßt sich weder anhalten noch unterdrücken, weder lähmen noch einschüchtern, sondern geht immer vorwärts, gebietet und behauptet sich.

Wer Verständnis hat für unsere Zeiten, braucht diesen Glauben. Ohne ihn kommen wir nicht weit. Der Glaube, den man von Natur haben kann, erliegt den zunehmenden Gefahren und dem geheimen oder offenen Widerstand des Zeitgeistes. Aber der Glaube an Gott handelt, er findet sich nie mit einem Mißerfolg ab, sondern wird stark in den widerwärtigsten Umständen. Wenn er ein Herz erfüllt, wird er gerade durch Schwierigkeiten neu angefacht.

Dem Glaubensweg wird immer widersprochen. Die Urkirche ist ein Beweis dafür. Ganz Jerusalem wurde durch die Geistlichkeit gegen sie aufgestachelt. Aber sie blieb stark im Glauben an Gott. Sie war vom Geist ihres Hauptes durchdrungen und überwand alle Hindernisse. Gerade weil sie auf Widerstand stieß, breitete sie sich im ganzen Nahen Osten aus. Apostelgeschichte 8, 1. 4; 11, 19—21. Ihr Glaube hatte «den Berg ins Meer versetzt». Widerstand und Widerspruch sind wie Flügel, die den Jüngern eines verworfenen Meisters gegeben werden!

Auch wenn alle menschliche Hoffnung erlischt, laßt uns vorwärtsgehen in der Freude und dem Frieden des Glaubens, der sieht, daß der Feigenbaum vor ihm verdorrt und der Berg sich ins Meer wirft!

«Aus Liebe hat Er uns vorherbestimmt zur Kindschaft gegen Ihn Selbst, nach dem Wohlgefallen Seines Willens.»
Epheser 1, 5.

Als wir zu Gott kamen, so schuldig und verloren, wie wir waren, verlangte Er nichts von uns, als unsere Sünde zu bekennen, an Seine Vergebung zu glauben und Sein Heil, das Er uns unverdient anbot, anzunehmen. Die himmlische Berufung dagegen kostet etwas, sie fordert die Hingabe unseres ganzen Seins; aber sie wird auch ihre Belohnung empfangen.

Die himmlische Berufung ergeht nur an Kinder Gottes, aber an alle ohne Ausnahme. Wir sind berufen, auch wenn wir nicht darauf eingehen. Gott beruft uns zu einer Genossenschaft, in der Er ganz für uns da ist. Alle Sorgen sind gegenseitig: Gott sorgt für unsere Interessen, erwartet aber von uns, daß wir uns um die Seinigen kümmern. Welches Seine Sorgen sind, offenbart Er uns in Seinem Wort! Er sucht nach Menschenleben, die Ihm Ehre machen, die brennen für die Rettung von Seelen, die für den Glauben kämpfen, sich Ihm ganz ausliefern und alles ablehnen, was den schmalen Gehorsamsweg durch Kompromisse breiter machen möchte. So gehen Seine Interessen und die Seiner Kinder ineinander über.

Gott hat uns angenommen. Wir dürfen Seine Söhne und Töchter sein. Infolge dieser Adoption bekommen wir den Geist des Sohnes, der dem Vater untertan ist, uns von allen Einflüssen des Gesetzes befreit, alles Knechtische fortnimmt und die Söldner-Gesinnung, die unter scheinbarer Hingebung eigene Vorteile erstrebt, aus uns vertreibt. Durch diesen Geist des Sohnes können wir vergessen, was dahinten ist, und dem Ziel zustreben, um den Kampfpreis der himmlischen Berufung in Christus Jesus zu erlangen.

Die himmlische Berufung führt uns auch in unsere Stellung als Erben ein. Abraham konnte die Geschenke des Königs von Sodom ablehnen, weil er Erbe des Besitzers des Himmels und der Erde war. Wir wollen also immer daran denken, daß Gott uns «nach dem Wohlgefallen Seines Willens erwählt hat». Ehe wir noch an Christus dachten, hatte Er an uns gedacht. Die Erwählung ist ein Beweis der Liebe, die Gott uns in Christus erzeigt, damit wir unsere himmlische Berufung erfassen und verwirklichen können.

«Paulus schleuderte das Tier ins Feuer, und ihm widerfuhr kein Übel.» Apostelgeschichte 28, 5.

Der Apostel setzte auch mitten in der Trübsal seinen Siegeslauf fort. Gott führte ihn nach einem bestimmten Plan. Seine apostolische Berufung bewährte sich trotz aller Widerstände und scheinbaren Niederlagen. Nachdem er Schiffbruch erlitten hatte, saß er auf der Insel Malta am Feuer, als ihm eine Viper an die Hand fuhr; doch ehe sie ihm schaden konnte, schleuderte er sie ins Feuer.

Wenn ein Kind Gottes seinem HErrn nachfolgt, kann es vorkommen, daß es dieselbe Erfahrung macht. Eine Viper fährt ihm an die Hand, ein feuriger Pfeil des Bösen trifft es mitten ins Herz. Was tun? Sie im Namen des HErrn abschütteln, sie im Geist ins höllische Feuer schleudern, woher sie kam! Wenn wir dem Teufel widerstehen, flieht er von uns! Wir wollen darum nicht warten, bis die Viper uns vergiftet hat, sondern sie sofort abschütteln, ihr den Platz anweisen, wo sie hingehört, und uns durch Jesu Blut von der Berührung mit ihr reinigen lassen.

Hat dich ein gallenbitteres Wort wie ein Pfeil getroffen? Schleudere diese Schlange, die an dir hängenbleiben will, ins Feuer, woher sie kam! Laß deinen Geist nicht gefangennehmen! Bitte Gott, auch die Erinnerung daran in dir auszulöschen.

Oder war es ein Gerede, das du über einen Bruder, eine Schwester hörtest, so daß du nun an ihrer Unbescholtenheit zweifelst? Wehre dich gegen dieses Gift! Erkenne die Schlange, die sich dahinter verbirgt, schleudere sie ins Feuer, weise den Verleumder, den «Giftmischer» so zurecht, wie er's verdient! Ach, wie oft verbergen sich Schlangen hinter Worten von Christen und bleiben im Gemüt der Kinder Gottes haften! Dieses Gift ist schwer als solches zu erkennen. Es verunreinigt das Gewissen, richtet moralisch Schaden an und tut das Werk des Verklägers der Brüder.

Laßt uns achtgeben auf unsere Worte und nicht auf Gerüchte hören, sondern an die Warnung des Apostels Jakobus denken, daß die Zunge ein Feuer ist, welches das Rad des Daseins in Brand steckt und selbst von der Hölle in Brand gesteckt wird. 3, 6.

«Wachet und betet, damit ihr nicht in Versuchung fallet.»
Markus 14, 38.

Diese Worte sprach unser HErr, als Er Seinen letzten Kampf mit den Mächten der Finsternis ausfocht. Sie deuten an, wie schwach und unverständig die Jünger waren. Sie schliefen, während ihr HErr mit dem Tode rang! Diese Worte wurden am Abend vor Seiner Kreuzigung, vor Seinem Triumph gesprochen, und richten sich auch an uns mit dem ganzen Ernst einer Warnung und der ganzen Kraft eines Aufrufs Gottes.

«*Wachet!*» Dieser Befehl gilt dem Wächter, der auf seinem Posten steht und zum Heil der übrigen Armee den Feind überwacht. Er ist keine leblose Bildsäule und steht nicht nur in Abwehrstellung. Er hat seine Waffe in der Hand und blickt scharf in die Nacht hinein, um zu erforschen, was im Dunkeln vor sich geht. Auch den ganzen Tag ist er auf der Hut. Der Erfolg seines Dienstes hängt von seiner Treue und von der Schnelligkeit seines Handelns ab. Unser Meister möchte uns die Gesinnung des Wächters eingeben. Sein Aufruf ist dringend und ergeht persönlich an uns: «Wachet und betet, damit ihr nicht in Versuchung fallet.»

Aber der HErr sagt uns auch von vorneherein, daß wir den Angriffen des Feindes dann besonders ausgesetzt sind, denn die Wächter sucht er in erster Linie kampfunfähig zu machen. Die Versuchung einzuschlafen ist groß und gefährlich. Es ist Nacht, der Tag war ermüdend; darum laßt uns wachen, aufrechtstehen, die Waffe in der Hand, damit uns nichts überrasche.

«... *Und betet.*» Der Aufruf zur Wachsamkeit ergeht, weil es Gefahren gibt. Die Aufforderung zum Gebet erinnert uns an unsere Vorrechte und an unsere Berufung. Beten eröffnet uns einen weiten Horizont und große Möglichkeiten. Darum wollen wir uns betend mit dem Befehlshaber in Verbindung setzen und aus den Reichtümern Seiner Kraft und Gnade schöpfen, damit wir mit ihnen ausgerüstet und erfüllt werden. Nie sollten wir einen Tag ohne Gebet beginnen und nicht meinen, wir könnten unsere Mittagswache entbehren oder ohne Gebet einschlafen, ohne dem Befehlshaber Bericht erstattet und in unserem Herzen gehört zu haben, daß Er sagt: «Gut, du braver und getreuer Knecht!»

«Wir sind also mit Ihm begraben worden durch die Taufe auf den Tod, auf daß, gleichwie Christus durch die Herrlichkeit des Vaters von den Toten auferweckt worden ist, so auch wir in einem neuen Leben wandeln.» Römer 6, 4.

Christus ist begraben worden, aber nach drei Tagen ist Er auferstanden. Wir haben es also nicht mit einem verstorbenen Erlöser zu tun, mit einem Kruzifix, das nur Sterben bedeutet, sondern mit einem Auferstandenen. Haben wir schon entdeckt, daß wir durch die Herrlichkeit des Vaters *mit Christus auferweckt worden sind, um in einem neuen Leben zu wandeln?* Die Vereinigung mit Ihm in Seinem Tode und in Seiner Auferstehung muß vollständig sein. Sind wir nicht mit Ihm «verwachsen» darin? Vers 5.

Neues Leben bedeutet Frühling mit allem, was er mit sich bringt. Durch die Gegenwart des Heiligen Geistes wirkt die Auferstehungskraft Christi in uns; Er heilt die Schäden, die der Winter angerichtet hat, zerreißt die Ketten, an die wir uns gewöhnt haben, und ändert durch Seine unwiderstehliche Macht unsere Angewohnheiten, unser Gebaren, ja unseren Geschmack. Und das ist keine Theorie, sondern herrliche Wirklichkeit! Kolosser 3, 1—4 redet von dieser tatsächlichen Veränderung: «Seid ihr nun mit Christus auferstanden, so suchet, was droben ist, wo Christus ist, sitzend zur Rechten Gottes. Trachtet nach dem, was droben ist, nicht nach dem, was auf Erden ist. Denn ihr seid gestorben, und euer Leben ist verborgen mit Christus in Gott. Wenn Christus, euer Leben, offenbar werden wird, dann werdet auch ihr mit Ihm offenbar werden in Herrlichkeit.»

Auf allen Gebieten unseres Lebens soll sich diese Erneuerung zeigen! Gesetzliches, fieberhaftes Dienen mit unseren eigenen Kräften und unserem eigenen Willen kann Gott nicht wohlgefallen. Durch Wandeln in einem neuen Leben gehen wir in Gottes Ruhe ein. Wir erleben die Erfüllung Seiner Verheißungen in unserem Leben und auch in unserer Umgebung. Also wollen wir den HErrn beim Wort nehmen: Wir sind mit Christus begraben, mit Ihm auferstanden und leben nun für Gott. «Haltet euch selbst dafür, daß ihr für die Sünde tot seid, aber für Gott lebt in Christus Jesus unsrem HErrn.» Römer 6, 11. Alles, was Gott von uns verlangt, ist Seinem Wort gehorchen und täglich in der Verbindung mit Christus leben.

«Wer ist hierzu tüchtig?» 2. Korinther 2, 16.

Diese Frage ist ein Bekenntnis, ein Weckruf und zugleich ein Hilferuf. Ein Bekenntnis persönlicher Unfähigkeit zum Dienst für Gott; ein Weckruf wegen der großen, dringenden Bedürfnisse in der Welt und wegen der Notwendigkeit göttlichen Eingreifens; ein Hilferuf, weil wegen der menschlichen Unfähigkeit nur Gottes Hilfe und Eingreifen etwas ausrichten kann.

Wenn wir bedenken, wie notwendig es ist, die Massen zu evangelisieren, die ohne Gott und ohne Hoffnung in der Welt sind, diese Millionen, die einer Ewigkeit des Verderbens und der Qual entgegeneilen, dann muß aus einem Herzen, das von Gottes Geist erfaßt ist, die Frage aufsteigen: «Wer ist hierzu tüchtig?» Und diese Frage erhält eine befriedigende Antwort!

Göttliche Tüchtigkeit und Fähigkeit bekommen wir auf Grund des Neuen Bundes, in dem *Gott dem Menschen alles schenkt und der Mensch alles von Gott annimmt.* Im Alten Bund forderte Gott und empfing etwas vom Menschen. Der Mensch mußte sich Mühe geben, Ihm etwas darzubringen. Im Neuen Bunde ist es gerade umgekehrt. Der Ausruf: *«Es ist vollbracht!»* besagt, daß der Erlöser alles zur Rettung des Sünders und für den Dienst Seiner Kinder getan hat. Gott fordert vom Menschen nur, zu glauben und dementsprechend zu leben. Der Mensch lernt von Gott *empfangen.* Jesus Christus hat den Teufel überwunden, Er hat seine Werke zerstört, und Sein Kind ist Teilhaber dieses Sieges. Der Dienst für Gott ist ein Gnadengeschenk, und auch die Ausrüstung dafür ist eine Gabe.

Um uns zu ermöglichen, ein dem Vater wohlgefälliges Leben zu führen, ist Christus, der Mittler dieses Neuen Bundes, durch Seinen Geist in unsere Herzen eingezogen. Da Er nun durch den Glauben in unseren Herzen wohnt, wird die große, herrliche Aufgabe, von Ort zu Ort Seinen Namen zu verkündigen, auch wirklich durchgeführt und trägt Früchte. Mit dem Geist des verherrlichten HErrn ausgerüstet, sind wir fröhliche, sieghafte Zeugen für Ihn. Der Wohlgeruch Christi verbreitet sich nicht nur um uns her bei den verlorenen Seelen, sondern steigt auch wie Räucherwerk zum Vater auf, der uns befähigt, Ihm wohlzugefallen.

«Der HErr tat ihr das Herz auf.» Apostelgeschichte 16, 14.

Durch diese schlichte Tat brachte Gott das Evangelium Seiner Liebe nach Europa. Kurz vorher hatte der Heilige Geist dem Apostel Paulus gewehrt, Gottes Wort in Asien zu verkündigen, und ihm auch nicht gestattet, nach Bithynien zu gehen, denn Er hatte etwas anderes vor. Er wußte, was Er tun wollte und in welchen Gegenden Sein Wort Aufnahme finden würde. Der Ruf des Mazedoniers, den der Apostel dann hörte, war eine klare Wegweisung für ihn und eine Erklärung, warum er sein Programm ändern mußte.

Draußen vor der Stadt Philippi waren einige Frauen am Fluß zum Gebet zusammengekommen. Eine unter ihnen öffnete dem HErrn ihr Herz. Dieser Vorgang war einfach, aber wichtig in seinen unermeßlichen Folgen! Haben wir nicht etwas daraus zu lernen? Es gibt viel Frömmigkeit, viel Erkenntnis, viel Bekennen zum Glauben unter uns. Aber das bedeutet nicht immer, daß *unser Herz offen* ist. Der HErr möchte uns Seine Gnade und Kraft schenken; aber unsere Sache ist es, unser Herz aufzutun und zu hören, was Er uns zu sagen hat. Er ist uns ganz nahe mit Seiner erneuernden Gnade eines geistlichen Frühlings.

Laßt uns Ihm nur eingestehen, daß wir im «Winter», in Kälte und Dunkelheit leben. Das muß anders werden, und darum müssen wir selber anders werden! Wenn wir das wünschen, ist es ein Beweis, daß unser Herz sich zu öffnen beginnt und die Gnade des HErrn in uns am Werk ist. Laßt uns Ihn also wirken lassen! Er wartet darauf, Sein Volk, und durch Sein Volk die Welt, begnadigen zu können. Darum wollen wir die schlichte Gebetsversammlung vor den Toren der Stadt Philippi nicht vergessen. Dort begann Europas Erwachen.

Gott offenbare uns alles, was in diesem einfachen Satz liegt: «Der HErr tat ihr das Herz auf!» Wenn Er Besitz nimmt von unserem Leben, tut Er alles hinaus, was Ihm mißfällt, um uns mit Sich Selbst zu erfüllen. Aus dieser Quelle fließen dann Gebete, Dank und Zeugendienst als Ströme lebendigen Wassers, wie die Schrift sagt. Und wir wollen nicht vergessen, daß der HErr die Tür Europas aufschloß, als Er Lydias Herz auftat!

4. Juli

«Die Tapferen, deren Herz der HErr gerührt hatte.»
1. Samuel 10, 26.

Das Leben des Königs Saul war nicht, wie es hätte sein sollen. Am Anfang jedoch sehen wir etwas Erfreuliches: er war von tapferen Männern umgeben, deren Herz der HErr gerührt hatte.

Was kann Gott mit solchen Männern nicht alles tun! Sie waren eins mit Gott, und deshalb einig unter sich. Welch herrliche Tatsache: Gott, unser großer Gott, rührt das Menschenherz an, das so vielen widerstreitenden Gefühlen zugänglich ist. Und von da an wird alles anders!

Wenn Gott unser Herz berührt, belebt Er auch unser Gewissen und macht es empfindlich für alles, was recht, wahr und tapfer ist. Er verleiht uns etwas von der Gesinnung, die in Hebräer 1,9 mit folgenden Worten geschildert wird: «Du hast Gerechtigkeit geliebt und Ungerechtigkeit gehaßt. Darum hat Dich, Gott, Dein Gott mit Freudenöl gesalbt, mehr als Deine Genossen.»

Wir können aus dem Beispiel der Korinther eine Lehre ziehen: obschon sie die verschiedensten Gaben und Fähigkeiten besaßen und voller Eifer waren, hatten sie kein offenes Herz. Der Apostel mußte sie ermahnen, ihr Herz weit zu machen. Das fehlt im christlichen Dienst so oft; er ist manchmal hart und verständnislos der Welt und ihrer Not gegenüber, unredlich und eigennützig im Verkehr mit den Glaubensbrüdern und wird nicht in der Gesinnung Jesu Christi getan. Solch ein Dienst kann viel Schaden anrichten. In göttlichem Licht gesehen sind diese Bemühungen nutzlos.

Wollen wir nicht zu den Leuten gehören, deren Herz der HErr gerührt hat? Daraus wird eine heilige Genossenschaft mit Ihm entstehen, deren ganzer Gewinn der Welt zugute kommt. Es ist kein breiter Weg, wie ihn die Vielen gehen. Aber Gott kann mit der Minderheit Großes tun. Welche Gnade, endlich befreit zu werden von uns selber, von unserer Zurückhaltung und Selbstsucht, unserer Steifheit und Kälte!

Wir sollten immer bedenken, daß das Evangelium nach Europa kam, weil Gott einer Frau, namens Lydia, das Herz auftun konnte. Unser Herz ist der Kanal, durch den Gott Seine Werke vollbringt.

5. Juli

«Des Gerechten Pfad ist wie des Lichtes Glanz, das immer heller leuchtet bis zum vollen Tag.» Sprüche 4, 18.

Wenn wir auf dem rechten Wege sind, dürfen wir diesen Ausspruch der Weisheit Gottes auf uns beziehen. Das Thema des angeführten Kapitels ist der Gehorsam eines Sohnes gegenüber den Lehren seines Vaters und seine Wahl zwischen zwei Wegen: dem des Vaters für sein Kind und dem breiten Weg, der das trotzige Kind ins Verderben führt.

Unsere Wahl ist getroffen. Obwohl wir oft versagten und untreu waren, hat Gott uns doch auf dem «Pfad des Gerechten» bewahrt. Darum haben wir viel Grund zum Danken, und wird es in Zukunft nicht ebenso sein? «Ich will die Blinden auf einer Straße führen, die sie nicht kennen, und auf Wegen leiten, die ihnen unbekannt sind. Ich werde die Finsternis vor ihnen her zum Licht und das Höckrichte zur Ebene machen.» Jesaja 42, 16. Wir sollten uns nie an die Güte Gottes gewöhnen, sondern Seine Leitung zu erkennen wissen und sorgfältig befolgen. Auch sollten wir uns Zeit nehmen, immer wieder an die Zeichen Seiner Treue, die Beweise Seiner Gnade und die Früchte Seiner väterlichen Erziehung zurückzudenken.

Seine Verheißung ist klar und deutlich: das Licht wird immer heller leuchten, bis es in der Herrlichkeit zur Vollendung kommt. Oh, laßt uns nie im Gehorsam nachlassen, nie vom Wege abweichen, sondern uns vor allen Nebenwegen fürchten! Die Schwierigkeiten, die es stets auf dem Pfad des Gerechten gibt, sollten uns nicht aufhalten. Neben dem Wege Gottes liegen die Schlingen des Versuchers, der uns vom geraden Pfade weglocken will. Da heißt es kämpfen und widerstehen! Unser himmlischer Vater läßt uns dabei erleben, daß Seine Kraft und Seine Verheißungen herrliche Wirklichkeit sind. Als Gott durch die Urkirche die Offensive in der Heidenwelt begann, stieß Er sie wie einen Keil dort hinein. Immer weiter drang sie vor in die furchtbaren Mächte, die sich Seinem Reich widersetzten. Wenn wir für Gott streiten, sind wir ein kleiner Teil dieses Keils, den Gott in die feindlichen Reihen hineinstößt. Die Finsternis muß dem Lichte weichen, diesem Licht, das auf unserem Pfade immer heller leuchtet, bis zur Herrlichkeit des Himmels.

«Euer Vater weiß, was ihr bedürft, ehe ihr Ihn bittet.»
Matthäus 6, 8.

Schon ehe wir mit Beten beginnen, muß die Gewißheit in uns leben, daß der Vater im Himmel weiß, in welcher Lage Sein Kind ist und was es bedarf. Wir sind unwissend und unerfahren, aber wir nahen uns Ihm, *der alles weiß und alles kann*. In unserer Schwachheit berufen wir uns auf Seine Reichtümer und erwarten Sein väterliches Eingreifen. Er will uns im Glauben üben und unseren Geist anregen, damit das Gebet, das wir an Ihn richten, unbedingtes Vertrauen zu Ihm und völlige Gemeinschaft mit Ihm, unserem himmlischen Vater, atmet. Formalismus und Gesetzlichkeit sind verbannt, der Himmel tut sich auf, und auf Erden geschieht etwas.

Manchmal läßt Gott Sein Kind auf die Erhörung warten, bis es erkennt, daß nur sein himmlischer Vater eingreifen kann und daß es alle eigene Weisheit, alle eigenen Bemühungen lassen muß. Wenn wir zugeben, daß unsere Möglichkeiten erschöpft sind, dann beginnen die göttlichen Quellen zu fließen. Gott schaut vom Himmel herab, und wenn Er uns in einer Ihm wohlgefälligen Haltung findet, läßt Er uns das Durchbrechen Seiner Herrlichkeit erleben und sendet uns Seine Befreiung. Das Wort «unmöglich» gibt es nicht für Ihn, und gerade in hoffnungslosen Lagen offenbart Er Seine Herrlichkeit, damit Seine Kinder Ihn immer besser kennenlernen.

Im 6. Vers sagt Jesus: «*Du aber, wenn du betest, geh in dein Kämmerlein und schließ deine Türe zu und bete zu deinem Vater im Verborgenen; und dein Vater, der ins Verborgene sieht, wird es dir vergelten öffentlich.*» Brauchen wir mehr, um uns zum Beten anzuregen? Nehmen wir uns Zeit, ins Kämmerlein zu gehen? Ist uns das Gebet so wichtig, daß wir unsere Türe zuschließen? Wenn ja, dann werden wir entdecken, daß unser Vater dort im Verborgenen bei uns ist; wir werden unser Herz vor Ihm ausschütten können, Ihm alles sagen, wirklich alles, was uns bedrückt, und gewiß sein, daß Er, der ins Verborgene sieht, uns erhört. Unsere Bitten für uns und unsere Fürbitte für die Welt werden vor Ihn kommen, und unser Vater wird es uns vergelten.

«Der Friede Gottes, der allen Verstand übersteigt, wird eure Herzen und Sinne bewahren in Christus Jesus.» Philipper 4, 7.

Der Friede mit Gott, den der Sünder mit der Sündenvergebung und dem Heil in Christus empfängt, ist etwas anderes als der Friede, von dem hier die Rede ist; ersterer besteht auf einer Rechtsgrundlage, letzterer ist die Folge der Gegenwart Gottes im Herzen und Leben des Glaubenden.

Das Leben mancher Christen verläuft friedlich, ohne Schwierigkeiten. Aber leider kommt das häufig daher, daß solche Christen sich vom Kampf zurückgezogen haben. Geben wir uns keiner Täuschung hin! Dieser Friede wird am bösen Tage nicht standhalten.

Der Friede, welcher allen Verstand übersteigt, zeigt sich, wenn es Feindseligkeiten und Widerwärtigkeiten gibt. Das Leben derer, die diesen Frieden kennen, ist voller Schwierigkeiten und Kämpfe, aber in ihrem Herzen und Geist herrscht die erhabene Ruhe des Himmels. Diese Ruhe, die den Geist und die Seele fest und zuversichtlich macht, wenn alles wankt, kann man nicht erklären, sie ist höher als alle Vernunft, sie stammt nicht von der Erde, sondern vom Himmel.

Wie kann man zu diesem Frieden kommen? Wenn man mit Gott und Seinem Willen einig ist, wenn man sich in derselben Richtung bewegt wie Er und nur nach dem einen trachtet, Ihm gehorsam zu sein! Wenn diese verständige, völlige Übergabe an Gott vollzogen ist, werfen wir entschlossen Sorgen und Unruhe auf Ihn.

Frieden, der allen Verstand übersteigt, brauchen wir heutzutage bei all der Not und dem Elend, das ebenfalls alles Verständnis übersteigt. Der Friede Gottes macht keineswegs gleichgültig oder sorglos; ein Leben, das ihn besitzt, ist mit dem Leid der Welt verschmolzen. Es geht gegen den Strom an und ist infolgedessen allen möglichen Angriffen und vieler Unruhe ausgesetzt. Aber Herz und Geist bleiben unbeschädigt. Die Wasserfluten können durch keinen Riß eindringen.

Die Philipper kannten Armut, Leid und Anfechtung; und gerade ihnen gilt diese Verheißung. Auch wir dürfen täglich den Frieden Gottes spüren, der allen Verstand übersteigt und unsere Herzen und Sinne in Christus Jesus bewahrt.

«Jesus sehen wir ... mit Herrlichkeit und Ehre gekrönt.»
Hebräer 2, 9.

Wir sehen Ihn nicht mehr, wie in den Tagen Seines Fleisches, als Mann der Schmerzen, und auch noch nicht als schrecklichen Kriegsmann «mit geröteten Kleidern, in prächtigem Gewand, der stolz auftritt in der Fülle Seiner Kraft». So wie Jesaja 63 und die Offenbarung Ihn schildern, wird Er erst am Tage der Rache und des Gerichtes erscheinen.

Zwischen der Zeit, in der Er als Erlöser in Niedrigkeit auftrat, und Seinem Erscheinen zum Gericht liegt die Zeit der Gnade, «die angenehme Zeit, der Tag des Heils». 2. Korinther 6, 2. Während dieser Zeit offenbart Er Sich als *verherrlichter HErr,* dessen Kraft kennenzulernen ausschließlich das Vorrecht der Christen ist.

Den von den Menschen Verachteten und Verworfenen sehen wir jetzt zur Rechten des Vaters mit Herrlichkeit und Ehre gekrönt. Von dort teilt Er allen Menschen, allen Nationen, die Reichtümer Seiner Gnade aus und ist bereit, auf die Ereignisse und den Lauf der Welt segnend einzuwirken.

Im Glauben können wir erfassen, welche Bedeutung Sein Erlösungswerk für unser Geschlecht hat. Er ist bereit, die Mächte der Bosheit zurückzuhalten, die Werke des Teufels zu zerstören und die Herzen der Könige zu «lenken wie Wasserbäche». Aber dazu braucht Er das Mitwirken der Gebete Seiner Kinder.

Viele Christen kennen die Bibelstellen, die von Seiner jetzigen Herrlichkeit reden, nur in verstandesmäßiger Rechtgläubigkeit. Sie machen eine Theorie daraus, beten aber nicht dementsprechend. «So ermahne ich nun, daß man ... Gebete ... darbringe für Könige und alle, die in hervorragender Stellung sind, damit wir ein ruhiges und stilles Leben führen können ... denn solches ist gut und angenehm vor Gott ... welcher will, daß alle Menschen gerettet werden.» 1. Timotheus 2, 1—4.

Die Krönung unseres HErrn droben in der Herrlichkeit zeigt sich hier auf Erden durch das Wirken des Geistes Gottes, der den Tag der Gnade verlängert und gemäß 2. Thessalonicher 2, 7—8 das Offenbarwerden des Antichrists noch aufhält, damit Gottes Wort freien Lauf habe, so viele Seelen wie möglich zu retten.

«Zankt euch nicht auf dem Wege!» 1. Mose 45, 24.

Joseph hatte sich seinen Brüdern zu erkennen gegeben und sie gesegnet. Sie hatten «alle seine Herrlichkeit in Ägypten» gesehen. Seiner Vergebung gewiß und bereichert durch seine Geschenke, sollten sie nun ihren alten Vater zu Joseph bringen.

Ihr Gewissen war erleichtert, und sie waren beladen mit Gütern. Aber ehe sie sich auf den Weg machten, klang Josephs Ermahnung an ihr Ohr: *«Zankt euch nicht auf dem Wege!»*

Diese Geschichte wurde zur Belehrung für uns geschrieben, die wir Gottes Vergebung erhalten haben und denen die Sünden erlassen sind. Der HErr hat mit uns geredet über Seine kommende Herrlichkeit als König aller Könige, der der Hungersnot und dem Elend der Welt ein Ende machen wird. Aber Er kennt uns, Er weiß, wes wir fähig sind, und im Blick auf Seine Wiederkunft sagt Er uns mit den Worten des Apostels Paulus: «Lebt in Frieden miteinander!» 1. Thessalonicher 5, 13. Die wahre Einigkeit des Geistes kann leicht gestört werden durch einen unerlaubten Gedanken, ein unnötiges, unredliches, fleischliches Wort, eine böse Nachrede über einen Bruder oder eine Schwester. Das mag vielleicht weit zurückliegen, und wir denken, es sei vergessen. Gott hat es aber nicht vergessen. «Wenn du nun deine Gabe zum Altar bringst und daselbst eingedenk wirst, daß dein Bruder etwas wider dich habe, so laß deine Gabe dort vor dem Altar und gehe zuvor hin und versöhne dich mit deinem Bruder, und alsdann komm und opfere deine Gabe.» Matthäus 5, 23. 24.

Die Tatsache, daß uns Gott in Christus eine himmlische Berufung gegeben hat, sollte uns so überwältigen, daß wir wie Menschen leben, die nicht nur Gottes Vergebung und die Reichtümer Seiner Gnade besitzen, sondern sich auch gemeinsam auf die Verherrlichung mit Ihm vorbereiten. Von Natur sind wir nicht besser als Josephs Brüder! Aber wie viel mehr besitzen wir als sie! Darum sollten wir dem Wort gemäß leben: «Habt Frieden untereinander!»

«Wer seine Seele zu erhalten sucht, wird sie verlieren, und wer sie verliert, der wird ihr zum Leben verhelfen.» Lukas 17, 33.

Das bedeutet nicht, daß wir als Einsiedler leben sollen, sondern es handelt sich darum, täglich unser Leben dranzugeben, so wie unser HErr es uns gelehrt hat, Stunde um Stunde uns selbst zu verleugnen und Ihm zu folgen, wohin Er uns führt.

Wir sind berufen, aus Liebe zu Ihm, der freiwillig Sein Leben für uns gab, unser Leben in Seiner Nachfolge hinzugeben. «Ich lasse Mein Leben, ... niemand nimmt es von Mir, sondern Ich lasse es von Mir aus.» Johannes 10, 17. 18. Der Tod des HErrn war kein Zufall. Obwohl die Bosheit der Menschen ihn veranlaßt hatte, war er gottgewollt und von Ihm vorausgesehen. Gottes Lamm gab Sich freiwillig für uns.

In dem Maße wie wir uns selbst verleugnen und unser Leben verlieren, entdecken wir, daß wir es wiederfinden. Ja, ein überströmendes Leben finden wir! Erstens in der Verbindung mit unserem HErrn. Wenn wir unser Leben wirklich drangegeben und, so weit wir es können und wissen, alles, was Er von uns fordert, zum Opfer gebracht haben, vor allem unser Eigenleben, dann entsteht zwischen uns und unserem Retter eine reiche Gemeinschaft, von der wir uns vorher keine Vorstellung machen konnten, die aber in unserem Leben zu sehen ist, denn der Frühling ist da!

Wir werden unser Leben nicht nur später im Himmel wiederfinden, sondern schon hier auf Erden. Petrus gab sein Leben dran und fand es am Pfingsttage wieder, als Tausende von Menschen sich auf seine Predigt hin bekehrten. Auch Paulus gab sein Leben dran und fand es wieder in den Massen geretteter Seelen, schon ehe er in der Herrlichkeit seinen Lohn bekam. Und wir werden es auf Erden wiederfinden in jeder für Christus gewonnenen Seele, bei jedem Schritt, der dem HErrn Ehre macht.

Dem HErrn ganz geweihte Menschen sind also mitten in den Ängsten der heutigen Zeit ein Segenselement. Solche aus Liebe zu ihrem Retter drangegebenen Menschenleben werden wiedergefunden und vermehren sich durch die Rettung derer, die sie dem Verderben entreißen. «Wenn das Weizenkorn ... erstirbt, bringt es viel Frucht ...»

«Aus diesem Anlaß traten viele Seiner Jünger zurück und wandelten nicht mehr mit Ihm.» Johannes 6, 66.

Es kann nicht ausbleiben, daß treuen, standhaften Christen Schlingen gelegt werden, daß ihnen Versuchungen begegnen und Verführungen drohen. Wenn sie sie nicht überwinden, heißt das aber nicht immer, daß sie ihr äußeres Bekenntnis zum Christentum aufgeben, *sie treten nur zurück und wandeln nicht mehr mit ihrem HErrn.* Sie verleugnen die Berufung, die an sie ergangen war, und beginnen etwas anderes, wählen einen breiteren Weg, ein leichteres Leben. Und doch ist Schmachtragen für den Meister des Christen Stärke, ein Vorrecht und eine Ehre!

Ein Christ verläßt den schmalen, geraden Weg nicht, um nun notwendigerweise ungläubig zu werden, sondern nur um einen Nebenweg einzuschlagen und *seine wahre Berufung aufzugeben.* Er nimmt an, was ihm angeboten wird und was der Feind gerade für diesen Augenblick vorgesehen hatte. Die Liebe zum Gehorsam weicht der Eigenliebe und dem Streben nach Volkstümlichkeit. Welches sind die Hauptursachen eines solchen Versagens?

Die erste liegt in uns selbst. Es ist unser Eigenleben, ein Boden, auf dem Unglaube und Ungehorsam zuerst ganz unmerklich gedeihen, schließlich aber zu verborgenen oder sichtbaren Gebundenheiten werden. Wie schnell geraten wir auf einen breiteren Weg, in ein leichteres Leben! Und die Strömung, der wir uns überlassen, reißt uns schließlich mit sich fort, so daß wir verleugnen, wozu wir uns anfänglich bekannten.

Zweitens laßt uns wachen, *daß «niemand unsere Krone nehme»,* denn wir sind Gefahren, Verlockungen und schädlichen Einflüssen ausgesetzt. Auf dem schmalen Wege, der immer geradeaus führt, ist neben dem Leben des Geistes kein Raum fürs Eigenleben. Man kann unmöglich auf die Wahrheit Anspruch erheben oder sie verkündigen, und sich gleichzeitig innerlich oder durch sein Verhalten auf Kompromisse mit der Welt oder der Sünde einlassen.

Weder der Ehrgeiz unseres natürlichen Herzens noch die Verführungen von außen sollten uns vom Wege abbringen. Und wenn wir uns gerade jetzt entfernen wollten, oh, dann laßt uns innehalten und es Gott bekennen, ehe es zu spät ist.

«Ich will dir die Schätze aus der Dunkelheit geben, die verborgenen Reichtümer aus verborgenen Stätten.» Jesaja 45, 3 (A).

Kind Gottes, das Seinen Willen tut und Seine Ehre sucht, scheint dir dunkel zu sein, was du erlebst? Erschrick nicht, warte nur, du wirst die Befreiung sehen! Dein HErr hat gesagt: *«Was Ich tue, das weißt du jetzt nicht, du wirst es aber hernach erfahren.»* Johannes 13, 7.

Finsternis scheint dich zu umgeben, undurchdringliche Nacht, so tiefes Dunkel, daß es dir vorkommt, als würdest du nie wieder Licht sehen. Fasse Mut! Gerade aus dieser Dunkelheit will Gott dir Schätze geben. Du sollst durch Ihn Selber bereichert und durch Seine unendliche Liebe gesegnet werden. «Wer unter euch fürchtet den HErrn, ist gehorsam der Stimme Seines Knechtes? Wenn er im Finstern wandelt und ihm kein Licht scheint, so vertraue er auf den Namen des HErrn und halte sich an seinen Gott!» Jesaja 50, 10. Der dich rechtfertigt ist nahe!

Gott hat Seine Pläne. Er versteht es, die Seinen auf einem Wege zu führen, den sie nicht kennen. Was sie nicht wissen, weiß Er. Er behält das letzte Wort, auch wenn der Feind vorübergehend triumphiert. Gott ist der Anfang und das Ende. Er hat in der Dunkelheit unendliche Reichtümer für dich verborgen, und wenn Seine Stunde gekommen ist, wird Er sie dir zeigen. Also halte stand, strecke nicht die Waffen, Er hat den Schlüssel zu deiner Verständnislosigkeit. Die Schicksalsschläge, die dir drohen, hat Er in Seiner Hand. Zweifle nur nicht an Ihm. Warte zuversichtlich, gehorche, wisse die Stimme des Vaters zu erkennen, die dich mahnt, geduldig und fest zu bleiben.

Sei nicht von denen, die müde werden und den Mut verlieren, sondern «recke wieder aus die schlaff gewordenen Hände und die erlahmten Knie!» Hebräer 12, 3. 12. Gott will dich heiligen, dich unterweisen in den «Tiefen Gottes», wie Paulus es nennt. Er will dich in eine von den meisten Christen umgangene und gefürchtete Schule nehmen. Es ist Sein Weg. Du sollst die Reichtümer Seiner Gnade und Herrlichkeit, die Er dir zugedacht hat, kennenlernen. Übergib dich Ihm nur ganz, dann wirst du sehen, daß es so ist.

«Zu Gott bekehrt ..., um dem lebendigen und wahren Gott zu dienen und Seinen Sohn vom Himmel zu erwarten, welchen Er von den Toten auferweckt hat, Jesus, der uns vor dem zukünftigen Zorn errettet.» 1. Thessalonicher 1, 9. 10.

Die Bibel spricht von den sühnenden Leiden des Lammes Gottes für alle, die glauben, aber auch vom «Zorn des Lammes» über die, die Ihn verwerfen. Offenbarung 6, 16. Der Glaube verläßt sich auf das Werk Christi und weiß, daß der Christ nur dem Gericht Gottes entgehen kann, weil sein Retter auferstanden ist.

«Der zukünftige Zorn» wird im Licht der Ereignisse, die sich um uns her abspielen, etwas immer Verständlicheres. Im Verkehr der Völker untereinander geschieht so viel Unrecht — von dem Bösen und den Sünden, denen sich die Menschen in ihrem persönlichen Leben ergeben, gar nicht zu reden —, daß ja eine endgültige Abrechnung kommen muß.

Unter diesen Umständen sind wir Christen berufen, Gott zu dienen. Gott hat Seinen Sohn aus den Toten auferweckt, damit unser Dienst in der Kraft Seiner Auferstehung getan werde und wir Nutznießer der göttlichen Autorität und des Lebens eines auferstandenen Retters seien. Wir sind gewarnt vor den Dingen, die «bald kommen» werden. Der Christ wird vor dem Richterstuhl Christi erscheinen müssen, 1. Korinther 3, 10—15, und dort wird sich eine Scheidung vollziehen zwischen dem, was nur Formalismus, eigennütziger Lippendienst war, und dem Dienst, der Gott wohlgefiel, weil er der Gemeinschaft der Leiden Christi und der Selbstverleugnung entsprang.

Die Welt hat ihre Wahl getroffen, aber sie weiß auch, daß das einzige Mittel gegen ihren Schaden die Bekehrung zu Gott ist. Sind wir wirklich bekehrt? Haben wir den Forderungen unseres Eigenlebens entschlossen den Rücken gekehrt? Liefern wir den Beweis, daß wir dem lebendigen, wahren Gott dienen? Warten wir wirklich auf Den, der kommen wird, wie Sein Wort es sagt?

Die Auferstehung Christi sei für uns die Macht, die es uns ermöglicht, «Kräfte der zukünftigen Welt zu schmecken». Hebräer 6, 5. Dann wird der Formalismus verschwinden, und wir werden den Dynamismus des Namens des Herrn Jesus kennenlernen.

14. Juli

«Da sie aber den Menschen bei ihnen stehen sahen, der geheilt worden war, konnten sie nichts dagegen sagen.»
Apostelgeschichte 4, 14.

Durch die Gnade Gottes hat uns Christus nicht nur gerettet, sondern Er will auch, daß wir in Ihm, in Seiner Kraft *aufstehen*. So vieles in unserem Charakter muß noch geheilt und aufgerichtet werden! Das Leben lehrt uns und Gottes Wort zeigt uns, welches die Gebrechen und Mängel sind, die unseren Zeugendienst schwächen.

Da ein so großes Heil für uns bestimmt ist und wir es auch besitzen, sollten wir nicht lahm bleiben oder gebückt einhergehen, nicht zittern oder zögern, sondern aufrechtstehen. Die Gegner der Apostel waren erstaunt, weil sie den lahmen Menschen nicht nur geheilt, sondern stark und aufrecht vor sich sahen, und darum konnten sie nichts dagegen sagen.

Es gibt genug Christen, die untätig und verkrümmt sind, Runzeln auf der Stirn und Sorgen im Gemüt tragen. Gründe zu zunehmender Besorgnis sind genügend vorhanden. Die Glaubenden sollten aber durch ihr Zeugnis und Benehmen zeigen, daß sie fest stehen und den Schwierigkeiten begegnen können. Wir wollen also in Christus aufrechtstehen, fähig, anderen zu helfen und die aufzurichten, die von den gefährlichen Zuflüsterungen des Defaitismus gelähmt und überwältigt sind.

Stehen wir aufrecht? Wie können wir es? «Wer dem HErrn anhängt, ist *ein* Geist mit Ihm», steht in 1. Korinther 6, 17. Darin liegt das Geheimnis! Der durch Christus erlöste, in Gott freie Geist des Glaubenden wird zur Wohnstätte des Heiligen Geistes. Von da an überwacht das Geistesleben des Erlösten sein Seelenleben, welches sich aus natürlichen Gefühlen und Besorgnissen zusammensetzt und unzählbaren Schwankungen unterworfen ist. Der von seinem Seelenleben gelöste Glaubende bleibt *in Christus*, dem Überwinder, dem alle Gewalt gegeben ist, der über alle Macht des Feindes gesiegt hat. In Christus steht der Glaubende aufrecht da als Erbe Seines Sieges.

Gott beruft uns zu einem von Kompromissen und Selbstsucht freigemachten Leben, um zu herrschen im Leben durch Jesus Christus. Römer 5, 17. Auch wir sollten die Erfahrung des geheilten Lahmen machen und in allen Lebenslagen aufrechtstehen.

«Der HErr zeigte ihm ein Holz, das warf er ins Wasser.»
2. Mose 15, 25.

2. Mose 15 beginnt mit einem Siegeslied, einem Lobgesang für Gott, den Erlöser Seines Volkes, endet aber leider mit dem Murren desselben Volkes, das vom Teufel, von Undankbarkeit und Selbstsucht überwältigt worden war. Sie konnten das bittere Wasser in Mara nicht trinken, und Bitterkeit stieg in ihrem Herzen auf. Das lag nicht im Plane Gottes für Israel, es war des Volkes eigene Schuld, daß es nicht mehr vorwärtskam.

Kind Gottes, ist Bitterkeit in deinem Herzen? Dann sprich nicht von Segen! «Aus ein und demselben Munde geht Loben und Fluchen hervor. Es soll, meine Brüder, nicht also sein! Sprudelt auch eine Quelle aus demselben Loch zugleich Süßes und Bitteres hervor?» Jakobus 3, 10. 11. Du sagst, man habe dir Unrecht getan, und du schiebst die Schuld auf andere. Aber der Heilige Geist möchte dein Gewissen wecken und dir klarmachen, daß die Quelle dieses bitteren Wassers in dir selber ist, daß deine versteckte Bitterkeit so etwas wie einen Teich bildet, dessen Gift nicht allein in dir bleibt, sondern sich verbreitet und deine Umgebung ansteckt.

Nur Gott kann bitteres Wasser süß machen. Bekenne Ihm nur deinen Zustand, dann wird Er dir ein Holz zeigen, das Holz des Kreuzes. Liebkose deine Bitterkeit nicht, indem du gleichzeitig an einem religiösen Bekenntnis nach außen festhältst, sondern wirf schnell das Holz des Kreuzes in dein Leben.

Gehst du durch eine bittere Anfechtung? Will dich der Teufel zum Zweifeln und Murren verleiten? Scheint es dir, als ob du unnötiges Leid erduldest, und verstehst du nicht, warum Gott dich solche Wege führt? Wirf das Holz des Kreuzes in deine Trübsal, dann wird der Friede Gottes dein Herz erfüllen, und du wirst im Glauben den Ausgang der Prüfung sehen! Am Kreuzholz hat Jesus alle unsere Bitterkeit auf Sich genommen, den Essig dieser Bitterkeit getrunken. Das Kreuzholz wird unsere Klagen und unser Murren in Lobgesänge verwandeln, so daß unsere Anfechtung uns zum Segen und unseren Mitmenschen eine Hilfe wird.

«Seid Täter des Worts und nicht Hörer allein.» Jakobus 1, 22.

Wir hören gerne Gottes Wort. Aber lassen wir es eindringen, «bis es scheidet Seele und Geist, auch Mark und Bein»? Unser Text warnt uns vor der Angewohnheit, Hörer des Wortes Gottes zu sein, aber keine Täter. Wir können gerührt werden von einem gehörten Gotteswort, ohne daß unser Leben praktisch dadurch beeinflußt wird. Wir können Kenntnisse sammeln, aber Herz und Gewissen werden nicht berührt. Wir hören gerne über das Kreuz, die Erweckung, die Bedingungen der Erweckung reden; handelt es sich aber darum, auf diese Bedingungen einzugehen, dann weichen wir aus.

Wir haben genug Kenntnisse, um die Erfüllung aller Verheißungen Gottes erleben zu können und um die Welt umzuwälzen, wie die Urkirche es tat.

Worauf warten wir also? Auf den Gottesdienst am kommenden Sonntag, ohne den vom vergangenen in die Tat umgesetzt zu haben?

Worauf warten wir? Auf die nächste Konferenz, die nächste Versammlung, und haben doch nicht nach dem gehandelt, was das letztemal gesagt wurde?

Worauf warten wir? Auf die Erweckung, ohne uns dem, was sie fordert und was wir ganz genau wissen, unterstellt zu haben?

Worauf warten wir? Auf das Einswerden der Kinder Gottes, ohne in Ordnung gebracht zu haben, was zwischen uns und unserem Bruder steht und was nur wir beseitigen können?

Worauf warten wir? Auf die Wiederkunft des Herrn Jesus, und wissen doch, wie wenig die Christen die Bedingungen dafür erfüllen?

Worauf warten wir? Auf Segen für unser Leben oder für die, die um uns her leben, und haben doch aus Ungehorsam und Passivität nicht dem schon empfangenen Segen entsprechend gelebt?

Gott erlöse uns von unserer passiven Einstellung Seinem Wort gegenüber! Wir wollen dem, was wir gehört haben, gehorchen, und wenn Gott durch menschliche Werkzeuge mit uns redet, mögen sie noch so schwach sein, dann wollen wir tun, was Er uns sagt.

«Da nun ein schwacher Südwind wehte, meinten sie, sie hätten ihre Absicht erreicht, lichteten die Anker und fuhren nahe bei der Küste von Kreta hin.» Apostelgeschichte 27, 13.

Ein schwacher Südwind, etwas Sanftes, Angenehmes, was uns das Gefühl eingibt, wir seien Herren unseres Schicksals, ist oft das Vorzeichen eines Sturmes, der die überrascht, welche den Steuerleuten mehr Glauben schenken als dem, was Gottes Wort sagt.

Achtung vor diesem sanften Südwind! Gott hatte mit dir geredet, aber du folgtest Seinem Ruf nicht. Seitdem geht alles glatt in deinem Leben. Der Teufel wiegt dich in Sicherheit, aus der du erst erwachen wirst, wenn es zu spät ist. Gott ungehorsam sein ist etwas sehr Ernstes; man tut es nicht ungestraft. Bald wird sich ein Wirbelsturm erheben, und dann mußt du erleben, was es bedeutet, sich dem Willen Gottes zu entziehen.

Du warst im Wandel mit deinem HErrn vorwärtsgekommen, hattest Ihm gehorcht und gesegnete Erfahrungen gemacht. Aber dann kam die Versuchung. Deine Berufung wurde angefochten, jemand drangte sich dir als «Steuermann» auf. Du hörtest auf ihn und kamst auf Abwege. Mit «ihm» oder «ihr», die du zum Steuermann wähltest, erlebtest du eine Art überströmender Freude und dachtest, das sei der Segen Gottes. Du bist in Gefahr! Der sanfte Südwind schaukelt und verführt dich!

Gott läßt Seiner nicht spotten, man wirft Seine Bande nicht ungestraft von sich! Satans Methode ist es, dir «Steuerleute» in den Weg zu schicken, die alles besser wissen wollen als Gott. Sie können die Ursache vom Schiffbruch so mancher Berufung, vom Verlust so manch einer Krone werden. Wir wollen uns also hüten vor dem sanften Südwind, dem Vorläufer von Sturm und Unheil. Zu Anfang ist er angenehm, schmeichelt uns und versetzt uns in Unwirklichkeit; aber das Erwachen wird schrecklich sein. Darum lichte nie deine Anker, ohne des Willens Gottes gewiß zu sein! Laß dich auf kein anderes als auf Sein Programm für dein Leben ein. Sanfte Winde täuschen! Gott hat uns diesen Bericht nicht nur gegeben damit wir erführen, wie Paulus nach Rom kam, sondern um uns zu warnen, daß unsere Berufung Schiffbruch erleiden und wir unsere Krone verlieren können.

«Und Er nahm ein Kind und stellte es mitten unter sie ...»
Markus 9, 36.

Jesus stieg mit Seinen Jüngern vom Berg der Verklärung herab. In Kapernaum wartete Er, bis Er allein mit ihnen war, um sie zu fragen, was sie unterwegs miteinander verhandelt hätten ... denn Seine Ohren hören alles. Er weiß, was die Jünger sich sagen, ja sogar was sie denken. «Sie aber schwiegen, denn sie hatten unterwegs miteinander verhandelt, wer der Größte sei.» Es war ein verlegenes Schweigen! Der Gegensatz zu dem, was Jesus ihnen eben angekündigt hatte, war zu groß! Er hatte ihnen gesagt, daß Er leiden müsse, und sie hatten nur an sich selbst gedacht, wie sie sich untereinander Geltung verschaffen könnten.

Der Wunsch, der Größte zu sein, den ersten Platz einzunehmen oder sich sehen zu lassen, ist die Ursache vieler trauriger Zustände, die Gott keine Ehre machen. Ehrgeiziges Streben und Wetteifern verbirgt sich oft nur schlecht hinter Tätigkeiten und Arbeiten, die «für Gott getan» werden, wie man sagt.

Der HErr ersparte Seinen Jüngern die Schande einer öffentlichen Aussprache über diesen Gegenstand. Er führte sie ins Haus, und dort stellte Er ein kleines Kind mitten unter sie. Nachdem Er es zärtlich in Seine Arme genommen hatte, machte Er sich diesem kleinen Wesen gleich mit den Worten: «Wer ein solches Kind in Meinem Namen aufnimmt, der nimmt Mich auf.» Diese Lehre wollen wir uns zu Herzen nehmen. Der Blick des HErrn legt in unserem tiefsten Inneren die Wurzeln des Übels bloß: Hochmut und Eitelkeit, persönlichen Ehrgeiz und das «Ich», das nie genug bekommen kann und am gefährlichsten ist, wenn es unter dem Deckmantel heiliger Dinge auftritt.

«Wenn jemand der Erste sein will, so sei er von allen der Letzte und aller Diener», sagt der HErr dann, und im Matthäusevangelium fügt Er hinzu: «Wer sich selbst erniedrigt wie dieses Kind, der ist der Größte im Himmelreich.» 18, 4. Wenn wir einverstanden sind, wie ein kleines Kind zu sein, verlieren unsere eigenen Wünsche und unser Ehrgeiz ihren Wert. Wir werden von unserem HErrn und Meister in die Arme genommen und sehen nur noch Ihn, der sanftmütig und von Herzen demütig ist.

«Der, welcher in Petrus kräftig wirkte ..., der wirkte auch in mir kräftig.» Galater 2, 8.

Der große Apostel Paulus wußte, daß er die erziehende Gnade seines himmlischen Vaters ebenso nötig hatte wie sein Bruder Petrus. Er gab Gott die ganze Ehre für alles, was sein HErr in seinem Leben tat. Seine Heiligung, das Wirken Gottes in ihm, war noch wichtiger als sein Apostelamt und sein gesegneter Dienst in der Welt. Sein Wunsch war, in der Erkenntnis Gottes zu wachsen und Ihm immer ähnlicher zu werden.

Er hatte ein demütiges Herz, einen vor Gott bußfertigen, lenkbaren Geist. Diese Gottesmänner von damals verbargen nichts vor den Blicken ihres Meisters und wollten auch vor ihrer Umgebung nicht anders scheinen, als wie sie in Wirklichkeit vor Gott waren. Welche Ermutigung für uns, Seine schwachen, gebrechlichen Kinder, zu wissen, daß Der, welcher so kräftig in ihnen wirkte, ebenso in uns wirken will! Und Er tut es unter der einen Bedingung, daß Er in uns die gleiche aufrichtige Gesinnung findet.

Darum wollen wir vor Gott treten und uns darin durch nichts stören lassen, nicht einmal durch unseren Dienst für Ihn. Wir müssen lernen, der Hetze des Lebens zu entfliehen, um in Ruhe vor Gott stehen bleiben zu können, stille zu werden in Seiner Gegenwart, damit Er uns zeigen kann, was in unserem Bekenntnis nach außen nicht unserem inneren Herzenszustand entspricht. Haben wir mit uns selber zu kämpfen? Dann ist dies der Weg zur Befreiung. Kämpfen wir mit Gott, um Seiner Erziehung aus dem Wege zu gehen, Seine Ratschläge abzulehnen und vor Seinem Angesicht zu fliehen? Dann wollen wir doch solch vergebliches Ringen aufgeben, denn früher oder später wird Gott uns doch Einhalt gebieten.

Laßt uns also Ihm gegenüber die einzig richtige Stellung einnehmen. Gott hat Gedanken des Friedens über uns, Sein Wille ist gut, angenehm und vollkommen. Wenn wir Ihm unser Leben als lebendiges Opfer und unseren Geist als fügsames Werkzeug darbringen, dürfen wir mit dem Apostel sagen: «Der, welcher in Petrus kräftig wirkte ..., wirkt auch kräftig in mir», und wir werden sehen, was für segensreiche Folgen daraus erwachsen.

20. Juli

«Traget einer des anderen Lasten, und so werdet ihr das Gesetz Christi erfüllen.» Galater 6, 2.

Diese Worte bringen einen Hauch von oben mit, einen Wohlgeruch aus dem Himmel, etwas von der Schönheit des HErrn. Das Gesetz verschließt unser Herz, Gottes Gnade aber lenkt unsere Gedanken zu den anderen Menschen hin; sie befreit uns von der Gebundenheit an uns selber und dem Streben nach eigenen Interessen.

Wenn der Heilige Geist an unserem Leben arbeitet, können wir unseren Mitmenschen etwas von Christus bringen. Wir warten nicht, bis sie um Hilfe rufen, sondern widmen uns ihnen ganz einfach. Liebe sieht, was andere nicht sehen; Liebe kann nicht in ein steinernes Herz ausgegossen werden, nur in ein fleischernes, das versteht, mitfühlt und handelt.

Viele Menschen tragen drückende Lasten, und niemand hilft ihnen! Viele «Christen» wären wirklich Christen im wahren Sinne des Wortes, wenn sie, anstatt in ihrer religiösen Tätigkeit aufzugehen, mittrügen an den Lasten derer, die müde und beladen sind. Anstatt Gefallen zu finden an ihrer Frömmigkeit, die oft vor Gott gar keinen rechten Wert hat, könnten sie taktvoll und im Verborgenen ihren Glaubensbrüdern und -schwestern helfen und alles, was sie bedrückt, mit ihnen tragen.

Viele Menschen seufzen unter Lasten, von denen niemand weiß! Aber von einem Christenleben, das verborgen ist mit Christus in Gott, geht der Wohlgeruch der Gnade aus, der die Herzen öffnet und Vertrauen erweckt, so daß die schweren Lasten geteilt werden. Wollen wir nicht eingestehen, daß wir oft zu sehr in Eile sind, um die Lasten anderer zu sehen? Wir meinen, wir hätten zu viel zu tun und könnten nicht auf sie achten. Umsonst warten beladene Herzen um uns her auf Hilfe!

Gott wolle unsere Augen und Herzen auftun, damit wir die Nöte sehen und verstehen können. Er wolle unsere Blicke von unseren eigenen Schwierigkeiten weglenken und uns göttliches Mitgefühl für die anderen schenken. Er wolle uns lehren, tatsächlich das Gesetz Christi zu erfüllen und uns die heutige Ermahnung zu Herzen zu nehmen. Dann werden wir fähig — anstatt für andere eine Last zu sein —, ihre Lasten zu tragen.

«Neuen Wein soll man in neue Schläuche fassen.»
Lukas 5, 38.

Der HErr bereitete Seine Jünger auf die Veränderung vor, die nach Seiner Kreuzigung eintreten sollte. Er belehrte sie über dieses Neue durch Bilder aus dem Alltagsleben. Das alte Kleid und die alten Schläuche sind das Judentum und das Gesetz; das neue Stück Stoff und der neue Wein sind die Gnade und der Heilige Geist.

Diese Lehre gilt auch Christen, die in einem neuen Leben wandeln wollen. Als sie glaubten, empfingen sie den Heiligen Geist und wurden mit Ihm ausgerüstet zum Dienst. Aber sie müssen wachsam sein, damit sie in einem neuen Leben wandeln und nicht vergessen, daß ihr Herz von Natur das «Alte» liebt! Es schaut immer wieder zurück und unterwirft sich nicht gern dem «Neuen», dem Gesetz des Geistes des Lebens in Jesus Christus.

Laßt uns wachsam sein, damit unsere Methoden, unsere Arbeit und unsere Denkweise nicht zu «alten Schläuchen» werden, die der Heilige Geist nicht füllen kann, sonst gibt es Unruhe und Erregung, Müdigkeit und Verdruß. Wer auf Fleisch vertraut, verläßt sich auf seine Erfahrung, will alle Arbeit selbst tun, läßt sich immer mehr hetzen, und das alles ohne den Heiligen Geist ... Dann zerreißen die Schläuche und das Kleid!

Der Heilige Geist, der in uns wohnt, will uns erneuern zum Dienst. Unter dem Gesetz wird der Diener Gottes müde und beladen; unter der Gnade des Gesetzes des Geistes des Lebens findet er Ruhe, Frieden und Freude. Seine Aufgabe fällt ihm zu wie Manna von oben, wie frischer Himmelstau, und durch ihre Erfüllung wird Gott geehrt.

Verhalten wir uns zu unserer täglichen Arbeit wie zu einer Gabe, die aus dem Himmel kommt? Tun wir sie als Söhne und Erben, oder aus Zwang und Angewohnheit, wie bezahlte Knechte? Arbeiten wir in der Ruhe Gottes? Er, der in uns wohnt, teilt uns die Aufgabe zu, wie Er es für richtig hält. Beginnen wir den Tag mit Klagen und Seufzen über alles, was wir zu tun haben? Ist die Arbeit Seine oder unsere? Wird alles, was wir tun, durch Seine segnende Hand vollbracht?

«Zeigst du dich schwach am Tage der Not, so ist deine Kraft beschränkt.» Sprüche 24, 10.

Wenn das Kreuz Jesu Christi im Mittelpunkt eines Lebens steht und der Dienst für Ihn uneigennützig getan wird, dann geht es durch Schwierigkeiten und Trübsal. Aber Gottes Wort sagt uns, daß der HErr für jede Versuchung schon die nötige Gnade einer Befreiung bereithält. Er hat die Lösung für unsere Schwierigkeiten und gibt Sieg in der Trübsal, die Er zuläßt, um unseren Glauben zu stärken. Er gibt uns dadurch Gelegenheit, weiterzugehen mit Ihm und tiefer in Ihm verankert zu werden. Gottes Wort lehrt uns, das Leben von diesem Gesichtspunkt aus zu betrachten; und wenn uns das klar wird, nimmt unsere Kraft auf dem Wege zu. Zwar wissen wir, daß die Gefahr besteht, «schwach zu werden», überwinden sie aber durch Gottes Gnade.

Bist du schon einmal in Ohnmacht gefallen? Kennst du dieses beklemmende Gefühl? Das Leben scheint zu schwinden, die Beine versagen ihren Dienst, die Arme sinken kraftlos herab. Hast du dasselbe Gefühl nie auf geistlichem Gebiet gehabt? Viele Christen neigen dazu, sich in Schwierigkeiten schwach zu zeigen. Was sie sagen ist schwächlich. Sie verlangsamen den Schritt, kreuzen die Arme, werden schwächer und schwächer und verlieren schließlich unter dem Druck der Ereignisse das Bewußtsein.

Und doch sollten sie gerade das Gegenteil tun! Gott helfe uns, mache uns auf die Gefahr aufmerksam und bewahre uns! Die Welt braucht entschiedene Christen mit starken Armen, die fähig sind, «zu erretten, welche zum Tode geschleppt werden», wie es in Vers 11 heißt. In unserer Umgebung gibt es Menschenseelen, die gerettet werden müssen. Sie sind dem Tode verfallen und brauchen Erlösung. Und wir, die wir dieses Rettungswerk vollbringen könnten, zeigen uns schwach, wenn Schwierigkeiten und Nöte kommen!

Laßt uns doch in der Wirklichkeit leben und nicht mehr auf uns oder die Umstände schauen! Laßt uns Gott bitten, uns die Tragik im Leben der Menschen, die «zum Tode geschleppt werden», zum Bewußtsein zu bringen. Wir wollen uns an Ihn wenden, die unversiegbare Quelle von Leben, Kraft und Erfrischung. Dann wird Sein Leben sich um uns her offenbaren.

«Gehörst Du uns an oder unseren Feinden? Er sprach: Nein, sondern Ich bin der Fürst über das Heer des HErrn; jetzt bin Ich gekommen.» Josua 5, 13. 14.

Josua stand vor Jericho und wußte, daß diese Festung sein Heer hinderte, im Land der Verheißungen vorwärts zu kommen. Als er seine Augen aufhob, erblickte er einen Mann mit einem Schwert in der Hand. Als gewissenhafter Feldherr fragte Josua ihn, ob er Freund oder Feind sei, und bekam die Antwort: «Ich bin der Fürst über das Heer des HErrn.» Da fiel Josua auf sein Angesicht, betete an und stellte sich seinem Herrn zur Verfügung.

Ehe Josua die Eroberung des Landes begann, brauchte er diese Offenbarung des HErrn, des Fürsten aller Fürstentümer und Gewalten, des Überwinders, der die Macht hat, die Werke des Teufels zu zerstören und seine Geistesmächte zu lähmen.

Wir leben in Zeiten, in denen es unbedingt nötig ist, diese Erkenntnis unseres verherrlichten HErrn als zu fürchtenden Herrscher über alle feindlichen, satanischen Mächte zu besitzen. Wie viele Christen sind aber vor ihrem «Jericho» angekommen, ohne dem Fürsten des Heeres des HErrn begegnet zu sein! Wie viele reden vom Land der Verheißungen und meinen, sie zögen hinein, haben sich aber nie dem HErrn zu Füßen geworfen, Ihn nie angebetet und sich Ihm nie ganz zur Verfügung gestellt!

Wer diese Erfahrung gemacht hat, weiß, daß dem verherrlichten HErrn alle Gewalt im Himmel und auf Erden gegeben, daß Sein Name über allen anderen Namen ist, und verläßt sich zuversichtlich darauf, daß vor dieser Macht die Hölle zittert und ihre Heere die Flucht ergreifen. Möge uns die Gnade zuteilwerden, den Herrn Jesus Christus auch von dieser Seite kennenzulernen!

Wenn wir uns Ihm ganz überlassen, um Ihm zu dienen, wenn wir Ihm unser ganzes Leben unterstellen, sehen wir Seine Hand am Werk. Er will mit Seiner Macht auf Erden eingreifen, denn es ist noch Gnadenzeit. Seine allmächtige Hand will über den Menschen in Güte und Barmherzigkeit, über den Finsternismächten aber in Gericht walten. Er wird uns allezeit in Ihm triumphieren lassen, und wir werden die Freude erleben, daß unsere Mitmenschen sich zu Gott bekehren.

«Wer ist blind, wenn nicht Mein Knecht, oder so taub wie Mein Bote, den Ich gesandt habe?» Jesaja 42, 19.

Das christliche Leben wird mit einem Wettlauf verglichen, in dem der Läufer vorwärts eilt, ohne sich um das zu bekümmern, was rechts und links um ihn her geschieht. Wer den Preis der himmlischen Berufung Gottes in Christus Jesus erlangen will, begegnet auf seiner Bahn der Versuchung, auf das zu hören, was die anderen sagen, und auf das zu schauen, was die anderen tun.

Er könnte sich verlocken lassen, die Bemerkungen der Zuschauer beim Wettlauf zu belauschen, oder sich von ihrem Benehmen beeindrucken lassen. Aber wenn ein Läufer sich von der Meinung eines anderen, der gar nicht in der Rennbahn läuft, beeinflussen läßt, wird er in seinen Bestrebungen gehemmt und verliert das Ziel aus den Augen. Er erleidet eine Niederlage, ohne viel Lärm, aber es ist schnell geschehen!

Der Bote jedoch, den Gott sendet, ist taub. Seine Ohren sind nur für Gottes Führung offen, entgegengesetzten Einflüssen bleiben sie verschlossen. Wie viele Zeugen sind stehengeblieben, wie viele Christen gelähmt worden, weil sie ein Ohr hatten für das, «was man sagt», und sich ablenken ließen!

«Wer ist blind, wenn nicht Mein Knecht?» Eine der größten Gefahren, die dem Diener Gottes drohen, wenn er schlicht und treu seine Aufgabe durchführen will, ist das Schauen auf die Tätigkeit anderer. Man läßt sich beeindrucken von ihren scheinbaren Erfolgen und merkt zuerst gar nicht, daß man gesunken ist. Der Diener Gottes, der dieser Versuchung erliegt, weiß nicht, daß er im Lauf innehält, denn er arbeitet ja und ist sehr tätig, nur nicht mehr auf der Bahn, die Gott für ihn bestimmte. Er dient nicht mehr im Geist, sondern mit eigenen Kräften. Er ist vom Göttlichen übergegangen zu etwas nur Religiösem, Nachgeahmtem.

Nur wenn wir immer aufs Ziel schauen, können wir den Lauf vollenden, ohne nachzulassen. Gottes Kind sollte also wachsam sein und sich selbst in Zucht nehmen im Sinne dieses Wortes: «Wer ist blind, wenn nicht Mein Knecht, oder so taub wie Mein Bote, den Ich gesandt habe?»

«Als es nun an jenem ersten Wochentage Abend geworden war und die Türen verschlossen waren an dem Ort, wo sich die Jünger versammelt hatten, aus Furcht vor den Juden, — kam Jesus und trat mitten unter sie und spricht zu ihnen: Friede sei mit euch!»

Johannes 20, 19.

Golgatha mit all seinen Schrecken lag hinter den Jüngern. Sie litten unter der Lücke, die ihr abwesender Meister zurückgelassen hatte, als Er ihnen durch ruchlose Hände entrissen wurde. Sein unerklärlicher Schrei: «Mein Gott, Mein Gott, warum hast Du Mich verlassen?» klang ihnen noch in den Ohren. Und trotz allem, was ihnen die Frauen und die Emmausjünger berichtet hatten, waren ihre Tränen noch nicht versiegt, ihr Unglaube noch nicht überwunden. Drinnen herrschte Furcht, draußen Kampf, und an die Zukunft wagten sie gar nicht zu denken; denn in ihrer Herzenshärtigkeit konnten sie die Schriften noch nicht verstehen. Da trat Jesus mitten unter sie und sprach zu ihnen: «Friede sei mit euch!»

Das war die erste Botschaft des Auferstandenen für sie und ist es auch für uns! Wie können wir das Leben meistern und dem Namen, den wir tragen, Ehre machen, wenn unsere Herzen in Not und Sorge, in Unruhe und Angst vor der Zukunft sind? So können wir ja nicht als Kinder des Lichts und als Zeugen der Auferstehung leben. Laßt uns also unserem Gott bekennen, wie es um uns steht. Wenn wir uns auch nicht mit den Aposteln vergleichen können, so sehen wir ihnen doch sehr ähnlich in ihrer Schwierigkeit, nach der Auferstehung die ihnen zugedachten geistlichen Vorrechte zu erfassen.

Wir haben wie sie nahe bei dem Meister gelebt und Seine Hilfe empfangen. Wir haben auch gesagt, wir hätten uns Ihm ganz hingegeben. Aber in Wirklichkeit leben wir so, als ob Er nicht wahrhaftig auferstanden wäre und als ob uns die Kraft der Auferstehung nicht zur Verfügung stände. Und doch ist der HErr da und wartet, Er, der Auferstandene, bis wir uns helfen und befreien lassen.

Den Jüngern wurde Frieden zuteil, als Jesus ihnen Seine Hände und Seine Seite zeigte. Friede kommt aus Seinen Wunden, er treibt uns in den Dienst und stärkt uns zum Dienst. So wollen wir diesen Frieden einlassen, damit er unser ganzes Wesen einhülle!

«Paulus, Knecht Jesu Christi.» Römer 1, 1.

Knecht Jesu Christi! Dieses Wort steht im Widerspruch zur Jetztzeit und zu den allgemein geltenden Ansichten, zu der Denkweise und den Bestrebungen der Menschen. Ein Knecht, genau genommen *ein Leibeigener Jesu Christi*, das sind verhaßte, verachtete Ausdrücke. Mußten die ersten Jünger nicht alle bereit sein, deswegen als Märtyrer im Amphitheater zu sterben, besonders Paulus, der Knecht Jesu Christi? ... Und wir?

Leibeigene Jesu Christi tragen auch in unseren Tagen Seine Schmach und teilen die Schande Seiner Verwerfung. Sind wir uns bewußt, daß es in der Welt zwei Herren der Menschenseele gibt? Der erste ist Satan, der Thronräuber, der zweite Jesus Christus, der in diese Welt kam, nicht nur um uns zu retten, sondern auch um uns loszukaufen von dieser Welt und uns dadurch zu Seinen Leibeigenen zu machen, die von der Macht Satans, ihres ersten Herrn, erlöst sind und für ihren zweiten HErrn zeugen.

Leibeigene Jesu Christi, Sklaven, haben — wie ihr HErr — in ihrem Aussehen nichts, was Gefallen erregen könnte. Jesaja 53, 2. Aber die Schönheit der Ähnlichkeit mit ihrem HErrn liegt auf ihnen. Sie gleichen Ihm in der stillen Hingabe, die schließlich auch die härtesten Herzen erweicht, so daß die Sklaven dieser Welt wünschen, wenn zuerst auch nur heimlich, ihre Stellung zu wechseln und den anderen Meister, Jesus Christus, kennenzulernen.

Leibeigene Jesu Christi sind freiwillige Knechte. Sie sagen wie der Sklave in 2. Mose 21, 5: «Ich habe meinen Herrn lieb, ich will nicht freigelassen werden.» Wir lieben Ihn, weil Er uns geliebt hat, und gehören freiwillig Dem, der für uns gekreuzigt wurde.

Leibeigene Jesu Christi, dieser Name stammt aus einer anderen Welt als der heutigen; er kommt aus dem Heiligtum, und in der Ewigkeit werden die Leibeigenen in den Stand von Königen und Priestern erhoben! Die Leidensspuren auf ihrer Stirn werden dann unter einer Krone verschwinden, die Wunden an ihren Händen unter Palmen, und ihre Füße, die auch Schmerzensspuren tragen, werden endlich das unbeschreibliche Glück haben, die Straßen aus reinem, durchsichtigem Gold betreten zu dürfen.

«Weiter sage Ich euch, wenn zwei von euch übereinkommen werden auf Erden über irgend einer Sache, für die sie beten wollen, so soll sie ihnen zuteilwerden von Meinem Vater im Himmel.»
Matthäus 18, 19.

«Wenn zwei übereinkommen», nur zwei! Dabei waren es zwölf, die den Herrn Jesus umgaben und Ihm nachfolgten. Bei einer gewissen Gelegenheit sandte Er sogar 70 zum Predigen aus, und die Menge derer, die sich Seine Jünger nannten, war groß.

Aber Matthäus offenbart uns die traurige Tatsache, daß Christus von den Menschen verworfen und von den Seinen um persönlicher Vorteile willen verraten wurde. Er kannte damals ebenso wie heute den Ehrgeiz Seiner Jünger, ihre Schwächen und ihre Schwierigkeit, miteinander auszukommen. Er wußte wohl, warum Er nur von zweien sprach! Aber zur Durchführung Seiner Pläne brauchte Er diese beiden, und sie mußten eins werden. Zwei Glaubende, die wirklich übereingekommen sind und in ungetrübter Verbindung mit ihrem Vater im Himmel stehen, können Sein allmächtiges Eingreifen in diese Welt auslösen.

Diese zwei, die übereinkommen, schließen sich nicht ab, um aus eigennützigen Gründen miteinander zu beten, sondern zwei Herzen, denen Gott Seinen Blick verleiht und Seine Last auflegt, lassen bei ihrem Übereinkommen alles Nebensächliche, Persönliche beiseite; es geht nur um Gott, Sein Werk und Seine Ehre.

Sie dringen bis in Gottes Gegenwart vor und sprechen Wünsche aus, die Er Selber in ihren Herzen wachgerufen hat. Ihr Geist ist frei von Furcht und Unsicherheit. Sie beten — solange es nötig ist —, wissen aber, daß «wir von Ihm empfangen, was wir bitten, weil wir Seine Gebote halten und tun, was vor Ihm wohlgefällig ist». 1. Johannes 3, 22. Es handelt sich in erster Linie um ein tiefes Einvernehmen mit Gott. Ihre Gebete gesellen sich zu denen ihres Großen Hohenpriesters in der Herrlichkeit. Diese «zwei» haben ein offenes Herz für die Nöte der Welt, kennen die Gemeinschaft der Leiden Christi und Seine Liebe zu den Menschenseelen.

Gott erwecke unter uns diese «zwei», die vor den Vater im Himmel treten, bis Er sie erhört hat! Willst du zu ihnen gehören?

«Ich nenne Ägypten und Babylon unter denen, die Mich kennen.»
Psalm 87, 4.

Überall in der Bibel sind die Ägypter und Babylonier Feinde Gottes und Seines Volkes. Aber unter dem Walten der Gnade erwachen sogar in «Ägypten» und «Babylon» Menschenseelen zum Leben!

Ihr Christen, die ihr treu zu unserem HErrn und Seiner Berufung steht, Er Selbst fordert euch hier zu etwas Unmöglichem auf. Er sagte ja auch über den schwierigen Fall des reichen Jünglings: *«Was bei den Menschen unmöglich ist, das ist bei Gott möglich.»*

Dieses Evangelium haben wir zu verkündigen. Er sendet uns dorthin, wo der Boden am härtesten zu sein scheint, mitten nach «Ägypten» hinein, sogar nach «Babylon». Kein Ort ist zu dunkel für Ihn, keine Seele zu weit von Ihm entfernt, daß Er sie nicht zu finden vermöchte. Aber Er braucht Boten, die selber von der Kraft des Kreuzes erfaßt und mit dem Heiligen Geist ausgerüstet sind. Dann wird Seine Kraft durch die Verkündigung wirksam und lehrt die Menschen, was das sühnende Blut und das Sterben ihres göttlichen Stellvertreters, den Gott von den Toten auferweckt hat, für sie bedeutet.

Ihr kämpfenden Christen, fürchtet nicht die Kampfansage des Unmöglichen, nehmt sie an; findet euch nicht ab mit den vorhandenen Zuständen, mit Neutralität, die sich fernhält vom Kampf und den göttlichen Ursprung, den unwandelbaren Charakter der Wahrheit nicht anerkennt.

Steht fest, trotzt dem Sturm! Streicht das «un» in dem Wort «unmöglich» weg. Sagt im Namen des HErrn, daß alle Dinge möglich sind dem, der da glaubt. Der vor 2000 Jahren von Christus errungene Sieg muß in Erscheinung treten. Ruft aus einem von Gottes Liebe gedrängten Herzen allen Menschen zu: «So bitten wir nun an Christi Statt: Laßt euch versöhnen mit Gott! Denn Er hat Den, der von keiner Sünde wußte, für uns zur Sünde gemacht, auf daß wir in Ihm Gerechtigkeit Gottes würden.» 2. Korinther 5, 20—21.

Verliert auch bei den schwierigsten Fällen den Mut nicht! Gebt dem HErrn freie Bahn, in euch und durch euch zu wirken!

«Die Hoffnung aber läßt nicht zuschanden werden.»
Römer 5, 5.

Denen, die diese Hoffnung haben, tut sich immer und überall eine Tür auf. Ihre Zukunft ist gesichert, auch wenn der Feind droht. In dieser Hoffnung kommt die Kraft der Auferstehung zum Ausdruck; Hoffnung und Auferstehungskraft sind gleicher Wesensart, sie stammen aus dem Himmel. Hoffnung ist eine Pflanze, die auf ganz besonderem Boden und in einem ganz bestimmten Klima gedeiht, dem Klima der Trübsal, dem Boden schwieriger Umstände.

Die Hoffnung, die nicht zuschanden werden läßt, bleibt bestehen, wenn alles zusammenbricht. Sie schlägt Wurzeln in dem zuverlässigen Boden des Kreuzes, ohne welches es weder Glauben noch Hoffnung gäbe. Wer diese Hoffnung besitzt, weiß, daß Gott treu ist und daß ihm alles zum Besten dient. Er ist frei von beschränkten Ansichten, selbstsüchtigen Bestrebungen und Eigenliebe. Kennst du die Entfaltung der Auferstehungskraft in deinem Leben? Der Heilige Geist wurde ausgegossen, damit uns diese Kraft gegeben werde. Laß nur zu, daß sie alles aus deinem Herzen vertreibt, was nicht von Ihm stammt, dann wird diese Hoffnung in dir zunehmen und du wirst erleben, daß sie den, der sie faßt und den sie erfaßt, nicht zuschanden werden läßt.

Die Hoffnung, die nicht zuschanden werden läßt, will den mächtigen Strom der Liebe Christi in dein Leben leiten. Christus hat Sich Selbst ganz hingegeben, damit wir lernten, uns rückhaltlos für Ihn hinzugeben. Infolgedessen werden wir mit wahrer Leidenschaft auf das Heil der Seelen bedacht sein, solange es noch möglich ist, an sie heranzukommen.

Gerade jetzt kannst du den Entschluß fassen, dich ganz dem HErrn hinzugeben. Dann wird mit dem Geist der Auferstehung die Liebe Gottes in dein Herz ausgegossen. Ein Herz, dem der Geist Gottes die Hoffnung verleiht, die nicht zuschanden werden läßt, ist wie durchdrungen von Himmelstau. Mitten im Kampf, in Schwierigkeiten und unangenehmen Lagen wird es erleben, daß dieser Himmelstau hilfreich ist und daß Gott unendlich viel mehr tut, als wir hoffen und denken.

«Da blickte ihn Jesus an und gewann ihn lieb.»
Markus 10, 21.

Vor diesem Vorgang, einem der schönsten im Evangelium, kann man nur stillstehen und schweigen. Der Blick des Retters der Welt ruhte auf einem jungen Menschen, und Seine unergründliche, unendliche Liebe war bereit, ihm die Kraft zu schenken, um Ihm nachfolgen und dienen zu können.

Bis dahin hatte der reiche Jüngling Gott mit eigenen Bemühungen aufrichtig gedient, aber jetzt drang der liebende Blick des HErrn durch das Eis seines Eigenlebens hindurch in sein Herz, und als der HErr sagte: «Eins fehlt dir! Gehe hin, verkaufe alles, was du hast, und gib es den Armen, so wirst du einen Schatz im Himmel haben; und komm, folge Mir nach», da wurde die Seele dieses jungen Menschen von Traurigkeit überwältigt.

Wie schwierig ist es für die, welche Reichtümer besitzen, ins Reich Gottes zu kommen! Dabei handelt es sich nicht nur um äußeren Reichtum, sondern um den Reichtum unserer Natur, um unseren Eifer oder unsere Klugheit, falls wir mehr an ihnen hängen als an unserem Erlöser. Aber Jesus stellt uns absichtlich vor etwas, was uns unmöglich ist, weil Er uns zeigen möchte, daß das, was bei Menschen unmöglich, bei Gott möglich ist.

Wird es uns schwer, etwas aufzugeben, was uns wertvoll erscheint? «Da blickte Jesus ihn an und gewann ihn lieb.» Von diesem Blick wollen wir uns doch erfassen lassen und dann ... überwunden nachgeben!

Seine Liebe erwartet von uns Kindern Gottes, daß wir Ihm unser Leben, unsere Lebensweise, unser Programm und unseren Willen geben. Der Blick des Herrn Jesus schenkt uns, was uns fehlt, was wir sein sollten und tun müßten. Er bringt ans Licht, was Ihm in unserem Leben nicht gefällt und Seinem Dienst nichts nützt. Und alles, was Er von uns erwartet, vollbringt Er für uns.

Sein liebender Blick ruht jetzt auf uns. Was wollen wir tun? Ganz betrübt weggehen wie dieser Jüngling? Uns anklammern an das, was wir für Reichtum halten, oder uns Seiner Liebe ausliefern, um dann von allem zu genießen, was Er uns an Freuden und Früchten in Seinem Dienst zugedacht hat?

«Betet im Heiligen Geist!» Judas 20.

Wenn Mose seine Hände sinken ließ, wurde Israels Heer geschlagen; wenn er sie hochhielt, siegte es. Als die Urkirche zusammengekommen war, um für Petrus zu beten, tat Gott ein Wunder und befreite Seinen Diener. In der ganzen Bibel finden wir Beweise dafür, daß Gott die Gebete Seiner Kinder hört und erhört. Und nicht nur das, sondern Er wartet darauf, daß wir zu Ihm kommen und Ihm unsere Anliegen durch Gebet und Flehen kundtun. Zeichnet sich unser Christenleben besonders durch Gebet aus?

In Gethsemane schliefen die Jünger, anstatt mit ihrem Meister zu wachen und zu beten. Da trat Jesus zu ihnen und sprach: «*Könnt ihr also nicht eine Stunde mit Mir wachen?*» Matthäus 26, 40. Wie oft müßte Er uns denselben Vorwurf machen! Was ist eine Stunde im Vergleich mit dem Leid der Menschheit, ihrem unendlichen Schmerz, ihrer tiefen Not? Und doch wird es uns so schwer, Ihm eine Stunde zu widmen! Es ist leichter, an einer Versammlung teilzunehmen oder sogar für Gott zu arbeiten, als eine Stunde mit Ihm zu wachen. Und doch hat Er uns zu dieser heiligen Genossenschaft berufen. Wir sollten mit Ihm vereint unsere Blicke auf die verwundete Menschheit richten und dann unser Herz vor Ihm ausschütten.

Wenn wir für andere beten, vergessen wir uns selbst. Unsere Blicke werden über die engen Grenzen unseres Horizonts hinausgelenkt, um weiter zu schauen. Eins der Gesetze des Geistes des Lebens besteht darin, daß wir für einander beten sollen. Und wenn wir wenig beten, so ist das ein Zeichen, daß unser Christenleben flau ist. Das Licht des Heiligen Geistes in uns ist trübe geworden. Wir sind zu sehr mit uns selber beschäftigt, deshalb merken wir nicht, was die anderen brauchen. Oder wir haben einen Bruder, eine Schwester kritisiert und können deshalb unmöglich für sie beten.

Oh, daß doch unser heutiger Text etwas in unserem Leben änderte! Gott erlöse uns von unsren kraftlosen Gebeten und schenke uns das vom Heiligen Geist eingegebene Beten, das sich in anhaltendem Flehen zeigt.

«Es zog aber eine große Volksmenge mit Ihm, und Er wandte Sich um und sprach zu ihnen: ... Wer von euch, der einen Turm bauen will, setzt sich nicht zuvor hin und berechnet die Kosten, ob er genug habe zur gänzlichen Ausführung?» Lukas 14, 25. 28.

Man kann mit Jesus ziehen, ohne jedoch mit Ihm zu leben und sich Ihm gleichzugestalten. Wir können auf unsere Umgebung den Eindruck machen, als folgten wir Ihm nach, mit dem Herzen aber ganz woanders sein; und nur der HErr, der das Herz ansieht, weiß, daß wir uns und die anderen täuschen. Jesus kennt die, welche wirklich ganz für Ihn leben und auf die Er Sich verlassen kann.

Wir haben den Entschluß gefaßt, für Ihn zu arbeiten. Aber Er sagt, wir sollten uns zuerst hinsetzen, um die Folgen dieses Schrittes wohl zu bedenken; denn es kommt vor, daß unsere guten Vorsätze zu nichts führen. Nach einem verheißungsvollen Anfang lassen wir uns von «Vater, Mutter, Frau und Kind, Brüdern und Schwestern», oder von den Ansprüchen des Eigenlebens aufhalten. Auf dem Gebiet des Dienstes für Gott sollten wir uns nie überstürzen.

Vielleicht sagen oder singen wir, wir wollten für Ihn streiten, aber es bleibt nur bei Worten. Wir «setzen uns nicht zuvor hin», um zu prüfen, ob wir auch ausführen können, was wir mit den Lippen versprechen. Auf keinem Gebiet sagen wir Christen so leicht eine Unwahrheit, wie in unseren Liedern. Schon am Ausgang der Versammlung erwarten uns «Gesandte» mit Friedensbedingungen, und wir gehen auf sie ein, um einen Krieg zu vermeiden. Lukas 14, 32. Wir sollten uns hüten vor solchen «Gesandten», die uns bewegen wollen, nach einem guten Anfang die Waffen niederzulegen! Der Teufel sendet sie, um uns Frieden anzubieten, den Frieden der Leblosen: eine Tätigkeit ohne Kampf, ohne Widerstände, ohne Feuer und ohne Leben.

Ein unvollendeter Turmbau gibt den Menschen Grund zum Spotten. Ein unentschiedener Christ wird von der Welt verachtet. Wie kann die Welt glauben, wenn wir stehenbleiben auf dem Wege und nicht bis ans Ende mit unserem HErrn wandeln? Ehe wir etwas versprechen, wollen wir uns also hinsetzen und die Kosten überschlagen, dann unser Kreuz auf uns nehmen und Ihm nachfolgen, nicht nur eine Zeitlang, sondern bis ans Ende!

«Da Er ja nicht fern ist von einem jeglichen unter uns; denn in Ihm haben wir Leben, Bewegung und Dasein.»
Apostelgeschichte 17, 27. 28 (S).

Als Paulus seine berühmte Rede vor den Athenern hielt, die einen «unbekannten Gott» anbeteten, zeigte er ihnen, daß Gott ihnen gar nicht so fern war, wie sie meinten. Die Unwissenheit seiner Zuhörer gestattete es ihm nicht, ihnen die christliche Lehre so zu bringen wie das Evangelium nach Johannes. Er sprach mit ihnen nicht über die Herrlichkeit des eingeborenen Sohnes vom Vater, sondern über Gott, den Schöpfer des Lebens.

In Ihm haben wir Leben, Bewegung und Dasein. Das mag uns überraschen, ist aber des Vaters Geschenk für uns. Warum uns also mit weniger begnügen? Christus ist unsere Zuflucht in schwierigen Zeiten, wenn Versuchungen und Gefahren drohen. Unsere Gemeinschaft mit Ihm sollte so innig sein, daß Sein Leben zu unserem Leben, Sein Sieg zu unserem Sieg wird. Dann kommen alle unsere Bewegungen aus Ihm, unser ganzes Dasein, unser ganzes Leben ist in Ihm. Unser Eigenleben, die Regungen unseres Fleisches, alles, was unser entartetes Dasein kennzeichnet, sind dann mit Christus gekreuzigt, und als Auferstandener führt Er uns in das Leben ein, dem Sein Heil und Seine Verheißungen gelten.

In Ihm haben wir die Fülle des Lebens. Getrennt von Ihm bleibt unser Dienst wirkungslos. Wie die Rebe am Weinstock bleiben muß, um Frucht zu bringen, so ist unsere Gemeinschaft mit dem Herrn Jesus die Hauptbedingung einer gesegneten Tätigkeit. Darum wollen wir nie einen Schritt tun, ohne gewiß zu sein, daß wir in enger Verbindung mit Ihm stehen, und uns nie erlauben, auch nur einen Tag ohne sie zu leben. «Bleibt in Mir», sagt Er, «und Ich bleibe in euch! Gleichwie das Rebschoß von sich selbst keine Frucht bringen kann, wenn es nicht am Weinstock bleibt, also auch ihr nicht, wenn ihr nicht in Mir bleibt.» Johannes 15, 4.

Laßt uns also unser Erstgeburtsrecht, dieses Leben mit Ihm, beanspruchen, damit alle unsere Bewegungen von Ihm eingegeben, ja, unser ganzes Dasein von Ihm durchdrungen wird. Sein Leben sei unser Leben, unser Geist *ein* Geist mit Ihm, und nie wollen wir getrennt von Ihm etwas unternehmen!

«Dennoch glaube ich zuversichtlich, daß ich die Güte des HErrn sehen werde im Lande der Lebendigen.» Psalm 27, 13.

Davids Psalmen sind täglich unseres Fußes Leuchte und ein Licht auf dem vor uns liegenden Weg. Der Psalmist beschreibt seine Erfahrungen, «damit wir durch die Geduld und durch den Trost der Schrift Hoffnung fassen». Römer 15, 4.

Wir gehen schweren Zeiten entgegen. Menschen, die keinen lebendigen Glauben an einen lebendigen Gott haben, könnten den Mut verlieren. Aber auf schmerzliche Erfahrungen folgt ein Morgen. Die Prüfungen und Schwierigkeiten könnten uns außer Fassung bringen, wenn unser Glaube nicht innerhalb des Vorhangs verankert wäre und uns eine unerschütterliche Hoffnung verliehe. Der Feind sichtet uns; er hat des Todes Gewalt, er ist der Anführer der Finsternismächte und scheint zu triumphieren. Dennoch erklärt der HErr, daß Er hoch über dem allem regiert und der Tag kommt — vielleicht schneller als wir denken —, an dem wir Seine Güte im Lande der Lebendigen sehen werden.

Wir sollten lernen unsere Anfechtungen so anzusehen, wie wir sie viele Jahre später beurteilen würden. Dann könnten wir dem HErrn schon jetzt danken, daß der Tag kommen wird, an dem wir zurückschauend verstehen, daß in den dunklen Wolken Regen des Segens verborgen war und die schmerzlichen Zeiten uns eine neue Erkenntnis unseres HErrn einbrachten, eine geistige Bereicherung, die ein leichtes, gleichmäßiges Leben nicht kennt. «Alle Züchtigung, wenn sie da ist, dünkt uns nicht zur Freude, sondern zur Traurigkeit zu dienen; hernach aber gibt sie eine friedsame Frucht der Gerechtigkeit denen, die dadurch geübt sind.» Hebräer 12, 11.

Darum Mut gefaßt! Hoffnungslosigkeit ist jetzt nicht am Platze. Wir werden die Güte des HErrn schauen, und zwar im «Lande der Lebendigen», heißt es ausdrücklich; nicht nur im Himmel, nach dem Tode, sondern jetzt schon, hier auf Erden. Der Apostel Paulus sagt, die Gottseligkeit habe die Verheißung des jetzigen und des zukünftigen Lebens. Gott wolle unsere Herzen lenken, Sein Wort mit Freuden und voller Hoffnung aufzunehmen.

«Eine Stimme ruft: In der Wüste bereitet den Weg des HErrn, ebnet auf dem Gefilde eine Bahn unserm Gott!» Jesaja 40, 3.

Bist du einsam, und leidest du unter deiner Einsamkeit? Du bist nicht der einzige, der die Erfahrung macht, daß sein Weg durch Wüsteneinsamkeit führt. Gott wacht in der ganzen Welt über denen, die allein stehen, allein, *weil Er es wollte*. Sei dir also vor allen Dingen klar darüber, ob deine Einsamkeit von Gott gewollt ist. Wenn es der Fall ist, gibt es dir eine sichere Grundlage für dein Leben, und du wirst gerade jetzt erfahren, daß Sein Wille immer gut, angenehm und vollkommen ist. So bereitet Gott dir durch die Wüste den Weg, der dich hinaus führt, wenn Seine Stunde gekommen ist.

Unterdessen wisse, daß Gott für Seinen geistlichen Tempel Säulen braucht, nicht nur Mauern! Er braucht Säulen im Gebet und in der Fürbitte, Säulen für die Wahrheit, und Er hat hier und da in der Welt solche Säulen. Muß aber eine Säule nicht notwendigerweise allein stehen?

Du aber bist eigentlich gar nicht allein. Schaue deine Umstände nur vom geistlichen Gesichtspunkt aus, mit Gottes Augen an. Er hat Sich zu allen Zeiten durch Seine Kinder verherrlicht, die in der Einsamkeit «im Kleinen treu» waren, nachdem sie Seinem Willen von Herzen zugestimmt hatten. Dann konnte Er durch ihr Leben Seine unaussprechlich weisen Pläne durchführen.

Unser HErr war einsam mitten in Seiner Familie, einsam unter der stolzen, profanen Geistlichkeit, einsam in Galiläa, Samaria und Judäa. Er war allein auf dem Berge, um zu Seinem Vater zu beten, allein im Tempel, allein in Gethsemane, allein auf Golgatha. Deine Einsamkeit ist also ein Vorrecht, Er rechnet mit dir und läßt dich in Seine Fußstapfen treten.

Anstatt dich von einem Gefühl der Vereinsamung überwältigen zu lassen, sei dir bewußt, daß Gottes Gegenwart dich umgibt. Sieh den Berg voller feuriger Wagen und Reiter. 2. Könige 6, 15—17. Von deinem Treusein in der Einsamkeit hängen die Siege ab, die Gott an anderen Orten erringen will. «Die Wüste und Einöde wird sich freuen, und die Steppe wird frohlocken und blühen wie ein Narzissenfeld.» Jesaja 35, 1.

«Wenn aber dieses zu geschehen anfängt, so richtet euch auf und erhebt eure Häupter, weil eure Erlösung naht.» Lukas 21, 28.

Wir leben in einer niedergeschlagenen, entmutigten Welt, die unter schweren Lasten gebeugt einhergeht. Ein Gefühl allgemeiner Unsicherheit herrscht. Aber Jesus Christus sagt deutlich, welche Haltung da Seine Jünger, die echten Christen einnehmen, die vor ihrer Generation Seine Zeugen sind.

«Richtet euch auf!» Widersteht der allgemeinen Mutlosigkeit mit einer positiven Gesinnung! Sich aufrichten heißt, aus Liebe treu zum Herrn Jesus stehen, Seinen Geboten gehorchen, Seine Verheißungen glauben, mit einem Wort, dem Marschbefehl gemäß leben, der Josua gegeben wurde: «Sei du nur stark und sehr fest ..., dieses Gesetzbuch soll nicht von deinem Munde weichen, sondern forsche darin Tag und Nacht, auf daß du achtgebest, zu tun nach allem, was darin geschrieben steht; denn alsdann wird dir dein Weg gelingen, und dann wirst du weislich handeln.» Josua 1, 7. 8.

Festigkeit, treues Stehen zu Gott und Seinem Wort, Liebe und Hingebung für die Menschen sollten wie ein frischer Wind alles Negative aus unsrem Sinn wegblasen, und wir sollten festen Fuß fassen auf dem Boden des Glaubens, um widerstehen, mehr noch, um vorwärts kommen zu können. Gott wolle uns zu Männern und Frauen machen, die aufrechtstehen, nicht aus Hochmut, sondern weil der HErr es ihnen verleiht.

«Erhebet eure Häupter» bedeutet nicht, mit zum Himmel aufgeschlagenen Augen unbekümmert um das Los der verlorenen Welt die Wiederkunft des HErrn erwarten; sondern weil wir glauben, daß unser HErr wiederkommen wird, heben wir unsere Augen auf über die zur Ernte reifen Felder, um dort zu wirken. Die richtige Einstellung zur Wiederkunft Christi erzeugt den Wunsch, für solch einen Meister zu arbeiten.

Also aufgestanden und dem Schlendrian der Zeit abgesagt! Alles ist dazu angetan, uns mutlos, pessimistisch zu machen; aber der HErr ermahnt uns zu hoffen. «Erhebt eure Häupter», um auf Ihn zu schauen! Laßt uns dem Pessimismus mit Hoffnung begegnen, der Ratlosigkeit mit Mut und Entschlossenheit, und auf Den schauen, der einen unablässigen Dienst der Liebe von uns erwartet, bis daß Er kommt.

«Dein Wort ist meines Fußes Leuchte und ein Licht für meinen Pfad.»
Psalm 119, 105.

Wie richtig ist dieser Ausspruch des Psalmisten! Er offenbart uns, daß es dunkel ist in der Welt und daß es Schwierigkeiten auf dem Lebensweg gibt.

Wir leben in einer Zeit, in der der Glaubende lernen muß, nur einen Schritt auf einmal zu tun und gewiß zu sein, daß er seine Füße auf sichern Boden setzt. Groß ist die Gefahr, in der Dunkelheit einen Fehltritt zu machen, oder wegen der Schwierigkeiten stehen zu bleiben. Ein einziger falscher Schritt genügt, um den Glaubenden zu Fall zu bringen, und ein Stillstehen auf dem Wege schadet seiner Berufung.

Wir können unserem Gott nicht dankbar genug sein, daß Er uns Sein Wort als *Leuchte für unseren Fuß* gegeben und uns Schritt für Schritt bis heute geleitet hat, so daß wir wissen können, wo wir stehen. Diese Leuchte für unsern Fuß ermöglicht uns, jederzeit Gemeinschaft mit Ihm zu haben; sie ist wie die Wolken- und Feuersäule, die unsere Schritte lenkt und überwacht. Wir wollen also stets daran denken, daß Sein Wort unsere Leuchte ist, die die Dunkelheit erhellt und verhindert, daß uns die Finsternis überrascht oder in uns eindringt.

Sein Wort ist auch das *Licht für unseren Pfad.* Es wirft in unserem täglichen Leben einen hellen Schein auf das, was vor uns liegt, ermöglicht dadurch, daß wir Fortschritte machen und Gott dienen. Es zeigt uns den Weg unter ständig wechselnden Umständen und in unerwarteten, schwierigen Lagen. Sein Wort belehrt uns über die Gefahren auf dem Wege und verrät uns das Geheimnis des Sieges. Es ist ein sicherer Führer, der sich nie irrt.

Das prophetische Wort wirft sein Licht auf die kommenden Ereignisse, damit die Christen nie unvorbereitet erfunden werden, sondern sich auf die Zeiten verstehen. Die ernsten Warnungen Gottes sind keineswegs übertrieben, und Seine Verheißungen haben sich noch immer erfüllt. Unsere Blicke sollten stets auf dieses Licht gerichtet sein, und unser Weg von keinem anderen, falschen, verführerischen Schein erleuchtet werden. «Mache meine Schritte fest durch Dein Wort!» Psalm 119, 133.

«... *bis ich in das Heiligtum Gottes ging.*» *Psalm 73, 17.*

Der Psalmist spricht von einer Erfahrung, die auch viele Christen machen, wenn sie sehen, daß den bösen Menschen anscheinend alles gelingt, auch wenn sie Wege gehen, auf denen Gerechtigkeit und Redlichkeit zugunsten von Ungerechtigkeit und Unredlichkeit aufgegeben werden.

Zu Anfang des Psalmes sagt Asaph, er hätte schier gestrauchelt mit seinen Füßen. Aber als er ins Heiligtum ging, wurden ihm Festigkeit, Ruhe und Klarheit gegeben.

Strauchelst auch du mit deinen Füßen? Ärgerst du dich über den vorübergehenden Erfolg des Bösen in der Welt und in der Christenheit? Dann lerne, daß man in unsern Zeiten der Verwirrung und Illusionen «im Heiligtum Gottes» leben muß, um nicht zu erschrecken, zu entgleisen und überwältigt zu werden. Dort hört alles Nichtverstehen auf; denn unsere Ansichten werden dieselben wie die des Heiligtums. Der von Anfang an das Ende weiß, schenkt Seinem Kinde Seine Schau und Seine Erkenntnis über alles, was nur scheinbar und illusorisch ist. Das Licht des Heiligtums ist Licht aus der Ewigkeit. Der Christ, der sich von ihm erleuchten läßt, empfängt göttlichen Sinn für das, was Wert hat. Er sieht mehr als die Oberfläche und weiter, als nur aufs Vergängliche. Geh also ins Heiligtum, begegne dort deinem Großen Hohenpriester und höre auf Ihn! Dann wird es ruhig in dir werden, ein Schleier wird von deinen Augen fallen und der Friede Gottes dein Herz erfüllen. Du wirst Verständnis von oben erhalten, um die Ereignisse und Verhältnisse hier unten durchschauen zu können, und wirst erkennen, daß der Böse nur scheinbar triumphiert.

Im Heiligtum Seiner Gegenwart, innerhalb des Vorhangs, empfängst du vom HErrn die Fähigkeit, geistlich zu sehen und zu urteilen. Dort gibt es Weisheit von oben, Erkenntnis der ewigen, geistlichen Wirklichkeiten. Laß dir keinen Eindruck machen von dem, was in die Augen fällt, sondern lerne die Dinge und Menschen so anzusehen, wie Gott sie sieht.

«Sie sagten niemand etwas.» Markus 16, 8.

Wir können verstehen, daß diese heiligen Frauen, überrascht, verwundert und tief ergriffen von dem großen Geschehen, das sie gesehen hatten, niemand etwas sagten.

Aber was tun wir? Sagen wir niemand etwas von der Auferstehung? Wir wissen vom Heil, der göttliche Auferstandene ist unser Retter. Haben wir aber gelernt, unseren Mitmenschen zu bezeugen, was vor der Auferstehung stattfand: der sühnende Tod Jesu Christi, der uns Sündenerlaß und Frieden mit Gott sichert?

Es gibt zwar Menschen, die mit Recht nichts sagen, weil ihre Worte im Widerspruch zu ihrem Leben stehen würden. Ihr Christentum ist nur eine Form, die die Wirklichkeit des Heils nicht kennt und seine Kraft nicht erlebt. Wenn solche «Christen» reden, richten sie mehr Schaden an als Gutes. Aber es gibt andere, die ihrem Glauben entsprechend leben wollen, deren Bekenntnis nach außen mit ihrer inneren Überzeugung übereinstimmt, und die doch «niemand etwas sagen»!

Durch selbstsüchtiges Schweigen unseren Mitmenschen gegenüber verschulden wir uns vor Gott. Warum behalten wir für uns, was ein so großer Reichtum, ein so herrlicher Besitz, eine so erfreuliche Nachricht ist? Vor dem Übernatürlichen der Auferstehung hatte Furcht jene Frauen befallen. Sollten wir aus Angst vor dem, was «die Leute sagen», den Mund halten? Der HErr spricht: «Das Wort ist dir nahe, in deinem Munde und in deinem Herzen, nämlich das Wort des Glaubens, das wir predigen. Denn wenn du mit deinem Munde Jesus als den Herrn bekennst und in deinem Herzen glaubst, daß Gott Ihn von den Toten auferweckt hat, so wirst du gerettet; denn mit dem Herzen glaubt man, um gerecht, und mit dem Munde bekennt man, um gerettet zu werden.» Römer 10, 8—10.

Die Kunde von der Auferstehung ist gerade das, was die Welt in unseren Tagen braucht. Das Menschenherz sehnt sich nach einem solchen Retter, und wir sagen niemand etwas? Laßt uns «Zeugen Seiner Auferstehung» sein, Apostelgeschichte 1, 22, damit wir Werkzeuge zur Rettung von Menschenseelen werden.

«Deine Ohren werden hören das Wort, das hinter dir her also spricht: Dies ist der Weg, denselben geht!» Jesaja 30, 21.

Der Glaubende, der seinem Retter «außerhalb des Lagers» nachfolgen will und verworfen wird wie Er, kennt Schwierigkeiten und Gefahren. Davon wissen «die Sorglosen in Zion» nichts. Sie begnügen sich mit einer Frömmigkeit, die sie nichts kostet, weil sie sich auf Kompromisse mit dem Zeitgeist einlassen.

Wenn du verwirrt und ratlos bist, ohne zu wissen, warum, dann höre auf die Stimme *«hinter dir»*. Besinne dich auf deinen Ausgangspunkt, auf die Klarheit, die du damals hattest, und von diesem Grund und Boden aus wirst du die Ursache deiner Schwierigkeit erkennen.

Hast du die Verbindung mit deinem HErrn verloren und bist beunruhigt darüber? Sein Weg, der dein Weg geworden war, geht immer in derselben Richtung. Er begann am Kreuz, und der Schatten des Kreuzes liegt bis zuletzt auf ihm. Höre auf die Stimme «hinter dir». Komm ans Kreuz zurück und höre auf die Worte des für dich Gekreuzigten: *«Dies ist der Weg, gehe ihn!»* Versuche nicht, einen neuen Anfang zu machen, ohne das, was dich zum Abweichen brachte, eingestanden und aufgegeben zu haben. Bringe deine ganze Vergangenheit in Ordnung! Laß nicht leben, was sterben soll, was deinem Gott nicht gefällt. *«Dies ist der Weg, gehe ihn!»*

Weißt du nicht, welchen Weg du einschlagen sollst? Wartest du auf Gottes Führung? Dann gehe dorthin, wo der Altar steht, 1. Mose 13, 3. 4. 14. 15, wo der HErr zu dir spricht: Hebe deine Augen auf nach Norden, Süden, Osten und Westen. *«Dies ist der Weg, gehe ihn!»*

Droht dir die Gefahr, vom Räderwerk einer Tätigkeit eingefangen zu werden, der es an Frische, an Leben und an geistlicher Freude fehlt? Deine Arbeit sollte das Ergebnis deiner Gemeinschaft mit Christus und Seines Lebens in dir sein. Vom Kreuz aus hat Er dich berufen, dorthin kehre zurück, dort ertönt das Wort: *«Dies ist der Weg, gehe ihn!»*

Wir tun gut, auf dieses Wort «hinter uns» zu hören. Es führt uns zu Gott zurück, aus den Schwierigkeiten des Lebens heraus und ermöglicht unserem Gott, uns Seinen Segen zu geben.

«Seid dankbar!» Kolosser 3, 15.

Dankbarkeit vertreibt die Unzufriedenheit, lähmt die Furcht und macht die Zweifel unwirksam. In der Dankbarkeit zeigt sich die Gesinnung des Geistes Christi. Sie wirkt wie ein Schild gegen den Zeitgeist. Dankbarkeit ist wie eine Blume, die auch zwischen Steinen und neben Schneefeldern blüht. Sie ist das Dennoch des Glaubens in Schwierigkeiten und Anfechtungen.

Dankbarsein heißt die Wirklichkeit erkennen, offene Augen haben für das, was man besitzt. Dankbarkeit lehrt uns Dinge, an die wir uns gewöhnt hatten, neu entdecken, Wohltaten, die uns selbstverständlich schienen, wieder schätzen. Dankbarkeit ist Impfstoff gegen Begehrlichkeit.

Darum wollen wir Gott bitten, uns Dankbarkeit zu schenken und das Eis unseres Herzens zu schmelzen, uns auch von der Gewohnheit zu befreien, alles für selbstverständlich zu halten, und uns die Augen aufzutun über alles, was wir besitzen, äußerlich und innerlich. Wir haben so viel Grund, unsrem Gott dankbar zu sein für alle Seine Güte und Gnade.

Sind wir dankbar? Dieser Charakterzug wird immer seltener in der Welt, sogar in christlichen Kreisen; aber wir wollen den HErrn bitten, daß es bei uns nicht so sei.

Dankbarkeit führt normalerweise zum Loben. Als Erlöste, aus der Finsternis Herausgerufene, loben wir Gott im Gegensatz zu den meisten Menschen, die sich über Ihn beklagen.

Laßt uns Gott ehren dadurch, daß wir Ihn loben für Seine ungezählten Wohltaten, vor allem aber für das große Heil, das Er uns zuteilwerden ließ, dessen Erben wir sind. Gott loben sollte keine Anstrengung sein und sich nicht nur durch Singen von Lobliedern im gemeinsamen Gottesdienst äußern. Loben und Danken sollte spontan aus unsrem Herzen aufsteigen, wie ein Wohlgeruch, der Gott ehrt und die Menschen anzieht.

In Gottes Augen ist ein Lob ein wertvolles Opfer, denn es steht geschrieben: «Laßt uns allezeit ein Opfer des Lobes darbringen, das ist die Frucht der Lippen, die Seinen Namen bekennen.» Hebräer 13, 15.

«Das Wort des HErrn erging ... an Jeremia, als er noch im Hof des Gefängnisses eingeschlossen war.» Jeremia 33, 1.

Der Prophet war gefesselt, aber das Wort des HErrn ist nicht gebunden. Das wahre christliche Leben weiß von Erfahrungen, die den Glaubenden dazu treiben, sich immer fester an seinen Gott zu halten. Für den echten Glauben — den von Gott geborenen, zum Überwinden der Welt bestimmten Glauben — sind Trübsale keine Feinde, Schwierigkeiten keine Hindernisse.

Das über Jeremia Gesagte entspricht dem Erleben der Gläubigen, die entschlossen sind, mit Gott zu wandeln. Es beschreibt einen Zustand, in dem der Christ sich eingeschlossen und zurückgehalten fühlt, ohne zu wissen warum, und ohne sich davon befreien zu können.

Viele Heilige Gottes sind durch Krankheit ans Bett gefesselt; aber zart, klar und tröstlich ergeht Gottes Wort an sie, und was ein Gefängnis schien, wird ein Zugang zum Heiligtum. Von dem Krankenzimmer, der Stätte des Leidens, geht ein Wohlgeruch aus, der Gott Ehre macht.

Bist du eingeschlossen von Umständen, aus denen du dich vorläufig nicht freimachen kannst? Dann gilt dir das göttliche Wort: «Denen, die Gott lieben, wirkt alles zum Besten mit, denen, die nach dem Vorsatz berufen sind.» Römer 8, 28.

Werden deine Obliegenheiten scheinbar zu deinem Gefängnis? Bist du in einer unverschuldeten Lage, die über deine Kräfte geht? Dann spricht dir Gottes Wort Mut zu und sagt dir, niemand könne dir schaden, die Haare auf deinem Haupte seien alle gezählt und der HErr sorge für dich. Er sagt dir in deinem Gefängnis auch: «Rufe zu Mir, so will Ich dir antworten und dir große und unbegreifliche Dinge kundtun, die du nicht wußtest.» Jeremia 33, 3. Welch segensreiche Erfahrung ist dann die Stunde der Erleichterung, des inneren Freiwerdens! Die Prüfung war hart, wurde aber zu einem sicheren Beweis der Treue Gottes.

Ja, rufe Ihn *jetzt* an, so wie du bist und da, wo du gerade bist. Er wird dir antworten. Und höre, was Er im 6. Vers sagt: *«Siehe, Ich schaffe ihr Linderung und Heilung, und Ich will sie heilen und ihnen eine Fülle von Frieden und Treue offenbaren.»*

«Während dein Knecht hier und da zu tun hatte, war der Mensch verschwunden.» 1. Könige 20, 40.

Wenn Diener oder Dienerinnen Gottes «hier und da zu tun haben» und in Anspruch genommen werden, entdecken sie am Abend oft, daß ihr HErr Selbst sozusagen verschwunden ist!

Wir sind zur treuen Erfüllung unserer Tagespflichten berufen, auch wenn wir viel zu tun haben. Aber wir wollen doch ja achtgeben, daß wir nie die Verbindung mit unserem göttlichen Meister verlieren. Müssen wir nicht oft am Ende des Tages feststellen, daß uns das Angesicht des HErrn verhüllt ist? Manchmal müssen wir sogar bekennen, daß der «MENSCH» verschwunden ist. Weil wir nicht wachsam waren, verloren wir über den zahllosen Tagesgeschäften das Bewußtsein Seiner Gegenwart. Unser Dienen und Arbeiten hatte den Platz des Meisters eingenommen.

Laßt uns also wachen und beten und auf der Hut sein! Auch die ehrlichste, nötigste Arbeit darf uns nicht so in Anspruch nehmen, daß der «MENSCH» darüber verschwindet. Der HErr ist da; die Gemeinschaft mit Ihm und Seine Gegenwart müssen jederzeit Quelle, Garantie und Eingebung unseres Tun und Lassens sein. Wenn der Tag zu Ende geht, sollte Seine Gegenwart unserem Geist ebenso spürbar sein wie in dem Augenblick, als wir Ihm am Morgen im Gebet und in der Betrachtung Seines Wortes begegneten.

Aber unser Text kann auch noch anders angewandt werden. Wie steht es mit dem nicht geretteten «Menschen», der dringend Gottes Gnade braucht? Er ist da, ganz in unserer Nähe. Unser HErr hat ihn Seinem Zeugen anvertraut. Aber es kommt vor, daß Gottes Kind «hier und da» so beschäftigt ist, daß der «Mensch», der zu Christus geführt werden sollte, verschwindet. Darum wollen wir uns warnen lassen. Wie oft haben wir eine Gelegenheit versäumt, mit jemand von Christus zu sprechen! Nicht wahr, wir waren «hier und da» mit Nebensächlichem beschäftigt, und als wir zur Wirklichkeit erwachten, war der «Mensch», für den wir verantwortlich waren, verschwunden!

Mögen diese Worte uns helfen, über unserer Verbindung mit dem HErrn zu wachen und den uns anvertrauten Seelen gegenüber treu zu sein!

«Wenn ihr für Gutestun leidet und es erduldet, das ist Gnade bei Gott.» 1. Petrus 2, 20.

Wenn du leidest, dann sprich nicht darüber. Das Lamm Gottes war stumm im Augenblick Seiner tiefsten Erniedrigung.

Wenn der HErr dich, der du dich Streiter Christi nennst, beruft, unter besonders schwierigen Umständen, da, wo der Feind sich am festesten verschanzt hat, zu kämpfen, dann gehe nur ohne Furcht vorwärts. Dein HErr steht nicht zum erstenmal vor einem Jericho, und nicht zum erstenmal wird Er ein Gefängnis öffnen.

Wenn sich Zungen wie feurige Schlangen wider dich erheben, dann bleibe im Heiligtum Seiner Gegenwart. Er wird Sich mit deinen Feinden beschäftigen, wenn Seine Stunde gekommen ist. Er spricht zu dem Angefochtenen: «Mit großer Barmherzigkeit will Ich dich aufnehmen.»

Wenn du die Hammerschläge auf dem Amboß hörst, wo neue Waffen gegen dich geschmiedet werden, dann wisse, daß auf jeder dieser Waffen geschrieben steht: «Es wird ihr nicht gelingen.» Jesaja 54, 17.

Und du, der du in Schwachheit auf einem Schmerzenslager liegen mußt, ohne zu verstehen warum, streiche von vorneherein das Wort «warum» aus deinem Wörterbuch und verlaß dich auf Römer 8, 28: «Denen, die Gott lieben, die nach dem Vorsatz berufen sind, wirkt alles zum Besten mit.»

Wenn die Ungerechtigkeiten, die gegen dich begangen werden, scheinbar zunehmen, wird der HErr gerade sie benützen, um Seine Herrlichkeit zu offenbaren und Seine Widersacher in Verwirrung zu bringen. «Denn unsre Trübsal, die zeitlich und leicht ist, verschafft uns eine ewige und über alle Maßen gewichtige Herrlichkeit, uns, die wir nicht sehen auf das Sichtbare, sondern auf das Unsichtbare; denn was sichtbar ist, das ist zeitlich, was aber unsichtbar ist, das ist ewig.» 2. Korinther 4, 17. 18.

Christ, so leide für Ihn! Es ist ein Vorrecht und eine Verantwortung, die Gott dir in Seiner großen Liebe gewährt. «Der Knecht ist nicht größer als sein Herr ...» Dieses Wissen, das in deinem tiefsten Inneren eingebrannt ist, hat viel mehr Wert als das äußere Zeichen menschlicher Zustimmung.

«HErr, heiße mich zu Dir aufs Wasser kommen.» Matthäus 14, 28.

Der Meister war auf den Berg gegangen, um zu beten, und es war Nacht. Seine Jünger gerieten auf dem See in Sturm und Dunkelheit. Diese beiden Tatsachen gehören zusammen, und man kann ein prophetisches Bild in ihnen sehen: Der Meister hat den Thron der Gnade bestiegen, um dort fürbittend für die Seinen einzutreten, die auf Erden im Kampf stehen und scheinbar sich selbst überlassen sind. Aber durch Seinen Geist wandelt Er auf dem tobenden Meer, dem Wind entgegen. Er ist gestern, heute und in Ewigkeit derselbe. Auch heute noch gebietet Er den Seinen, auf dem Wasser wandelnd zu Ihm zu kommen. Warum sind wir so furchtsam? Warum glauben wir, ein Gespenst zu sehen? Warum erkennen wir nicht, daß Er da ist? Wie oft denken wir: «Ich kann dies nicht verstehen! warum mußte dies sein? Ach, welch undurchdringliches Geheimnis!» Furcht erfüllt unser Herz, und der Glaubensweg ist uns verhüllt.

Stehst du vor einem Meer von Schwierigkeiten? «HErr, heiße mich zu Dir aufs Wasser kommen!» Liegt dein Leben in Nacht und Dunkelheit? «HErr, heiße mich zu Dir aufs Wasser kommen!» Scheinst du in gefährlicher Lage zu sein? Überwältigt dich die Angst? «HErr, laß mich zu Dir aufs Wasser kommen!»

Wenn wir uns nicht mehr einbilden, ein Gespenst zu sehen, wenn wir begreifen, daß der Sturm sich erheben durfte, damit unser Glaube gestärkt würde, dann erkennen wir, daß Der, welcher auf dem Berge betet, bei uns ist und auf dem Meer wandelt. Und wenn wir hören, daß Sein Wort uns zuruft: «Komm!», dann wollen auch wir in Seinem Namen aus dem Schiff steigen, um Ihm entgegenzugehen; und auf unseren Schrei: «HErr, rette mich!», wird Jesus alsbald die Hand ausstrecken und uns ergreifen.

Die Nacht ist da. Stürmisch weht der Wind. Hoch gehen die Wellen! Aber ehe Er die Wellen beruhigt und dem Wind gebietet, sich zu legen, befiehlt Er uns, auf dem Wasser zu wandeln und zu Ihm zu kommen. Dann erhalten wir Kraft zum Gehorchen und Überwinden. Darum «seid getrost, Ich bin's, fürchtet euch nicht!»

«Seid stark ... und arbeitet! Denn Ich bin mit euch.» Haggai 2, 4.

Gottes Wort gibt uns diesen Befehl, damit wir ihn ausführen. Wenn Gott redet und wir Ihm gehorchen, werden wir für unser ganzes Leben verpflichtet. Wir haben dann nicht mehr die Freiheit, unseren eigenen Gedanken zu folgen, sondern unser ganzes Wesen soll dem Wort des Meisters unterworfen sein. Möchtest du das Geheimnis wissen, wie man Frucht bringen und ein Segen sein kann? Du wirst es in dem Maße entdecken, wie du dich freudig von deinem himmlischen Vater in Zucht nehmen lässest.

Dieses Wort: «Seid stark und arbeitet!» sollte uns alle unsere Taten eingeben. Dann würde unsere Seele frei vom Geist der Zeit, um ganz vom Priesterdienst unseres Großen Hohenpriesters beeinflußt zu werden, und wenn wir Ihm unser ganzes Leben unterstellen, werden wir die Erfahrung machen, daß Er treu ist.

Haben wir auf den Befehl Gottes hin ein Werk unternommen, dann wollen wir es nicht unvollendet lassen. «Seid stark und arbeitet» bedeutet: Fangt gut an, vor allen Dingen aber haltet durch. Ausdauer ist eine Gnadengabe Gottes. Es gibt Menschen, die von Natur standhaft sind; aber mit unserer eigenen Standhaftigkeit sind wir bald am Ende unserer Kraft. Ein optimistisches Temperament kann bis zu einem gewissen Grade Erfolg haben, aber im Werk Gottes kommt immer ein Augenblick, in dem die eigenen Kräfte versagen. Dann muß der Christ unterscheiden lernen zwischen dem Natürlichen, Menschlichen und dem Übernatürlichen, Göttlichen, dem Ergebnis der Wiedergeburt, welches eine Gabe Gottes ist.

«Seid stark und arbeitet! Denn Ich bin mit euch.» Wir sind also nicht allein. Der uns vorangeht und uns begleitet, ist ein verherrlichter Retter. Durch den in unseren Herzen wohnenden Heiligen Geist sind wir berufen, persönlich in bewußter Verbindung zu stehen mit unserem Großen Hohenpriester, dem Sieger und Überwinder, dem alles unter die Füße getan ist. Er hat alle Fürstentümer und Gewalten und jeden Namen, der im gegenwärtigen und zukünftigen Zeitalter genannt werden mag, überwunden. Er ist mit uns, Er begleitet uns, vor Ihm muß Satan sich beugen und die Hölle beben. Daran wollen wir denken, stark sein und arbeiten!

«Der Dieb kommt nur, um zu stehlen, zu töten und zu verderben; Ich bin gekommen, damit Meine Schafe Leben haben und es im Überfluß haben.» Johannes 10, 10.

Der Erlöste, der Jesus Christus als guten Hirten angenommen hat und durch die Tür eingegangen ist, hat eine Wahl zu treffen. Denn einem Schaf des guten Hirten, das nur auf Seine Stimme hören und Ihm nachfolgen will, lauert ein grausamer Feind auf.

Er mag uns wie ein reißender Wolf überfallen, als lichter Engel verführen, oder wie eine Schlange zu bezaubern suchen, 2. Korinther 11, 3. 4. 13. 14, immer tut er es in der Absicht, zu «stehlen, zu töten und zu verderben». Sobald wir auf seine Stimme hören oder ihm nicht mehr widerstehen, raubt er uns etwas von unserem geistlichen Leben. Dabei hinterläßt er seine Spuren in uns, und sein Zerstörungswerk beginnt. Oh, laßt uns achtgeben auf das, was wir hören! Laßt uns die Absichten des Feindes durchschauen! Viele Leben sind von ihm ausgesaugt und verdorben worden; Gott wirkt nicht mehr in ihnen, weil das Schaf des guten Hirten auf die Stimme dieses «Fremden» hörte.

Wir wollen uns selbst prüfen und bei Jesus Christus, dem guten Hirten, Zuflucht suchen. Er spricht: «Ich bin gekommen, damit sie Leben haben und es im Überfluß haben.» Das Leben, das wir geschenkt bekamen, als wir an Ihn glaubten, will Er zum Überfließen, ja zum Überströmen bringen. Könnten wir uns mit weniger begnügen, da Er uns die Fülle versprochen hat?

Wir wollen doch nicht mit unserem Leben zufrieden sein, wenn Tod und Formenwesen, diese Werke des Feindes, darin herrschen. Wir wollen ans Kreuz gehen. Nur dort sind wir wirklich geborgen. Laßt uns den Mut haben, festzustellen und einzugestehen, daß wir durch Mangel an Wachsamkeit und Hingabe geistlichen Schaden gelitten haben. Der Dieb hat uns geschlagen. Aber wir dürfen uns am Kreuz die Verheißungen des HErrn aneignen. Dann werden wir das Böse hassen, das uns bestrickte, als wir auf die Stimme des Feindes hörten, und wir werden immer besser erkennen lernen, was unserem HErrn nicht gefällt. Sein Leben wird sich in uns entfalten, und was der gute Hirt Seinen Schafen wünscht, wird in Erfüllung gehen: sie werden Leben im Überfluß haben!

«Habt acht auf euch selbst, daß eure Herzen nicht beschwert werden durch Rausch und Trunkenheit und Nahrungssorgen und jener Tag unversehens über euch komme.» Lukas 21, 34.

Unser HErr warnt uns hier vor Gefahren, die uns drohen, uns, die wir am Ende des Gnadentages leben, da der Antichrist schon seine Hand auf die Zivilisation legt.

«*Habt acht auf euch selbst.*» Uns allen droht die gleiche Gefahr. Unsere Herzen können beschwert werden, wenn wir unseren ganz berechtigten Wünschen, gut zu essen und zu trinken, nachgeben oder uns von unnötigen Sorgen bedrücken lassen. Übertreibungen auf diesen beiden Gebieten können wie Betäubungsmittel wirken und das Gewissen unempfindlich machen. Wir verlieren dann das Gefühl für die geistigen Kräfte, die der Feind in Bewegung setzt, um die Menschen unversehens einzufangen. So gelingt es ihm, sein Netz über uns zu werfen; und seine Opfer, die Sorgenlasten tragen oder an den Folgen ihrer Ausschweifungen leiden, lassen sich blindlings einfangen.

Die Bibel warnt uns oft vor Sorgen. Wir sollen sie nicht selber tragen, sondern sie auf Gott werfen. Trotz dieser Warnung lassen wir sie sich aber anhäufen, und dann werden wir belastet und bedrückt von ihnen, so daß wir nicht merken, wie das Fangnetz sich über uns zusammenzieht.

«*Darum wachet jederzeit*», fügt der HErr hinzu. Wir wollen also nicht nur beten, wenn wir niederknien können, sondern unser ganzes Leben sollte ein Gebet, der Ausdruck unserer Gemeinschaft mit Gott sein. Nur wenn wir mit Ihm wandeln, können wir den Gefahren entrinnen. Diese sind übernatürlicher Art; aber auch die Macht, ihnen widerstehen zu können, ist übernatürlich, sie kommt von oben! Sie ist ein Vorgeschmack der Kräfte der zukünftigen Welt, die vom Thron des HErrn ausgehen. Sie gibt uns die Fähigkeit, nie zurückzuweichen, uns nie zu fürchten und nie stillzustehen. Dann entkommen wir, nicht wie geschlagene Leute, die die Flucht ergreifen, sondern wie gehorsame Kinder, denen Gott einen Weg bahnt, den des Habichts Auge nicht erspäht, einen Weg gesegneter Tätigkeit, der zur Herrlichkeit führt.

«Sie erkannten sie, daß sie mit Jesus gewesen waren.»
Apostelgeschichte 4, 13.

Ja, die Jünger waren mit Jesus gewesen. Sie hatten drei Jahre lang bei Ihm gelernt. Aber trotz dieses großen Vorrechts verließen sie Ihn doch alle im Augenblick des Opfers.

Seitdem hatten sie sich gedemütigt und Buße getan. Darauf folgte Pfingsten, und jetzt standen sie in Verbindung mit dem «von den Menschen Verachteten und Verlassenen», den Gott zu Seiner Rechten im Himmel als HErrn eingesetzt hatte. Dadurch war ihr Leben umgewandelt worden, und die Gegner des Evangeliums, die mit allen Mitteln versuchten, sie zu verleumden und sich ihrer Tätigkeit zu widersetzen, mußten zugeben, daß sie mit Jesus gewesen waren. Durch die Kraft des Heiligen Geistes standen die Jünger jetzt in Verbindung mit ihrem verherrlichten HErrn. Sie spürten einen unwiderstehlichen Drang, für Ihn zu zeugen, und zwar unter den ungünstigsten Umständen, vor Seinen Gegnern, die ihre Henker werden konnten.

«*Sie erkannten sie, daß sie mit Jesus gewesen waren*», dieses Zeugnis sollte jedem Christen ausgestellt werden können. Die, welche uns täglich bei unserer Arbeit sehen, sollten es von uns sagen können! Darum wollen wir Gott bitten, daß Seine Gegenwart uns ein Gepräge gebe, das mächtiger ist als alles, was von unserer Vergangenheit her auf uns liegt. Die Eindrücke, die unser Geist so leicht in der Welt empfängt, sollten dieses Gepräge nie verwischen können. Jeden Abend sollten wir unserem HErrn sagen können, Er sei uns näher als am Morgen, Seine Gegenwart sei uns wirklicher geworden, trotz aller Kämpfe und Zusammenstöße. Er wünscht, uns am Abend noch lieber geworden zu sein, als Er's am Morgen war.

Wenn dem so ist, sieht die Welt, daß wir keine Sonntagschristen, keine Versammlungschristen sind, sondern daß unsere Verbindung mit unserem Retter etwas Immerwährendes, Zunehmendes ist und vor allem sich praktisch in unserem täglichen Leben zeigt. Im Grunde genommen weiß die Welt, auch wenn sie uns verspottet, sehr gut, daß sich die Gegenwart des Herrn Jesus in unserem Leben und in den Früchten, die wir bringen, widerspiegelt.

«Wie ihr nun Christus Jesus, den HErrn, angenommen habt, so wandelt in Ihm.» Kolosser 2, 6.

Der Heilige Geist war zu den Kolossern wie zu den Philippern und Ephesern gekommen. Als sie sich zu Gott bekehrten, wurden sie aus ihrer eitlen Lebensweise herausgerettet. Sie hatten die Unterweisungen Jesu Christi angenommen und einen guten Anfang gemacht. Einige unter ihnen hatten Paulus nie gesehen, sich aber mit derselben Hingabe und demselben Glauben wie der Apostel dem Dienst am Evangelium gewidmet.

Aber bald lehrten sie die Gegner Christi etwas anderes als das, was sie angenommen hatten. Mehr noch: die Kolosser verfielen dem Formenwesen, und das ist eine Gefahr, die das geistliche Leben in allen christlichen Kreisen bedroht. Darum schrieb ihnen Paulus einen Brief, um sie zu Christus zurückzuführen. Er offenbarte ihnen das Wesen der Gottheit Jesu Christi und die Rechte, die Er über das Leben eines Christen hat.

«*Wie ihr den HErrn Jesus Christus angenommen habt* ...» Besinnst du dich noch auf den Anfang? Mit einem Glaubensschritt erfaßtest du das Heil. Dann weihtest du dich freiwillig Seinem Dienst und stelltest dich zum guten Kampf des Glaubens. Wie steht es jetzt mit dir? Bist du deinem Retter treu nachgefolgt? oder bist du auf ein tieferes Niveau herabgesunken?

Du nahmst deinen Entschluß ernst. Gott hatte mit dir geredet, und du antwortetest: «Hier bin ich.» Zu Anfang ging alles gut, bis du dir eine leichtfertige Handlung erlaubtest, oder bis etwas, was ein Gegner des Evangeliums sagte, in deinem Herzen Widerhall fand. Ein wenig Sauerteig durchsäuerte den ganzen Teig; du kannst nicht mehr fröhlich zeugen, hast den Kampf aufgegeben und bist lau geworden. Oh, höre auf die Mahnung: «Sei eifrig und tue Buße!» Wen der HErr lieb hat, den züchtigt Er.

Bist du untreu geworden, so ist Er doch treu geblieben. Geh nur an deinen Ausgangspunkt zurück. Bekenne, daß du gefehlt hast, und beginne ganz von neuem. Aber bleibe diesmal entschlossen auf dem schmalen, geraden Wege. «*Wie ihr den HErrn Jesus Christus angenommen habt*, so wandelt in Ihm», im Glauben, den Blick auf Ihn gerichtet.

«Lasset euch aufbauen als lebendige Steine zum geistlichen Hause, zum heiligen Priestertum, um geistliche Opfer zu bringen, die Gott angenehm sind durch unsren Herrn Jesus Christus.»

1. Petrus 2, 5.

Im Brief an die Epheser wird die Kirche Christi ein Bau, ein Tempel, ein geistliches Haus genannt. Es war Gottes Plan, daß Seine Erlösten zu einem geistlichen Hause gehören sollten. Dem Feind ist es gelungen, die völlige Durchführung dieses Planes zu verhindern; aber wir wissen doch etwas von der Einigkeit aller wahren Kinder Gottes, wo sie auch sein mögen, in Christus.

Wir bilden einen geistlichen Bau, in dem jeder Stein seinen bestimmten Platz hat, in völliger Harmonie, weil jeder weiß, daß er *dort* und nicht anderswo hingehört. Jeder Stein ist lebendig — das klingt widersinnig! Aber er ist von neuem geboren und behauen, um den ihm zugewiesenen Platz auszufüllen. Sein Dienst wächst mit dem der anderen zusammen und ist auch abhängig von ihnen. Jeder weiß, daß alles, was er hat und tut, Gnade ist, nicht eigener Verdienst, nicht das Ergebnis seiner Fähigkeiten oder seines Unternehmungsgeistes. Er erhält seine Arbeit und die Fähigkeit, sie auszuführen, von Jesus Christus Selber. Er ist kein störendes, sich beklagendes Element, sondern wirkt völlig im Einklang mit der den anderen anvertrauten Aufgabe und trägt zum Aufbau des Ganzen bei.

Keiner dieser Steine beneidet den anderen um seinen Platz. Das Einfügen jedes einzelnen in das Gebäude ist unbedingt notwendig zur Durchführung der Berufung des Hauses. Der Geisteszustand jedes Steines beeinflußt den ganzen Bau und bringt dem Hause Segen oder Leid. Niemand lebt für sich selbst, sondern jeder für den anderen. Eine von Herzen kommende, allgemeine Disziplin ist die Kraftquelle des Hauses und trägt zum Frieden bei.

Die Glieder bilden ein geistliches Priestertum. Sie stehen zusammen, um Gott durch Christus angenehme Opfer zu bringen. Diese Opfer sind ein ausgeliefertes Leben, Selbstverleugnung und Hingabe der einen für die anderen, Gebet und Zeugendienst vor der Welt.

So sollte die Kirche Christi sein. Sind wir wirklich lebendige Steine in diesem Bau?

«Der HErr ist mein Hirte, mir wird nichts mangeln.»
Psalm 23, 1.

Dieser Psalm ist vielen Menschen lieb und vertraut. Es liegen Schätze in ihm verborgen, die man nie ganz ergründen kann.

Im ersten Teil redet David vom guten Hirten und zeugt von Ihm. Vom 4. Verse an ändert sich aber etwas: *«Und ob ich schon wanderte im finstern Todestal, fürchte ich kein Unglück; denn Du bist bei mir. Dein Stecken und Dein Stab, die trösten mich.»* Anstatt *von* Ihm zu reden, redet David jetzt ***zu*** Ihm; das *«Er»* ist in *«Du»* verwandelt. David war durchs Tal der Todesschatten gegangen!

Befanden auch wir uns schon einmal plötzlich in diesem Tal? Mußten wir dann weinen wie die, die keine Hoffnung haben? Nein! «Du bist bei mir, Dein Stecken und Dein Stab, die trösten mich.» Was war beim Schreiben dieses Psalmes geschehen? Es heißt nicht mehr «Er», sondern «Du». Das Schaf des guten Hirten hatte im Tal der Todesschatten eine Begegnung mit seinem HErrn, entdeckte Ihn ganz neu, und von da an war seine Verbindung mit Ihm viel inniger. Jedes Schaf kommt durch ein Tal und durch Schatten; aber wo ein Tal ist, sind auch Hügel, und wo Schatten ist, muß Licht sein.

Wenn die Trübsal in unserem Leben Frucht gebracht hat, werden wir entschlossener hinter dem Hirten hergehen und sagen können: *«Du bereitest vor mir einen Tisch angesichts meiner Feinde, Du hast mein Haupt mit Öl gesalbt, mein Becher fließt über.»*

Wenn die richtige innere Verbindung mit dem Hirten wiederhergestellt ist, steht in unserem geistlichen Leben anstatt der Armut ein gedeckter Tisch und zieht unsere Mitmenschen an, anstatt sie abzustoßen. Wenn wir die Disziplin des Hirtenstabes annehmen, der uns auf dem Wege leitet und schützt, dann werden wir getröstet. Unser Haupt wird mit Öl gesalbt und unser Becher fließt über auf unsere Umgebung. Der HErr macht uns nicht arm, sondern reich. Er schlägt uns nicht nieder, sondern richtet uns auf. Er will uns aus allem Formalismus, allem Egoismus herausretten, und unsere Trübsal wird nach allen Richtungen hin Frucht bringen; denn es gibt einen herrlichen Ausgang aus dem finsteren Tal.

«Warum verlierst du den Mut, und warum blicken deine Augen schief?» Hiob 15, 12 (O).

Seit dem Sündenfall ist Mut etwas unbedingt Nötiges im Leben, eine für den Glaubenden unentbehrliche Angriffs- und Verteidigungswaffe.

Mut ist eine Gnadengabe Gottes, die sich bei Schicksalsschlägen und Kämpfen als wertvoll und wirkungsvoll erweist. Trübsal und Schwierigkeiten stärken ihn nur. Ein mutiger Mensch bleibt fest angesichts der Gefahr. Er blickt nur nach zwei Richtungen: auf Gott, und dem Feind ins Auge. Mut duldet keinen Rückzug, keine Zweideutigkeit, kein Bündnis mit dem Feind. Er widersteht, bleibt fest und behält das Feld, nachdem alles wohl ausgerichtet worden ist. Mut geht vorwärts, überwindet das Hindernis und trotzt der Gefahr. Mut steht als Überschrift über Josuas Leben, über Gideons Charakter, über Davids Kämpfen und über Daniels Gesinnung.

Mut ist ein Bruder der Ausdauer, und Ausdauer ist eine Schwester der Hoffnung, die nicht zuschanden werden läßt. Der Mut eines Christen wird belebt durch den Heiligen Geist, der ihn durch die Ausrüstung mit Gottes Wort stärkt und überwacht. Durch Mut werden Berge ins Meer versetzt; er reißt das Reich Gottes an sich. Mut ist eine verborgene Gnadengabe, eine unbezwingliche Triebfeder, eine treibende Kraft, die aus dem Herzen kommt.

Warum also darauf verzichten? Warum den Mut verlieren? In den Sprüchen Salomos steht: «Laß deine Augen geradeaus schauen», auf den HErrn und auf das vorgesteckte Ziel. Wir schauen auf unserer Bahn zu oft nach rechts und nach links und lassen uns Eindruck machen von den Ägyptern, die uns verfolgen, oder von der Wüste, die uns umgibt. So beginnen wir den Mut zu verlieren, werden schwach und erklären uns schließlich für überwunden. «Warum blicken deine Augen schief?»

Laßt uns Gott unsere Mutlosigkeit bekennen und aufblicken auf Jesus, den Anführer und Vollender unseres Glaubens. Dann werden wir von Ihm Kraft und Leben erhalten. «Sei unerschrocken und unverzagt; denn der HErr, dein Gott, ist mit dir überall, wohin du gehst.» Josua 1, 9.

«Wir arbeiten mühsam mit unseren eigenen Händen ... und segnen.»
1. Korinther 4, 11. 12.

Tausende von Christen arbeiten Tag für Tag mit ihren eigenen Händen. Sie sind bestrebt, dem Beispiel des Apostels Paulus zu folgen und so zu arbeiten, daß ihre Mitmenschen einen Segen davon haben. «Ihr wißt selbst, daß für meine Bedürfnisse und für diejenigen meiner Gefährten *diese Hände* gesorgt haben. Überall habe ich euch gezeigt, daß man so arbeiten und sich der Schwachen annehmen und der Worte des Herrn Jesus eingedenk sein müsse, da Er Selbst gesagt hat: Geben ist seliger als Nehmen!» Apostelgeschichte 20, 34. 35.

Wenn man vor den Menschen ohne Gott und ohne Hoffnung ein wirkungsvolles Zeugnis ablegen will, ist solches Arbeiten weit mehr wert als viele Diplome. Die mißtrauischen, nicht immer durch ihre eigene Schuld von Gott entfremdeten Massen finden, daß zum Reden über göttliche Dinge mehr gehört als Universitätsbildung, kirchliche Ehrentitel und fromme Worte. Jesus Christus, gegen den die Leute im Grunde genommen nichts haben, erschien als schlichter Mensch unter Menschen. Er fühlte Sich nicht beleidigt, wenn man Ihn den «Zimmermannssohn» nannte. Auch Seine Hände haben gearbeitet, dieselben Hände, die seit Jahrhunderten die Welt segnen.

Das sollte eine Ermutigung sein für alle, die mit ihrer Hände Arbeit ihr Brot für sich und die Ihrigen verdienen. Jesus Christus, der Apostel Paulus und Tausende von Gläubigen haben uns bewiesen, daß eine schlichte, treu ausgeführte Arbeit oft besser redet als viele Worte. Diese Gewißheit verwandelt auch die gewöhnlichste Arbeit in einen fröhlichen Gottesdienst und öffnet den Blick für ungeahnte Möglichkeiten. Wir finden unsere Arbeit nicht mehr ermüdend und zeitraubend; wir halten sie nicht für ein Hindernis im Dienst für Gott, sondern für ein Werkzeug, durch das Gott Sich verherrlichen kann.

Arbeitende Hände sind Segenshände. So hat es der HErr gewollt. Lassen wir durch unser Benehmen keinen Zweifel darüber aufkommen! Die Welt hat das Recht zu sehen, daß Gott von arbeitenden Händen eine Kraft ausgehen läßt, die Segen und Trost spendet, ermutigt und rettet.

«Ich sage euch aber, daß die Menschen am Tage des Gerichts Rechenschaft geben müssen von jedem unnützen Wort, das sie geredet haben.» Matthäus 12, 36.

Über diesen Ausspruch unseres HErrn sollten wir nachdenken. Er vergißt kein einziges unserer Worte, wenn wir auch viele vergessen. In den Sprüchen Salomos lesen wir: «Wo viele Worte sind, geht es ohne Sünde nicht ab.» 10, 19. Reden ist eine Gabe, aber auch eine große Verantwortung. Stummsein ist ein schweres Leid; aber durch Reden seinem Nächsten Leid antun ist ein Verbrechen.

Wir haben vergessen, was wir zu einem unserer Mitmenschen gesagt oder gegen ihn geredet haben; Gott hat es aber nicht vergessen, sondern aufgeschrieben. Was für eine Ernte wartet unser am Tage des Gerichts! In der Rede liegt Überzeugungskraft, von ihr kann ein Einfluß ausgehen, der andere erschlägt, tiefe Spuren hinterläßt und langewährende Folgen hat. Für den, gegen den geredet wird, ist es moralisches Gift, das ihn traurig macht, quält und in innere Dunkelheit bringt. Aber die daran Schuldigen werden nicht ungestraft bleiben.

Gott vergißt nichts, und was wir vergessen, tut weiter sein schädliches Werk. Wer dem Ruf eines Mitmenschen durch Verleumdung geschadet hat, kann selbst einen ganz guten Ruf behalten, geistliche Lieder singen und das Heilige Abendmahl nehmen. Siehst du aber die Entweihung, Oberflächlichkeit und Heuchelei, die darin liegt, so an, wie Gott sie sieht?

Was tun? So von der Erkenntnis unserer Schuld überwältigt werden, daß wir ein für allemal schweigen lernen und auf das hören, was Gott sagt: *«Die Menschen müssen am Tage des Gerichts Rechenschaft geben von jedem unnützen Wort, das sie geredet haben.»* Es gibt Dinge, die wir in Ordnung bringen können und sollen, in erster Linie bei den Menschen, denen wir geschadet, und auch bei denen, mit welchen wir geredet haben. Aber — und das ist sehr ernst —, es gibt Unrecht, das wir nicht ungeschehen machen können.

«Ich will wachen auf meinen Wegen, daß ich nicht sündige mit meiner Zunge; ich will meinem Mund einen Zaum anlegen ... HErr, stelle eine Wache an meinen Mund», sprach David. Psalm 39, 2; 141, 3. Und von Jesus heißt es: «Worte der Gnade gingen aus Seinem Munde.» Lukas 4, 22.

«Wandelt, solange ihr das Licht noch habt, damit euch die Finsternis nicht überfalle.» Johannes 12, 35.

Das Evangelium nach Johannes ist eines der reichhaltigsten Bücher im heiligen Kanon, aber vielleicht das traurigste von allen. Es ist so zeitgemäß und so ernst, daß wir nicht ungestraft überhören können, was es uns zu sagen hat. Es zeigt uns, daß die Menschen die Gottheit unseres HErrn nicht anerkannten und Sein heiliges Wort verwarfen, was unbedingt verhängnisvolle Folgen haben mußte. Wenn Jesus in diesem Evangelium von Finsternis redet, meint Er religiöse Finsternis. Und die, welche während Seines Erdenlebens herrschte, ist heute noch dieselbe. Der Sohn Gottes wird verworfen und gekreuzigt, heute wie einst.

«Noch eine kleine Zeit ist das Licht bei euch, ... solange ihr das Licht habt, glaubet an das Licht, damit ihr Kinder des Lichtes werdet.» Jesus Christus ist das Licht. Sein Wort ist das Licht; wir besitzen es aus lauter Gnade. Aber die Finsternis Seiner Verwerfung dringt überall in die Kirchen ein, und es steht geschrieben, daß einmal ein Augenblick kommt, in dem die Menschen nicht mehr glauben können, weil sie nicht glauben wollten. Die Finsternis, so sagt unser Text, überfällt die Gemüter, und darum wissen so viele Menschen gar nicht, wie es um sie steht. «Die Lampen Gottes erlöschen» überall, das geistliche Unterscheidungsvermögen nimmt ab, und die Finsternis inmitten der religiösen Welt nimmt zu. Verwirrung herrscht, und die Gemüter gewöhnen sich daran.

«Wandelt!» sagt der HErr. Tun wir es? Gehen wir vorwärts, oder stehen wir still? Gott allein kann uns Kraft geben, mitten in die Nacht hinein vorzudringen. Denen, die Ihm gehorchen, offenbart Er, welcher Art diese Nacht ist. Laßt uns also wandeln, solange wir können, und Gott wolle uns die schreckliche Möglichkeit zum Bewußtsein bringen, daß die Finsternis auch uns überfallen und unseren Sinn verdunkeln könnte. Wir sollten uns warnen lassen durch die Worte aus dem Munde des HErrn, mit denen Er die warnte, die auf Moses Stuhl saßen: «Ihr wollt nicht zu Mir kommen, um das Leben zu empfangen!» Johannes 5, 40. Nicht glauben wollen, wenn Gott Seine Gnadengaben anbietet, führt zu Herzensverhärtung. Gott gebe, daß wir wandeln, solange wir das Licht noch haben!

«Sie meint, es sei der Gärtner.» Johannes 20, 15.

Unter den verschiedenen Vorgängen, welche uns die von Gott eingegebenen Evangelien schildern, ist die in unserem Text erwähnte Szene von ganz besonderer, göttlicher Frische. Maria ist so überwältigt von ihrem Schmerz, daß sie den Auferstandenen nicht erkennt. Auch heute erkennen Ihn viele Jünger nicht!

Er ist uns ganz nah. Wir aber schlagen uns allein mit den Umständen herum, denen wir nicht gewachsen sind. In unserem Schmerz und unserer Enttäuschung hören wir Seine Stimme: «Warum weinst du?» und antworten darauf mit einer Auseinandersetzung über das, was wir für die Ursache unserer Traurigkeit halten. Dabei erkennen wir nicht, daß der HErr Selber zu uns gekommen ist.

Wir meinen, etwas Schreckliches sei uns zugestoßen: «Sie haben meinen HErrn weggenommen, und ich weiß nicht, wo sie Ihn hingelegt haben!» Wir merken nicht, daß der Auferstandene da ist mit der Hilfe, die wir brauchen, mit der einzig möglichen Lösung für unsere Schwierigkeit.

Wir meinen, es sei der Gärtner, Menschen seien schuld an unserem Zustand, den Jesus doch zuließ, weil Er Sich uns als Auferstandener offenbaren wollte. Wir sind so von unseren Gedanken eingenommen, daß wir die Kraft Seiner Auferstehung, die uns zur Verfügung steht, nicht ganz fassen können. Wir wissen nicht, daß Er neben uns steht und bereit ist, uns anzunehmen, um uns alles zu schenken, was uns fehlt, und noch viel mehr.

Wie viele Zustände würden sich ändern, wenn wir uns anders zu ihnen stellten! Schon die Gegenwart des Herrn Jesus, die wir bisher nicht erkannten, gibt uns mehr, als wir erbitten oder verstehen. Er ist da, mit allem, was Er uns als siegreicher Erlöser erworben hat. Aber wir erkennen Ihn immer noch nicht! Und so geraten wir in Verzweiflung; die Ereignisse und die Macht des Feindes überwältigen uns. Oh, laßt uns unsere Augen und Herzen auftun, um den Auferstandenen zu sehen und aufzunehmen! Dann wird *der unerschöpfliche Strom der Auferstehungskraft* sich in unser Leben und durch unser Leben in die Welt ergießen. Wir werden nicht mehr an uns selber denken, nur an die anderen und an Ihn!

«Wer die Wahrheit tut, der kommt ans Licht, damit seine Werke offenbar werden, daß sie in Gott getan sind.» Johannes 3, 21.

Um Gott zu dienen, genügt es nicht, aufrichtig zu sein. Auch ein Kind Gottes, das Ihm aufrichtig dienen möchte, kann sich täuschen, wenn es sich auf seine eigene Weisheit verläßt. Nur Gehorsam gegen die im Worte Gottes geoffenbarte Wahrheit gibt uns Licht und zeigt uns, wie wir Gott wohlgefallen können. Dieses Licht durchforscht unser Herz und Gewissen und bringt an den Tag, was nicht mit dem Willen Gottes übereinstimmt. So werden unsere Werke offenbar vor dem HErrn, der uns vor der Gefahr warnt, mit Holz, Heu oder Stroh zu bauen. 1. Korinther 3, 12.

Solch Offenbarwerden mag unangenehm sein, wir sollten uns aber nicht davor fürchten, denn es gehört zu unserer Heiligung. Zu viele Werke werden angeblich im Namen des HErrn, und doch unabhängig von Ihm getan. Wenn wir unserem Gott erlauben, mit Seiner Autorität in uns zu wirken, läßt Er uns eine segensreiche Erfahrung machen: wir bekommen den Beweis, daß die Werke, die wir *für Ihn* tun, *in Ihm* getan sind. Darum wollen wir Sein Wort direkt auf uns wirken lassen. Wenn es uns durchdringt, schafft Sein Licht alles fort, was Ihm mißfällt; was aber von Ihm stammt, wird gestärkt, beschützt und fruchtbar gemacht.

In den Sprüchen lesen wir: «Befiehl dem HErrn deine Werke, so kommen deine Pläne zustande.» 16, 3. Die Werke, die wir tun, sollen nicht nur in Christus getan werden, sondern wir müssen sie auch in Seinen Händen lassen. Sie wurden von Ihm erzeugt, dürfen darum Seinen Händen nicht entrissen werden. Gott trägt die Verantwortung für Seine Werke. Warum uns also mit dem belasten, was Er Selbst auf Sich nehmen will? Wenn wir Seine Werke mit unseren eigenen Kräften vollbringen, werden sie uns bald über den Kopf wachsen. Dann gibt es nur Aufregung, aber keinen Segen, und die Werke werden schließlich den Platz einnehmen, der Gott zukommt.

Unter der guten Hand unseres Gottes jedoch werden unsere Werke bleibende Frucht bringen und «unsere Pläne zustande kommen». Gottes Wort, welches die Wahrheit ist, gebe uns all unser Tun ein und helfe uns, nichts unabhängig von Ihm zu tun!

«... auf daß die Liebe, mit der Du Mich liebst, in ihnen sei und Ich in ihnen.» Johannes 17, 26.

Dies sind die letzten Worte des HErrn kurz vor Seiner Kreuzigung, dem Endziel Seines Erdenlebens, das Er hingab, um uns zu Gott zu führen. Welche Offenbarung Gottes des Vaters und Seiner Gedanken über die Jünger, die Er Seinem Sohn in dieser Welt *gegeben* hat! Johannes 17, 2. 6. 9. 11. 12. 24. *«Ich habe ihnen Deinen Namen kundgetan, auf daß die Liebe, mit der Du Mich liebst, in ihnen sei und Ich in ihnen.»*

Das geht über unser Fassungsvermögen! Die Liebe, mit der der Vater den Sohn liebt, soll in uns sein! Niemand könnte je die Tiefe der Liebe Gottes des Vaters zu Gott dem Sohne ergründen. Es ist das Wunderbarste, was es in der Welt gibt. Und mit derselben Liebe liebt Er uns verlorene Sünder, uns rückfällig gewordene oder wirkliche Christen. Er kennt uns genau, und doch liebt Er uns. Wir sind in Christus, gewiß, und Gott sieht uns durch das vollbrachte Werk des Sohnes an. Trotzdem weiß Er aber, was wir sind! Er kennt unsere verdorbene, schuldige Natur, unsere Neigung zu List und Auflehnung. Dennoch schenkt Er jedem einzelnen unter uns Seine ganze Liebe, bis ans Ende, Seine Liebe, die vollkommen ist in Gerechtigkeit und Gnade.

Wie sehr entspricht doch diese Liebe unseren Bedürfnissen! Wenn wir sie wirklich in unser Herz einlassen, bringt sie uns die Lösung all unserer Probleme und das Heilmittel für alle unsre geistigen Übel. Laßt uns Ihm bekennen, daß wir ohne diese Liebe leben, und daß wir leiden, weil wir sie noch so wenig verstehen. Laßt uns Ihm unser Herz weit auftun, damit Er einziehen kann. Der Vater möchte uns die Fülle Seiner Liebe genießen lassen, die das Harte weich macht, das Böse vertreibt, unsere schlechten Angewohnheiten ändert, unsere Steifheit entspannt und das zerbrochene Herz heilt. Sie wird uns umwandeln und uns mit den Reichtümern und der Freude Gottes füllen.

Laßt uns auf Seine Stimme hören. «Heiliger Vater», sagt Er, «bewahre in Deinem Namen, die Du Mir gegeben hast, ... auf daß die Liebe, mit der Du Mich liebst, in ihnen sei und Ich in ihnen.» Das wollen wir uns ganz einfach von Ihm erbitten.

«Ihr werdet die Wahrheit erkennen, und die Wahrheit wird euch frei machen.» Johannes 8, 32.

Es gibt Tiefen, negative Kräfte in unserer alten, gefallenen Natur, die das Leben des Geistes Christi in uns einengen. Sie wirken in uns, und während das neue Leben zunimmt, merken wir, daß sie sich wie ein Schleier über unseren Blick legen und uns feindselig gegen alles Göttliche stimmen. Sie ziehen uns hin zu dem, was hinter uns liegt, und sind darum ein günstiger Boden, auf dem der Feind, der «Lügner und Menschenmörder», wirken, quälen und zuschlagen kann. Viele Christen machen diese Erfahrung, ohne sie sich erklären zu können und frei zu werden.

Die Juden rühmten sich ihrer Religion, waren stolz darauf, Abrahams Kinder zu sein, und behaupteten, nie jemandes Knechte gewesen zu sein! Aber die Gegenwart Jesu, der die Wahrheit ist, entlarvte die Nichtigkeit ihres rein äußerlichen Glaubensbekenntnisses und erregte ihre Feindseligkeit. Sie lehnten die Wahrheit ab, ihre Verblendung nahm zu, und ihr Zustand verschlimmerte sich.

Wir können frei werden von allen Auffassungen und Angewohnheiten, die wir durch die eitlen Überlieferungen oder Grundsätze der Welt überkommen haben. Hier handelt es sich nicht um Sündenvergebung und Rechtfertigung durch den Glauben, die wir schon erhalten haben, sondern der Heilige Geist bringt die im Herzen der Kinder Gottes eingewurzelten Angewohnheiten und Gebundenheiten ans Licht, die bis dahin in latentem Zustand blieben und nun plötzlich offenbar werden. Nehmen wir dann die befreiende Wahrheit nicht an, so werden unsere Ketten fester, die Schäden größer, und der Feind gewinnt an Boden. Am Kreuz hat Gott aber alle Bande zerrissen. Dort hat Er die Werke des Teufels bloßgestellt. Er hat uns nicht nur vergeben, sondern auch frei gemacht. Die Auferstehung erklärt uns frei und los!

Darum wollen wir den Widerstand aufgeben, unseren Zustand so anschauen, wie er in Wirklichkeit ist, es eingestehen und die Befreiung durch Gottes Wahrheit annehmen. Dann sind wir imstande, anderen Gebundenen Freiheit zu verkündigen, was wir nicht können, solange wir selber nicht frei sind.

30. August

«Das Volk beklagte sich arg vor den Ohren des HErrn.»
4. Mose 11, 1.

In den Geschichten aus dem Leben des Volkes Israel wird uns nichts Unnötiges berichtet. Alles hat sein Gegenstück im Leben der Kirche und der Gläubigen. Der Psalmist sagt, das Murren der Kinder Israel sei nicht nur Auflehnung gegen Mose, sondern gegen Gott Selbst gewesen und habe Gottes Strafen materieller und geistiger Art über sie gebracht.

Der Feind möchte die Heiligen erschöpfen. Wenn eine Prüfung lange dauert, werden wir leicht ungeduldig, beklagen uns und murren. Das mißfällt dem HErrn . . . und gefällt dem Feind.

Das Volk beklagte sich über seine Arbeit. Vielleicht haben auch wir die Lust zu der Arbeit verloren, die uns anvertraut, die täglich unser Vorrecht ist und zu der wir von Gott berufen sind. Dann finden wir leicht Gründe zur Rechtfertigung unserer Klagen, und oberflächliche Christen stimmen uns darin bei.

Aber der HErr hört dies «Murren in den Zelten» und ist betrübt darüber. Unsere Klagen können verschiedener Art sein. In Vers 6 lesen wir, daß Israel sprach: «Nun ist unsere Seele matt, unsere Augen sehen nichts als das Manna!» Das war Lästerung. Das Volk wagte es, verächtlich über das Manna zu reden, dieses Gottesgeschenk, dieses Himmelsbrot, dieses Wunder, das dazu bestimmt war, ein Volk, das selber ein Wunder war, zu erhalten und zu Überwindern zu machen. Ist es da erstaunlich, daß ihre Seele matt wurde? Wenn wir solche Seelenmattigkeit spüren, kommt es vielleicht auch daher, daß wir uns an Gottes Gnadengeschenke gewöhnt haben.

Murren kommt immer aus dem Eigenleben, dem Fleisch, das seine Rechte fordert und es dabei so gut versteht, sich zu verstellen und seine Umgebung zu täuschen.

Laßt uns Gott um Verzeihung bitten, das anderen zugefügte Unrecht und den Schaden, den wir durch unser Murren angerichtet haben, wieder gutzumachen suchen und bedenken, daß das Kreuz Christi sich in unserem Leben zeigen soll. Nur wenn das Kreuz der Mittelpunkt unseres Lebens ist, können wir nach dem Geist und nicht nach dem Fleisch wandeln.

«Wer Dank opfert, der ehrt Mich, und wer seine Wege in Ordnung bringt, dem zeige Ich Gottes Heil.» Psalm 50, 23 (O).

Alles, was Gott tut, sollte uns zu Lob und Dank stimmen. Als Er das Weltall schuf, jauchzten die Morgensterne, und alle Söhne Gottes jubelten. Hiob 38, 7. Die Bibel, das Alte Testament ebenso wie das Neue, belehrt uns darüber, daß Gott von Seinen Geschöpfen Lob und Dank haben möchte. Er erwartet von den Seinen, daß sie Ihn nicht nur in Segens- und Siegeszeiten loben, sondern auch in Leidens- und Verfolgungszeiten. Paulus und Silas sangen Ihm sogar im Gefängnis Loblieder.

Loben und Danken ist das erste, was aus dem Herzen eines Neubekehrten aufsteigt, und bei seiner Versetzung in die Herrlichkeit wird sein irdisches Leben in Loben und Danken ausklingen. Die Schönheit der Himmelslieder, die ertönen werden, wenn das Lamm Gottes Sein Reich eingenommen hat, können wir uns gar nicht vorstellen. Und diese Loblieder werden bis in alle Ewigkeit währen.

Ja, Loben und Danken erfüllt alle Himmel, aber im Leben der Christen fehlt es oft daran. Wir können die schönsten Lieder singen, ohne ihnen entsprechend zu leben. Loben und Anbeten wird dann zu einer bloßen Form der Gottseligkeit. Warum fehlt es uns so oft an wirklicher Dankbarkeit? Weil in unserem Herzen ein Geist der Traurigkeit, der Kritik und der Klage herrscht und wir in erster Linie nur an uns selbst denken, nicht an unsren Retter und Seine Sache. Dann spüren wir nicht mehr das Bedürfnis, Gottes Wunderwerke zu rühmen. Sind Gebet und Danksagung aber für die Kirche nicht wie die beiden Lungenflügel für den menschlichen Körper?

Wenn Gott uns nun auf diesen Mangel aufmerksam macht, gibt Er uns auch die Mittel, um ihm abhelfen zu können. Wir finden sie in unsrem Text: «Wer Dank opfert, der ehrt Mich, und wer seine Wege in Ordnung bringt, dem zeige Ich Gottes Heil.» Wenn es in unsrem Leben an Dankopfern fehlt, wollen wir die Ursache zu erkennen suchen, unsere Sünde bekennen, die Reinigung unsrer Herzen erbitten und dann unsere Wege in Ordnung bringen. Wenn wir das getan haben, wird Lob und Dank aus unserem Herzen quillen wie lebendiges Wasser, und unser Gott wird geehrt.

«Es sollen eure Lenden umgürtet sein und eure Lichter brennend; und seid gleich den Menschen, die ihren Herrn erwarten.»
Lukas 12, 35. 36.

«Eure Lenden sollen umgürtet sein.» Weder das Blut des Lammes an den Haustüren der Kinder Israel, noch ihr Glaube an Gottes Wort genügte. Sie mußten bereit sein zum Auszug und ihre Lenden umgürten. 2. Mose 12, 11. Wenn wir der Wolken- und Feuersäule folgen wollen, wohin sie uns führt, brauchen wir die Gesinnung und Ausrüstung eines Fremdlings, eines Reisenden, eines Streiters des HErrn.

Wenn wir gerettet sind, gewöhnen wir uns so rasch an die Vorrechte, die das Heil uns gibt. Wir bleiben sozusagen «zu Hause», hinter der Haustür mit dem schützenden Blut. Wir sollen ausziehen, weggehen, vorwärtskommen, reisen! Der HErr befreie uns von allem, was uns träge und untätig macht! Unsere Lenden sollen umgürtet sein; denn wir wollen doch zu denen gehören, die mit Gott wandeln, vorwärtskommen, aus jeder Erfahrung etwas lernen und sich durch nichts in ihrem Siegeslauf aufhalten lassen.

«Eure Lichter sollen brennen.» Bei diesem Ausdruck müssen wir an die ernste biblische Wahrheit von der immer tiefer werdenden Dunkelheit in dieser Welt denken. «Unser Kampf richtet sich nicht wider Fleisch und Blut, sondern wider die Herrschaften, wider die Gewalten, wider die Weltbeherrscher dieser Finsternis ...» Epheser 6, 12. Zuweilen scheint es fast, als ob man diese Finsternis «greifen» könnte, 2. Mose 10, 21. Unsere Lichter brennen lassen bedeutet, dauernd ein wirksames, positives Zeugnis ablegen und mitten in der Finsternis aktiv sein. Wie viele Lichter erlöschen in unseren Tagen! Sie werden von der herrschenden Finsternis erstickt. Wie viele Lampen sind unbrauchbar, weil es ihnen an Öl mangelt! Sie sind nur noch Formen biblischer Frömmigkeit.

Oh, daß doch unsere Lichter brennten und im Gegensatz stünden zu der uns umgebenden Nacht! Mutiges Fortschreiten, Zeugendienst und Hingabe sollten uns kennzeichnen. Die Nacht wird noch dunkler werden, doch wollen wir uns davor nicht fürchten. Laßt uns nur unsere Lichter brennend erhalten und den Menschen gleichen, «die auf die Wiederkunft ihres Herrn warten».

«Deine Schuhe werden von Eisen und Erz sein, und deine Kraft wird solange währen wie dein Leben.» 5. *Mose* 33, 25 (O).

Dieser Segen, der dem Stamme Asser gewährt wurde, diese materielle Verheißung, hat eine geistliche Bedeutung für unseren Dienst. Asser wird zuerst in seiner Nachkommenschaft und im Verkehr mit seinen Brüdern gesegnet. Es wird ihm auch verheißen, er werde «seine Füße in Öl tauchen», und dann folgt unser Text.

«*Schuhe von Eisen und Erz.*» *Erz* ist in der ganzen Bibel ein Bild vom Gericht über das Böse und das Unrecht. Wir können nicht erwarten, die Widerstandskraft des Eisens zu besitzen, wenn wir das Böse nicht zu verurteilen wissen. Die Füße von Pilgern müssen mit Erz gestiefelt sein, um ungehindert wandeln zu können. Keine Schwäche dem Bösen gegenüber, keine Kompromisse dürfen bei uns gefunden werden. Durch Gottes Gnade sollen wir der ganzen Wahrheit, die uns geoffenbart wurde, gehorsam sein.

Ferner sind die Streiter Christi, die Ihm nachfolgen, wohin Er geht, mit *Eisen* gestiefelt. Gott schenkt uns Kraft und Ausdauer, damit wir mit Ihm die Rennbahn durchlaufen, im Kampf standhalten und den Weg, den Er uns als Vorläufer gebahnt hat, unermüdlich weiter gehen können, ohne verwundet oder erschöpft niederzusinken. Wenn wir Seine Schuhe aus Eisen und Erz tragen, dann mag der Weg steinig, schwierig und hart sein, es ist Sein Weg, und wir gehen in Seinen Fußstapfen!

Wenn Prüfungen, Versuchungen oder Müdigkeit über uns kommen, dann wollen wir uns diese Verheißung aneignen und uns in keine Falle locken lassen. Treu ist Der, der uns berufen hat. Er hat uns eine harte, gefährliche, schwierige Bahn vorgezeichnet und will, daß wir siegreich darauf wandeln.

Und ist das Geheimnis des Sieges nicht das Öl des Heiligen Geistes? Welch schöner Gegensatz: *«Er wird seine Füße in Öl tauchen. Deine Schuhe werden von Eisen und Erz sein!»* Der Heilige Geist verleiht Ausdauer, bewahrt vor dem Bösen und macht siegreich. Deshalb kann der Glaubende hier auf Erden zur Ehre seines Retters wandeln, Ihm Seelen zuführen und seinen Mitmenschen helfen. Wie die Verheißung für Asser sagt, ist er «an Kindern gesegnet und der Liebling seiner Brüder».

«Berufen zur Gemeinschaft Seines Sohnes, Jesus Christus, unseres Herrn.» 1. Korinther 1, 9.

An der Gemeinde in Korinth gab es viel zu tadeln. Der Apostel scheute sich nicht, es zu tun, erinnerte die Korinther aber auch daran, daß die Grundlage jedes Christenlebens Gottes Treue ist, und sein Ziel ein Leben in Gemeinschaft mit dem Herrn Jesus Christus. Wir können unmerklich von der Einfachheit und Wahrheit, so wie sie in Jesus Christus sind, abweichen und uns über uns und unser Christenleben Illusionen machen.

«Berufen zur Gemeinschaft Jesu Christi, unseres Herrn», diese Worte sagen uns, was christliches Leben eigentlich ist, und dabei wird uns klar, wie weit entfernt wir von diesem Vorbild sind. Die Evangelien offenbaren uns, wie Jesus Christus auf Erden lebte, und zeigen uns von vorneherein die Verantwortung, die wir als Jünger eines solchen Meisters tragen. Gott beruft uns zum täglichen Wandeln mit dem HErrn unter denselben Umständen, wie sie Ihm auf Seinen Wanderungen durchs Heilige Land begegneten. Unsere Gemeinschaft mit Seinem Sohne Jesus Christus führt uns auf einen Weg, der je länger desto schmaler wird und am Kreuz endigt. Hüten wir uns also! Denn je mehr der HErr Sich dem großen Opfer nahte, das gebracht werden mußte, desto weniger Verständnis fand Er bei Seinen Jüngern. Ihre Herzen waren hart, und uns droht dieselbe Gefahr.

Folgen wir Ihm von ferne, wie Petrus? Verleugnen wir Ihn vielleicht? Ist das Kreuz ersetzt worden durch oberflächliches Eifern, durch ein nur äußerliches Bekenntnis zum Glauben, zu einem biblischen Glauben sogar, und genügt uns das? Wenn dem so ist, dann sind wir nicht auf der rechten Bahn, sondern leben in der Verwirrung und kennen die Gemeinschaft Jesu Christi, unseres Herrn, nicht.

Laßt uns nicht zurückschrecken vor der Gemeinschaft Seiner Leiden! Durch sie lernen wir die vollkommene Freude kennen. Sie geben uns Zutritt zum Thron der Gnade unseres mit Herrlichkeit und Ehre gekrönten HErrn. Das ist das Geheimnis der Kraft eines überfließenden, überwindenden, fruchtbringenden Lebens, und *treu ist Der, der uns berufen hat zu dieser Gemeinschaft Seines Sohnes Jesus Christus.*

«Ich fürchte aber, es könnten, wie die Schlange mit ihrer List Eva verführte, so auch eure Sinne verdorben und von der Einfalt, die in Christus ist, abgelenkt werden.» 2. *Korinther 11, 3 (O).*

Die Einfalt, die in Christus ist, ist etwas Würdevolles, Begehrenswertes. Darum benützt der Feind seine beliebteste Waffe, die List, um uns diese Einfalt zu rauben. List ist etwas Erkünsteltes, eine Unwahrheit, die der Wahrheit so ähnlich sieht wie möglich.

Wir sind kompliziert, verhärtet, mit langsamem Begriffsvermögen, aber im Widerstreben gegen Gott sind wir stark. Unsere Gesinnung ist das Gegenteil von der Einfalt, die in Jesus Christus ist. Die Einfalt, die in Christus ist, besteht in einem Leben völliger Abhängigkeit vom himmlischen Vater und ungetrübter Gemeinschaft mit Ihm. *«Der Sohn kann nichts von Sich Selber tun, sondern nur, was Er den Vater tun sieht; denn was Dieser tut, das tut gleicherweise auch der Sohn.»* Johannes 5, 19. Um uns das zu rauben, sucht der Satan uns zu verführen. Unser Dienen und Eifern, unsere Tätigkeit läßt er uns, aber diese Einfalt nicht. Er weiß, daß das einzig wahre Dienen dieser Einfalt im Verkehr mit dem himmlischen Vater entspringt.

Die Einfalt, die in Christus ist, weiß sich Seine Verheißungen anzueignen. Wenn wir im Willen Gottes stehen, können auch die widrigsten Umstände die Erfüllung dieser Verheißungen nicht beeinflussen. Warum sollten wir uns also das Gnadengeschenk der Glaubenseinfalt rauben lassen? Gott schenke sie uns! Er gebe uns die Gabe, nicht zu zweifeln und in Prüfungszeiten, die uns unverständlich sind, weder schwach zu werden noch zurückzuweichen. Wir wissen ja, daß wir später die Erklärung bekommen werden für das, was wir jetzt nicht verstehen. Gottes Wille ist gut, wohlgefällig und vollkommen. Römer 12, 2. Gott wacht eifersüchtig darüber, daß unsere Gemeinschaft mit Seinem Sohne den Stempel dieser Einfalt trägt, denn Er hat uns «*einem* Manne verlobt» und eifert mit göttlichem Eifer gegen alle Nebenbuhler.

Wie lange soll die Schlange noch den Sieg über unser Leben haben? Wie lange wollen wir Den noch warten und leiden lassen, der uns liebt und uns ein unermeßlich gesegnetes, kraftvolles Leben schenken will? Die Einfalt, die in Christus ist, bedeutet glauben, was Er sagt, und leben von dem, was Er ist.

«Wer in die Ruhe Gottes eingegangen ist, der ruht auch selbst von seinen Werken, gleichwie Gott von den Seinigen.» Hebräer 4, 10.

Was ist die Ruhe Gottes, und wie kann der Christ in sie eingehen? Das Ende des Kapitels sagt es uns. Es schildert, wie Gottes Wort im Gläubigen wirkt: es dringt durch bis auf den Grund des Eigenlebens und seiner verborgenen Triebfedern, beleuchtet die von der Welt empfangenen Eindrücke, die Verunreinigungen des Fleisches, die Werke des Teufels und alles Vergangene, was noch unerkannt und vor Gott uneingestanden in uns fortbesteht. Gott will Seinem Kinde Ruhe von diesem Eigenleben schenken.

Warum gibt es so viel Aufregung, fieberhaftes Eifern und Unbeständigkeit im Leben der Christen? Weil ihr Eigenleben volle Freiheit hat, ihnen ihr Denken und Tun einzugeben.

Woher kommen Spaltungen, Kritik und Intrigen? Aus dem Eigenleben unter frommem Deckmantel.

Wer gibt uns hochmütige Gedanken und eine gute Meinung über uns selber ein, so daß wir unsere Mitmenschen geringschätzen? Das Eigenleben, das nicht wirklich entlarvt und verurteilt worden ist! Solange es ungehindert wirken darf, kann der Glaubende die Ruhe Gottes nicht kennenlernen.

Wenn das Wort unseres Großen Hohenpriesters im tiefsten Innern unseres Wesens ungehindert eine gründliche Reinigungsarbeit tun könnte, würden viele unerträgliche Zustände aufhören. Aber wir führen mitten im Land der Verheißungen unser Leben weiter wie in «Ägypten», oder wie in der Wüste. Das betrübt den Heiligen Geist, so daß Er Sich nicht offenbaren und uns nicht befreien kann.

Welches ist das Heilmittel? Die Enthüllungen über unser Eigenleben annehmen, mögen sie auch noch so demütigend sein! Dulden, daß Gottes Wort unser Herz und Gewissen bis auf den Grund erforscht; es ist «lebendig und wirksam und schärfer als jedes zweischneidige Schwert und dringt durch, bis es scheidet Seele und Geist, auch Mark und Bein, und ist ein Richter der Gedanken und Gesinnungen des Herzens», und dann vor unseren Großen Hohenpriester treten, bei dem wir Barmherzigkeit und Gnade zu rechtzeitiger Hilfe finden. Dann, aber auch nur dann, erleben wir: *«Wer in die Ruhe Gottes eingegangen ist, der ruht von seinen Werken.»*

«Warum steigen solche Gedanken in euren Herzen auf?»
Lukas 24, 38 (S).

Unsere Gedankenwelt ist eine Welt für sich. Der HErr stellt uns eine sehr bestimmte Frage: «Warum steigen *solche* Gedanken in euren Herzen auf?» Woher kommen sie? Aus unserem Herzen! Und Gott sagt: «Überaus trügerisch ist das Herz und bösartig.» Welche Möglichkeiten an Boshaftigkeit liegen in uns; wieviel Schäden und Spaltungen können wir anrichten! Gedanken sind nicht nur eine Welt, sondern eine Zentrale von Seelenkräften, die zu einer vom Teufel kontrollierten geistigen Macht werden können.

Wir wissen, was für Gedanken über einen Bruder oder eine Schwester unser Herz ersinnen kann. Laßt uns diese Sünde bekennen! «Er ist treu und gerecht, daß Er sie uns vergibt und uns reinigt von aller Ungerechtigkeit.» 1. Johannes 1, 9. Wenn wir «solche Gedanken» dulden, werden sie schließlich zu einer Überzeugung und zu schädlichen Kräften für die Menschen, gegen die sie sich richten; es kommt zu feindseligem Verhalten einem Bruder oder einer Schwester gegenüber, und viel Schaden wird angerichtet. Der HErr kennt diese bösen Gedanken, die sich oft unter einem christlichen Äußeren verbergen, und Er fragt uns: *«Warum steigen solche Gedanken in euren Herzen auf?»*

Nun bleibt es unglücklicherweise oft nicht bei den Gedanken im Herzen, sondern sie kommen auf die Zunge, und die Zunge, sagt Jakobus, ist ein kleines Feuer, das einen großen Wald anzündet. «Die Zunge kann kein Mensch zähmen, das unruhige Übel voll tödlichen Giftes.» Und schließlich werden die Gedanken zu verletzenden, grausamen Taten.

Wenn wir anders werden möchten, wollen wir erst einmal aufhören, uns zu verteidigen, und dann vor Gott auf unser Angesicht fallen und zugeben, daß alles Übel tatsächlich aus unserem eigenen Herzen kommt. Ist dieses Bekenntnis vor Gott aufrichtig und gründlich, dann werden wir versuchen, den Schaden wieder gutzumachen, sonst wäre unser Bekenntnis nur eine erneute Beleidigung Gottes. Haben wir aber alles getan, was in unserer Macht steht, um das Unrecht wieder gutzumachen, dann laßt uns ans Kreuz gehen. Es soll unser Schutz sein gegen solche Erfahrungen!

«Jeden Gedanken gefangennehmen zum Gehorsam gegen Christus.»
2. Korinther 10, 5.

Die Frage unseres HErrn: «Warum steigen solche Gedanken in euren Herzen auf?» zeigt uns, in welchem Zustand sich viele Christen befinden, die mit Schmerzen feststellen müssen, welcher Art die Einflüsterungen ihres eigenen Herzens sind. Der Apostel Paulus zeigt uns das Heilmittel dafür: *«Jeden Gedanken gefangennehmen zum Gehorsam gegen Christus.»*

Unsere Gedanken für uns behalten, kann eine Wohltat für die Umwelt sein. Aber wir dürfen uns nicht wie in einer Festung, die sich gegen Gott erhebt, hinter unseren Ideen verschanzen. Gedanken können zu fixen Ideen werden, die unsere Mitmenschen verletzen. Unsere Vernunftschlüsse, von denen der Apostel in demselben Bibelvers redet, können zu Schranken zwischen uns und Gott werden, und dann sind wir auf uns allein angewiesen. Unser Eigenleben verteidigt seinen Grund und Boden und seine Ansichten, und die werden zu einer richtigen «Höhe», die sich gegen die Erkenntnis Gottes erhebt. Das bedeutet Aufruhr gegen Gott!

Wir sprechen leicht vom Kreuz, singen Lieder über das Kreuz, aber unsere Gedankenwelt wird nicht vom Kreuz kontrolliert. Anstatt in Christus, und deshalb frei zu sein, sind wir in unseren eigenen Gedanken gefangen, an sie gebunden und lassen uns von ihnen treiben. Dadurch wird nicht nur der Heilige Geist betrübt und wie lahmgelegt, sondern beim Aussprechen unserer Ideen richten wir auch viel Unheil an.

Es gibt nur einen Weg zur Befreiung: einsehen, daß unsere unabhängige, aufrührerische Gedankenwelt Sünde ist und uns zum Bankerott führt, sie dann entschlossen dem HErrn ans Kreuz ausliefern, damit Er sie durch Reinigung in Seinem Blut und durch die Gegenwart Seines Geistes in uns zum Gehorsam gegen Ihn gefangennehme; dann wachen und beten, daß wir nicht wieder in ein Leben der Unabhängigkeit verfallen, sondern unsere Denkweise Seinem Willen entspreche. Dann tun wir nicht mehr den Willen unserer Gedanken, Epheser 2, 3, sondern sind gesinnt wie Jesus Christus, kommen zur Ruhe und können zur Ehre Gottes zeugen.

«Das Gewölk wendet sich überall hin, wohin Er es lenkt, auszurichten alles, was Er ihm befiehlt.» Hiob 37, 12.

In diesem Kapitel des Buches Hiob ist von den Naturkräften die Rede, die Gott geschaffen hat und die Ihm zur Verfügung stehen. In unserem Text handelt es sich um Wolken.

Trübsalswolken können uns in Nebel hüllen. Dann finden wir uns nicht mehr zurecht, können uns verirren und vom Feind überwältigt werden. Aber ein Kind Gottes weiß, daß sogar Wolken ein Amt haben. Sie mögen uns Gottes Angesicht vorübergehend verhüllen, wenn wir aber in Gottes Willen stehen, werden sie nie unter dem Gewicht des Wassers bersten. «Er bindet die Wasser in Seinen Wolken zusammen, und das Gewölk zerbricht nicht unter ihrem Gewicht. Er verschließt den Anblick Seines Thrones, Er breitet Seine Wolken darüber.» Hiob 26, 8. 9.

Die Wolken, die Er lenkt, wohin Er will, dienen zur Durchführung Seiner Pläne in unserem Leben. Wolken können sehr verschiedener Art sein, ihre Form verändert sich dauernd. Der Christ aber, der die dunklen Wolken sieht, die ihn auf dem Wege hindern könnten, weiß, daß alles zu seinem Besten mitwirkt, weil er Gott liebt, der ihn nach Seinem Vorsatz berufen hat. Wie die Schluchten und Risse der Berge klarer hervortreten, wenn Wolken in ihnen liegen, so zeigt uns Gott durch das Erziehungsmittel der Trübsal Seine Pläne für unser Leben. Die Wolken ziehen nicht auf gut Glück am Himmel dahin, sie werden von Gott gelenkt. Er braucht sie als Werkzeuge, um Seine Befehle auszurichten. Und wie eine Wolke umgewandelt wird, wenn das Licht der Sonne sie bescheint, so kann auch das, was du nicht verstehst, plötzlich licht werden, wenn dir Gottes Wille gezeigt wird.

Wenn du Gott widerstrebst, wird die Wolke zu einer «Rute für Sein Land». Wenn du Ihm aber gehorsam bist, wird sie «zur Wohltat», Hiob 37, 13, und «die Bewährung eures Glaubens, die viel kostbarer ist als die des vergänglichen Goldes, das durchs Feuer erprobt wird, wird Lob, Preis und Ehre zur Folge haben bei der Offenbarung Jesu Christi». 1. Petrus 1, 6. 7.

«Sie setzten dem Heiligen Israels Grenzen.» Psalm 78, 41 (A).

Unser Glaube ist in Gottes Augen kostbarer als unser Glaubensbekenntnis und unsere Tätigkeit. Diesen Glauben möchte Er reinigen und zur Reife bringen, damit er Ihm eines Tages zu Lob, Preis und Ehre diene. Darum wollen wir uns nicht befremden lassen durch die mancherlei Anfechtungen und Schwierigkeiten, die uns begegnen, uns aber wohl hüten, dem Heiligen Israels Grenzen zu setzen! Ja, dem Allmächtigen, dem alle Dinge möglich sind, können Grenzen gesetzt werden, nicht von der Welt und vom Teufel, sondern von *uns*, Seinen Kindern. Dem Heiligen Israels Grenzen setzen bedeutet, den starken Gott erzürnen, Ihn versuchen, Ihm vergessen, Ihm den Rücken kehren wie Israel. Dadurch stellen wir den Taten Seiner Gnade und Barmherzigkeit Hindernisse in den Weg und machen es wie Israel: nachdem unser Glaubensleben einen guten Anfang genommen hatte, versuchen wir den HErrn, unseren Gott.

Er hat uns erlöst und für uns gesorgt. Aber wir müssen wachen. Vielleicht setzen wir Ihm schon Grenzen mit unseren Zweifeln, schrecken vor Seinen Forderungen zurück, zögern, wenn wir eine Verantwortung übernehmen sollen, und begnügen uns mit dem, was wir haben, anstatt vorwärts zu streben.

Gott ist bereit, uns Größeres sehen zu lassen; aber Sein Volk ist der Kanal, durch den Seine unerschöpfliche Kraft sich in die Welt ergießen soll. Wir dürfen Ihm also keine Grenzen setzen. Satan möchte uns im Lauf aufhalten, uns sichten wie den Weizen. Aber laßt uns nicht vergessen, daß der HErr für uns gebetet hat, damit unser Glaube nicht aufhöre.

Wir können den HErrn preisen für die Beweise Seiner Güte, Barmherzigkeit und Treue in der Vergangenheit. Aber wir sind noch nicht am Ziel. Unser Vater möchte uns weiterführen. Wir wollen Seinem Eingreifen zu unseren Gunsten keine Grenzen setzen. Wir fühlen uns klein, schwach und unwürdig; aber gerade solche irdenen Gefäße will Er brauchen, um Seine unbegrenzte Macht zu erzeigen, «damit die überschwengliche Kraft von Gott sei und nicht von uns.» 2. Korinther 4, 7.

«Ich lasse Dich nicht, Du segnest mich denn.»
1. Mose 32, 26.

Jakob stand an einem Wendepunkt seines Lebens. Neue Pflichten warteten seiner. Außerdem fühlte er das Gewicht der Verheißungen, die mit seinem Erstgeburtsrecht zusammenhingen. Gott arbeitete an ihm, Er wollte ihn weiterführen, ihm klarmachen, daß ihm etwas fehlte, um ihn dann ganz von neuem segnen zu können.

An der Furt Jabbok *blieb Jakob allein.* Es gibt Augenblicke, da müssen wir mit Gott allein bleiben können und zu verstehen suchen, was Sein Wille ist. Er hat uns etwas zugedacht. In der Vergangenheit erwies Er uns Gnade und Treue und umgab uns schützend mit Seiner Liebe. Aber für das, was vor uns liegt, brauchen wir eine Erneuerung Seines Geistes, und in der Stille und Einsamkeit wird Er sie uns gewähren!

Da rang ein Mann mit ihm. Zu Anfang wußte Jakob nicht, daß es Gott war. Auch wir begreifen oft nicht, daß Gott mit uns ringt; und dieses Ringen kann von verschiedener Art sein. Vielleicht sind alle Umstände gegen uns, und wir kämpfen gegen sie. Aber in Wirklichkeit steht Gott hinter der Schwierigkeit und will sie benützen, um uns zu segnen, zu bereichern und vorwärtszubringen.

Er rang mit ihm, *bis die Morgenröte anbrach.* Ja, der HErr führt uns in Sein Licht. Er will uns Seine Gnade neu erfahren lassen, das Licht eines neuen Tages liegt vor uns. Jakob hatte eine schwere Dienstzeit hinter sich, aus mancherlei Kämpfen war er siegreich hervorgegangen. Aber jetzt wurde es ihm klar, daß er noch mehr brauchte, und deshalb betete er: «Ich lasse Dich nicht, Du segnest mich denn.»

Das ist kein Gebet um Segen für uns selbst, um uns egoistisch an einer Gnadengabe Gottes zu erfreuen. In diesen Worten liegt kein Suchen nach religiösen Gemütsbewegungen, die dem Fleisch gefallen und wieder vergehen. Es ist das Gebet eines Christen, der sich seiner Verantwortung Gott und der verlorenen Welt gegenüber bewußt ist, und auf solche Gebete hört Gott. Wenn wir so beten, wird Seine Hilfe nicht ausbleiben.

«Mein Herr gehe doch seinem Knechte voraus, ich aber will gemächlich hinten nach ziehen, wie eben das Vieh vor mir her und die Kinder gehen mögen, bis ich zu meinem Herrn komme.»

1. Mose 33, 14.

Jakob war in Pniel Gott begegnet; sein Name war geändert, sein Hüftgelenk verrenkt worden, er hatte sich seinem HErrn ergeben. Nun konnte er wirklich mit Ihm wandeln und Ihm dienen. Die wohltuende, besänftigende Wirkung dieser Begegnung machte sich sofort bemerkbar: Jakob versöhnte sich mit seinem Bruder, den er betrogen und um sein Erbe gebracht hatte. Er will nicht mehr der Erste sein: «*Mein Herr gehe doch seinem Knecht voraus!*» Früher wollte er Meister sein, jetzt ist er Knecht. Seine Eifersucht und Verschlagenheit hatte er in Pniel gelassen; dort war die Quelle, aus der sie kamen, versiegt.

«*Ich will gemächlich ziehen, wie eben Kinder gehen können.*» Sanftmut ist eine Frucht des Geistes, und Jesus Christus sagt, wir sollten werden wie die Kinder. Der Patriarch, dem die Verheißungen Gottes galten, hat einen ganz neuen Anfang gemacht und zieht nun gemächlich dahin. Gott hat nicht nur die Kraft, sondern auch das Tempo Seines Dieners geändert. Jakob hat es nicht mehr eilig, er geht so, «wie eben Kinder gehen können». Nur ein in Pniel endgültig überwundenes Leben, in dem mit den Menschen alles in Ordnung gebracht ist, kennt Gottes Kraft und die Gemeinschaft des Heiligen Geistes. Frieden und Ruhe herrscht bei aller Tätigkeit, die Sanftmut Gottes geht davon aus und bereichert den Dienst.

«*Ich will gemächlich ziehen, wie eben das Vieh gehen mag.*» Jakob besaß säugende Schafe und Kühe. Sorgfalt, treues Pflegen der Herde, Fürsorge für unsere Mitmenschen ist auch eine Frucht des Geistes. Wie nötig haben wir Zartgefühl im Verkehr untereinander!

«*Bis ich zu meinem HErrn komme.*» Das ist die herrliche Aussicht der Kinder Gottes, das einzige Heilmittel für die leidende Welt: die siegreiche Wiederkunft des HErrn und Seine glorreiche Gegenwart auf dieser Erde.

«Wenn aber Timotheus kommt, so sehet zu, daß er ohne Furcht bei euch sei, denn er treibt des HErrn Werk, wie ich auch. Darum soll ihn niemand geringschätzen. Geleitet ihn vielmehr in Frieden, damit er zu mir komme, denn ich erwarte ihn mit den Brüdern.»

1. Korinther 16, 10. 11.

Trotz aller seiner Autorität, Erfahrung und Kraft schämte sich der Apostel Paulus nicht, sich mit Timotheus, der noch jung im Glauben war, auf eine Stufe zu stellen. Er hielt es mit ihm und stellte ihn sich gleich: «*Er treibt des HErrn Werk, wie ich auch.*» Und doch, wie groß war der Unterschied zwischen den beiden in Alter, Erfahrung und geistlicher Reife!

Der Apostel sprach auch von der Hoffnung, die er auf ihn setzte. Wenn wir seine beiden Briefe an Timotheus lesen, sehen wir, was er für seinen Sohn im Glauben erstrebte, wie er ihn ermutigte und vor den Gefahren warnte, die in ihm selber lagen und ihm auch von außen drohten. Er wollte, daß Timotheus arbeitete wie er, nicht ihn nachahmend, aber unter derselben Inspiration.

Dann weist Paulus darauf hin, wie empfindlich der Heilige Geist in einem Leben ist, das wirklich Gott dienen will: «*Niemand soll ihn geringschätzen.*» Oh, laßt uns nie den Heiligen Geist in unseren Mitmenschen betrüben, nie jemand um seine Gaben beneiden, uns auch nicht mit anderen vergleichen oder Gottes Wirken in jemand geringschätzen. An anderer Stelle ermahnt Paulus seinen Sohn mit folgenden Worten: «Niemand verachte deine Jugend, sondern werde ein Vorbild den Gläubigen im Wort, im Wandel, in der Liebe, im Geist, im Glauben, in der Keuschheit.»

«*Geleitet ihn in Frieden*», vertraut ihm, pflegt Gemeinschaft mit ihm. Wir dürfen einander mit unseren Gebeten das Geleit geben und uns auch tatkräftig unterstützen. Gottes Werk kann so schön sein! Wir wollen uns helfen, anstatt einander zu widerstreben.

«*Damit er zu mir komme, denn ich erwarte ihn mit den Brüdern.*» Am Ende der Reise, wenn der Dienst, den der HErr uns anvertraut hat, getan ist, erwartet Er uns, die Jungen und die Alten, die Anfänger und die Bewährten! Darauf wollen wir uns in aller Demut vorbereiten. Und Er erwartet uns mit den Brüdern ...

«... den Sohn Gottes, der mich geliebt und Sich Selbst für mich hingegeben hat.» Galater 2, 20.

Er hat mich geliebt und Sich Selbst für mich hingegeben, ... diese ganze, große Liebe ist *für mich!* Die Sonne bescheint die ganze Welt, ihre Strahlen dringen überall hin; und doch beleuchtet die ganze Fülle ihres Lichtes auch jede einzelne kleine Blume, die sich unter ihren Strahlen entfaltet. Ebenso ist es mit Gottes Liebe für mich. Das erlebte der Apostel Paulus auf dem Wege nach Damaskus. Dort schrieb ihm der HErr die große Tatsache ins Herz, daß Gott wohl die Welt geliebt hat, diese Liebe sich aber auch ihm, Saulus von Tarsus, ganz schenkte.

Es wäre der Mühe wert, sich einmal still zu sammeln, bis der Heilige Geist uns überzeugte, daß wir Gegenstand dieser Liebe sind. Gottes Sohn hat Sich ganz für uns hingegeben, für jedes einzelne Seiner Kinder. Die Evangelien offenbaren Ihn uns als Verworfenen, Verhaßten, Verachteten und Mißverstandenen. Aber trotz der eisigen Gleichgültigkeit der Menschen brannte das Feuer Seiner Liebe immer heller, bis Er Sich auf Golgatha für uns hingab. Von dieser Liebe wollen wir uns erfassen und umwandeln lassen und bewußt als Besitzer dieses Schatzes leben.

Im Alten Bund war nur das Volk Israel Gegenstand der Fürsorge Gottes. Aber seitdem Sein Sohn Sich Selbst für uns hingegeben hat, ergießt sich die Fülle Seiner Liebe auf alle Menschen, die glauben. Von nun an können wir unmöglich nur uns selber leben, unmöglich unsere Mitmenschen vergessen; das «Licht vom Himmel» umspannt die ganze Welt. Und da der Sohn Gottes uns geliebt und Sich Selbst für uns hingegeben hat, sind wir verantwortlich für das Heil oder das Verderben derer, die uns umgeben.

Gott schenke uns die Gnade, unseren Dienst in den Spuren zu tun, die der Apostel Paulus uns mit diesen Worten vorzeichnet. Er gebe uns Herzen, die so mit Seiner Liebe brennen, daß vor ihrer Wärme das Eis in den Herzen unserer Mitmenschen schmilzt. «Die Liebe Christi drängt uns, die wir dafür halten, daß, wenn einer für alle gestorben ist, so sind sie alle gestorben, damit die, welche leben, nicht mehr sich selbst leben, sondern Dem, der für sie gestorben und auferstanden ist.» 2. Korinther 5, 14—15.

«Sie fanden es, wie Er ihnen gesagt hatte.» Lukas 19, 32.

Dreimal begegnen wir im Evangelium nach Lukas diesem Satz. Bei der Geburt des Heilandes war alles, was die Hirten in Bethlehem fanden, so, wie es ihnen gesagt worden war. Als Jesus Seine Jünger sandte, das Passah zu bereiten, fanden sie es, wie Er gesagt hatte. In unserem Text hatten die Jünger den Auftrag ausgeführt, der ihnen gegeben worden war, und fanden deshalb das Füllen, das der HErr brauchte, um in Jerusalem einzuziehen. Menschen und Umstände waren Seinem Willen von vornherein untertan.

Der HErr beruft uns, sagt uns aber nicht, auf welchem Wege es gehen wird. Er erwartet, daß wir Ihm gehorchen und vertrauen. Wir wissen, daß wir Schwierigkeiten und Hindernissen verschiedener Art begegnen werden, damit unser Glaube gestärkt wird und Seine Treue sich erweisen kann.

In Jerusalem schien das Böse und die Bösen zu triumphieren. Die ganze Stadt geriet in Erregung. Aber ihr Triumph war von kurzer Dauer. Der König, der in die Stadt einzog, um in ihr verworfen und gekreuzigt zu werden, wurde von den Toten auferweckt, und so trug Gott den Endsieg davon. Der HErr läßt Schwierigkeiten und Widerstand zu, damit Seine Kinder, die Er zu Seinem Dienst beruft, erleben können, wie Er die Herzen lenken kann. Sie brauchen Ihm nur zu gehorchen, dann räumt Er die Widerstrebenden aus dem Wege und gewährt Seinen Kindern die große Gnade, die Erfüllung Seiner Verheißungen zu erleben, «wie Er ihnen gesagt hatte».

Ein Glaube, der nicht auf die Probe gestellt wird, wurzelt nicht tief. Glaubensproben sind das Geheimnis der Glaubenskraft und der Glaubenssiege. Der wahre Glaube kommt nicht aus uns, sondern aus Gottes Wort. Römer 10, 17. Er ist eine feste Überzeugung, eine unerschütterliche Gewißheit, daß Gott tut, was Er sagt. Wenn Er uns einen Dienst anvertraut, sind wir nicht auf unsere eigenen, beschränkten Hilfsquellen angewiesen, sondern verlassen uns einzig und allein auf das, was Er in Seinem Wort gesagt hat. Wenn wir dem gehorchen, *«werden wir es so finden, wie Er uns gesagt hatte»*, und in die Werke eingeführt werden, die Er zuvor bereitet hat, daß wir in ihnen wandeln sollten.

«Ich weiß deine Werke. Siehe, Ich habe vor dir eine geöffnete Tür gegeben, die niemand zuschließen kann; denn du hast eine kleine Kraft und hast Mein Wort bewahrt und Meinen Namen nicht verleugnet.» Offenbarung 3, 8.

«*Ich weiß deine Werke.*» Dieses an die Gemeinde in Philadelphia gerichtete Wort des HErrn ist ein Trost und zugleich eine Warnung für uns. Alle unsere Werke sollten das Licht Seines durchdringenden Blickes ertragen können, immer nach Seinem Willen getan werden und Kanäle Seines Geistes sein.

«*Du hast eine kleine Kraft.*» Die Sardesgemeinde rühmt sich ihres guten Rufs, die Laodizeagemeinde ihrer Kenntnisse. Diese Äußerungen des eigenen Lebens, der eigenen Weisheit und Selbstgerechtigkeit mißfallen aber Gott. Die Philadelphiagemeinde hat zwar nur wenig Kraft und ist nicht wie die anderen in der Öffentlichkeit beliebt; aber sie kennt ihren HErrn, unterwirft sich Ihm rückhaltlos, trägt Seine Schmach und tut Seinen Willen. Diese Haltung sollte auch uns kennzeichnen. Wenn wir weder äußerlich die Mittel, noch innerlich die Freiheit haben, es ebenso zu machen wie die anderen, so können wir doch beten. Wahres Gebet ist der Ausdruck und das Bekenntnis unserer Schwachheit, unserer gänzlichen Abhängigkeit von unserem HErrn. Wir sollten uns also mit aller Sorgfalt und Wachsamkeit dem Gebet widmen und uns nicht erlauben, in Schweigsamkeit und Untätigkeit zu versinken.

«*Du hast Mein Wort bewahrt*», es nicht nur von Anfang bis Ende geglaubt, nicht nur für seine Ehre und Unantastbarkeit gekämpft, sondern ihm durch dein tägliches Leben Ehre gemacht. Sein Wort bewahren heißt auch, es weitergeben. Tun wir das, so wird auf denen, die es erhalten, und auf uns Segen ruhen.

«*Du hast Meinen Namen nicht verleugnet.*» Den Namen des HErrn verleugnen heißt, Ihm mit unserem Leben Schande machen, tun, was Ihm nicht gefällt, zulassen, ohne Einspruch zu erheben, daß andere Menschen Ihn verleugnen. Das wäre unredlich gehandelt, eine Treulosigkeit Ihm gegenüber, dem wir alles verdanken. Wenn der HErr sich aber auf uns verlassen kann, weil wir wissen, daß wir schwach und abhängig von Ihm sind, dann öffnet Er uns eine Tür zum Dienst, die niemand zuschließen kann!

«Durch den Hauch Deines Zorns türmte das Wasser sich auf; es standen die Wogen wie ein Damm, die Fluten erstarrten mitten im Meer.» 2. Mose 15, 8.

Das Lied Moses ist ein Lied von Kampf und Herrlichkeit. Jede Zeile zeugt von der Macht Gottes, die einen furchtbaren Feind besiegte. Der HErr wird uns darin als starker Kriegsmann geoffenbart, der den Pharao und seine Macht vernichtete und dem Volk Israel einen Weg durchs Meer bahnte.

Hinter den Schwierigkeiten und Hindernissen soll der Christ, der mit Gott wandelt, die Finsternismächte sehen, die sich jedem Vorwärtskommen, jeder Tätigkeit für Gott widersetzen.

Gott kann die Wasser, die uns verschlingen wollen, auftürmen, die Wogen, die uns mitzureißen drohen, festlegen wie einen Damm. Was der Feind benützen wollte, um uns aufzuhalten, benützt Gott, um Seine Macht zu offenbaren und unseren Glauben zu belohnen. Wenn es je eine aussichtslose Lage gegeben hat, so war es die, in der sich die Kinder Israel befanden; vor ihnen lag das Rote Meer, hinter ihnen die Ägypter! Aber im Wörterbuch eines Christen ist das Wort «unmöglich» nicht zu finden. Wenn er es in seinen Gedankenkreis aufnähme, wäre er von vornherein überwunden und hätte seine Waffen schon dem Feinde ausgeliefert.

Was sollen wir also tun, wenn uns die reißende Strömung und die Gewalt der Fluten überwältigen will? Sich Eindruck von ihnen machen lassen, hieße die Waffen strecken. Gott ließ sie kommen, damit unser Glaube erwachte und wir den Namen des HErrn anriefen. Er wird Seinen gewaltigen Arm ausstrecken und uns gerade dort einen Weg bahnen, wo der Feind uns widerstand.

Wir wollen die Wasser Seinen Händen überlassen, Seinen Namen über ihnen anrufen und den Gedanken, Er könne uns nicht befreien, zurückweisen. Bei Gott ist kein Ding unmöglich! Er gebietet uns, dem Sturmwind entgegenzuziehen und vorwärts zu eilen. Der Glaube wird die Herrlichkeit Gottes sehen, und dann werden wir wie Mose singen: «Der HErr ist meine Kraft und mein Psalm, und Er ward mir zum Heil! Das ist mein starker Gott, ich will Ihn preisen; Er ist meines Vaters Gott, ich will Ihn erheben.»

«Sie fanden es so, wie die Frauen gesagt hatten, Ihn Selbst aber haben sie nicht gesehen.» Lukas 24, 24.

Auferstehung ohne den Auferstandenen! Das Grab war leer, Gottes Wort hatte es prophezeit. Aber der HErr Selbst war nicht da!

Wenn wir die Bibel lesen, möchte der HErr als Auferstandener mit uns reden. Wir verstehen nur Seine Sprache oft nicht. Wir glauben wohl, daß die Worte, die wir lesen, die Wahrheit sind, aber die Schrift liegt vor uns, ohne daß die Gegenwart des HErrn da ist. Sein göttliches Licht scheint uns nicht. Der Text ist ein lebloser Buchstabe für uns und rührt uns nicht, sein Sinn bleibt uns verborgen. Der göttliche Hauch der Inspiration ist nicht da, die Kraft des Wortes Gottes wirkt nicht. *Alles ist so, wie man gesagt hatte, aber Ihn Selber sehen wir nicht.*

Er weiß, in welchem Zustand wir sind, und sagt dasselbe, was Er zu den beiden Jüngern sagte, die die Worte unseres Textes aussprachen: «O ihr Toren! Wie langsam ist euer Herz zu glauben ...» Lukas 24, 25. Unsere Vernunft ist verfinstert durch mancherlei Dinge, besonders durch die Berührung mit dem Zeitgeist. Infolgedessen denken wir, die Schrift sei schwer zu verstehen. Das ist ein Irrtum. Es liegt an uns. *Wir* haben unsere Vernunft einem fremden Einfluß ausgeliefert und müssen sie dem HErrn bringen, damit Er sie reinige und befreie, Ihm bekennen, wozu wir sie hergegeben haben, und die Dinge, die Er verurteilt, erkennen und lassen! Dann wird Sein Blut uns reinigen und Sein Geist uns neu beleben.

Als Jesus zu Seinen beiden Jüngern trat und mit ihnen wandelte, verstummten ihre Reden sofort, und Er legte ihnen in allen Schriften aus, was sich auf Ihn bezog. Während der darauf folgenden Mahlzeit gingen ihnen die Augen auf, und sie erkannten Ihn. So werden auch wir den HErrn im heiligen Text sehen, wenn unsere Vernunft von allem Nebel befreit und unser Herz bereit ist, Seinen Willen geschehen zu lassen. Während wir Sein Wort lesen, wird Er Selber bei uns sein, unser Herz in uns wird brennen, und endlich wird unser Bibellesen uns göttliches Leben mitteilen.

«Wer sich Meiner und Meiner Worte schämt unter diesem ehebrecherischen und sündigen Geschlecht, dessen wird sich auch des Menschen Sohn schämen, wenn Er kommen wird in der Herrlichkeit Seines Vaters mit den heiligen Engeln.» Markus 8, 38.

Diese Worte gehören zu den ernstesten, die unser HErr je ausgesprochen hat. Es ist möglich, sagt Er, daß ein Christ, ein Jünger sogar, sich Seiner und Seiner Worte schämt, daß wir, die wir Seinen Namen tragen und sagen, wir glaubten an Sein Kreuz, uns weigern, es auf uns zu nehmen. Oft fürchten wir uns, uns vor der Welt und in der Kirche ganz auf Seine Seite zu stellen.

Gottes Sache kann von einem Machthaber wie Pharao bekämpft, von einem Staatsmann wie Haman angegriffen, aber auch von innen heraus verraten werden durch einen Jünger, der zum Verräter «wird», der sich des Herrn Jesu schämt, sich schämt, für Seine Sache einzutreten und Sein Wort in der Kirche zu verteidigen.

Wir schämen uns Seiner, wenn wir äußerlich christlich scheinen, unser gemütliches frommes Leben leben, uns aber scheuen vor der Schmach Seiner Sache. Damit verlassen wir den Boden des Kreuzes, der gänzlichen Hingabe unserer selbst. Nach außen geht das Leben ruhig weiter, innerlich aber ist es elend. Wir sind von da an Jünger, die Verrat an ihrem Meister üben.

Doch Er weiß alles. Es steht geschrieben, daß Er einem jeden nach seinen Werken vergelten wird. Wenn Er wiederkommt, wird sich Seine Herrlichkeit und Majestät zeigen und das Weltall mit ihrem Glanz erfüllen. Vor der Menge der Engel im Himmel und angesichts der auf Erden von panischem Schrecken ergriffenen Menschheit wird der HErr einen Augenblick stehenbleiben, damit jeder sehen kann, wie Er Sich der Seinen schämt, die sich Seiner schämten, als Er noch der Verworfene war. Wie wird es dann denen ergehen, die Ihn verleugnet haben, wenn schon Petrus nach der Verleugnung den Blick seines HErrn nicht ertragen konnte?

Was wir einst sein werden, hängt von dem ab, was wir jetzt mit unserem Leben machen und wie wir unter unserem Geschlecht zeugen. Gott erwecke uns zur Wirklichkeit, denn nur *jetzt* können wir uns selbst verleugnen, das Kreuz auf uns nehmen und unser Leben um Seinetwillen und um des Evangeliums willen verlieren!

«Niemand aber, der ein Licht anzündet, bedeckt es mit einem Gefäß, oder stellt es unter ein Bett, sondern er setzt es auf einen Leuchter, damit wer hineinkommt, das Licht sehe.» Lukas 8, 16.

Licht kommt von Gott. «Das Leben war das Licht der Menschen.» Johannes 1, 4. Wir haben Licht bekommen, und es leuchtet hell; aber unser Text sagt uns, was wir als Christen mit diesem Licht machen können.

Wir können es *mit einem Gefäß bedecken*, dem «irdenen Gefäß» unserer Persönlichkeit, so daß schließlich das Licht in uns nicht mehr zu sehen ist, nur noch unsere undurchsichtige Persönlichkeit, die wie eine Wand vor dem Licht steht ... Wie viele Christen verhüllen mit ihren Taten und ihrem Benehmen die Klarheit Gottes!

Andere stellen das Licht *unter ein Bett*. Der geistliche Schlaf ist das schlimmste Übel, das einen Christen befallen kann. Schlaf gehört mit der Nacht zusammen. Er macht uns empfindungslos, und man hat oft Träume, die in hohem Grade der Wirklichkeit widersprechen. Man lebt in der Unwirklichkeit wie in einer anderen Welt. Dann sieht man die Finsternis nicht, in der die verlorenen Seelen umkommen, und entzieht der Welt das Licht, das Gott ihr durch unsere Vermittlung zugedacht hatte.

«Er setzt es *auf einen Leuchter.*» Das Licht, das Gott in unsere Herzen gegeben hat, gehört auf den Leuchter treuen, anhaltenden Zeugens.

«*Damit wer hineinkommt, das Licht sehe.*» Spüren wir das Ergreifende dieses Ausspruchs? Viele Menschen möchten glauben, würden gerne Christus annehmen und zu Ihm kommen. Sie warten und schauen, und *von uns hängt es ab, ob sie hereinkommen oder nicht.* Wir müssen ihnen den Weg zeigen, ihnen leuchten und sie zu Christus führen. Es kann ein Kamerad sein, ein Freund, ein Bekannter, dem wir im Geschäftsleben oder auf Reisen begegnen. Er möchte hereinkommen, braucht aber dazu die Hilfe des Lichts, das wir besitzen.

Wollte Gott, Er hätte uns keine Treulosigkeit oder Selbstsucht vorzuwerfen! «So sehet nun darauf, wie ihr höret! Denn wer da hat, dem wird gegeben, und wer nicht hat, von dem wird auch das genommen werden, was er zu haben meint.» Lukas 8, 18.

«Nach meinem Evangelium, in dessen Dienst ich Ungemach leide, sogar Ketten wie ein Übeltäter. Aber das Wort Gottes ist nicht gekettet.» 2. Timotheus 2, 9.

Damit bezeugt der Apostel, daß ein Zusammenhang besteht zwischen seinen Leiden, seinen Ketten und der Tatsache, daß Gottes Wort nicht gekettet ist, sondern sich ungehindert ausbreiten kann. Nicht nur seine Schriften waren von Gott inspiriert, sondern auch sein ganzes Leben, ein Leben, das in bis dahin unerhörtem Grade die Gemeinschaft der Leiden Christi kennenlernte. Und seine Leiden standen in direktem Zusammenhang mit der Ausbreitung der göttlichen Botschaft. Er war im Gefängnis mit Ketten gebunden, aber Gottes Wort, das er verkündigt hatte, wurde losgebunden.

Gottes Wort wird in der Welt losgebunden, wenn es Menschenleben gibt, die für Christus «mit Ketten» gebunden sind. Wenn es sich nicht verbreitet, sind irgendwo Menschen, die sich weigern, von Christus gebunden zu werden.

Sind wir willig, uns selbst zu verleugnen, uns mit den Ketten Christi binden zu lassen? Wenn ja, dann binden wir auf irgendeine Art das Wort Gottes in der Welt los und verbreiten Segen. Wenn wir aber «unsere Freiheit haben» wollen, die Freiheit unseres eigenen Lebens, wenn wir vermeiden, Schmach zu tragen und in den Kampf zu ziehen, ketten wir das Wort Gottes und verhindern, daß es ausrichtet, wozu Gott es gesandt hat.

In Ketten liegen bedeutet praktisch, daß wir eine Zielscheibe für Angriffe der Feinde des Evangeliums werden, uns nicht weigern, ganz zu unserem HErrn zu stehen, auch wenn wir Verfolgung leiden müssen. Es bedeutet, daß wir verworfen werden und um unserer Mitmenschen willen alles ertragen.

«Sind wir mitgestorben, so werden wir auch mitleben; dulden wir, so werden wir mitherrschen.» 2. Timotheus 2, 11—12. Wie weit geht unsere Teilhaberschaft an den Leiden Christi? Wie weit wird unsere Freiheit um Seinetwillen eingeschränkt? Die Märtyrer und treuen Zeugen Jesu Christi ließen sich Ketten anlegen, weil sie wußten, daß sich Gottes Wort infolgedessen immer mehr ausbreitete. Sind wir bereit, ihrem Beispiel zu folgen?

«Gideon sprach zu Gott: Willst Du Israel durch meine Hand retten, wie Du gesagt hast, siehe, so will ich ein Schaffell auf die Tenne legen. Wird der Tau nur auf dem Fell sein, der ganze Boden ringsum aber trocken bleiben, so werde ich merken, daß Du Israel durch meine Hand erretten wirst, wie Du gesagt hast.»

Richter 6, 36. 37.

Als Gideon Gottes Ruf vernahm, tat er das einzig Richtige: er antwortete! Wegen der Größe der vor ihm liegenden Aufgabe, und weil der Feinde so viele waren, wünschte er aber noch eine Bestätigung Seines Rufes.

Wenn Gott uns die Unzulänglichkeit unseres Zeugendienstes zeigt, wenn wir merken, wie schwach wir unseren Feinden gegenüber sind, dann dürfen auch wir unser «Schaffell» vor Ihm ausbreiten, bis der Tau es bedeckt. Laßt uns Ihm unseren Mangel an Kraft und unsere Zweifel bekennen!

Leiden wir darunter, daß unser Zeugendienst keine Frucht bringt? Das Programm der Gottesdienste wird zwar innegehalten, aber wo ist das Wirken des Heiligen Geistes, der die Herzen lenkt, die Gewissen beugt und bis ans Kreuz führt? Wie oft sind wir leichtfertig mit unserer Berufung umgegangen! Sie ist zu einer Fassade geworden, hinter der sich verbirgt, was unvereinbar ist mit wahrer Hingabe. Laßt uns unser Schaffell vor Gott ausbreiten!

Stehst du allein mit deinem Verlangen nach Lebenserneuerung und bist betrübt über die Dürre, die in deiner Umgebung herrscht? Dann breite dein Schaffell vor Gott aus. Er ist bereit, es mit Tau zu tränken, auch wenn alles ringsum trocken wäre; aber eine Bedingung stellt Er: der Tau fällt nur, wenn alles ruhig ist. Wenn die Forderungen unseres eigenen Lebens uns fieberhaft erregen, wenn der Zeitgeist, den wir in unserem Leben dulden, sich gegen unsere gänzliche Hingabe wehrt, dann fällt kein Tau.

Als Gideon Gott um dies Zeichen bat, war er entschlossen, gehorsam zu sein. Wenn Gott unseren Wunsch sieht, für Ihn zu wirken, wenn unser Herz wirklich aufrichtig und gehorsam ist, wird Er uns den Tau nicht verwehren, um den wir Ihn anflehen. Er wird unserem Dienst neue Frische verleihen.

«Wenn ich das Evangelium verkündige, so ist das kein Ruhm für mich, denn ich bin dazu verpflichtet.» 1. Korinther 9, 16.

Was diese Worte des Apostels Paulus zum Ausdruck bringen, sollte die Erfahrung jedes Kindes Gottes sein. Das Apostelamt hat mit der ersten Generation der christlichen Kirche aufgehört, aber der Dienst der Zeugen Christi dauert fort, solange die Zeit der Gnade währt.

Wir sind dazu verpflichtet, weil der HErr Selber in unser Leben getreten ist. Wenn Seine Gegenwart nicht durch unsere Schuld verdrängt wird, haben wir das Bedürfnis, unseren Mitmenschen weiterzugeben, was wir von Ihm empfangen haben. Ist das bei uns so? Und wenn nicht, warum nicht? Liegt ein Bann auf unserem Leben? Die Engel im Himmel würden gern unser Vorrecht haben. Die Dämonen in der Hölle fürchten sich davor und tun, was sie können, um den Christen ihr Verantwortungsgefühl zu rauben.

Wir sind auch dazu verpflichtet wegen der Welt, in der wir stehen. Das Los eines einzigen Unbekehrten sollte uns so beschäftigen, daß wir unsere Ruhe darüber verlieren. Jeremia spricht: «Sagte ich mir, ich will Ihn nicht mehr erwähnen und nicht mehr in Seinem Namen reden! — dann brannte es in meinem Herzen, als wäre ein Feuer in meinen Gebeinen eingeschlossen; ich suchte es auszuhalten, aber ich konnte nicht!» 20, 9. Die Welt braucht in ihrer Not Christen, in deren Herzen das Feuer der Liebe Gottes brennt. Unsere Herzen und Hände sollten nicht verschlossen bleiben vor unserem Bruder, für den Christus starb, denn ihm droht die Gefahr, vor dem Gericht Gottes erscheinen zu müssen, ohne Seine Vergebung erhalten zu haben. Gott hat uns so freigebig Seine Gaben ausgeteilt, unsere Hände sind so gefüllt mit Reichtümern, daß es uns unmöglich sein sollte, sie für uns zu behalten.

Satan fürchtet sich weder vor unseren Lehren noch vor unserem Glaubensbekenntnis, aber vor dem Feuer, das in uns brennt und sich um jeden Preis ausbreiten will.

«Ich bin dazu verpflichtet», weil ich vor dem Richterstuhl Christi erscheinen muß, um Ihm Rechenschaft abzulegen. «Dann wird Er einem jeglichen vergelten nach seinem Tun.» Matthäus 16, 27.

«Ich bin der himmlischen Erscheinung nicht ungehorsam gewesen.»
Apostelgeschichte 26, 19.

Die himmlische Erscheinung war die Grundlage, der Ausgangspunkt des Dienstes, den Paulus tat. Er war ein Widerspenstiger, ein gewalttätiger Mensch, der größte Widersacher Gottes. Aber von dem Augenblick an, als er auf dem Weg nach Damaskus den verherrlichten HErrn sah, beschloß er, Ihm gehorsam zu sein, und war es auch bis zuletzt. Die Ergebnisse sind bekannt.

Wie viele Christen gibt es, die keine Früchte des Geistes tragen! Ihr Zeugnis ist nicht das Ergebnis ihres Gehorsams gegen die «himmlische Erscheinung». Sie bleiben immer auf dem gleichen Fleck und verkümmern dabei, wie die Kinder Israel, die das Gebirge Sinai umzogen und dabei gegen den HErrn und Seine Diener murrten, bis sie schließlich in der Wüste umkamen.

Und du? Warst du vielleicht ungehorsam? Behieltest du einen Teil des Kaufpreises für dich? Warst du Gott gegenüber unaufrichtig, verschlossen, widerstrebend? Oder gehörst du zu denen, die im Zwielicht ihrer Illusionen, ihrer eigenen Gedanken leben und sich selbst täuschen? Solche Verblendung gibt es nur da, wo man der himmlischen Erscheinung ungehorsam ist.

«Ich bin der himmlischen Erscheinung nicht ungehorsam gewesen.» Laß dir heute Einhalt gebieten. Laß Gottes Licht endlich bis in die Tiefen deines Herzens dringen. Gib Ihm gerade das, woran du so sehr hängst, die Ursache deines geteilten Herzens, die dich hindert, dich ganz und gar Ihm auszuliefern. Verfolge den Herrn Jesus nicht länger; oh, halt ein! Und wenn du noch nie Licht von oben empfangen hast, dann erbitte es dir vom HErrn. Lasse Ihn nicht, bis du deinen Damaskusweg erlebt hast.

Und der Heidenapostel fügt hinzu: «*So fuhr ich fort bis auf den heutigen Tag*» (A). Unsere Begegnung mit dem HErrn wird keine vorübergehende Gemütsbewegung sein, sondern ihre Folgen werden sich bis zuletzt in unserem Dienst zeigen. Gott gebe uns mitten in einer unbeständigen Welt die Gnadengabe der Beständigkeit! Und wir wollen beten für die, die standhalten. Sie gehen keinen leichten Weg. Ihr Weg ist einsam, aber das helle Licht der «himmlischen Erscheinung» liegt darauf!

«Ich habe die Last von seiner Schulter genommen, seine Hände sind des Tragkorbes los geworden.» Psalm 81, 7.

Dieses Wort betrifft Joseph, den Patriarchen, dem so viele Verheißungen galten und dem Gott so manche Befreiung gewährte. Auf ihm lag die schwere Last der Verantwortung für die Ernährung des Landes Ägypten und dessen Bewahrung vor Hungersnot. Aber der HErr sagt: *«Ich habe die Last von seiner Schulter genommen, seine Hände sind des Tragkorbes los geworden.»*

Wie erquickend sind diese Worte für die, denen die Sache des HErrn am Herzen liegt und die ihr Teil Verantwortung für Sein Werk tragen. Dieser Ausspruch soll uns nicht etwa sorglos und oberflächlich machen. Er gilt denen, die denselben Weg gehen wie Joseph, weil sie die Leiden Christi nicht scheuen und auch in unseren Tagen teilnehmen an Seinen Kämpfen, Seinen Siegen und Seiner Herrlichkeit. Er gilt denen, die ihre Verantwortung auf sich nehmen, die im Zeugendienst das Ihre tun, Gott gehorsam sind und sich mutig auf Seine Seite stellen.

Es gibt Lasten, die nicht Gott uns auferlegt, Ängste und Sorgen im täglichen Leben; und wenn wir nicht wachsam sind, können sie uns bedrücken, ja niederdrücken. *«Ich habe die Last von seiner Schulter genommen!»* Gott ist es, der das tut. Wir haben unser Teil zu Seinem Dienst beizutragen, und zwar von ganzem Herzen; aber wenn wir das getan haben, dürfen wir alle unsere Sorgen auf Ihn werfen. Frei müssen wir sein, damit wir *Gottes* Last auf uns nehmen können, die Last der verlorenen Seelen und Gebetslasten. Alles andere wollen wir Ihm überlassen. Dann finden wir Ruhe im heiligen Dienst für Ihn und tun ihn mit Freuden, ja, mit lieblichen Liedern, wie es in diesem Psalm heißt, weil Seine Gegenwart uns dazu treibt.

Wir wollen lernen, so für Gott zu arbeiten, wie es Seinem Sinn entspricht. Er legt uns Lasten auf, um uns zu lehren, sie auf Ihn abzuwälzen. Er überläßt uns Verantwortung, damit wir lernen, unsere Sorgen auf Ihn zu werfen. Dann wird unser Dienst fröhlich getan: «Jubelt Gott, der unsere Stärke ist, jauchzet dem Gott Jakobs. Stimmt ein Lied an und nehmt die Pauke zur Hand, die liebliche Harfe mit dem Psalter!» Psalm 81, 2. 3.

«Ihr verlangt eine Probe, daß Christus durch mich wirkt ... Ob Er auch aus Schwachheit gekreuzigt wurde, so lebt Er doch aus der Kraft Gottes. So sind auch wir schwach in Ihm, doch werden wir mit Ihm leben aus der Kraft Gottes für euch.» 2. Korinther 13, 3. 4.

Die Welt verlangt eine Probe davon, daß Christus in uns ist. Sie weiß, daß wir Seinen Namen tragen und uns Seine Kinder nennen, möchte aber einen sichtbaren Beweis haben, daß wir's wirklich sind.

Mit unserem Text antwortet Paulus auf dieses berechtigte Verlangen, aber nicht so, wie es die Welt oder unser natürliches Herz erwartet hätte. Wir möchten gern etwas Besonderes, Auffallendes vorweisen können, dürfen uns aber nicht irreführen lassen von dem Gedanken, Erfolge, die uns bei der Oberflächlichkeit unserer Zeit schnell Eindruck machen, seien ein Beweis der Gegenwart Christi.

Welches ist die Probe, daß Christus durch uns wirkt? War es Kraft, als der Sohn Gottes Sich freiwillig *demütigen* und *schmähen* ließ, Dinge, die weder der Welt noch unserem natürlichen Herzen gefallen? Er wurde aus Schwachheit gekreuzigt, und nur wenn diese Schwachheit des Kreuzes in uns wirkt, löst sie die Kraft des verherrlichten HErrn aus. Die Schwachheit des Kreuzes kennzeichnete Ihn von Bethlehem bis Golgatha. Er, der allmächtige Gott, gab uns das Beispiel gänzlicher Abhängigkeit von Seinem Vater, damit wir Seinen Fußstapfen nachfolgten. So war alles, was Er tat und sagte, ein Beweis, daß Gott, Sein Vater, durch Ihn redete. Seine Kreuzigung war der Höhepunkt dieser Schwachheit. Aber von ihr ging die Macht aus, die den Tod überwand und die Werke des Teufels zerstörte. Das war der Beweis dafür, daß Gott durch Ihn wirkte. Liefert unser Leben diesen Beweis?

Körperliche Schwachheit kann, wenn sie nach Gottes Willen ist, durch die Gemeinschaft mit dem HErrn Kraft und Segen für die Umwelt bedeuten. Gottes Schwachheit ist stärker als die Menschen. Wir wollen uns nicht mit weniger begnügen. Wenn wir schwach sind in Ihm, werden wir mit Ihm leben aus der Kraft Gottes, die zugunsten unserer Mitmenschen wirkt. Das ist der Beweis dafür, daß Christus durch uns redet.

«Da kam der Geist des HErrn über ihn, ... und er hatte doch gar nichts in seiner Hand.» Richter 14, 6.

Simson begegnete einem brüllenden Löwen und zerriß ihn, nur durch Gottes Kraft, so als ob er ein Böcklein zerrisse. Seine einzige Waffe und Hilfe war der Geist des HErrn, der über ihn kam.

Hat uns diese Geschichte nicht etwas zu sagen? Wenn Gott im Alten Bunde ein Menschenleben ergreifen konnte, um ein Wunder zu tun, was sollte Er da nicht durch uns ausrichten können, die wir im Neuen Bunde stehen? Theoretisch kennen wir die Lehre vom Heiligen Geist und wissen, daß Er Großes tun kann mit einem Leben, das Ihm ganz ausgeliefert ist. Haben wir es aber persönlich erlebt? Was lähmt die Kraft des HErrn so oft und hindert sie, in der todkranken Welt herrliche Dinge zu tun? Warum gebraucht Er uns nicht wie Simson? Weil unsere Hände nicht leer sind wie Simsons Hände. Wir haben so vieles in der Hand, was den Geist des HErrn hindert, uns ganz zu erfassen.

Das ist eine unbeliebte Wahrheit. Sie entspricht nicht dem Geist der Zeit. Vielen Menschen, die sich Christen nennen, ist sie sogar unverständlich. Wenn Gott das Hindernis bei Namen nennt und uns deutlich zeigt, was in unserem Leben den Heiligen Geist hindert, ganz von uns Besitz zu ergreifen, dann wollen wir doch nicht die Augen verschließen, sondern Ihm alles ausliefern, was Ihn betrübt, alles, was uns vielleicht nützlich scheint, was Er aber nicht gebrauchen kann.

Wenn wir nichts in der Hand haben, kann uns Gott gebrauchen, wie es Sein Wille ist. Der Teufel geht wie ein brüllender Löwe umher. Der HErr sagt: «Dem widerstehet fest im Glauben!» Und das ist nur möglich, wenn der Geist des HErrn auf uns ist. Die Welt treibt dem Abgrund zu. Nur das Eingreifen des Heiligen Geistes kann sie aufhalten. Aber dazu braucht Er Menschenleben, die Er erfassen, leere Hände, die Er füllen kann. Dann wird sich die Verheißung, die der Urkirche gegeben wurde, auch für uns erfüllen: «Ihr werdet Kraft empfangen, wenn der Heilige Geist auf euch kommt, und werdet Zeugen für Mich sein in Jerusalem und in ganz Judäa und Samaria und bis ans Ende der Erde.» Apostelgeschichte 1, 8.

«Und jeder, den sein Herz trieb (E) und dessen Geist willig war, kam und brachte dem HErrn Gaben für das Werk.» 2. *Mose* 35, 21.

Die erste Erweckung des Volkes Israel war der Auszug aus Ägypten. Die zweite zeigte sich in der Wüste, als Israel die Stiftshütte baute, wie Gott es gewollt hatte. Jede echte Erweckung führt zu sichtbaren Ergebnissen, zu Lebenswerken. Die Zeiten besonderer Ausgießungen des Heiligen Geistes mit wunderbar gesegneten Versammlungen vergehen. Aber was Gott schaffen wollte, bleibt, und alles, was Gott erzeugt, ist seinerseits zeugungsfähig.

Nachdem Gott Sein Volk erlöst hatte, führte Er es weiter und erwartete Beweise seiner Hingabe. Von ganzem Herzen gingen die Kinder Israel darauf ein. Willigen Geistes, von ihrem Herzen getrieben kamen sie und brachten ihre Gaben.

Verschlossene Herzen, ein unwilliger, widerspenstiger Geist, sind große Hindernisse für Gottes Segen und für Erweckung. Ehe unser HErr zum Himmel auffuhr, machte Er Seinen Jüngern Vorwürfe über ihren Unglauben und ihres Herzens Härte, weil sie den Zeugen Seiner Auferstehung nicht geglaubt hatten. Ihres Herzens Härte war die Ursache ihrer Verständnislosigkeit, ihrer folgewidrigen Handlungen und ihres Unglaubens. Damit taten sie ihrem Meister weh, der doch so viel Geduld mit ihnen hatte!

Dürfen wir aber die Jünger richten? Wir gleichen ihnen ja in so vielem! Bei all unseren Vorrechten, bei all den Wohltaten, die wir vom HErrn empfingen, bleibt unser Herz ungläubig und verschlossen. Wollen wir es nicht eingestehen? Unsere Zurückhaltung, unser Widersprechen, unsere Hintergedanken, unser Murren, all das kommt daher, daß unser Herz verschlossen und unser Wille widerspenstig ist. Gott wolle uns die Gnade schenken, «von unserem Herzen getrieben, willigen Geistes zu sein». Er erwartet Gaben verschiedenster Art von uns, und vor allem möchte Er, daß wir selber uns Ihm weihen.

Dazu brauchen wir das Eingreifen des Heiligen Geistes. Er erfülle unser Herz, damit aus dem steinernen ein fleischernes werde! Er nehme unsere Gedanken gefangen unter den Gehorsam Christi, und unser Wille werde ein verständiger, eifriger Diener für Ihn!

«Alles nun, was ihr wollt, daß euch die Leute tun sollen, das tut ihr ihnen ebenso; denn dies ist das Gesetz und die Propheten.»
Matthäus 7, 12.

Wenn wir Täter dieses Wortes wären, bliebe uns viel Unangenehmes erspart, und dem Satan, dem Verkläger der Brüder, würde ein Boden entzogen, auf dem er gern arbeitet; Waffen, die er nur allzugut zu gebrauchen versteht, würden ihm genommen. Wenn jeder nur das täte, was er will, daß ihm die Leute tun sollen, wenn jeder nur das über andere sagte, was er möchte, daß man über ihn sagt, dann würde viel Unheil ungeschehen bleiben.

Dieses Wort sollte uns in unserem Tun und Lassen leiten. Leider ist es aber nicht immer der Fall. Wir führen über unsere Mitmenschen Reden, die aus unserem bösen Herzen kommen, und sind dadurch nicht nur unserem HErrn ungehorsam, sondern tun, was nicht mit Seinem Geist und Seiner Lehre übereinstimmt.

Das Gesetz empfahl den Menschen, ihren Mitmenschen, ihren Angehörigen oder den Gliedern ihrer Gemeinde nicht zu tun, was sie nicht wollten, daß man ihnen selbst täte. Aber unter der Gnade lassen wir nicht zu, daß man den Unseren antut, was wir nicht möchten, daß man uns antäte. Unter der Gnade halten wir zusammen mit den Unseren, die man schlecht behandelt; wir tragen mit an ihrer Schmach. Nach diesem Grundsatz handelt der HErr Seinem Volk gegenüber: wer es anrührt, rührt Seinen Augapfel an. Das Zusammenhalten der Kinder Gottes, die eins fürs andere einstehen, wird am Ende der Zeiten von unserem göttlichen König belohnt werden.

Loyal sein heißt, es für ein Vorrecht halten, einer für den anderen zu leiden. Wenn über andere hergefallen wird, laßt uns für sie einstehen. Wird ein Bruder, eine Schwester verachtet, so wollen wir uns zu ihnen halten. Werden sie verworfen, so sind auch wir verworfen. Schießt die Welt ihre Pfeile gegen sie ab, so wollen wir sie auffangen und zu ihren Gunsten reden, nicht feige schweigen. Kein wirksameres Gegengift gibt es gegen Klatsch und Unlauterkeit unter Christen, als loyal sein. Wir wollen uns also nicht damit begnügen, mit knapper Not das Gesetz zu erfüllen, sondern die Gnade unseres Herrn Jesus Christus treibe uns dazu, mehr zu tun als das, was von uns verlangt wird.

«Wie das Vieh, das ins Tal hinabsteigt, so brachte der Geist des HErrn sie zur Ruhe.» Jesaja 63, 14.

Der zweite Teil dieses Kapitels ist ein Gebet des auserwählten Volkes, das seinen Ungehorsam eingesteht, dem gerechten Urteil Gottes über seinen Unglauben zustimmt und Ihn anfleht, Sich ihm wieder zuzuwenden. Man entzieht sich nicht ungestraft der Obhut des guten Hirten.

Wer je eine Herde ins Tal hinabsteigen sah, vergißt gewiß diesen Anblick nie. Die Hirten und die Besitzer der Herde gehen dicht neben den Tieren. Sie sehen zufrieden aus und können mit Recht stolz sein. Sie dulden keine Verwirrung oder Unordnung, sondern widmen sich mit anhaltender Aufmerksamkeit der Führung der Herde auf dem steilen, steinigen Bergpfad. Keine Hast und nichts Grobes liegt in ihren Bewegungen. Die Hirten gehen buchstäblich in gleichem Schritt mit der Herde. Jedes Tier sucht sich seinen Weg; es umgeht die großen Steine und tritt auf die mit Gras bewachsenen Stellen. Die Hirten sind wachsam, denn der Weg ist lang und mühsam. Aber die Belohnung wartet ihrer, das Tal liegt vor ihnen.

Welch schönes Bild von Gottes Treue. In Fährlichkeiten, wenn uns Schlingen gelegt werden, läßt uns der himmlische Vater Seine Fürsorge zuteil werden. Er behütet uns und führt uns sicher, damit wir nicht straucheln, wie es im Verse vorher heißt.

Unser Gott will uns zu Seines Namens Ehre zur Ruhe führen, und in Seiner Sorgfalt und Treue bringt Er Selber diese Ruhe in unser Herz hinein. Was wir «auf den Bergen» des Segens und der geistlichen Bereicherung erhalten haben, muß erprobt werden, und unser göttlicher Hirt übernimmt es, uns ins praktische Erleben dessen einzuführen, was Er uns geschenkt hat. Wie gut ist's, unter der Führung eines solchen Meisters zu wandeln, sich in solchen Händen geborgen zu wissen und Gegenstand solcher Fürsorge zu sein! Darum wollen wir mit Israel ausrufen: «Ich will der Gnadenerweisungen des HErrn gedenken und dem HErrn Loblieder singen für alles, was Er an uns getan hat.» Jesaja 63, 7.

«Wie das Vieh, das ins Tal hinabsteigt, so brachte der Geist des HErrn sie zur Ruhe.»

«Obgleich Jesus wußte, daß der Vater Ihm alles in die Hände gegeben habe und daß Er von Gott ausgegangen sei und zu Gott gehe ... nimmt Er einen Schurz.» Johannes 13, 3. 4.

In den letzten Stunden Seines Erdenlebens, ehe Er verraten wurde, erhob Sich unser HErr und Meister, nicht um Seine Sache zu verteidigen oder Seine Gottheit zu beweisen, sondern Er stand auf und nahm einen Schurz, um Seinen Jüngern die Füße abzutrocknen. Nur die Bibel kann Bilder malen, die einen so tiefen Sinn haben, nur sie kann solche Gegensätze vereinen. Die Hände, denen der Vater alles übergeben hatte, nehmen einen Schurz, das Zeichen des Dienens für andere, der niedrigsten Arbeit! Die ganze Fülle der Gottheit wohnt in Christus, und doch schickt Er Sich an, den Jüngern die Füße zu waschen, und was für Jüngern! Der, dem Himmel und Erde gehören, dem alle Gewalt gegeben ist, erniedrigt Sich, anstatt Seine Macht zur Geltung zu bringen!

Können deine Hände, die gelegentlich das Schwert des Geistes schwingen, auch einen «Schurz» nehmen, um einen ganz schlichten Dienst zu tun? Können dieselben Hände, die die Seiten der Bibel zum Studieren umzuschlagen verstehen — und zwar manchmal in egoistischer Weise —, auch arbeiten, um anderen Menschen zu helfen und ihnen zu schwere Lasten abzunehmen? Ist dein für den HErrn brennendes Herz bereit, durch einen ganz geringen Dienst von Seiner Liebe zu zeugen?

Du hast den aufrichtigen Wunsch, Menschenseelen zu suchen, ein Licht anzuzünden, das Haus mit Fleiß zu kehren, bis der verlorene Groschen gefunden ist. Lukas 15, 8—10. Aber verstehst du in deinem Hause den Besen zu ergreifen und den Haushalt zu besorgen, trotzdem du weißt, daß der Vater dir alles gegeben hat, als Er dir Christus gab? Bist du ein Jünger Dessen, den man den Zimmermannssohn nannte? Beweise es mit deinem Leben!

Geh ans Werk, biete deine Dienste an, gib dich hin, aber im Verborgenen! Nimm diesen «Schurz», diene den Jüngern, ohne Aufsehen zu erregen. Laß dich von der Liebe einhüllen, mit der dich der HErr bis ans Ende liebt. Du lebst in einer Atmosphäre von Selbstsucht; aber du hast alles völlig in Christus. Darum stehe auf und folge Seinem Beispiel.

«Der Gott aber, der uns samt euch für Christus befestigt und uns gesalbt hat, der hat uns auch versiegelt und in unsere Herzen das Pfand des Geistes gegeben.» 2. Korinther 1, 21. 22.

Was ist die Salbung mit dem Heiligen Geist, und warum brauchen wir sie?

Die Salbung gibt uns geistliches Unterscheidungsvermögen. Einer der tragischsten Mängel in der Gemeinde Gottes ist der Mangel an Unterscheidungsvermögen den Geistesmächten gegenüber, die in der Welt wirken. Darum leben so viele Christen in einer erstaunlichen Sorglosigkeit, ohne in dem, was sie sehen, hören und lesen, die Geister zu erkennen, die *Vorläufer des Antichrists* sind. Darum sind sie oft verständnislos, wenn des HErrn Wort ergeht, und widersetzen sich Seiner Botschaft. Dadurch geraten sie in geistliche Dunkelheit und sind sich dessen oft gar nicht bewußt.

Die Salbung lehrt uns die Zeiten unterscheiden, die geistigen Dinge und Werte beurteilen, ob sie göttlich oder teuflisch sind, und im Glauben den Endsieg Christi in den bevorstehenden Kämpfen voraussehen. Sie reißt uns aus Erstarrung, oft aus Unwilligkeit heraus. Gott drängt sich jedoch nie auf, Er läßt uns manchmal schmerzliche Erfahrungen machen. Wenn wir aber demütig ans Kreuz kommen, unsere Unreinigkeiten und die Finsternis in uns bekennen und um Reinigung durch das Blut Christi bitten, dann wird Er unseren Wunsch erfüllen und uns die Salbung geben.

Die Salbung schützt Gottes Kind. Der Heilige Geist sagt uns, das Blut Jesu decke und reinige uns Tag für Tag. Wenn wir mit Ihm in Verbindung bleiben, bewahrt uns Seine Salbung in der Gefahr. Wir sind wachsam in allem, was wir tun, hören oder lesen. Unserem himmlischen Vater gehorchend, nehmen wir uns selbst in straffe Zucht. Ein leichtes christliches Leben macht die Christen oberflächlich, zuchtlos und rührselig.

Aber das genügt nicht. *Die Salbung ermöglicht es dem Christen, den Dienst für Gott in der rechten Weise zu tun.* Solch ein Dienst geht vom Heiligtum aus, wo wir alles, was wir nötig haben, direkt aus Seiner Hand empfangen. Darum wollen wir unser Herz und Gewissen prüfen und beten, bis Er zu uns sagt: «Ihr habt die Salbung von dem Heiligen und wisset alles.» 1. Johannes 2, 20.

«Seid getrost, Ich habe ... überwunden.» *Johannes 16, 33.*

Durch Sein Überwinden hat uns der HErr den Sieg gegeben über Sünde und Verdammnis, die auf uns lasten. Der Glaube an das sühnende Opfer Jesu Christi führt uns in der Tat zum Überwinden der Sünde und der Verdammnis, die mit ihr zusammenhängt. *«So gibt es nun keine Verdammnis mehr für die, welche in Christus Jesus sind.» Römer 8, 1.*

Durch Sein Überwinden gibt Er uns auch den Sieg über unseren Widersacher, den Teufel, und über seine Werke. Auf dem Schlachtfeld von Golgatha ist nichts unvollendet, kein Feind unbesiegt geblieben. Der Sieg, den Christus dort errang, erstreckt sich auf das ganze Reich der Finsternis, auf alle bösen Geister, auf absolut alles. Wenn wir das Kreuz betrachten, offenbart uns der Heilige Geist die Bedeutung der Wunden unseres Retters, die Bedeutung Seiner Leiden, Seiner Todesnot und Seines Kampfes, in welchem Er der Schlange den Kopf zertrat. Er lehrt uns verstehen, was das Wort: «Es ist vollbracht» alles in sich schließt. Es war ein Siegesruf!

Durch Sein Überwinden offenbart uns der HErr auch, daß Er alles auf Sich nahm, was Sünde in uns und um uns ist. Unser Fleisch mit seinen Wünschen und Lüsten, alles ererbte Sündige und der Einfluß der Welt, unter dem wir vielleicht ganz unbewußt gestanden haben, sind mit Ihm gekreuzigt worden. Der göttliche Überwinder schenkt Seinen Kindern und Erben den Sieg über das alles. Wir dürfen es in aller Glaubenseinfalt annehmen.

Er hat auch unsere Sorgen und Gebrechen aufs Kreuz hinaufgetragen, damit wir nicht mehr von ihnen bedrückt würden. Wenn wir unter schweren Lasten zu unterliegen drohen, sollte doch das Loblied erklingen: «Gott aber sei Dank, der uns den Sieg gibt durch unseren Herrn Jesus Christus!»

Wie viele Christen lassen sich von ihren Lebensumständen überwältigen und von ihrem Temperament mit fortreißen! Sie leben ohne den auf Golgatha errungenen Sieg, als ob das Kreuz uns nicht von allem erlöste, was unserem geistlichen Leben schadet! Der Sieg ist vollständig. Seine Wirkungskraft währt noch immer, und der Glaube eignet sich dieses Geschenk an, das Gott uns anbietet.

«Ich habe ihnen Dein Wort gegeben.» Johannes 17, 14.

Diese Worte sprach der HErr, als Er sich anschickte, in die Herrlichkeit zur Rechten des himmlischen Vaters aufzufahren. Er hatte Sein Werk vollendet und kehrte dorthin zurück, wo Er vorher gewesen war. Aber Er hinterließ Sein Testament. Da Er, der Testator, gestorben ist — und welchen Todes! —, gehört jetzt alles, was Er ist und Seinen Kindern gegeben hat, Seinen Erben, die es sich durch den Heiligen Geist aneignen. Die Erklärung, die Er vor Seinem Vater abgibt: «Ich habe ihnen Dein Wort gegeben», eröffnet Sein Testament für uns! Von nun an besteht also eine direkte Verbindung zwischen dem Himmel und der Erde, zwischen dem Sohn der Verheißung und Seinen Erben, die Er mit der Bibel, dem nun losgebundenen, eröffneten Buch, in die Welt aussendet. Darin besteht unsere Berufung. Sie gründet sich auf das Geschenk, das Er uns gemacht hat: Sein Wort.

Darum laßt uns unser Erbe immer gründlicher kennenlernen, indem wir Sein Wort lesen und uns darein vertiefen. Wenn wir dem gehorchen, was es uns lehrt, wird es uns immer verständlicher, und wir wachsen in der Erkenntnis des HErrn, der uns nach und nach in die ganze Wahrheit einführt, wie Er verheißen hat. Johannes 16, 13. Wir wollen Gottes Wort für das Testament unseres HErrn ansehen, des HErrn, der uns alles gibt. Dann haben wir freien Zugang zu allen Seinen Reichtümern, mehr noch, wir werden befähigt, sie denen weiterzugeben, die bisher nichts von ihnen wußten.

Wenn wir die Bibel lesen, steht uns der Heilige Geist zur Seite, der alle heiligen Schreiber inspirierte. Er legt uns die Bibel aus und sichert uns durch dieses Wort eine direkte Verbindung mit unserem HErrn. Er rüstet uns aus mit der Kraft der Bibelbotschaft, damit wir sie dann in der Welt verbreiten können. Die Bibel ist das Wort des Lebens, eine Speise und eine Kraftquelle. Die direkte Verbindung mit dem göttlichen Verfasser dieses Buches sichert unserem Dienst die nötige Inspiration und Hilfe in einer Welt, die sich dauernd ändert und deren geistliche Bedürfnisse unermeßlich sind. «Ich habe ihnen Dein Wort gegeben ... Heilige sie in Deiner Wahrheit, Dein Wort ist die Wahrheit.» Johannes 17, 14. 17.

«Kommet her zu Mir alle, die ihr mühselig und beladen seid, so will Ich euch erquicken. Nehmet auf euch Mein Joch und lernet von Mir; denn Ich bin sanftmütig und von Herzen demütig.»

Matthäus 11, 28. 29.

Diese Einladung des HErrn gilt nicht nur dem beladenen Sünder, der Vergebung und Ruhe sucht, sondern ist auch die Bedingung für einen Gott wohlgefälligen Dienst. Wie viele aufopfernde, aufrichtige Christen sind beladen, weil sie ihren Dienst in gesetzlicher Weise mit eigener Energie oder in der Gesinnung eines Taglöhners tun! Dem einen wie dem anderen ruft der Meister zu: «Kommet her zu Mir», so wie ihr seid, und wer ihr auch seid!

Grüble nicht darüber nach, was du für Ihn tun willst. Verlaß dich auf das, was Er zuerst in dir, und dann durch dich tun will.

«*Nehmet auf euch Mein Joch.*» In diesem Text vereinen sich die göttliche und menschliche Natur des Retters. Er war tatsächlich ein Mensch, der aus Nazareth stammte, aber auch wahrer Gott von aller Ewigkeit her. In der Werkstatt Josephs, des Zimmermanns, wurde manch ein Joch gezimmert für die Zugtiere, die vor den Pflug gespannt oder zur Opferung bestimmt werden sollten: ein Bild wahren Dienens. Jesus, der Schöpfer aller Dinge, hat sicherlich nie ein unvollkommenes Joch gezimmert. Er hätte nie einem Seiner Geschöpfe wehtun wollen, und wäre es auch nur ein Tier! Ein Joch, das der Zimmermann von Nazareth hergestellt hatte, war immer fehlerfrei. Wieviel mehr wird das Joch des Dienstes Seiner Kinder immer leicht sein und nie unsanft verletzen oder schwer drücken. Ihm wollen wir unsere Pläne und Fähigkeiten unterstellen, dann wird das Joch uns nicht verletzen.

«*Lernet von Mir.*» Immer wieder müssen wir lernen, aber auch verlernen. Unsere Zustimmung dazu ist ein wertvolles Geheimnis, eine alles Verständnis übertreffende Kraftquelle. Laßt uns darum nicht widerstreben, wenn uns etwas gegen den Willen geht; denn der Sanftmütige und Demütige will uns segnen.

«*Ich will euch erquicken.*» Dann wird unser Wesen durchdrungen von göttlicher Harmonie, die keine apathische Gemütsruhe ist, sondern Herzenserquickung, die sich in Tätigkeit ohne Aufregung, in Arbeiten ohne Erschöpfung und in Kraft ohne Lärm zeigt.

«Verweigere keinem Bedürftigen eine Wohltat, wenn es in deiner Hände Macht steht, sie zu gewähren! Sprich nicht zu deinem Nächsten: Gehe hin und komm wieder, morgen will ich dir geben! — während du es doch hast.» Sprüche 3, 27. 28.

Wir sind Besitzer des höchsten Gutes, des Wortes Gottes. Wir dürfen es nicht für uns behalten, es nicht denen vorenthalten, die Anspruch darauf haben. Christus gab Sein Leben, und Gott gab Sein Wort für alle Menschen, ohne Ausnahme. Sie haben alle das Recht, es zu wissen. Das war dem Apostel Paulus klargeworden. An die Römer schreibt er, er sei ein «Schuldner», sowohl den Griechen als den Barbaren, sowohl den Weisen als den Unverständigen, und soviel es an ihm liege, sei er bereit, auch den Heiden in Rom das Evangelium zu verkündigen.

Dieses Gefühl für Verpflichtung und Verantwortlichkeit ist eine Frucht des Geistes Gottes im Herzen. Dankbarkeit und Liebe zu Gott kommen darin zum Ausdruck. Dieses Gefühl sollte uns nie verlassen, und wenn wir bedenken, was Gott uns alles geschenkt hat, sollten wir auch einsehen, daß wir Schuldner der Welt und unserer Mitmenschen sind, die nicht unsere Vorrechte haben.

«*Während du es hast*», bedeutet: *heute!* Heute ist es noch möglich, eine Wohltat zu gewähren. Über den morgigen Tag können wir nicht verfügen. Wenn wir wachsam und zur Tat bereit sind, werden wir uns keine Gelegenheit entgehen lassen. Darum wollen wir das, was wir heute tun können, nicht aufschieben. Wie viele Gelegenheiten werden versäumt, wieviel von Gott eingegebenes Tun wird unterlassen, weil man sagt: «Es hat noch Zeit!» In den meisten Fällen geschieht das so Aufgeschobene dann nie.

Diese Angewohnheit ist noch verhängnisvoller, wenn es sich um das Seelenheil unseres Nächsten handelt. «*Sprich nicht zu deinem Nächsten: Gehe hin und komm wieder, morgen will ich dir geben!*» Wir wissen ja gar nicht, was morgen sein wird! Wenn wir die Möglichkeit haben, zum inneren oder äußeren Wohlbefinden unseres Nächsten beizutragen, wollen wir uns also damit beeilen. Wer weiß, ob sich wieder eine Gelegenheit dazu bietet. Laßt uns unser Leben nach den Worten richten: «Verweigere keinem Bedürftigen eine Wohltat, wenn es in deiner Macht steht, sie zu erweisen!»

«Der Rauch des Räucherwerks stieg mit den Gebeten der Heiligen auf.»
Offenbarung 8, 4.

Gott möchte uns zeigen, daß die unerhört gebliebenen Gebete der Heiligen sich im Himmel anhäufen. In dem prophetischen Bild, dem unser Text entnommen ist, sind die bei der Öffnung des siebenten Siegels über die Welt kommenden Gerichte die Erhörung der Gebete der Märtyrer von Kapitel 6, 9—11. Im Himmel entsteht eine Stille von einer halben Stunde. Die Lobgesänge der himmlischen Heerscharen verstummen, weil die Gebete der Heiligen wie Weihrauch aufsteigen.

In unserer Zeit, in der Gott noch Gnade walten läßt, häufen auch unsere Gebete sich an. Aber plötzlich werden sie, wie schwere Wolken an einem langen, heißen Sommertag, in strömenden Regen verwandelt, der die Erde erquickt. Wir müssen auf die richtige Weise für unsere Länder beten lernen und nicht alles schwarz sehen; sonst werden wir in der Fürbitte für die Obrigkeit gehemmt.

Lukas 18, 1—8 ermahnt uns zu anhaltendem Gebet. Die dort erwähnte Witwe war machtlos. Sie hatte keine einflußreichen Freunde. Aber Gott sei gedankt für ihre törichte Glaubenseinfalt! Sie bestand auf ihrem Recht, bis sie erhört wurde. Auch wir wollen anhalten im Gebet, bis wir der Erhörung gewiß sind.

Durch Beten im Namen Jesu berühren wir nicht nur den goldenen Herrscherstab, wie im Alten Bunde, sondern haben ihn in Händen, sind Teilhaber der Siegesbeute unseres göttlichen Hauptes und verkünden, daß Er alles vollbracht hat, wahrhaftig auferstanden ist und jeden, der glaubt, rechtfertigt.

Gott will uns auch lehren, was Stille im Gebet bedeutet, wenn uns der Heilige Geist erwählt, um uns eine Gebetslast aufs Herz zu legen, die man nicht in Worte kleiden kann. Es gibt stille, unbeschreiblich schmerzende Gebete. Wir leiden, wir seufzen, und plötzlich wird uns die Last vom Herzen genommen. Gott hat im Himmel das «Seufzen des Geistes» vernommen. Römer 8, 27.

Wie notwendig ist es, daß wir immer mehr beten lernen. Dann wird Lob und Dank über unsere Lippen kommen, der Weihrauch unserer Gebete wird unablässig vor Gottes Thron aufsteigen, und dem HErrn wird es gefallen, uns zu Seiner Stunde zu erhören.

«Wenn ihr freiwillig gehorsam seid, werdet ihr das Beste des Landes genießen.» Jesaja 1, 19 (O).

Das Beste des Landes genießen können wir nur, wenn wir gehorsam sind. Wem und worin gehorsam? Die Antwort ist einfach, und doch widerstreben ihr unsere Herzen: in allen Dingen gehorsam sein; blind gehorchen, auch wenn wir oft nicht wissen warum; kindlich allem gehorsam sein, was Gott befiehlt.

Von Natur gehorchen wir nicht gern. Sogar der Sohn Gottes hat Gehorsam «gelernt» und dadurch Gott auf Erden Ehre gemacht. Er allein konnte als wahrer Mensch und wahrer Gott 30 Jahre lang dem Willen Seines himmlischen Vaters völlig gehorsam sein. Er schenke uns die Gnade, den Gehorsam von Ihm zu lernen!

Gott verlangt nicht, daß wir Ihm wie Sklaven gehorchen, die sich vor Strafe fürchten, oder wie bezahlte Knechte, die aus ihrer Unterwürfigkeit irgendwie Nutzen ziehen wollen. Wahrer Gehorsam entspringt der Dankbarkeit gegen Gott. Darum laßt uns Ihn bitten, daß Lob und Dank unser Leben kennzeichne.

Wenn wir mit unserem HErrn in Verbindung sind und uns wie Söhne zu Ihm stellen, können wir gar nicht anders, als Ihm aus Liebe gehorsam sein. Das ist nicht schwer, denn Sein Joch ist sanft und Seine Last ist leicht. Als gehorsame Kinder lassen wir uns gern von Ihm in Zucht nehmen und erfahren, was Liebe zum Gehorsam und Gehorsam aus Liebe ist, freiwilliger Gehorsam eines Sohnes, dem der Reichtum des Vaters zur Verfügung steht.

Gott schenke uns auch den Gehorsam eines Soldaten, der dem Hauptmann nicht widerspricht. Er führt die Befehle seines Vorgesetzten aus — und unser Chef ist in der Herrlichkeit! Im Zusammenleben mit unseren Mitmenschen sollten wir auch Korpsgeist haben wie eine Armee und nicht erwarten, daß ein anderes Los unser wartet als das Soldatenlos. Darum laßt uns nach nichts anderem verlangen als nach der hohen Ehre, zu den Heerscharen des HErrn gehören zu dürfen, um gegen Seine Feinde: die Sünde, den Irrtum und die Geistesmächte der Unterwelt, zu kämpfen.

Wenn wir dann wichtige Entscheidungen zu treffen haben, sind wir freiwillig gehorsam, damit sie richtig ausfallen, so daß wir Früchte einernten und das Beste des Landes genießen können.

«Welcher sogar Seines eingeborenen Sohnes nicht verschont, sondern Ihn für uns alle dahingegeben hat, wie sollte Er uns mit Ihm nicht auch alles schenken?» Römer 8, 32.

Diese Worte sind Gottes Antwort auf alle Bedürfnisse des Menschenherzens, und diese Bedürfnisse sind eine Welt für sich! Niemand kennt sich selbst, und niemand kann sein eigenes Herz mit seinen bekannten und unbekannten Fähigkeiten, Regungen und Wünschen ganz ergründen. Aber Gott sieht das alles, Ihm entgeht nichts, Ihm ist nichts unmöglich. Die Bedürfnisse eines Menschenherzens gehen bis ins Unendliche, und alle können in Christus befriedigt werden.

Sollte Gott, der uns mit so großen Reichtümern, mit den Früchten der Opferung Seines Sohnes, überschüttet hat, dem Strom der Gnadenfülle vom Kreuz Grenzen setzen? Könnte Er uns etwas von Seinen Wohltaten versagen, jemand aus dem Bereich Seiner Liebe ausschließen? Wir, die wir zu dieser Quelle gekommen sind, sollten wir sie versiegen sehen? Sollten wir enttäuscht werden? Nein! Denn dieses Wort zeigt uns, wohin uns das große Heil in Christus führt: zum Beginn der Heiligung aus Gnaden in Ihm.

Dieses Wort sichert uns also nicht nur den ganzen Nutzen des sühnenden Werkes unseres Retters für unsere Vergangenheit, sondern gibt uns gleichzeitig mit der Gewißheit über die Erlösung durch Sein Blut die Zusicherung, daß Er uns nun in ein neues Leben einführt.

Welches auch unsere Fehler oder Gebundenheiten sein mögen, Jesus hat am Kreuz über sie triumphiert. Uns ist vergeben worden, wir sind befreit. Unsere Vergangenheit ist damit erledigt, und für Gegenwart und Zukunft verleiht unser HErr uns Sein Leben, nimmt Wohnung in uns und überschüttet uns mit Seinen Gaben. *«Denn ihr kennt die Gnade unseres Herrn Jesus Christus, daß Er, obwohl Er reich war, um euretwillen arm wurde, damit ihr durch Seine Armut reich würdet.» 2. Korinther 8, 9.*

Nur mit Ihm allein wollen wir also rechnen und von Ihm alles geschenkt bekommen, was wir für unser Christenleben brauchen!

«Kaufet die Zeit aus, denn die Tage sind böse.» Epheser 5, 16.

In diesem inspirierten Text erscheint uns die Zeit wie ein Wertgegenstand, der Beachtung verdient und dessen Erwerb sich lohnt. Viele Christen lassen sich durch die Schnelligkeit, mit der die Zeit vergeht, beunruhigen. Diese Worte können ihre Ratlosigkeit beheben und ihnen Hilfe bringen.

Gottes Wort stellt fest, daß die so kostbare Zeit dem abgekauft werden muß, durch dessen Schuld sie uns verloren gegangen ist. Der HErr will uns lehren, daß unsere Zeit Ihm gehört. Er will uns Seine Kraft und Gnade geben, damit wir im täglichen Leben Seinen Willen ausführen können. Er möchte uns aufmerksam machen auf die viele Zeit, die wir vergeuden mit Nichtigkeiten und unnötigen Dingen, welche gegen die Seele streiten und uns hindern, täglich ein Höchstmaß an Arbeit für Ihn zu vollbringen. Durch Zeitverschwendung, und seien es auch nur 5 oder 10 Minuten, versäumen wir leicht eine Gelegenheit, in Seiner Gegenwart zu verweilen und von Ihm Hilfe zu bekommen.

Der Teufel raubt uns die Zeit. Darum ermahnt uns der HErr, sie zurückzukaufen. Dieser Rückkauf der Zeit aus den Händen des Feindes ist eine entschlossene Tat des Kindes Gottes, dessen Verhalten von nun an auf diesem Gebiet konsequent bleibt.

Der Apostel Paulus hatte die Epheser eben daran erinnert, daß sie dazu berufen waren, im Licht zu wandeln, im Gegensatz zu der Finsternis, in der sie früher lebten. Auch auf diese Weise konnten sie die Zeit wieder erwerben, die ihnen verloren gegangen war, als sie der Finsternis dienten.

Aber auch als Erlöste verlieren wir noch viel Zeit. Wir wollen dem HErrn und Seiner Sache dienen; aber in Wirklichkeit ist unser Herz nicht ganz bei der Sache. Wir sind nicht ganz aufrichtig, nicht ganz wahr Ihm gegenüber. Wir kaufen die Zeit, die Ihm gehört, nicht aus, sondern benützen sie für uns. Gott wolle uns zum Bewußtsein bringen, welch kostbares Gut Er uns mit jeder Stunde, die uns zur Verfügung steht, anvertraut hat. Laßt uns Ihm bekennen, wie viel Zeit wir vergeudet, wie viele Gelegenheiten wir versäumt haben! Und von nun an wollen wir als Kinder des Lichts wandeln.

«Philippus spricht zu Ihm: HErr, zeige uns den Vater, so genügt es uns.» Johannes 14, 8.

Diese Bitte kommt aus einem verwaisten Herzen und findet ein Echo im Herzen des Vaters. Kurz darauf sagt Jesus zu Philippus: «Ich lasse euch nicht als Waisen zurück.» Philippus fehlte etwas. Er war Jesus von Nazareth nachgefolgt, seit dem Tage seiner ersten Begegnung mit Ihm. Er hatte auch Nathanael bezeugt, daß er den Messias gefunden habe, und Jesus die Bitte der Griechen, die Ihn gerne sehen wollten, überbracht. Er hatte also für seinen Meister gezeugt und Ihm gedient; aber ihm fehlte jemand. Er hatte nicht begriffen, daß der, der Jesus sieht, den Vater sieht. Philippus war verwaist, verständnislos!

Laßt uns auf die Antwort des HErrn hören: «*Solange Zeit bin Ich bei euch, und du kennst Mich noch nicht, Philippus?*» Oh, wie oft fehlt uns doch das Verständnis für geistliche Dinge! Der HErr war bei uns von dem Tage an, als wir Ihn in unser Herz aufnahmen; aber so oft haben wir Ihn nicht erkannt. Sobald uns jedoch die Augen aufgehen für die Geduld Gottes, des Vaters und des Sohnes mit uns, weicht unsere Verständnislosigkeit.

«*So genügt es uns.*» Im Urtext liegt in dem mit «genügen» übersetzten Wort der Gedanke einer Schutzwehr, hinter der man vor allen Überfällen geborgen ist. Der himmlische Vater ist für uns eine feste Burg, in der wir Zuflucht finden. Wenn wir Ihn in dieser Weise kennenlernen, wird Er uns vor Abwegen bewahren, und wir werden Ihn nicht mehr fragen, ob wir dies oder jenes tun dürfen. Wir besitzen dann eine solche Fülle von Leben und Zufriedenheit, daß sie uns ganz von selbst von allem trennt, was nicht mit Seinem Willen übereinstimmt, einfach, weil wir Ihn lieb haben. Sein Sohn gab Sein Leben für uns, und wir geben Ihm unser Leben.

Dieses volle Genüge bringt alle unsere Klagen zum Schweigen und nimmt uns alle Angst, so wie die Frühlingssonne die Spuren auch des längsten und strengsten Winters vertreibt. Laßt uns einfach glauben, daß der Vater in unserem Leben Wohnung nimmt und es umwandelt, dadurch daß Er uns zu Erben und Besitzern alles dessen macht, was Er hat und was Er ist.

«Wer überwindet, dem will Ich von dem verborgenen Manna zu essen geben.» Offenbarung 2, 17.

Gewisse Gefahren, denen die Gemeinde von Pergamus unterlag, drohen auch heutzutage den Menschen, die dem lebendigen, wahren Gott dienen wollen. Um sie davor zu bewahren, bietet der HErr denen, welche entschlossen sind, die unserer Zeit eigenen geistlichen Gefahren zu überwinden, das «verborgene Manna» an.

Es ist Nahrung für das «mit Christus in Gott verborgene Leben» (Kolosser 3, 3), ein Leben, das wir kennenlernen, wenn unser eigenes Leben mit seinen Lüsten und Begierden, seinen Anstrengungen, seiner stolzen Aufmachung von Eifer und von sogenannter Hingebung, mit Christus gekreuzigt ist. Wie der Heilige Geist nicht von Sich Selber redet, so redet auch das mit Christus in Gott verborgene Leben nicht von seiner Hingebung. Es lernt Gehorsam, wie der Sohn Gottes, und läßt sich gern in Zucht nehmen. Es gibt, wie Gott der Vater, das Kostbarste, was es besitzt, der Welt. Solchem Leben gibt Gott «verborgenes Manna».

Dieses Manna verleiht uns, was wir im tiefsten Innern nötig haben. Es wird uns immer von neuem geschenkt, ohne daß wir merken wie. Unser Leben und Dienen ist nicht frei von Leid, das weiß der HErr, sorgt aber für uns und hilft uns. Manna heilt Wunden, nimmt Lasten fort und vertreibt das Fieber. Vom «verborgenen Manna» genährt zu werden, ist das Vorrecht des Überwinders.

Es gibt uns neue Kraft, es stärkt uns im Wandel und Dienst. Es belebt die Müden, bewahrt vor Erschöpfung, hilft den Dienern des HErrn, nicht auf ein tieferes Niveau zu sinken. Ganz still und leise wandelt es unseren Charakter um und stärkt uns am inwendigen Menschen. Es befähigt uns, Gott zu erproben und uns nicht vor Schwierigkeiten und Kämpfen zu fürchten.

Das «verborgene Manna» ist viel mehr wert als auffallende «Segnungen». Mit ihm dringt der Segenspender Selber ins allerinnerste unseres Herzens und Gewissens ein und nimmt Besitz von unserem Geist, erfaßt unsere Hand und lenkt unsere Schritte in Seine Fußstapfen. Das mit Christus in Gott verborgene Leben wird erhalten, wächst und verbreitet sich durch das Aufnehmen dieses «verborgenen Mannas», dessen Früchte aber *sichtbar* sind.

«Will jemand Mir nachfolgen, so verleugne er sich selbst und nehme sein Kreuz auf sich und folge Mir nach!» Matthäus 16, 24.

Die Unterweisungen, die der HErr Seinen Jüngern gab, gelten heute noch. Seinerseits hat sich nichts geändert, und ein treuer Glaube, ein kindlicher Gehorsam, weiß das. Wahre Jünger Jesu sind Männer und Frauen, die mit dem gekreuzigten, auferstandenen und jetzt verherrlichten Heiland zusammenleben, Seinem Wort untertan sind und wie die ersten Jünger Seine Glaubens- und Liebeswerke unter den Menschen ausführen.

«*Will jemand Mir nachfolgen* ...» Gott redet hier anders als im Alten Bund. Er befiehlt nicht mehr, Er schlägt vor. Es handelt sich um eine Einladung, die wir annehmen oder ablehnen können. In diesen Worten ist nicht vom Heil aus Gnaden die Rede, auch nicht von der Rechtfertigung durch den Glauben, sondern von den Lebensbedingungen eines Jüngers Jesu, der sich freiwillig einreiht, als gewissenhafter Soldat in Zucht nehmen läßt und seinem Vorgesetzten gehorchen will. Aber bis wir uns Ihm freiwillig unterworfen haben, ist der Vorschlag des HErrn, uns als Seine Jünger einzureihen, nur eine Einladung, kein Zwang.

«*So verleugne er sich selbst.*» Auf diesem Punkt werden wir geprüft. Wenn Selbstverleugnung nicht das Fundament unseres Jüngerlebens ist, schlägt es fehl. Verleugnen wir uns aber wirklich selbst, nicht um von den Menschen bewundert, sondern um nur von Gott gesehen zu werden, der es uns zu Seiner Stunde öffentlich vergelten wird, dann wird unser Leben bewahrt und bringt Frucht.

«*Und nehme sein Kreuz auf sich und folge Mir nach.*» Damit wollen wir doch nicht warten, bis die Umstände uns zwingen, unser Leben dranzugeben. Wir wollen es freiwillig ausliefern. Was unserem Tun Wert verleiht, ist nicht nur der Entschluß, Jesus nachzufolgen und unser Kreuz auf uns zu nehmen, sondern die Tatsache, daß wir diesen Schritt freiwillig ausführen und wissen, daß wir nicht gezwungen werden, sondern ihn aus Liebe zu unserem HErrn und zur Welt tun.

Laßt uns also Seine Einladung und auch Seine Bedingungen annehmen, dann werden wir der Menschheit dienen und unserem Gott hier auf Erden Ehre machen können.

«Ich elender Mensch! Wer wird mich erlösen von diesem Todesleib?» Römer 7, 24.

Das ist der oft unausgesprochene Seufzer eines Kindes Gottes. Je mehr sein Verlangen nach Heiligung zunimmt und es den festen Entschluß faßt, wirklich ein neues Leben in Jesus Christus zu leben, desto mehr ruft es in seinem Herzen: «Ich elender Mensch!»

Unser Gewissen ist überzeugt davon, daß das Blut Jesu sühnende Kraft hat. Aber wenn wir vor Gott gerechtfertigt sind, empfinden wir tief das Bedürfnis nach Heiligung, und dagegen sträubt sich unsere alte Natur. Dieser Zwiespalt, dieser Kampf, preßt dem Christen den Ruf aus: «Wer wird mich erlösen?»

Warum fallen wir noch? Welches ist die Ursache unserer Niederlagen? Unser alter Mensch, unser Eigenleben, das Gott dienen will, das Er aber nicht gebrauchen kann! Wir seufzen über die Mängel unseres christlichen Zeugnisses, unseres Charakters, unseres Temperaments. Wir verzweifeln, wir blicken immer auf uns selber, weil wir nicht verstanden haben, daß unser eigenes Leben nicht «christlich» sein kann. Wir beginnen und beendigen den Tag mit uns selber. Die Menschen, denen wir begegnen, kommen nicht mit Christus in Berührung, sondern mit unserem «Ich».

Aber unser Großer Hoherpriester in der Herrlichkeit kennt uns durch und durch. Er hört unseren Schrei, unsere intimsten Bekenntnisse. Er will darauf antworten und unserer Not abhelfen. Gott sei Dank, daß Er uns Seine Hilfe nicht versagt!

Durch das Gesetz des Geistes des Lebens in Jesus Christus können wir befreit werden vom eigenen Leben, das bis dahin den Kern unseres Wesens ausmachte. In Jesus Christus finden wir ein neues Lebenszentrum. Unsere alte Natur muß mit Jesus gekreuzigt werden. Das Kreuz ist der Ort, wo sie hingehört. Dann gehen wir in ein neues Leben ein. Die Umwandlung beginnt auf Golgatha, entfaltet sich aber in der Auferstehung mit unserem Retter, der uns die Fülle Seines göttlichen Lebens verleiht. Wenn die Versuchung kommt, wollen wir an unserer Stellung festhalten und sagen: «Ich danke Gott durch Jesus Christus, unseren HErrn.» Er befreit, und Er tut es jetzt!

«*Wir handeln nicht recht.*» *2. Könige 7, 9.*

Der König von Syrien belagerte Samaria, und Hungersnot herrschte in der Stadt. Aber Elisa war mit einem zwiefachen Teil vom Geiste des Propheten Elia ausgerüstet, durchschaute die Lage und verkündigte: «So spricht der HErr: Morgen um diese Zeit wird im Tore von Samaria ein Maß Semmelmehl einen Silberling gelten und zwei Maß Gerste einen Silberling.» Es war Gottes Wort, Elisa glaubte es und wußte, daß es in Erfüllung gehen werde. Aber es steht unserem Gott frei, die Werkzeuge zu gebrauchen, die Er will.

Vier Aussätzige gingen in das Lager der Syrer und entdeckten, daß es verlassen war. Elisas Glaubenswort war in Erfüllung gegangen, das Heer der Syrer war vom HErrn in die Flucht geschlagen worden und hatte eine Fülle von Reichtümern zurückgelassen.

Als die Aussätzigen ihren Hunger gestillt hatten, schlug ihnen das Gewissen, und sie sprachen: «*Wir handeln nicht recht. Dieser Tag ist ein Tag guter Botschaft; wenn wir schweigen und warten, bis es heller Morgen wird, so wird uns Strafe treffen. So kommt nun, wir wollen gehen und es dem Hause des Königs melden.*» Das taten sie, und Israel wurde befreit, sein Hunger gestillt.

Was lehrt uns diese Geschichte? Gott hat uns aus Gnaden errettet, uns vom Aussatz der Sünde geheilt. Nun sind wir berufen, Ihm zu dienen und die frohe Kunde denen zu bringen, die verloren gehen. Wie oft aber tun wir das nicht, handeln also nicht recht. Laßt uns die Sache so ansehen, wie sie wirklich ist, die Sünde unserer Untätigkeit, unserer Selbstsucht bekennen und uns ohne Zögern aufmachen, um fröhlich und aus tiefster Überzeugung die frohe Botschaft auszubreiten, damit die, welche Hungers sterben, gerettet werden und ihren Teil von dem Überfluß erhalten, der in Christus ist.

«Siehe, es kommen Tage, spricht Gott der HErr, da Ich einen Hunger senden werde ins Land, nicht einen Hunger nach Brot, noch einen Durst nach Wasser, sondern darnach, das Wort des HErrn zu hören. Da wird man herumziehen, um das Wort des HErrn zu suchen, und wird es doch nicht finden.» Amos 8, 11. 12. Oft ist das heute schon der Fall! Wie handeln wir?

«Habe Ich dir nicht geboten, daß du stark und fest sein sollst? Sei unerschrocken und unverzagt!» Josua 1, 9.

Der Mann, an den dieses Wort Gottes erging, stand vor der Eroberung des Landes, dem alle Verheißungen Gottes galten, seitdem Abraham geglaubt und Gott es ihm zur Gerechtigkeit gerechnet hatte. Auch vor uns, die wir am Ende der Gnadenzeit leben, liegt viel Land, und es gilt viele Stellungen zu erobern, dem Feind viele Menschenleben zu entreißen, solange es noch Zeit ist.

«*Sei stark und fest*» unter den vorliegenden, bisher nie dagewesenen Umständen, angesichts unerwarteter Ereignisse, beim Zusammenbruch der sichtbaren Dinge. Der Friede Gottes, der allen Verstand übersteigt, bewahre unsere Herzen und Sinne! Dieser Friede gibt Sicherheit und Hoffnung und ist für die verwirrte Welt bestimmt. «Der Gott der Hoffnung erfülle euch mit aller Freude und mit Frieden im Glauben, daß ihr überströmet an Hoffnung, in der Kraft des Heiligen Geistes!» Römer 15, 13.

«*Sei stark und fest!*» Laßt uns wachsam sein und ein folgerichtiges Leben führen. Unser Herz sei voller Verständnis für die Leiden unserer Mitmenschen, erfüllt von der Liebe, die der Heiland übte. Laßt uns unerschrocken einstehen für Gerechtigkeit, Ordnung und Vertrauen und nicht in Verteidigungsstellung bleiben, sondern zum Angriff übergehen. Es gilt noch viel Land einzunehmen, viele Seelen müssen noch gerettet werden, und wir brauchen die Festigkeit, die Gott Selber verleiht, die aus schlichtem, unbedingtem Glauben entspringt. Wir wollen uns unverzagt dahin stellen, wo der Kampf am heißesten ist, ruhigen Geistes bleiben, hoch über dem Getümmel stehen und unerschrocken auch hinabsteigen in die Tiefen menschlichen Leides, ohne uns von Hoffnungslosigkeit anstecken zu lassen. Mutig wollen wir gegen den Strom schwimmen, ohne uns um die Meinung oder das Urteil derer zu kümmern, die kein Kämpferleben führen wollen. Ja, laßt uns den Mut haben, allein zu stehen!

Die Triebfeder dieser Festigkeit und Unerschrockenheit und des Dienstes, der sich daraus ergibt, ist das Wort des HErrn: «*Habe Ich dir nicht geboten?*» Nichts ist einfacher als das. Gott hat geredet und geboten. Wir kennen Seinen Willen. Tun wir ihn?

«Gott aber sei Dank, der uns den Sieg gegeben hat durch unseren Herrn Jesus Christus.» 1. Korinther 15, 57 (L).

Nicht mit unseren eigenen Kräften, sondern nur durch den Sieg, den Christus uns am Kreuz erworben hat, können wir die Sünde und alle Schwierigkeiten überwinden. Das Kreuz ist eine Wirklichkeit und soll zu einem Erlebnis für uns werden. Eine passive, nur verstandesmäßige Haltung Golgatha gegenüber genügt nicht. Christus gibt den Seinen den Sieg, indem Er Sich ihnen Selber schenkt. In Ihm können sie immer überwinden. Sie lernen, an allen Feinden, die in ihrem Leben auftreten, die Macht Seines Siegernamens zu erproben.

Vom Leben und Dienen derer, die diesen Sieg ergreifen, geht ein Wohlgeruch aus, der von der Gegenwart Christi herrührt. Ströme lebendigen Wassers fließen, und keine Gelegenheit zum Zeugen wird versäumt. Könnte es ein größeres Wunder geben als ein Menschenleben, das durch die Kraft des Kreuzes umgewandelt wird? In solchem «irdenen Gefäß» ist Christus zu sehen, und sogar die Widersacher müssen zugeben, daß dieser Jünger «mit Jesus gewesen» ist.

Jesus Christus macht uns auch zu Überwindern im Gebet und in der Fürbitte. Durch die Gabe Seines Sieges lehrt Er Seine schüchternen, unfruchtbaren Kinder im Gebet Siege erringen. «Tue deinen Mund weit auf, so will Ich ihn füllen.» Ihre Gebete werden von Ihm eingegeben. Ist es da erstaunlich, daß Er sie erhört?

Die «Sprache» eines solchen Lebens versteht die Welt, solche «Briefe» kann sie lesen und stimmt ihnen zu. Wie einst Elisa seine priesterliche Hand auf die Hand des Königs legte und ihm gebot, einen Pfeil abzuschießen, so legt Christus, der Überwinder, Seine Siegerhand auf unsere schwache Hand, damit die Pfeile, die wir im Gebet abschießen, wirklich Pfeile des Heils für die Welt, die Kirche und unser Vaterland werden.

Am Kreuz hört das alte Leben auf, ein neues Leben beginnt, ein Leben des Dienens, der Selbstverleugnung und des Sieges, ein Gebetsleben voller Lob und Dank. Denn der HErr hat uns nicht nur Seinen Sieg gegeben, sondern läßt ihn uns auch praktisch erleben. *«Gott aber sei Dank, der uns den Sieg gibt durch unseren Herrn Jesus Christus.»*

«Gnade und Wahrheit werden dich nicht verlassen! Binde sie um deinen Hals, schreibe sie auf die Tafeln deines Herzens. Vertraue auf den HErrn von ganzem Herzen und verlaß dich nicht auf deinen Verstand; erkenne Ihn auf allen deinen Wegen, so wird Er deine Pfade ebnen.» Sprüche 3, 3. 5. 6.

Der HErr appelliert hier an unser Herz. Er will, daß wir wie Seine Söhne und Töchter leben. Seine Unterweisungen sollen unser Tun und Lassen lenken, der Ursprung und Ausgangspunkt unseres Lebens sein. Sein Wille soll *unseren Hals* umschließen. Seine Wahrheit *auf den Tafeln unseres Herzens* stehen. Nur dann können wir Wohlgefallen erlangen in den Augen Gottes und der Menschen.

Gottes Wort und Gottes Wille müssen uns unsere Gedanken und Entschlüsse eingeben. Gott erwartet, daß wir uns von ganzem Herzen auf Ihn verlassen. Einem offenen Herzen kann Er Seine Gedanken mitteilen. Er kann Seinen Willen hineinschreiben, und wenn wir Ihn machen lassen, sind wir in Sicherheit.

Wir verlassen uns so leicht, manchmal gar ohne es zu merken, in erster Linie auf unseren Verstand. Wir lassen uns von unseren Wünschen beeinflussen. Wenn wir dann nach Gottes Willen fragen, bekommen wir keine Antwort. Wir sind in verkehrter Reihenfolge vorgegangen, deshalb können die Ergebnisse nicht gut sein. In diesem Abschnitt aus den Sprüchen steht Gott an der Quelle, am Ausgangspunkt; Er läßt Gedanken in uns aufsteigen, überwacht sie und lenkt so unseren Lebensweg.

Um das Glück eines Herzens kennenzulernen, das sich ganz auf den HErrn verläßt und sich dem himmlischen Vater anvertraut, brauchen wir Ihm nur alles zu übergeben, Ihm nur rückhaltlos unser ganzes Sein zu überlassen und auf alles zu verzichten, was nicht von Ihm stammt, keine Frucht der Gemeinschaft mit Ihm ist. Dann werden Sein Wille und Seine Pläne, auch wenn sie das Gegenteil der unsrigen sind, schließlich zu unserem Willen und zu unseren Plänen. Alles ist anders geworden. Wir halten nicht mehr wie früher unseren Willen für Seinen Willen und unsere Pläne für Seine Pläne! Und Vers 2 sagt uns, daß die, welche Seine Gebote befolgen, Verlängerung der Tage und Jahre ihres Lebens erhalten.

«Seht, ich führe Ihn zu euch ..., damit ihr erkennt, daß ich keine Schuld an Ihm finde.» Johannes 19, 4.

«Ich führe Ihn zu euch ..., damit ihr erkennt ...» Pilatus wußte nicht, daß er unfreiwillig die Wahrheit sprach und dadurch unbewußt ein Werkzeug zur Verkündigung des Evangeliums in der Welt wurde. Die Juden wollten Jesus schon aus dem Wege räumen, als Er noch ein Kind war. Später, als Er Seinen Dienst begann, hätten sie Ihn gerne getötet, wagten es aber nicht. Und jetzt führt Ihn Pilatus zu ihnen, er zeigt Ihn dem Volk, damit jeder erkenne, daß er, Pilatus, keine Schuld an Ihm findet.

Aber noch mehr liegt in diesen Worten: *«Ich führe Ihn zu euch ..., damit ihr erkennt.»* Er steht vor jedem von uns. Der heilige Bericht führt Ihn uns vor, damit wir erkennen, daß Er wie ein Lamm, das verstummt vor seinen Scherern, zur Schlachtbank geführt wird. Unser Retter, mein Retter, steht vor uns, kostbarer als alle Reichtümer der Menschen. Er ist uns näher als unser eigener Atem. Denn wenn unser Atem stillsteht, bleibt Er, und wir werden leben!

Da ist Er, ohne Sünde, ohne Schuld, und nimmt die Stelle anderer ein, die mit Sünden, Schulden und allen erdenklichen Verbrechen beladen sind. Da ist Er, *damit ihr erkennt,* daß Er um unserer Sünden willen geschlagen wurde, freiwillig unsere Missetaten getragen und sie hinweggenommen hat.

Da ist Er, der vollkommene Mensch, dem das Gesetz nichts vorzuwerfen hatte, der während Seines Lebens an unserer Stelle lebte und am Kreuz an unserer Stelle starb, damit wir von Seinem Leben lebten. Er steht vor uns, die wir — ach, so oft vergeblich! — versuchen, für Ihn zu leben.

Da ist Er, der Retter, den sie töteten, der aber auferstanden ist und jetzt durch die Kraft des Heiligen Geistes in unseren Herzen leben möchte, um sie mit allem, was Er ist und was Er hat, zu erfüllen. Unser Retter ist nicht mehr tot, Er hängt nicht mehr am Kreuz! Er hat den Tod überwunden. Er ist jetzt mit Herrlichkeit und Ehre gekrönt und schenkt Seinen Sieg, Seinen Reichtum und Seine Gnade denen, die glauben. Da ist Er, ... *damit wir erkennen.*

«Es werden sehr viele Fische dort sein.» Ezechiel 47, 9.

Dieses Kapitel des Propheten Ezechiel handelt von dem zweiten Kommen Christi auf diese Erde, um Sein Reich des Rechts und des Friedens, der Wahrheit und Güte aufzurichten. *«Alle lebendigen Wesen, alles, was sich da tummelt, wohin diese fließenden Wasser kommen, das wird leben. Es werden auch sehr viele Fische sein, weil dieses Wasser dorthin kommt, und es wird alles gesund werden und leben, wohin dieser Strom kommt.»*

Aber das Leben jedes Christen, der in Gemeinschaft steht mit Gott, sollte jetzt schon ein wenig diesem Strom gleichen, der «unter der Schwelle des Hauses herausfließt». Nur dann kann er wirklich den Willen Gottes ausführen und tun, was Ihm wohlgefällt. Jesus hat gesagt: «Wer an Mich glaubt — wie die Schrift sagt —, aus seinem Leibe werden Ströme lebendigen Wassers fließen.» Johannes 7, 38. Dieses überfließende Leben möchte der HErr uns geben, wenn wir die Bedingungen dafür erfüllen. Was einst in weltumfassendem Maßstab Wirklichkeit werden wird, soll sich heute schon im kleinen im Leben der Kinder Gottes zeigen.

Zu meinen, dieser Segen sei nicht für uns bestimmt, wäre ein Zeichen von mangelnder Liebe zu unserem HErrn und mangelndem Glauben an Ihn; er ist uns zugedacht, wenn wir im richtigen Verhältnis zu Gott stehen. Welche Hoffnung!

Wir sind berufen, in diesen Wassern zu fischen, und entdecken eine Menge Fische darin. Vielleicht haben wir bis jetzt mit unseren eigenen Kräften gearbeitet, und zwar in der Nacht, oder haben wie die Jünger unser Netz nicht auf der richtigen Seite des Schiffes ausgeworfen. Aber nun kommen wir zu Ihm und trinken von dem lebendigen Wasser, das unter der Schwelle des Hauses herausfließt. Siehst du, wie der Strom sein frisches Wasser und sein Leben in die stehenden Wasser und in den ausgetrockneten, fruchtlosen Boden unseres Lebens ergießt? Und wir entdecken «sehr viele Fische». Der HErr gewährt uns die Freude, unter den zahllosen kostbaren Seelen in dieser Welt für Ihn zu «fischen». Er hat ja gesagt: «Ich will euch zu Menschenfischern machen!» Mit weniger wollen wir uns daher nicht zufriedengeben, sondern unserer herrlichen Berufung treu sein.

«Jesus spricht zu ihr: Maria! Da wendet sie sich um und spricht: Rabbuni! (Das heißt: Meister!)» Johannes 20, 16.

Diese Frau war fassungslos in ihrem Schmerz. Aber es genügte, daß sie ihren Namen aussprechen hörte, damit sie ihr Gleichgewicht und den Frieden Gottes, der allen Verstand übersteigt, wiederfand. Als der HErr sie bei Namen nannte, bewies Er damit, daß Er Sein Kind erkannt hatte; sie dagegen dachte, Jesus wäre der Gärtner! Er konnte Sich nicht irren; mit Seinem Anruf bewies Er ihr, daß Er sie nicht aus den Augen verloren hatte, daß die große Erschütterung, die sie durchgemacht hatte, sie nicht aus Seiner Hand hatte reißen können.

«Jesus sprach zu ihr: Maria!» Dieser Anruf war auch eine Ermutigung; der HErr machte Maria wieder neu zu Seinem Eigentum. «Fürchte dich nicht, denn Ich habe dich erlöst, Ich habe dich bei deinem Namen gerufen, du bist Mein! Wenn du durchs Wasser gehst, will Ich bei dir sein, und wenn durch Ströme, so sollen sie dich nicht ersäufen. Wenn du durchs Feuer wandelst, sollst du nicht verbrennen, und die Flamme soll dich nicht anzünden.» Jesaja 43, 1—3. Ja, Er ruft Seine Schafe beim Namen. Er beweist ihnen, daß Er sie nicht nur nicht vergißt, sondern daß sie Ihm für immer angehören.

Aber in diesem Anruf liegt noch mehr. Jesus redet als auferstandener HErr mit Maria. Er offenbart ihr ihren himmlischen Vater: *«Ich fahre auf zu Meinem Vater und zu eurem Vater, zu Meinem Gott und eurem Gott.»* Er offenbart Seinem Kinde, daß sie nicht mehr allein steht, sondern das geliebte Kind des himmlischen Vaters ist, und daß Er ihr die ewige Herrlichkeit erschließt.

Wie die Namen der Stämme Israels auf den Schultern und dem Herzen des Hohenpriesters eingeschrieben standen, wenn dieser vor den HErrn trat, so sind unsere Namen eingetragen auf den Schultern und dem Herzen unseres Großen Hohenpriesters, der jetzt in der Herrlichkeit ist. «Siehe, in Meine beiden Hände habe Ich dich eingezeichnet; deine Mauern sind immerdar vor Mir.» Jesaja 49, 16.

Darum wollen wir stille werden mitten im Sturm, bis wir den HErrn unseren Namen sagen hören und verstehen, was das bedeutet.

«Warum sprichst du denn ...: Mein Weg ist vor dem HErrn verborgen, und mein Recht entgeht meinem Gott?» Jesaja 40, 27.

Das sagen wir vielleicht nicht laut, denken es aber oft im stillen. Wenn in unserem Leben nicht alles so geht, wie wir es uns gedacht hatten, so bedeutet das nicht, daß Gott bei dem, was geschieht, nicht Seine Hand im Spiel hat. Wir haben uns Ihm hingegeben, Ihm versprochen, Seinen Willen zu tun und Seinen Weg zu gehen, und Er hat uns, wie das Volk Israel, nicht auf dem kürzesten Weg geführt, sondern einen Umweg durch die Wüste machen lassen. 2. Mose 13, 17. 18. Aber als wir uns Gott hingaben, nahm Er uns beim Wort. Des dürfen wir gewiß sein. Er hat diese Hingabe unserer selbst angenommen, und seitdem unsere Schritte gelenkt.

Wenn uns unser Los heute rätselhaft und unsicher scheint, dürfen wir doch nicht an Gottes Treue und Seinem dauernden Bei-uns-Sein zweifeln. Er führt die Blinden auf einer Straße, die sie nicht kennen. Jesaja 42, 16. Wir wollen also nicht sagen, unsere Wege, unser Los seien Ihm verborgen. Uns sind sie vielleicht unverständlich, Ihm aber nicht. Eine unbekannte Zukunft, die uns beunruhigen kann, gibt es für Ihn nicht. Er weiß im voraus, wie Er uns führen will. Er weiß, welcher Art die Last ist, die wir tragen, und welches die Gebetsgegenstände sind, die uns dauernd beschäftigen. Er ließ uns gewisse Erfahrungen machen, um unseren Glauben auf die Probe zu stellen, ihn zu mehren und gänzlich auf Sich und Seine Verheißungen zu gründen. So machte Er es in alter Zeit mit Abraham, und so macht Er es jetzt mit uns.

Unter diesen Umständen erwartet Er Glauben und Herzensdankbarkeit von uns, und wir wollen sie Ihm geben! Er hat ein Recht darauf. Er wird durchführen, was Er Sich für unser Leben vorgenommen hat, denn *«denen die Gott lieben, wirkt alles zum Besten mit»*. Römer 8, 28. Er ist «der ewige Gott, der HErr, der die Enden der Erde geschaffen hat. Er wird nicht müde noch matt, Sein Verstand ist unerforschlich». Jesaja 40, 28.

«Ich aber hatte in meiner Überstürzung gesagt: Ich bin von Deinen Augen verstoßen. — Dennoch hast Du die Stimme meines Flehens gehört, als ich zu Dir schrie.» Psalm 31, 23.

«In meiner Überstürzung!» Anstatt mich zu sammeln und auf Leitung von oben zu warten, bin ich bestürzt und handle übereilt. Wie oft geraten wir dadurch in mißliche, schmerzliche Lagen, und haben unseren Schritt nachher schwer zu bereuen.

Im Kampf des Lebens gibt es Augenblicke, da man schnell handeln muß. Der Feind hat es eilig, wir müssen ihm zuvorkommen. Aber hier redet der Psalmist von Überstürzung, in die jeder Christ geraten kann. Zuerst lassen wir in unserer Bestürzung einen Gedanken aufkommen. Dann wird eine Überzeugung daraus, und wir fassen einen Entschluß, sagen ein Wort, schreiben einen Brief, alles voreilig, und so kann es nicht ausbleiben, daß uns Gottes Angesicht verhüllt wird und wir keine Gemeinschaft mehr mit Ihm haben. Unser Herz kann dem rebellischen Gedanken nicht mehr widerstehen: *«Ich bin von Deinen Augen verstoßen!»*

Der ganze 31. Psalm redet von Not und Kampf, von den Feinden des Christen, aber auch von der Hilfe und Treue Gottes, von Seiner Kraft und väterlichen Fürsorge für die Seinen.

Er verbirgt sie unter dem Schirm Seines Angesichts und erhört ihr Flehen. Er Selber wird mit ihren Feinden fertig und gibt Kraft und Freude denen, die Ihm vertrauen und über Seine Gnade frohlocken. Warum also diese Bestürzung? Sie ist ein Vorläufer der Auflehnung, eine Äußerung des Eigenlebens, die unheilvoll für uns ist und Erregung und Zweifel mit sich bringt.

«Ich hatte in meiner Bestürzung gesagt: Ich bin von Deinen Augen verstoßen!» Wir wollen gestehen, daß wir das auch schon gedacht haben, und uns klarmachen, wohin das führt. Und dann wollen wir zu Gott zurückkehren, zu unserem himmlischen Vater, der uns nicht so behandelt, wie wir Ihn. Er hat alles gesehen. Er weiß alles, und doch erhört Er unser Flehen, wenn wir zu Ihm rufen. Er kommt uns entgegen, und wenn wir Ihn wiedergefunden haben, von neuem in Gemeinschaft mit Ihm sind, vergehen die Zweifel, und an ihre Stelle tritt der Glaubensblick. Er ruft uns heute zu: *«Seid getrost und unverzagt, alle, die ihr des HErrn harret!» Psalm 31, 25.*

«Sie werden nach Zion fragen, ihr Angesicht dahin richten.»
Jeremia 50, 5.

Das ist ein Bild der Kinder Gottes, die mitten im Strudel der Zeit in erster Linie nach dem Weg nach Zion fragen. Ihr ganzes Sein strebt nach dieser Richtung. Sie bilden die Vorhut der Streitkräfte Gottes, sind feste Stützpunkte in schwierigen Lagen, wachen und halten Gott die Treue.

So viele Dinge können uns mit Beschlag belegen, uns ablenken und fesseln. Da sollen wir wachen und zu denen gehören, die nach den Angelegenheiten Zions fragen. Zion ist das Symbol des kommenden Reiches und der zukünftigen Herrlichkeit, ein Bild des Thrones des Königs über die Völker, des Herrschers, der eines Tages Seine Macht auf Erden aufrichten und alles Böse und alle Bösen richten wird. Dieser König wird die Gebundenen erlösen, Ordnung schaffen auf Erden und Sich durch selbsterwählte materielle und geistliche Mittel als der Allmächtige erweisen.

Ist unser Angesicht wirklich dorthin gerichtet, oder haben wir etwas anderes im Auge, andere Beschäftigungen vor? Dieses Kapitel zeigt uns deutlich, daß es ein ernster Schritt ist, *«aus Babel zu fliehen»* (50, 8), noch etwas ganz anderes aber, *nach Zion und den zu Zion gehörenden Dingen zu fragen!* Nur dann können wir unser ganzes Wesen ungeteilt nach dieser Richtung hinwenden.

Wir leben in den Tagen des Menschensohnes. Unser HErr hat Selber gesagt, eine unserem Zeitalter eigene Gefahr sei, rückwärts zu schauen, wie Lots Frau, deren Herz an dem hing, was zerstört werden sollte. Wenn wir unser Angesicht nicht nach Zion richten, nicht nach dem trachten, was zu Zion gehört, dann beweisen wir damit, daß wir dem HErrn noch nicht durch einen ewigen Bund anhangen, der nicht aufgelöst werden soll und nie vergessen wird. Infolgedessen lassen wir uns leicht entmutigen und im Lauf aufhalten.

Dieses Wort soll uns helfen, unsere Haltung zu ändern. Es will uns wieder die rechte Richtung angeben und unsere Herzen trösten. *«Sie werden nach Zion fragen, ihr Angesicht dahin richten.»*

«Sie litten keinen Durst, als Er sie durch die Wüste führte. Wasser ließ Er aus dem Felsen rinnen; Er spaltete den Fels, da floß Wasser heraus.» Jesaja 48, 21.

Wer durch die Wüste wandert, ist auf dem Weg zur Herrlichkeit. Er bleibt nicht immer in der Wüste, sie ist nur der Weg ins verheißene Land. Das dürfen wir aber nicht falsch verstehen. Es gibt Christen, die von ihrem Leben «in der Wüste dieser Welt» so reden, daß man glauben könnte, sie fühlten sich wohl in der Wüste ihrer Schwachheiten, ihres Ungehorsams und ihrer geistlichen Ohnmacht. Der Prophet meint hier etwas ganz anderes. Er schildert die Erfahrungen der Erlösten, die begriffen haben, wozu ein Christenleben berufen ist, und die die Bedingungen dieser Berufung erfüllen; er spricht von denen, die dem HErrn nachfolgen wollen, indem sie ihr Kreuz auf sich nehmen und sich selbst verleugnen. Diese werden manchen Schwierigkeiten begegnen und in Lagen kommen, die bezeichnend sind für das Pilgern durch die Wüste.

Ihr HErr führt sie, deshalb haben sie keinen Durst. Sie sind nicht unzufrieden, verlangen nach nichts Schlechtem und hegen keine widerspenstigen Gedanken. Trotz der äußeren Umstände sind sie in Ihm zufrieden und in völliger Ruhe.

Er läßt Wasser aus dem Felsen rinnen. Was einem beim ersten Anblick vielleicht hart erscheinen mag, enthält einen Segen, den man später entdeckt: reines, erfrischendes Wasser. Nichts könnte härter und spröder sein als ein Fels. Und doch, wenn auf dem Wege, den unser HErr uns vorangeht, «Felsen» liegen, dann rinnt Wasser aus ihnen. Er spaltet sie und läßt Wasser herausfließen.

Aus dem Hindernis, dem «Felsen», der uns den Weg versperrt, der unbegreiflichen Schwierigkeit, der schmerzlichen Überraschung, die wir nur schwer annehmen können, will Er Wasser sprudeln lassen. Und wenn das Schwere überstanden ist, werden wir dankbar sein, daß wir es überwunden haben. Solche Erfahrungen machen uns nicht ärmer, sie bereichern uns. Sie werden zu einem Segen, der unser ganzes Wesen neu belebt. *«Sie litten keinen Durst, als Er sie durch die Wüste führte. Wasser ließ Er ihnen aus dem Felsen rinnen; Er spaltete den Fels, da floß Wasser heraus.»*

«Der HErr behütet die Kleinen.» Psalm 116, 6 (O).

Das ist ein Schlüsseltext, eine Erklärung vieler Befreiungstaten Gottes. David hätte sich nach seinen Siegen für einen Führer halten können, einen Menschen, der durch seine Begabung und seinen Mut zu Rang und Würden gekommen war. Aber er blieb *klein* in seinen eigenen Augen, *klein* vor Gott. Von Anfang seiner Laufbahn an bis zu seinem Lebensende, in Leidens- und in Ruhmeszeiten, vergaß er nicht, daß er aus einfachen Verhältnissen stammte und seine Schwächen hatte. Er wußte, schon ehe Paulus es niederschrieb, daß Gott erwählt, was schwach und töricht ist, um zunichte zu machen, was stark ist vor dieser Welt; und wie der Apostel wußte er, daß er nur dann wirklich stark sein konnte, wenn er schwach und klein war.

Was für eine Art von Schwachheit ist das? Weder Passivität noch die Schwachheit, die aus der Gebundenheit an fromme Formen kommt, auch nicht die Frucht der Sünde oder des Ungehorsams gegen Gott, sondern die Überzeugung, daß alles, wirklich alles ein Gnadengeschenk Gottes ist. Es ist wahre Selbsterkenntnis. Das Fleisch in jedem Menschen ist immer Feindschaft gegen Gott. Menschliche Fähigkeiten sind ohne die Kraft und Kontrolle des Heiligen Geistes sogar Hindernisse für das Wirken Gottes.

Klein sein, heißt anerkennen, daß Gott ein Recht hat auf unser ganzes Leben und Sein. Es heißt gewiß sein, daß Gott uns für jede Aufgabe, für alles, was Er von uns verlangt, geistliche Kraft und geistliche Fähigkeiten gibt. Mit einem Wort: am Kreuz, in Christus, dem Gekreuzigten, beginnt das Leben, das Gott gebrauchen kann, wie Er will. In Schwierigkeiten wie in Zeiten gesegneten Dienstes bewahrt uns dieses demütige Wandeln mit Gott sowohl vor Niederlagen als auch vor Anmaßung und Hochmut. Welches auch die Arbeit sein mag, die wir zu tun, der Dienst, den wir zu vollbringen, das Zeugnis das wir abzulegen, oder die Verantwortung, die wir zu übernehmen haben, wenn diese Gnadengabe des Heiligen Geistes in uns ist, erzeugt sie Frieden und Sicherheit, Loben und Danken, denn «der HErr behütet die Kleinen».

«Der Knecht, der seines Herrn Willen kannte, ... aber nicht nach seinem Willen tat ...» Lukas 12, 47.

Mit wenigen Strichen zeichnet der HErr hier ein Bild des Lebens vieler Erlöster. Wir sagen: «Herr, Herr» und beten: «Dein Wille geschehe, wie im Himmel ...», aber wir tun diesen Willen nicht! Und dieses Gleichnis betrifft die Wiederkunft Christi; das sollten wir bedenken!

Seine Wiederkunft wird solcher Art sein, daß ein nur äußerliches Bekenntnis zum Christentum dann nicht zu bestehen vermag. Nur die, welche dem Willen Gottes gehorchen und ihn tun, wenn Er erscheint, werden angenommen. Jesus redet hier nicht von Unwissenden, von Gläubigen, die kein Licht haben, weil es ihnen an den Gnadenmitteln fehlt, die anderen Christen zuteil geworden sind. Er redet von denen, die Seinen Willen kennen, die wissen, was sie zu tun haben; und das ist der Fall bei vielen unter uns.

Wie nötig wäre es, daß wir unser Leben prüften, um zu erkennen, in welchen geringfügigen oder bedeutsamen Dingen wir Seinen Willen nicht getan haben. Oft hat uns Gott Seinen Willen gezeigt, wir haben ihn erkannt, aber nicht getan. Wir waren nicht beharrlich, hielten nicht, was wir Ihm gelobten. Es liegt etwas Tiefernstes in diesem Satz: «Der Knecht, der seines Herrn Willen kannte, aber nicht nach seinem Willen tat.» Und wir dürfen nicht vergessen, daß unter den Kindern Gottes die, welche weniger Vorrechte und weniger Licht haben, eine geringere Strafe erleiden werden.

Oft kommen Schwierigkeiten weder vom Lauf der Ereignisse noch von den Anläufen des Feindes, sondern sie sind ein Erziehungsmittel des himmlischen Vaters, der Leiden zuläßt, um Sein Kind zur Wirklichkeit zu erwecken, damit es sich bessert und auf den Weg des Gehorsams zurückkehrt.

Wir, die wir den Willen unseres HErrn kennen, wollen ihn auch bis in alle Einzelheiten hinein tun und bereit sein, «denn des Menschen Sohn kommt zu einer Stunde, da ihr es nicht meinet». Lukas 12, 40.

«Es war aber an dem Ort, wo Jesus gekreuzigt worden war, ein Garten.» Johannes 19, 41.

Nur die Bibel kann Gegensätze harmonisch vereinen. Was widersinnig scheint, wird zu einer Offenbarung von größter Bedeutung, wie z. B. diese Worte: *«Es war aber an dem Ort, wo Jesus gekreuzigt worden war, ein Garten.»* Das Kreuz Christi, Sein Leiden, Seine Todesnot, Seine körperlichen Schmerzen, Sein Blut und Seine Wunden, — und daneben ein Garten voll duftender Blumen und Früchte: die Natur in der unvergleichlichen Schönheit des erwachenden Frühlings!

Was kann der Christ aus diesem Bilde lernen? Wo das Kreuz aufgerichtet wird, ist auch ein Garten. Wo das Kreuz Christi fehlt, gibt es keine Blumen, keinen Wohlgeruch, keine Frucht; vielleicht Blätter, aber keine Früchte, vielleicht ein gewisses Bekenntnis zum Glauben, aber keinen Wohlgeruch, fromme Angewohnheiten, aber keine anmutigen Blüten der Schönheit des HErrn.

Du, der du aus dieser Schilderung erkennst, was dir fehlt, hier ist die Antwort auf dein Verlangen! Christus wurde für dich gekreuzigt. Bist du aber mit Ihm gekreuzigt? Steht das Kreuz in deinem Leben? Denn wo das Kreuz aufgerichtet steht, ist auch ein Garten. Wundere dich nicht, wenn du gerade jetzt Schwierigkeiten hast. Laß zu, daß das Kreuz in dein Leben gestellt wird, das Kreuz, das deine Pläne durchkreuzt, dein Vorhaben hindert und sich deinen Gedanken widersetzt. Wehre dich nicht gegen deine Prüfung, sondern bestehe sie! Du hättest nicht gedacht, daß dir so etwas zustoßen könnte, und als es kam, warst du voller Widerrede. Wehre dich doch nicht länger gegen das Kreuz! Der HErr ist dabei, Sein Kreuz in deinem Garten aufzustellen, damit wohlriechende Blumen und Früchte darin wachsen können.

Du hast deinen Vater im Himmel gebeten, dich zu segnen. Sieh, die Erhörung ist da. Du hast Ihn gebeten, dein innerstes Wesen umzuwandeln. Nun beginnt Er, in dir zu wirken. Er wählt einen ganz bestimmten Weg, gewisse Umstände, vielleicht das Lesen dieser Worte, um in deinem Leben einen Garten anzulegen, und dieser Garten ist der Ort, wo Jesus gekreuzigt worden ist.

«Oh, daß ich wüßte, wo ich Ihn fände! Ich würde zu Seinem Throne gehen!» Hiob 23, 3.

Dieser Seufzer Hiobs entspricht dem Seelenzustand mancher Christen. Leben nicht viele von uns so, als ob sie noch im Alten Bund ständen, auf der anderen Seite des Kreuzes, ohne die Kraft und die Reichtümer des Erlösungswerkes Christi? Wir haben uns vielleicht Kenntnisse erworben und «Erfahrungen» gemacht. Vielleicht stehen wir in dem Ruf, sehr eifrig zu sein im Dienst des HErrn. Aber im Grunde unserer Seele, wenn wir allein mit Ihm sind, seufzen wir: «Oh, daß ich wüßte, wo ich Ihn fände! Ich würde zu Seinem Throne gehen!»

Aber die dunkle Nacht ist ja vorüber, die Sonne des Gnadentages ist aufgegangen, die Antwort auf unser Seufzen gegeben worden! Als unser HErr in die Herrlichkeit einging und viele Kinder mit Sich führte, sagte Er: «Siehe, Ich und die Kinder, die Mir Gott gegeben hat.» Hebräer 2, 10. 13. Der Vorhang ist zerrissen, der neue und lebendige Weg ist gebahnt, und an die Gemeinde Gottes ergeht der Ruf: «Da wir nun einen Großen Hohenpriester haben, der die Himmel durchschritten hat, Jesus, den Sohn Gottes, ... so lasset uns mit Freimütigkeit hinzutreten zum Thron der Gnade, damit wir Barmherzigkeit erlangen und Gnade finden zu rechtzeitiger Hilfe.» Hebräer 4, 14. 16.

Innerhalb des Vorhangs hören wir, was Er sagt, verstehen wir Seine Antwort; und das Wort unseres Großen Hohenpriesters stillt unser Sehnen. Die Erhörung unserer Gebete wird alles übertreffen, was wir erdenken oder erbitten können. Ja, um mit den Worten des Patriarchen zu reden: wir finden Ihn, wir gehen bis zum Thron Seiner alles vermögenden Gnade und Seiner unerforschlichen Reichtümer.

Darum wollen wir nicht länger im Alten Bund stehenbleiben. Unser Seufzer soll zu einem Loblied werden. Der neue und lebendige Weg liegt geöffnet vor uns. Auf ihm gelangen wir zum Thron der Gnade, dem Ursprung und Zentrum alles wahren christlichen Lebens.

«Ihr seid gekommen ... zu dem Blut der Besprengung, das Besseres redet als Abels Blut.» Hebräer 12, 22. 24.

Der Brief an die Hebräer betont hier, daß das Blut Jesu «redet»; sein göttlicher Wert kommt vor dem himmlischen Vater, vor dem Teufel und auch im Herzen des Erlösten mit deutlichen Worten zum Ausdruck. «*Rede*, HErr; denn Dein Knecht hört», sagte Samuel. 1. Samuel 3, 9. Haben wir je unseren Retter gebeten, daß Sein Blut zu unserem Herzen rede?

Unsere Stellung zu unserem himmlischen Vater hängt von dem Blut Seines Sohnes ab. Es redet täglich zum Vater und bezeugt, daß das gerechte Gericht vollzogen und die Sünde getilgt ist, daß niemand Gottes Kind mehr verdammen kann. Es redet und bezeugt, daß der elende Sünder nun Sohn und Erbe Dessen ist, den er so schwer beleidigte. Damit dieses Blut vergossen werden konnte, gab Gott der Vater den Sohn, und mit Ihm schenkt Er uns alles. Römer 8, 32. Demjenigen, welchen das Blut auf diese Weise umgewandelt hat, versagt Er kein Gut, weder menschliches noch geistliches. Ja wirklich, das Blut redet vor dem himmlischen Vater! Das sollte das Thema unserer Gebete und Loblieder sein!

Auch zu Satan redet dieses Blut mit deutlichen, rechtskräftigen Worten. Es bezeugt dem Feind nicht nur, daß er besiegt ist, sondern auch, daß wir seiner Macht entrissen sind. Wir waren Gefangene und Gebundene. Aber jetzt sind wir befreit, weil das kostbare Blut Jesu Christi redet. Es bezeugt der ganzen Hölle, daß es keine Verdammnis mehr für uns gibt.

Satan versucht, uns durch den Gedanken an unsere Fehler und Schwächen zu beunruhigen. Aber solange das Blut redet, hat er kein Recht dazu. Sobald der Verkläger seine Stimme hören läßt, wollen wir also das Blut reden lassen. *«Sie haben ihn überwunden durch des Lammes Blut und durch das Wort ihres Zeugnisses und haben ihr Leben nicht geliebt bis in den Tod.» Offenbarung 12, 11.*

So werden wir täglich bewahrt an Seele und Geist, wir, die wir in die himmlischen Regionen versetzt worden sind und unsere Berufung und Erwählung festmachen. Wir wollen uns darauf berufen, daß dieses Blut unser Schutz ist und nicht aufhört, zu unseren Gunsten zu reden.

«Wenn aber jemandem unter euch Weisheit mangelt, so erbitte er sie von Gott, der allen gern und ohne Vorwurf gibt, so wird sie ihm gegeben werden.» Jakobus 1, 5.

Es gibt ein Gebiet, auf welches Menschenweisheit nicht vordringen kann. Wenn sie es dennoch versucht, erweist sich ihre Machtlosigkeit. Wenn sich menschliche Weisheit und Klugheit in Glaubenssachen einmischen, richten sie immer Schaden an.

Gott hat sich dem Menschen geoffenbart und ihm den Weg zur Rettung gezeigt. Er hat ihm Seinen Willen kundgetan, ihm sogar aus lauter Gnade etwas von Seinen Plänen für die Zukunft mitgeteilt. In allem handelt Er als unumschränkter Herrscher. Er besteht auf Seinem Recht und stellt dem Menschen Seine Bedingungen, wenn dieser sich Ihm nahen und Seine Hilfe haben will.

Unser Text gilt den Kindern Gottes, die sich Ihm zum Dienst geweiht haben, diesem Dienst, der nur von der Weisheit, die von oben kommt, verstanden und geleitet werden kann; denn auf diesem Gebiet kann Menschenweisheit sogar dämonisch sein in ihren Auswirkungen. Jakobus 3, 15. Ehe man für den HErrn arbeiten will, ist es heilsam und notwendig, sich das klarzumachen. Der Apostel wachte auf diesem Gebiet. Er sagte sogar: «Wir sind nicht aus uns selber tüchtig, so daß wir uns etwas anrechnen dürften, als käme es aus uns selbst, sondern unsere Tüchtigkeit kommt von Gott.» 2. Korinther 3, 5. Wir sollten uns stets daran erinnern, daß der Dienst des Heiligtums Gottes Werk sein muß, nicht das unsere.

«*... So erbitte er sie von Gott, der allen gern und ohne Vorwurf gibt.*» Wenn wir bitten, gibt Gott. Uns wird also Gelegenheit geboten zu erleben, daß Der, dem wir dienen, verantwortlich ist für alles, was wir brauchen, um den Lauf fortsetzen und ein Segen sein zu können, und Er wird uns helfen, in allen Lebenslagen Seine Anweisungen zu verstehen.

In der jetzt herrschenden Verwirrung, bei den verschiedenen Strömungen, die in der Welt und in den Kirchen aufeinanderprallen, können wir ohne Weisheit von oben nicht den Sieg behalten. Sie ist wie durchdringender Tau, wie nährendes Manna. *«Jede gute Gabe und jedes vollkommene Geschenk kommt von oben herab, von dem Vater des Lichts ...»*

«Man müßte Meine Kraft ergreifen und Frieden mit Mir machen.»
Jesaja 27, 5 (A).

So redet der HErr die Schwachen an! Er rät ihnen, Seine Kraft zu ergreifen, um in verworrenen Zeiten Frieden zu haben.

Das ist nichts anderes als die Kraft des Kreuzes, an welchem alle teuflischen Geistesmächte und Gewalten an den Pranger gestellt wurden! Geister der Bosheit und Finsternismächte greifen die Christen an. Wir müssen die Kraft Gottes ergreifen, die für den Feind und seine Mächte die Niederlage bedeutet. Wer mit Christus gekreuzigt und auferstanden ist, hat Frieden und ist in sicherer Deckung vor allen Angriffen des Feindes.

Laßt uns mit Freimütigkeit zum Thron der Gnade hinzutreten, um in Glaubenseinfalt die Siegesmacht des HErrn zu ergreifen. Dann werden wir die Kraft Seiner Auferstehung und jetzigen Herrlichkeit kennenlernen. Dabei bleiben wir durchaus Kinder unserer Generation, denselben Lebensbedingungen unterworfen, wie alle Menschen, aber verbunden mit unserem HErrn in Seinem Sieg, erfüllt mit Seinem Frieden.

Wenn die dem Kommen des Antichrists vorangehenden Geistesmächte ihr Haupt erheben, läßt der HErr Seine gehorsamen Kinder etwas schmecken von den Kräften der Gerechtigkeit und Wahrheit des kommenden Zeitalters. Sie erleben im Geist schon etwas von dem, was in Seinem zukünftigen Reich geschehen wird. Sie haben Frieden in der Gemeinschaft mit Ihm und in der Fürbitte für die Welt. Da sie eines Geistes sind mit Ihm, der jetzt herrscht, sind sie «hoch über jedem Fürstentum und jeder Gewalt, Macht und Herrschaft und jedem Namen, der genannt wird nicht nur in diesem Zeitalter, sondern auch in dem zukünftigen». Epheser 1, 21.

Das ist die geistliche Fähigkeit, sich im voraus des Endsieges Christi und der Niederlage des Feindes zu erfreuen, jetzt schon zu betonen, daß Sein Sieg vollständig sein wird, freudig alle Vorzeichen zu begrüßen und sich im Gebet auf die Macht dieses Sieges zu berufen. Laßt uns also Seine Kraft ergreifen, Seinen Frieden in Besitz nehmen! Wie es dann auch aussehen mag auf der Welt, unser Herz wird nicht erschrecken, unser Geist nicht wankend werden und unsere Seele keinen Schaden leiden.

«Richtet wieder auf die lässigen Hände und die müden Knie!»
Hebräer 12, 12 (L).

Dieser Text ist dem Buch des Propheten Jesaja entnommen, der in seinem 35. Kapitel das Wiederkommen Christi zu Seinem Volk in Not schildert. Er beschreibt auch die Veränderungen, die eintreten werden, wenn das gerechte Gericht vollzogen ist. «Sagt den verzagten Herzen: Seid tapfer und fürchtet euch nicht. Siehe, da ist euer Gott! Die Rache kommt, die Vergeltung Gottes; Er Selbst kommt und wird euch retten.»

In Hebräer 12 ermahnt der Apostel die Gläubigen, nicht zu verzagen, wenn Gott sie straft. Die, welche sich von Ihm erziehen lassen, werden aufgefordert zu wachen, damit sie im Gebet und Dienst nicht lässig werden, sondern sich festigen.

Sind deine Knie, die sich im Gebet beugen sollten, müde geworden? Sie sollten doch in gutem Zustand sein, damit du im Lauf vorwärtskommst. Ist Beten eine Anstrengung für dich? Das kommt daher, daß deine Knie nachgeben. Sind die Hände deines Dienstes lässig geworden? Leidest du unter Müdigkeit und dem Druck des Feindes, der alles Göttliche angreift? Daniel beschreibt eine der Methoden des Antichrists mit folgenden Worten: «*Er wird die Heiligen bedrücken.*» (7, 25) Kennst du diesen Druck? Wenn du nicht weißt, woher er kommt, dann rufe den Namen des HErrn an gegen dieses Werk des Feindes, und du wirst frei werden. Lerne kämpfen!

Noch etwas anderes kann die Ursache des in unserem Text beschriebenen Zustandes sein. Vielleicht ist in unserem Leben ein Riß, etwas, was wir mit Gott oder mit den Menschen in Ordnung bringen sollten. Welche Gnade, wenn Gott uns auf die zunehmende Schwäche unseres geistlichen Lebens aufmerksam macht! Denn wenn wir uns vom HErrn zurechtweisen lassen und zu Ihm zurückkehren, wird der Riß sofort geheilt.

Wir wollen darum auf unsere Hände und Knie achten, im Gebet und in der Fürbitte immer frisch bleiben und nie erlahmen. Unser Dienst und Wandel sollte ständig unter dem Segen des HErrn stehen und in der Einfalt geschehen, die in Christus ist. Dann können wir in allen Lebenslagen wandeln und beten, ohne lässig zu werden und ohne uns von den Umständen bedrücken zu lassen.

«Der Geist der Wahrheit wird euch in die ganze Wahrheit leiten; denn Er wird nicht von Sich Selbst reden, sondern was Er hören wird, das wird Er reden, und was zukünftig ist, wird Er euch verkündigen.» Johannes 16, 13.

Wie erstaunlich, daß uns über den Heiligen Geist gesagt wird: «*Er wird nicht von Sich Selbst reden.*» Alles, was Ihn betrifft, was wir von Ihm sagen dürfen und was wir in Seinem Namen tun möchten, muß also etwas sehr Heiliges, Empfindsames sein.

Wie viele Christen reden von sich selbst, wirken für sich selbst, verherrlichen den Herrn Jesus aber nicht! Wenn es sich um den Dienst für Gott handelt, ist das Eigenleben von erstaunlicher Verschlagenheit und versteht es vortrefflich, geistlich zu scheinen, um daraus Vorteile zu ziehen. Es benützt den Namen des HErrn, um Ehre für sich zu erlangen, seine eigenen Interessen zu fördern; und die Menschen, die kein Unterscheidungsvermögen besitzen, lassen sich einfangen davon. So greift die Täuschung um sich, aber ... der Heilige Geist zieht Sich mehr und mehr zurück.

Gedanken über den Heiligen Geist auszusprechen, ist etwas sehr Heikles, weil es gilt, von Dem zu reden, der nicht von Sich Selbst redet. Der Heilige Geist Gottes, der Tröster, die ausführende Person der Dreieinigkeit, spricht bei dem großen, wichtigen Werk, das Er zu tun hat, nie von Sich Selbst. Er tritt ganz in den Hintergrund neben Dem, dessen Gaben Er austeilt. Er handelt nur im Interesse Christi, wenn Er Ihn Seinen Kindern offenbart, sie *in die ganze Wahrheit* einführt und ihnen verkündigt, was zukünftig ist. Er ist es, der das Werk tut; Ihn hat der Vater gesandt, aber Er hat die Aufgabe, den Sohn zu verherrlichen. Es gibt so etwas wie Leiden des Heiligen Geistes, Traurigkeit, ja Eifersucht, der Charakterlosigkeit und Untreue der Christen gegenüber. Der Heilige Geist hat das Wort Gottes inspiriert und handhabt es als Schwert. Sein Ziel ist, Christus zu verherrlichen, den Widersacher zu überwinden und dessen Werke an den Pranger zu stellen.

Darum wollen wir uns jetzt vor diesen Worten unseres göttlichen Meisters still sammeln. Was machen wir aus der «*Gemeinschaft des Heiligen Geistes*»? 2. Korinther 13, 13. Laßt uns wirklich ein Tempel des Heiligen Geistes sein, der in uns wohnt!

«Wes das Herz voll ist, des geht der Mund über.»
Matthäus 12, 34.

Dieses Wort unseres HErrn führt man gewöhnlich an, wenn es sich um den fröhlichen, tätigen Zeugendienst eines Kindes Gottes handelt, und benützt es als Maßstab, als Beweis dafür, daß das geistliche Leben in gutem Zustande ist.

Aber man vergißt leicht, daß Jesus diesen Ausspruch tat, als Er mit den Obersten der Juden redete, welche die furchtbare Sünde wider den Heiligen Geist begangen hatten. Er wußte, was sie im Grunde ihres Herzens dachten, was sich hinter ihrer äußerlichen Religiosität, ihrem Bekenntnis der Lippen verbarg, und hatte ihnen kurz vorher gezeigt, wie «überaus trügerisch und ... boshaft» das Menschenherz ist. Jeremia 17, 9. Aus der Überfülle dieses Herzens redet der Mund. Das ist die ursprüngliche Bedeutung und der eigentliche Sinn dieser Worte unseres Meisters.

Wir wollen uns in ihrem Licht prüfen und versuchen, uns an die Gedanken zu erinnern, die wir ausgesprochen haben, vielleicht nur so im Vorübergehen; aber sie wurden gehört und weitergesagt. Worte können Unheil stiften, die Menschen irreleiten und zu Feindseligkeiten führen. Das Herz ist solcher Dinge voll, sagt uns der HErr, und der Mund ist immer fähig, sie auszusprechen.

Sollten wir nicht Gott bitten, diese «Fülle» an ihrer Quelle zu unterbinden und uns die Gnade zu schenken, *eine Wache vor unseren Mund* zu stellen? Psalm 141, 3. In unserem Herzen, dort, wo die Gedanken entspringen, muß das Kreuz stehen, um des natürlichen Herzens Fähigkeiten zur Bosheit und Täuschung zu kreuzigen.

Um diese Befreiung wollen wir beten. Gott ist bereit, sie uns zu gewähren, wenn Er sieht, daß wir wirklich gewillt sind, den Preis dafür zu bezahlen. Nur dann wird der Heilige Geist nicht mehr betrübt. Nur dann wird das, was aus unserem Herzen überfließt, die Fülle Jesu selbst sein. Wenn Christus Sein Kind von Sünde überzeugt und vom Bösen gereinigt hat, dann wird Er Selbst in unseren Worten und Taten, ja, in unserem ganzen Wesen zu sehen sein, und die Früchte dieses «Baumes» werden den überzeugenden Beweis liefern, daß der Baum gut ist.

«Ich weiß aber, ... daß ich mit vollem Segen des Evangeliums Christi kommen werde.» Römer 15, 29 (L).

Das hoffte Paulus mit seinem Leben zu zeigen, als er den Gemeinden in Rom seinen Besuch ankündigte, und dieser volle Segen des Evangeliums sollte auch jedes Christenleben kennzeichnen.

Das Evangelium ist die Kraft Gottes für alle, die glauben. Wir besitzen also einen Schatz, für den wir unseren Mitmenschen gegenüber verantwortlich sind. Wenn wir ihn für uns behalten, gibt es keinen Segen und keine Fülle.

Das Evangelium Christi lehrt uns auch im Glauben wandeln und den guten Kampf des Glaubens kämpfen. Sind wir wirklich eroberungsfreudig? Sind wir Gerechte, die durch den Glauben leben?

Im Brief an die Römer betont Paulus zweimal, daß er zum Evangelium Gottes ausgesondert sei und es priesterlich verwalte. Bei allem, was er tat, stand Christus an erster Stelle. Ob er seines geistlichen Amtes waltete oder Zelte machte, immer war er Verwalter des Evangeliums. Das Geheimnis eines gesegneten Lebens liegt darin, daß man Christus und Seinem Evangelium geweiht ist und dabei seine Tagesarbeit verrichtet, welcher Art sie auch sei, nie etwas tut, ohne daß Christus dabei der Erste ist, und nie dahin geht, wo Christus nicht den ersten Platz einnehmen kann.

Der Apostel sagt, Gott habe ihm die Gnade geschenkt, Diener des Evangeliums zu sein. Unser Dienst ist also ein Gnadengeschenk Gottes und darf zu keiner Angewohnheit oder Routine werden. Gott gebe, daß wir jeden Dienst, sei er nun klein oder groß, öffentlich oder verborgen, wieder für eine Gnade halten.

Wir sind berufen, *den vollen Segen des Evangeliums Christi* kennenzulernen. Das ist das Gegenteil von Formenwesen, Fruchtlosigkeit und Passivität, gegen die wir zu kämpfen haben. Warum uns mit wenigem begnügen, wenn wir die Fülle haben können? Laßt uns schöpfen aus Gottes Fülle, Lebenswasser aus den Schleusen des Himmels empfangen und erquickt und erneut werden!

Der Segen wird sich in unserem Leben zeigen, wenn wir den Schatz des Evangeliums Christi freigeben und, von aller Selbstsucht gelöst, nur eins im Auge haben: diesen Schatz weiterzugeben.

«Der HErr schleuderte einen starken Wind auf das Meer, so daß ein großer Sturm entstand ... Jona aber war ... fest eingeschlafen.»
Jona 1, 4. 5.

Die Erlebnisse Jonas, des anfangs ungehorsamen und dann reuigen Propheten des HErrn, sind eine Lehre für uns alle, die wir den Namen Christi tragen. Während der Sturm durch die Welt braust, schlafen viele Christen fest. Sie kümmern sich nicht um das, was um sie her vorgeht. Gehören wir zu ihnen? Vielleicht lassen wir ein paar mitleidige Worte fallen oder sagen, die Welt sei schlecht, aber im Grunde genommen gehört auch das zu den Träumen, in denen wir leben.

Wie einst Jona, so hat auch der Christ heute den Schlüssel zur Lage: die rettende Botschaft des Wortes Gottes. Wenn sie verstanden würde, könnte sie die Rettung des Schiffes sein und den Sturm zum Schweigen bringen. Aber ... Jona war fest eingeschlafen.

Über dem Heulen des Windes, dem Rollen des Donners und der Wellen, die gegen das Schiff schlagen, ertönt eine Stimme: «Wache auf, der du schläfst, und stehe auf von den Toten, so wird dir Christus leuchten!» Epheser 5, 14. Hören wir's? Die Welt hat unseren Dienst nötig, aber der Herr Jesus fällt Sein Urteil über uns: Ihr seid tot, eingeschlafen! Oh, laßt uns aufwachen, so wird Christus uns erleuchten. Wir schlafen tatsächlich so fest, daß wir jemand brauchen, der uns weckt und uns aus dem Bett unserer Gleichgültigkeit, unseres in Formen befangenen Dienstes herauszieht. Die Entschuldigung, wir seien doch eifrig am Werk, gilt nicht. Sogar unsere Tätigkeit kann ein Zeichen geistigen Schlafs sein. Es gibt Menschen, die im Schlaf sprechen und wandeln ...

Nein, wir wollen dem HErrn bekennen, daß wir empfindungslos sind für das Leid der Menschen, daß wir uns in unserer Bequemlichkeit wohlfühlen, daß wir lieber den Sturm überhören und die Tragik um uns her nicht beachten. Wir wollen Ihm bekennen, wie gleichgültig uns Seine große Liebe, Sein Opfer und Seine Leiden lassen, und Ihn um Verzeihung bitten, weil wir uns geweigert haben, als Er uns gebot, Menschenseelen zu retten. Und dann wollen wir aufstehen wie Jona, um Gottes Wort dahin zu tragen, wo Er uns hinsendet.

«Ein Verleumder macht Freunde uneins.» Sprüche 16, 28 (L).

Er tut geheimnisvoll und bittet, nichts weiterzusagen, beeilt sich aber selbst, die Neuigkeit zu verbreiten.

Wenn er sein Gift ausgestreut und denen, die er verleumdet, die bösen Absichten nachgesagt hat, die er selber hegt, dann geht er befriedigt von dannen. Seine Absicht, andere schlechtzumachen, hat er ausgeführt. Jesus Christus sagt von ihm: «Was aus dem Munde herauskommt, das verunreinigt den Menschen.» Matthäus 15, 11.

In unserem Text wird der Verleumder mit einem verkehrten Menschen verglichen, der Hader anrichtet. Eine andere Stelle betont den Gegensatz zwischen zweierlei Handlungsweisen: «Wer Sünde zudeckt, der macht Freundschaft; wer aber die Sache aufrührt, macht Freunde uneins.» Sprüche 17, 9.

Wieviel Klatsch und böse Nachrede gibt es unter denen, die sich Christen nennen! Wir müssen es zu unserer Schande gestehen. Dadurch wird unberechenbarer, nicht wieder gutzumachender Schaden angerichtet. Es gibt kein Wort, das stark genug wäre für solche schändlichen Verleumdungen! Es sind feurige Pfeile des Bösewichts, die grausam verletzen können. Die Zunge des Verleumders wird von der Hölle in Brand gesteckt, verdreht die Gemüter und vergiftet die Gedanken.

Und aus demselben Munde, der solches Unheil anrichtet, gehen Segensworte, wenn die religiöse Pflicht es fordert. «Sprudelt eine Quelle aus demselben Loch zugleich Süßes und Bitteres hervor?» Jakobus 3, 11. Diese Übeltat begeht man, um andere in schlechten Ruf zu bringen und sich selber herauszustreichen, und unzählig sind ihre Opfer.

Wer hätte sich auf diesem Gebiet nie etwas zuschulden kommen lassen? Darum wollen wir Gott unsere Zungensünden bekennen. Er verzeihe sie uns und erlöse uns davon! Aber wir müssen das begangene Unrecht auch wieder gutmachen, unsere Schuld denen eingestehen, die unsere Verleumdungen gehört haben. «Ich will achten auf meine Wege, daß ich nicht sündige mit meiner Zunge ... HErr, höre mein Gebet!» Psalm 39, 2. 13.

«Bedenke, was ich dir getan habe.» 1. Könige 19, 20.

Ohne ein Wort zu sagen, warf der Prophet Elia seinen Mantel über Elisa, der beim Pflügen war. Elisa verstand, daß es Gottes Ruf war, und sprach: «Laß mich noch meinen Vater und meine Mutter küssen, dann will ich dir nachfolgen.» Elia antwortete: «Gehe hin und komm wieder; bedenke, was ich dir getan habe.»

Elisa durfte und mußte sich von den Seinen verabschieden und seine Beziehungen zu ihnen nicht vernachlässigen. Aber es galt wachsam zu sein, damit ihm nichts die Berufung, die er eben zu der seinen gemacht hatte, verdunkelte oder schwächte. «Er machte sich auf und folgte Elia nach und diente ihm.» Der Ruf, den er vom Propheten Gottes erhalten hatte, erwies sich als echt und mächtig. Das vergaß Elisa nie. Später, als Elia kurz vor seiner Entrückung zu Elisa sagte, er solle zurückbleiben, bestand Elisa darauf, seinen Meister zu begleiten. Er dachte daran, was Elia ihm getan hatte. Seine Berufung wurde auf die Probe gestellt und bewährte sich. Auch vor Jericho, dieser Stadt, die dem Vormarsch des Glaubens trotzte, ließ sich Elisa nicht aufhalten, auch vor dem Jordan schreckte er nicht zurück. 2. Könige 2, 1—6. Er dachte daran, was Elia ihm getan hatte.

Unsere Berufung und Ausrüstung zum Dienst zeigt ihren Wert, wenn wir vor einem «Jericho» von Schwierigkeiten und Anfechtungen stehen. Denke an Gottes Ruf, an deine Antwort und an die Verheißungen, die dir gegeben wurden. Auch vor dem Jordan, der unsere Vereinigung mit Christus in Seinem Tode darstellt, wollen wir nicht zurückschrecken.

Elisa ließ sich keinen Eindruck machen von den Prophetensöhnen, die dem Propheten Gottes ihre Überlegenheit und ihre Kenntnisse zeigen wollten. Er ging von Kraft zu Kraft, denn er war gehorsam in allen Dingen und deshalb bereit, ein doppeltes Maß des Geistes Gottes zu empfangen. 2. Könige 2, 9.

Darum laßt uns des Tages gedenken, an dem wir Gottes Ruf hörten und unsere Antwort gaben, damit nichts uns aufhalte, nichts die Erfüllung der Pläne Gottes in unserem Leben hindere. Wir wollen Abschied nehmen von dem, was uns zurückhält, und uns aufmachen, unserem Meister nachzufolgen, bedenkend, was Er uns getan hat.

«Was Ich tue, weißt du jetzt nicht, du wirst es aber hernach erfahren.» Johannes 13, 7.

«Ich weiß nicht!» Das kann einfach eine Ausrede sein, aber auch wirkliches Leiden verraten. Wir verstehen Gott und Seine Offenbarung nicht, verstehen nicht, was Er von uns will, verstehen Seine Führungen und unsere Schwierigkeiten nicht. Schützen wir aber Nichtverstehen vor, um unsere Meinung nicht ändern zu müssen, dann laßt es uns jetzt Gott bekennen und die Waffen strecken.

Wenn ein Glaubender wirklich etwas nicht versteht, aber von ganzem Herzen Gott zu gehorchen und Ihn zu verherrlichen wünscht, dann gibt es ein Heilmittel für ihn: «Ob ich auch in der Finsternis sitze, so ist doch der HErr mein Licht», Micha 7, 8; denn diese augenblickliche Dunkelheit ist nicht die Folge von Sünde, sondern eine Erfahrung, die Gott in Segen verwandeln wird. *«Was Ich tue, weißt du jetzt nicht, du wirst es aber hernach erfahren.»*

Hier ist zu beachten, daß der HErr, als Er diese Worte gesprochen hatte, den Jüngern die Füße wusch. Wir brauchen das Wasserbad im Worte Gottes zur Reinigung unseres Dienstes, unseres Geistes und unserer Seele. Nur dann können wir des HErrn Sinn erkennen. Petrus sagt, daß unsere Seele durch Gehorsam gegen das Wort Gottes gereinigt wird. 1. Petrus 1, 22. Damit wollen wir also beginnen. Nur Gottes Wort kann uns befähigen, Seine Gedanken zu begreifen, denn es übt einen reinigenden Einfluß auf uns aus. Sollte der HErr das, was Er für Seine ganze Gemeinde tut, nicht auch für uns tun: uns heiligen, uns reinigen durch die Waschung mit diesem Wasser? Epheser 5, 26.

Laßt uns ferner ein für allemal zugeben, daß der natürliche, der seelische Mensch die göttlichen Dinge nicht versteht. 1. Korinther 2, 14. Durch das Kreuz hat der Herr der Herrlichkeit das Seelenleben geschieden vom Geistesleben, welches von Christus Selbst ausgeht. Der natürliche Mensch kann den Dienst, die Führungen und den Willen Gottes nicht verstehen. Wenn er aber dem Urteil zustimmt, das am Kreuz über sein eigenes Leben gefällt wurde, dann wird alles anders. Sein neues Leben in Christus wird frei, und da es sich Christus unterstellt, wird es die Gedanken des HErrn verstehen.

«Ehe dich Philippus rief ..., sah Ich dich!» Johannes 1, 48.

Welche Harmonie herrschte an dem Tag, an dem unser HErr Seine ersten Jünger berief! Philippus war Ihm persönlich begegnet und Seinem Ruf gefolgt. Dann begegnete Philippus Nathanael und legte ihm klar und deutlich sein Zeugnis ab.

Seine Worte stießen auf Vorurteile und Einwendungen in Nathanaels Gemüt. Doch der HErr, der des Menschen Herz kennt, wußte, daß Nathanael im Grunde wünschte, Ihn kennenzulernen. Darum wollte Er ihm helfen und ihn dann weiterführen. Philippus brachte Nathanael zu Jesus, und als Nathanael Jesus sah, wurde es ihm sofort klar, daß er von Ihm etwas empfangen würde, was er nicht besaß.

Darum antwortete der HErr auf Nathanaels Frage: «Woher kennst Du mich?» mit der Verkündigung einer köstlichen Wahrheit, der Grundlage jeder wirklichen Berufung, die in dem Wort «ehe» liegt. Ehe das menschliche Werkzeug oder die menschlichen Werkzeuge das ihre taten, war der HErr schon da. Er wußte, Er wählte, Er bestimmte Sein Kind für den Dienst, der ihn zum Rang eines Apostels erhob.

Ehe die Umstände und Menschen in Erscheinung traten, die Gott gebrauchte, um zu unserer Berufung beizutragen, schon vorher ... «sah Ich dich». Wollen wir uns nicht Zeit nehmen, darüber nachzudenken? Wollen wir nicht den HErrn loben und unser Leben auf dieses hohe Niveau stellen, das einzige, mit dem wir uns zufriedengeben können? «Ich sah dich!» Nathanael war vorherbestimmt, Gott hatte ihn auserwählt, zu der Schar von Männern zu gehören, die zu Seiner Stunde die Welt umwälzen sollten. Für uns bedeutet dieses «Ich sah dich», daß wir nicht uns selber angehören, sondern Gott und Seinem Dienst.

Wenn wir gehorchen, wird uns die Freude, der Friede und die Gewißheit zuteil, daß vor allem anderen der HErr uns sah und für Seinen Dienst bestimmte. Oh, daß Er uns doch als Antwort auf unseren Gehorsam zurufen könnte: Von nun an wirst du Größeres sehen als das, ... einen offenen Himmel und den Segen des Himmels für die Welt.

«Bist Du nicht Der, welcher Rahab (Ägypten) zerschmettert und den Drachen durchbohrt hat? Bist Du nicht Der, welcher das Meer, die Wasser der großen Flut, trockengelegt und die Tiefe des Meeres zu einem Weg gemacht hat, daß die Erlösten hindurchzogen?»
Jesaja 51, 9. 10.

In unseren Tagen verlangt man nach Wundern, ist aber selber kein Wunder. Wir könnten ein schlichtes, verborgenes Wunder der Gnade Gottes sein. Es steht geschrieben, daß Jona den Niniviten ein Zeichen war, Lukas 11, 30. Das Wort, das an dieser Stelle mit «Zeichen» übersetzt ist, wird an anderen Stellen mit «Wunder» wiedergegeben. Nur Gott tut Wunder. Wir neigen dazu, dem nachzulaufen, was in die Augen fällt, wir möchten eine Rolle spielen, anstatt nach dem HErrn Selbst und Seinem Willen zu fragen.

Ein Kind Gottes, das von Gott zugelassenen Hindernissen gegenüber seine Zuversicht auf Ihn setzt, Ihm vertraut und bald darauf einen gebahnten Weg vor sich sieht, das ist ein Wunder!

Vor einem erlösten Kind Gottes, das berufen ist, Ihm nachzufolgen, liegt oft ein schreckenvolles «Meer», eine bewegungslose Masse von Unmöglichkeiten! Aber es weiß, daß sein Gott gerade das tun kann und will, was es selber nicht vermag; und zu Gottes Stunde tut sich ein gebahnter Weg vor ihm auf, auf dem es gehen kann. Das Meer von Unmöglichkeiten zerteilt sich, und Gottes Kind entdeckt einen sicheren Pfad. Das ist ein Wunder!

Ist unser Gott nicht Derselbe, gestern, heute und in Ewigkeit? Ist Seine Macht nicht immer noch ebenso groß? Warum also nach Außergewöhnlichem trachten und den schmalen Weg des Alltäglichen verlassen, auf dem Gott unseren Zeugendienst segnet und Sich so gern offenbart als der Gott, der Wunder tut?

Hat er nicht Ägypten zerschmettert und den Drachen durchbohrt, den Feind am Kreuz überwunden und dem Glauben Siegesmacht zum Überwinden der Welt, des Fleisches und des Teufels zur Verfügung gestellt? Das ist ein Wunderleben! Gott tat eine Reihe von Wundern für Jona; aber Jona war selber ein Wunder. Aus dem Flüchtling, dem Verräter an seinem Meister, wurde ein Bote Gottes ... für Ninive!

«Und dieser Sohn sprach: Ja, Herr! — und ging nicht.»
Matthäus 21, 30.

Mit diesen Worten wandte Sich der HErr an die verantwortlichen Obersten Israels. Aber dasselbe Gleichnis redet in allen Jahrhunderten zu Gottes Volk, und wir wollen uns überlegen, welche Rolle wir darin spielen ...

Wie oft hat sich der HErr an uns gewandt und gesagt: «Mein Kind», wie in dem angeführten Gleichnis, und hat uns aufgefordert, in Seinem Weinberg zu arbeiten! Wir antworteten: «Ja, HErr», und gingen nicht.

Wir sollten ernstlich erwägen, was Worte für einen Wert haben, wenn sie nicht der Wirklichkeit entsprechen. Der HErr sagt zu denen, die viel reden, aber nicht dementsprechend leben: «Ich werde dich ausspeien aus Meinem Munde.» Wir sind reich an Vorrechten und Segnungen unseres himmlischen Vaters. Wir haben Gelegenheit, Seinen Willen kennenzulernen. Aber wie oft benehmen wir uns wie dieser Sohn! Unser Jawort hat keine Folgen. Wir wollen lieber nicht zu weit gehen, uns nicht zu sehr bloßstellen. Wir haben uns daran gewöhnt zu sagen: «Ja, HErr», und dann nichts zu tun.

Ungehorsam wird zur Gewohnheit, und das hat böse Folgen. Gott möchte auf uns zählen können, uns in die Werke einführen, die Er für uns bereitet hat. Wie oft bot Er uns die Gelegenheit dazu!

Wir wollen es eingestehen, wir haben zu oft geantwortet, wie der Sohn im Gleichnis: «Ja, HErr», ohne daß sich etwas in unserem Leben änderte. Aber bei uns handelte es sich nicht um ein Gleichnis, sondern um die Wirklichkeit. Wenn wir unsere Vorrechte mißachten, werden wir die Folgen tragen müssen. «Wahrlich, wahrlich, Ich sage euch», spricht der HErr, «die Zöllner und die Huren (d. h. die, welche die Antwort des zweiten Sohnes im Gleichnis geben: «Ich will nicht!», hernach aber reute es ihn, und er ging!) kommen eher ins Reich Gottes als ihr!» Matthäus 21, 31.

Oh, daß wirklich Reue in uns, Seinen Söhnen und Töchtern aufkäme und wir die mit unseren Vorrechten verbundene Verantwortung auf uns nähmen!

«Wir lieben, weil Er uns zuerst geliebt hat.»
1. Johannes 4, 19.

Der uns bis ans Ende liebt, hat uns auch von aller Ewigkeit her geliebt. Von Ihm steht geschrieben: «Darum spricht Er bei Seinem Eintritt in die Welt: Opfer und Gaben hast Du nicht gewollt; einen Leib aber hast Du Mir zubereitet.» Hebräer 10, 5. Aus Liebe zu uns nahm Er die Gestalt eines Knechtes an und wurde in Seiner äußeren Erscheinung wie ein Mensch erfunden, um Sein ganzes Leben lang gehorsam zu sein und den Menschen zu dienen bis zum Kreuzestod. Aus Liebe zu uns erduldete Er in Judäa, Galiläa und Samaria den furchtbaren Widerspruch der Sünder gegen Sich. Aus Liebe zu uns erduldete Er die Todesnot und die Schrecken am Kreuz und nahm an unserer Stelle die Schmach auf Sich. Aus Liebe zu uns überwand Er das Grab und nahm die ganze Wirkungskraft Seines vollbrachten Werkes mit in die Herrlichkeit, wo Er nun regiert. Und von dort aus teilt uns jetzt dieselbe Liebe alle Früchte Seines Erlösungswerkes aus.

Diese Liebe erzeigt der HErr Männern und Frauen, die Er durch und durch kennt und für die Er dennoch voller Hoffnung ist. Er erweist ihnen Seine Liebe in ihrer ganzen Fülle, es mag sich um Sünder, Rückfällige oder Christen handeln. Wie herrlich, daß Er uns liebt, trotzdem Er uns kennt! Er durchschaut uns und fühlt sich doch nicht abgestoßen von uns.

Zwar ist es wahr, daß wir in Christus sind und Gott uns durch Seinen Sohn hindurch ansieht; aber Er weiß doch, was wir taugen. Er kennt unser Herz mit all seinen Fähigkeiten zu Auflehnung und Bosheit. Er kennt unsere verdorbene, schuldige Natur. Die Liebe Gottes hat sich uns enthüllt, als sie sich uns in Christus offenbarte. Wir entdeckten, was unsere Rettung Ihn gekostet hat, was unser Retter alles erdulden mußte, um uns zu erlösen und zu Gott zu führen. Seine Liebe, die sich ganz gibt, ist vollkommen in Gerechtigkeit und vollkommen in Gnade. Er hat uns zuerst geliebt. Oh, daß wir Ihm als Gegengabe die Liebe eines Herzens schenkten, das Ihm gänzlich zur Verfügung steht!

«Gelobt sei der Gott und Vater unseres Herrn Jesus Christus, der uns nach Seiner großen Barmherzigkeit wiedergeboren hat zu einer lebendigen Hoffnung durch die Auferstehung Jesu Christi von den Toten.» 1. Petrus 1, 3.

Lebendige, sieghafte, ansteckende Hoffnung! Als Gott Seinen Sohn von den Toten erweckte, war das Seine Entgegnung auf die Auflehnung des Teufels in Eden, die sich durch alle Jahrhunderte hindurch in der ganzen Welt unter den Menschen fortsetzt und alles zu vernichten sucht, was gerecht und gut ist.

Dadurch, daß Gott Seinen Sohn auferweckte, löste Er in Gnade und vollkommener Gerechtigkeit das sonst unlösbare Problem der Sünde des Menschen. Durch unseren göttlichen Stellvertreter sind wir begnadigt. Wir brauchen die Strafe für unsere Schuld nicht mehr zu tragen. Die erste Auferstehungsbotschaft lautet: «So steht es geschrieben, daß Christus leiden und am dritten Tage auferstehen werde, und daß in Seinem Namen Buße und Vergebung der Sünden gepredigt werden solle unter allen Völkern.» Lukas 24, 47.

Als Auferstandener verkündigte Jesus in der Hölle, im Himmel und in der Welt, daß das Gericht über die Sünde vollzogen und der Sünder gerechtfertigt sei. Die Herrschaft der Sünde war von da an gebrochen. Kannst du dir den sündlosen, fleckenlosen Leib des Herrn Jesus, auf den Gott die ganze Sünde der Welt legte, vorstellen? Während dieser Leib im Grabe ruhte, ging Sein Geist, den Er in die Hände des Vaters befohlen hatte, in die Hölle, um dort den Geistern im Gefängnis, die Ihn verworfen hatten, ihre ewigwährende Niederlage und Verdammnis zu verkündigen. Dann zog Er in den Himmel ein, um dort die vorzustellen, die Ihm angehörten, und der ganze Himmel gerät heute noch in freudige Bewegung, wenn ein Sünder Buße tut. Es gibt keinen Sündenflecken, den das Blut Jesu nicht tilgen könnte, kein menschlich unlösbares Problem, das Er nicht lösen, keine Lage, und sei sie noch so verworren, die Er nicht zurechtbringen könnte.

Darum wollen wir unsere Trägheit und Schüchternheit ablegen und feststehen in Christus. Unser Leben bezeuge, daß der Thron der Gnade auch heute noch ein Beweis der Auferstehung ist, die Quelle einer lebendigen Hoffnung.

«Kindlein, ich schreibe euch, weil euch die Sünden vergeben sind in Seinem Namen.» 1. Johannes 2, 12.

«Kindlein», diese Anrede erniedrigt niemanden. Es ist ein Vertrauenstitel, der nicht Unfähigkeit bedeutet, sondern an Vertraulichkeit, Zuneigung und Familienbande denken läßt. Er setzt keine Schwäche voraus, sondern eine sichere Stellung in Gottes Familie.

Der Apostel spricht zu *Kindlein, Jünglingen* und *Vätern*, ein Bild geistlichen Heranwachsens von Stufe zu Stufe, von Kraft zu Kraft, bis zur vollen Reife. Es handelt sich um einen Lebensplan. Wir haben einen Anfang mit Gott gemacht, um auch weiterzukommen, nicht um auf halbem Wege stehenzubleiben! Was der Herr Jesus in einem Leben beginnt, will Er vollenden.

Unser Text zeigt uns das Geheimnis des Erfolges, der vor Gott, im Blick auf die Ewigkeit zählt: errungene Siege für Christus, Ausdauer im Gehorsam und Feststehen im Glauben.

«Ich schreibe euch», das ist die Grundlage allen christlichen Lebens, der Ausgangspunkt des Glaubens. Gott hat nicht nur geredet, sondern auch aufschreiben lassen, was Er gesagt hat, um uns Gewißheit zu geben und vor Zweifel zu schützen. Wir wissen, daß uns die Sünden vergeben sind und die furchtbare Macht des Bösen gebrochen ist. Versuchungen gibt es zwar noch, aber Versuchung ist nicht Sünde; Sünde wird erst daraus, wenn wir der Versuchung nachgeben. Jesus Christus hat die Macht der Sünde gebrochen und den Feind überwunden. So ist in unseren Herzen der Grund gelegt worden. Und einen anderen Grund kann niemand legen, außer dem, der gelegt worden ist: Jesus Christus. 1. Korinther 3, 11. Auf diesem Grund kann unser christliches Leben aufgebaut werden, ein auf Fels gegründetes Haus, das von keinem Sturm umgeworfen wird.

Ein neues Leben ist uns dann sicher, das Leben Dessen, der für uns gestorben und auferstanden ist. Dieses Leben wächst und festigt sich in uns, und wir werden wie Kindlein von unserem himmlischen Vater geleitet und beschützt.

Und da uns die Sünden vergeben sind in Seinem Namen, wollen wir diese frohe Botschaft auch anderen Menschen verkündigen.

«Allen denen aber, die Ihn aufnahmen, gab Er Vollmacht, Gottes Kinder zu werden, denen, die an Seinen Namen glauben.»
Johannes 1, 12.

Johannes schreibt seinen Brief an *«Kindlein»*. Wir sind klein, winzig klein und schwach. In seinem Evangelium spricht er von einem Rang, einem Titel, dessen Wert wir zu schätzen wissen sollten. Wir sind *Gottes Kinder*. Immer und überall sollten wir unter einem «bösen, ehebrecherischen Geschlecht» unseren Rang wahren.

Als wir den Sohn Gottes, Den, der das Leben, das Licht und das ewige Wort ist, zum Retter für uns aufnahmen, wurden wir Gottes Kinder. Aber wir sind in der Minderheit, und wir, die wir im Licht leben, sollten uns von der Welt unterscheiden, die in der Finsternis lebt. Unsere Worte und unser Glaubensbekenntnis haben für die Welt keinen Wert, wenn kein Leben dahinter steht, das unserem hohen Rang entspricht, dem Rang der Kinder Gottes, die von oben her geboren sind.

Dieser Titel legt uns eine Verantwortung auf, er schließt alle Inkonsequenz, alles, was seiner unwürdig ist, aus. Wir sind ungemein bevorzugt, in diesen geistlichen Stand erhoben worden zu sein. Aber es gehört sich nun, daß wir ihm entsprechend leben, nicht in Überhebung, sondern aus Dankbarkeit gegen unseren himmlischen Vater. Darum laßt uns wachen und beten, daß dies durch nichts beeinträchtigt werde! Und Gott gebe, daß wir anderen Menschen Lust machen, auch Gottes Kinder zu werden.

Das Evangelium nach Johannes beginnt ohne Vorrede. Wir befinden uns gleich von Anfang an in der Gegenwart des ewigen Sohnes Gottes, der voller Gnade und Wahrheit unter uns wohnt, die Herrlichkeit Gottes offenbart und denen, die den Rang von Kindern Gottes haben, aus Seiner Fülle Gnade um Gnade schenkt.

Aus Gottes Fülle empfangen, bedeutet nicht, in Zungen reden, sondern unsere Zunge so gebrauchen, daß sie ein Kanal für das Leben des Geistes Gottes wird. Das Feuer Seiner Liebe ist in unseren Herzen entbrannt, und diese Flamme leuchtet so hell, daß sie nicht verborgen bleiben kann. Gottes Gegenwart wird in unserem Leben Wirklichkeit, ... und die Menschen merken es.

«Die Liebe Gottes ist ausgegossen in unsere Herzen durch den Heiligen Geist, welcher uns gegeben ist.» Römer 5, 5.

Die Liebe Gottes! Wir kennen sie, tausendmal haben wir sie erfahren. Sie umgibt uns von allen Seiten, sie ist über uns, und ihre ewigen Arme tragen uns. Sie ist in uns, da der Heilige Geist in uns wohnt. Aber dieser Geist der Liebe wird oft eingeengt und auf einen kleinen Teil unseres Lebens beschränkt.

Gott beruft uns jedoch, die ungemein segensreiche Erfahrung zu machen, daß Seine Liebe unser ganzes Herz und Wesen ausfüllt. Es ist so reich an Möglichkeiten, zugleich aber so zugänglich für geistliche Gefahren! Wenn es sich der Kontrolle des Geistes Gottes entzieht, ist es boshaft und trügerisch, ja fähig, sich unter frommem Schein zu allem herzugeben, was das Eigenleben erstrebt. Es ist gerne sentimental, gerade das Gegenteil von der Gesinnung, die in Jesus Christus war.

Wünschen wir uns nicht ein Herz, das durch die Gegenwart des Heiligen Geistes mit der Liebe Gottes erfüllt ist? Die Liebe Gottes ist etwas ganz anderes als die oft «christliche Nächstenliebe» genannte Sentimentalität, die schwärmerisch, weichlich und in heiligen Dingen gefährlich ist! Gottes Liebe ist stark und wahr, zum Opferbringen bereit. Vor ihr schmilzt alles Eis, alles Harte, alle Selbstsucht. Alles, was nicht Liebe zu Gott und unseren Mitmenschen ist, wird aus unserem Herzen vertrieben und unser Wesen umgestaltet, ohne daß wir uns anzustrengen brauchen, ohne Lärm, einfach nur durch den Einfluß dieser göttlichen Liebe. Der HErr Selber erfüllt unser «irdenes Gefäß», und diese große Kraft wird Gott zugeschrieben, nicht uns.

Wenn diese Liebe in unsere Herzen ausgegossen ist, hat sie das Bedürfnis, sich anderen mitzuteilen. Sie macht eine Eroberung nach der anderen, ohne sich je zu erschöpfen oder nachzulassen. Leser, sie ist für dich bestimmt!

«So nun ihr, die ihr arg seid, euren Kindern gute Gaben zu geben versteht, wieviel mehr wird der Vater im Himmel den Heiligen Geist denen geben, die Ihn bitten!» Lukas 11, 13. *«Die Liebe Gottes ist ausgegossen in unsere Herzen durch den Heiligen Geist...»*

«Jede Familie für sich.» Sacharja 12, 12.

Gott schuf Mann und Frau, damit sie Gottes Willen widerspiegelten. Die Familie sollte eine Segensstätte sein. Satan wußte das und griff sie als erstes an. Die Frau erlag der Versuchung, *sie blieb nicht an ihrem Platz*; und der Mann beschützte und bewahrte weder den Garten noch seine Frau, wie Gott ihm geboten hatte.

In der Familie begann die Schlange ihr Zerstörungswerk. Als nächstes verführte sie die Kinder. Kain erschlug aus Eifersucht seinen Bruder Abel. Der Einfluß des Feindes erstreckte sich auf Kains Nachkommen und auf das ganze Menschengeschlecht, bis der HErr aufhörte, die Menschen zu zügeln, und die Welt, in der die von Gott eingerichtete Ordnung der Familie nicht mehr existierte, von der Sündflut verschlungen wurde.

Eine Familie wurde durch die Flut hindurchgerettet, und dieses Gottesgeschenk, die Familie, ist noch immer da. Ihr Musterbild wird uns in der Bibel gezeichnet, dem Buch, das die Menschen vernichten wollten und das sie zu ihrem eigenen Verderben kritisieren. Der theologische Freisinn hat im Lauf der Jahre zugenommen, und Hand in Hand mit ihm geht die Untergrabung der Grundfesten der Familie; eine ernste Warnung!

In der Verwirrung und im Sittenverfall, die in unserer Zeit herrschen, braucht Gott einen Stützpunkt, von dem aus Er wirken kann: *die Familie, jede für sich.* Christliche Familien, Männer, Frauen und Kinder, hört in dieser vorgerückten Stunde der Gnadenzeit auf den Ruf des Wortes Gottes: «An jenem Tage wird große Klage sein, ... das Land wird klagen, jede Familie für sich ... An jenem Tage wird ... ein Born eröffnet sein wider Sünde und Unreinigkeit.» Sacharja 12, 11. 12; 13, 1.

Gott will Sein Werk wieder aufnehmen, wo Er es begann: in der Familie, dort, wo die Familienglieder sich demütigen. Dann fließt von Golgatha ein Born, der nichts von seiner alten Wirkungskraft verloren hat, und jede Familie für sich wird gereinigt; jeder Familie wird eine Quelle von Lebenswasser entspringen, um das gesellschaftliche Leben zu erfassen und sich im menschlichen Geschlecht zu verbreiten. Das ist der Plan, den Gott für jede Familie hat. Wer nimmt ihn an?

«Werdet voll Geistes!» Epheser 5, 18.

Der Brief an die Kolosser ermahnt uns, von Gottes Wort erfüllt zu sein, der an die Epheser, voll Geistes zu werden. Diese beiden Gnadengaben gehören zusammen.

Paulus gibt den Ephesern eine Reihe von Ratschlägen: «Kaufet die Zeit aus, suchet zu verstehen, was des HErrn Wille sei», usw. Grundlage und Ziel dieser Ermahnungen ist das Erfülltwerden mit dem Heiligen Geist. Dazu sind wir berufen!

Aus dem Zusammenhang geht hervor, daß wir bei allem, was wir tun, unter dem Einfluß des Geistes Gottes stehen sollen. Und damit Er Sich als Leben, Liebe und Kraft in unserem ganzen Wesen — Geist, Seele und Leib — zeigen kann, müssen wir dauernd von Seiner Macht durchtränkt werden. Oh, laßt uns von Ihm erfüllt sein! Das Ergebnis wird sich sogleich zeigen.

In Kolosser 3, 16 heißt es ebenso wie hier, daß das Herz derer, in denen das Wort Christi reichlich wohnt, überfließt von Psalmen und geistlichen Liedern, von Freude und Dank gegen Gott, von Lobgesang und Gebet. Das ist ein sicheres Zeichen, daß Gottes Geist ein Leben erfüllt. Haben die Kirchen und religiösen Kreise, haben wir persönlich das nicht dringend nötig?

Gott beginnt Sein Werk in uns damit, daß Er uns zeigt, was uns fehlt. Er läßt uns spüren, daß es uns an Leben des Heiligen Geistes und an Kraft mangelt, daß wir dürr und unfruchtbar sind. Wir mögen uns alle Mühe geben; wenn begangenes Unrecht die Quelle am Fließen hindert und wir in Gedanken Gott widerstehen, wird nur wenig Frucht gebracht. Ist jedoch der Wunsch vorhanden, mit dem Heiligen Geist erfüllt zu werden, dann ist das schon ein Beweis, daß der HErr wirkt; und wir sind bereit, den Preis zu zahlen, wenn wir nur diese Fülle erhalten. Wie notwendig brauchen wir sie, um Seelen retten zu können!

Dann geben wir unsere nutzlosen Bemühungen und alles, was das Wirken Seines Geistes hindert, auf, um uns von Ihm durchdringen und füllen zu lassen, so daß die Früchte des Geistes sich zeigen. Die Welt und auch wir selber werden dadurch gesegnet.

«Da nun das Wasser im Schlauch ausgegangen war, ... öffnete Gott ihr die Augen, daß sie einen Wasserbrunnen sah.»
1. Mose 21, 15. 19.

Hagar, die Sklavin, war mitten in der Wüste allein mit ihrem Sohn, und ihr Wasserschlauch war leer. Welch ein Bild vieler Christen! Die Dürre der großen Wüste umgibt uns, aber um sie zu überwinden, haben wir höchstens einige Tropfen Wassers in einem Schlauch. Und das Traurigste dabei ist, daß wir gar nicht darunter leiden. Wir haben uns daran gewöhnt!

Schon lange ist er leer, der Schlauch der religiösen Gewohnheiten in unserem Leben, dem die Kraft des Heiligen Geistes fehlt. Kein Wasser ist im Schlauch der frommen Schlagworte, der unbedacht angeführten Bibelsprüche, bei denen unser Herz nicht brennt und durch die niemand gesegnet wird. Das Wasser fehlt in einem Leben, das sich um sich selber dreht. Schon lange ist es auch in unserem Schlauch ausgegangen, wenn wir meinen, Grund zum Klagen zu haben, und anderen im stillen Vorwürfe machen, oder außerhalb jeder Gemeinschaft mit Kindern Gottes leben.

Merken wir in unserer Wüste nicht, daß wir dürr sind? Oh, laßt uns vor Gott treten und uns nicht fürchten vor dem, was Er uns zeigen will. Laßt uns Ihm die Nutzlosigkeit unserer Bemühungen, die Fruchtlosigkeit unseres Zeugendienstes bekennen. Wir sind ein Schlauch ohne Wasser!

Aber Gott sei Dank, es gibt ein Heilmittel! Die Bibel ist unvergleichlich in der Schilderung von Gegensätzen: «Als das Wasser im Schlauch ausgegangen war, ... öffnete Gott ihr die Augen, daß sie einen Wasserbrunnen sah.» Wenn wir unsere Dürre, unseren geistlichen Durst und die Mangelhaftigkeit unserer Bemühungen spüren, dann öffnet Gott uns die Augen, zeigt uns den Wasserbrunnen und läßt die Quelle fließen. Wir können nichts, Er kann alles. Wenn wir aus unserer Selbstsucht und Schläfrigkeit erwachen, gibt Er uns Sein Lebenswasser zu trinken. Die Augen gehen uns auf über die Not der Welt, und dann haben wir keine Zeit mehr, uns um uns selber zu drehen. Wir begreifen, daß das Quellwasser für die bestimmt ist, die in der Wüste um uns her umkommen, und wir beeilen uns, es ihnen zu bringen, damit sie gerettet werden.

«Nicht mehr lebe ich, sondern Christus lebt in mir.»
Galater 2, 20.

Christus starb für den Sünder, um ihn zu retten. Aber der Brief an die Galater sagt uns, daß auch das Eigenleben dieses geretteten, gerechtfertigten Sünders am Kreuz sterben muß. Das Kreuz wird sozusagen von Golgatha ins Leben des Glaubenden verpflanzt, und um diese Tatsache spielen sich fast alle Kämpfe im Leben des Kindes Gottes ab.

Niemand wird gezwungen, die Vergebung durchs Kreuz anzunehmen. Wer sie aber ablehnt, bleibt unter Gottes Zorn, und ist vor keinem Sturz sicher. Ebenso wird auch der Christ nicht gezwungen, sich mit Christus kreuzigen zu lassen. Wenn er aber das Kreuz umgeht, ist er allen Verführungen, Illusionen und Übeln ausgesetzt, die im Schoß der Kirche auftauchen.

Das Eigenleben ist nirgends so stark, so täuschend und so gefährlich wie in heiligen Dingen. Es kann Christus dienen, es kann sich einen Anschein von Treue geben, großen Eifer an den Tag legen und viele Fähigkeiten besitzen. Aber der natürliche Mensch ist Gottes Feind. Wenn das Eigenleben Gott dient, verführt es sich selbst und andere. Es bietet dem Feind ständig einen Anknüpfungspunkt. Viele Christen schaden dem Werk Gottes, ja, sie verderben es, weil sie ihr Eigenleben behalten wollen.

Ist es da erstaunlich, daß der Teufel alles tut, was er kann, um den Christen zu hindern, das Kreuz Christi in seinem Leben zu erfahren? Darf man sich wundern, daß das Eigenleben des Christen alles tut, um dem Kreuz zu entgehen und es durch eine Tätigkeit für Christus zu ersetzen?

Der große Apostel nennt der Gemeinde Jesu Christi die einzige Bedingung für den Dienst, das einzige Geheimnis wahrer, göttlicher Kraft: «Ich bin mit Christus gekreuzigt. Und nicht mehr lebe ich, sondern Christus lebt in mir.» Wenn der Christ diese Bedingung annimmt, wandelt er in einem neuen Leben und kann Gott in einem neuen Geist dienen.

«Gütig und treu ist der HErr; darum weist Er Sündern den rechten Weg, läßt Demütige wandeln in richtiger Weise und lehrt Demütige Seinen Weg.» Psalm 25, 8. 9 (M).

Gott schuf Himmel und Erde. Durch Sein Wort und Seine Kraft bildete Er das Weltall mit seinen Wundern und Geheimnissen. Er wies den Sternen und den Bergen ihren Platz an. Er gebietet den Meereswellen, sich zu erheben oder zu schweigen. Und dieser Gott des Grenzenlosen befaßt Sich mit dem Begrenzten, dem Weg jedes einzelnen Seiner Kinder. «Denn die Grundfesten der Erde sind des HErrn, und Er hat den Weltkreis darauf gestellt. Er wird die Füße Seiner Frommen behüten.» 1. Samuel 2, 8. 9.

Für den Glauben gibt es mitten in der Wüste einen Weg, in öden Gegenden eine Straße und sogar einen durch die tiefen Wasser führenden Pfad. Mitten im Kampf, im heftigsten Ringen, wenn die Welt, das Fleisch und der Teufel sich verbünden, um den Glaubenden zum Wanken zu bringen, bahnt Gott Seinem Kind einen Weg, den, wie geschrieben steht, «das Auge des Habichts nicht erspäht, den auch kein Raubtier betritt, darauf der Löwe nicht schreitet.» Hiob 28, 7. 8.

Gott übernimmt es, Seinem Kind den Weg zu ebnen und es darauf zu führen, nur unter einer Bedingung: «*Er lehrt die Demütigen Seinen Weg.*» Demütige Menschen kennen sich selbst. Sie wissen, daß sie Sünder sind, und halten sich nicht für besser als die, deren Sünde sie aufdecken. Sie denken immer daran, was sie von Natur sind. «Sehet auf den Felsen, aus dem ihr gehauen, und auf die Brunnenhöhle, aus der ihr gegraben seid!» Jesaja 51, 1. Sie haben nichts, was sie nicht aus Gnaden erhalten hätten. Das ist ihres Herzens Einstellung, und Gott sieht das Herz an. In ihnen ist keine Spur von Selbstsicherheit, von Vertrauen auf Fleisch oder eitlen Ruhm; aber sie besitzen felsenfeste Überzeugungen.

«*Er läßt Demütige wandeln in richtiger Weise.*» Wahre Demut zeigt sich in Aufrichtigkeit. Sie festigt sich und wächst durch Übung in der Gerechtigkeit. Nichts Gesetzliches ist in ihr. Würde und Festigkeit kennzeichnen den Wandel des demütigen Menschen auf dem Weg der Gerechtigkeit. Der Weg, den Gott ihn führt, ist gepflastert mit Wahrheit und Recht.

«Ich weiß schon, daß der HErr Seinem Gesalbten hilft: Er erhört ihn vom Himmel her aus Seiner heiligen Wohnung mit den hilfreichen Taten Seiner Rechten.» Psalm 20, 7 (S).

«Ich weiß schon!» Das ist ein glaubensstarkes Wort, ein «Beharren auf dem, was David hoffte, eine Überzeugung von Tatsachen, die er noch nicht sah.» Hebräer 11, 1. Es ist auch das Wissen um einen im voraus errungenen Sieg in der unsichtbaren Welt, wo der mit Herrlichkeit und Ehre Gekrönte thront, der die Welt, das Fleisch und den Teufel überwunden hat. Mit Ihm rechnet der Glaube, nicht mit den Umständen. Der Glaube wird durch Gottes Wort erzeugt und erhalten. Er läßt sich nicht von dem beeinflussen, was in die Augen fällt.

David hatte es mit zwei Gegnern zu tun: mit den gewissenlosen, undankbaren, ehrlosen Ammonitern und mit den Assyrern, die stets bereit waren, aus einer Schwäche Israels Nutzen zu ziehen und sich feindselig gegen das Volk Gottes zu erzeigen. Aber David war schon vor dem Kampf stark in der Gewißheit des Sieges. Ebenso hat das Kind Gottes, das sich dem Willen Gottes unterstellt, im voraus die Gewißheit, daß der HErr erhört. In seinen Glaubensunternehmungen, seinem Leben und im Dienst, den Gott trotz aller Schwierigkeiten von ihm erwartet, weiß es, daß Gott Seinem Gesalbten hilft und Seine Verheißungen erfüllt.

Gott bildet Sich in der ganzen Welt Streiter heran, die wissen, daß sie es mit einem furchtbaren Feind zu tun haben. Der Kampf ist entbrannt, ihr Marschbefehl lautet: «Sei stark und wehre dich für unser Volk und für die Städte unseres Gottes. Der HErr aber tue, was Ihm gefällt.» 2. Samuel 10, 12. Wenn diese Bedingungen erfüllt werden, dann spricht der Glaube: *«Ich weiß schon, daß der HErr Seinem Gesalbten hilft; Er erhört ihn vom Himmel.»*

Wir wollen nur keine Furcht in unser Gemüt einlassen und in Schwierigkeiten unseren festen Stand nicht verlieren. Auf den Tag der Not folgt bestimmt der Tag der Freude. Wenn der Feind uns umlagert, wollen wir uns Dem anbefehlen, der alles weiß und kraft Seines Auferstehungssieges alles kann. «Ich weiß schon ... Er erhört vom Himmel her ... mit hilfreichen Taten Seiner Rechten!»

«Ich suchte unter ihnen einen Mann, der ... vor Mir für das Land in den Riß treten konnte ...» Ezechiel 22, 30.

Gott sucht unter Seinen Kindern jemand, der in den Riß tritt und Fürsprache für die Welt einlegt, damit ihr drohender Untergang aufgeschoben wird und Gott den Völkern und einzelnen Menschen Gnade erzeigen kann.

Der Riß ist groß. Die Gefahr ruft nach Betern, die wissen, mit welcher Art von Geistesmächten wir es zu tun haben, Betern, die die Gotteskraft des Gnadenthrones kennen und sich auf die unfehlbare Autorität des Namens berufen, der über allen Namen ist; denn sie wissen, daß der HErr versprochen hat, um Seiner Barmherzigkeit willen Seinen Zorn zurückzuhalten und das Gericht aufzuschieben. Sie wissen, daß der Geist des HErrn auf die vereinten Gebete Seiner Kinder hin bereit ist, ein Banner gegen den Feind zu erheben, wenn er versucht, wie ein Wasserstrom hereinzubrechen. Gott erweist den Nationen gern Gnade, denn Er will nicht, daß die Menschen verlorengehen. Er will, daß sie Buße tun und gerettet werden. Darum ist Er langmütig gegen uns. Wie Er deutlich sagt, Er werde die Zeit des Gerichts um der Auserwählten willen verkürzen, so sagt Er auch, Er werde den Tag der Gnade um der Verlorenen willen verlängern. Matthäus 24, 22; 2. Petrus 3, 9.

Der Gott aller Gnade sucht Beter, die Fürsprache einlegen. Aber Er sieht auch, «daß kein Mann vorhanden ist, und verwundert Sich», sagt Jesaja 59, 16. Der HErr «verwundert Sich», daß die Gelegenheiten nicht ergriffen werden, daß Seine Kinder sich von tausend anderen Dingen ablenken lassen! Und doch könnte die wahre Fürbitte dem Übel an die Wurzel gehen und das Heilmittel finden, die Ereignisse beeinflussen und das Eingreifen Gottes in der Welt veranlassen.

«Ich suchte unter ihnen einen Mann, der eine Mauer bauen und vor Mir für das Land in den Riß treten könnte, damit es nicht zugrunde gehe; aber Ich fand keinen.» Gott schenke uns heute den rechten Blick für diese Berufung und die ungeahnten Möglichkeiten, die sie in sich schließt. Denn wenn wir zu dieser Schar von fürbittenden Menschen gehören, werden wir gesegnet und werden ein Segen für die Welt und die Menschheit.

«Während ich auf dem Wege war, hat der HErr mich geleitet.»
1. Mose 24, 27 (A).

Elieser befand sich «auf dem Wege» des Willens Gottes und war in Gemeinschaft mit Ihm. Darum wurde er sicher vorwärts geführt und richtete seinen Auftrag erfolgreich aus.

Auf unseren Ausgangspunkt kommt es an. Wenn wir einen guten Anfang gemacht haben und nachher wachen, daß nichts uns vom Wege abbringt, dann leitet, behütet und segnet der HErr Sein Kind, das sich Ihm anvertraut.

Petrus war nicht «auf dem Wege», als er sich mit den Feinden seines Meisters am Feuer wärmte, während dieser vor Gericht stand und verurteilt wurde. Weil er vom Wege abgewichen war, machte er eine bittere Erfahrung: er verleugnete seinen HErrn.

Abraham war nicht «auf dem Wege», als er Hagar begegnete. Damals, als er in Ägypten war, säte er, was er später sein ganzes Leben lang erntete und seine Nachkommen heute noch ernten.

Wenn ein Christ nicht an seinem Platz ist, droht ihm Gefahr, und er wird selber zu einer Gefahr für seine Mitmenschen. Man spricht leicht von Gottes Führungen und redet sich ein, man sei auf Gottes Wegen, geht aber in Wirklichkeit seine eigenen Wege und tut, was dem Herzen richtig scheint. Sogar Bibelsprüche führt man an, um sich zu rechtfertigen. Später jedoch erntet man bittere Früchte. Weil man nicht gewacht und gebetet hat, erliegt man der Versuchung, den «Weg» zu verlassen.

In unseren Tagen ist es mehr denn je wichtig, daß wir auf dem Wege des Willens Gottes bleiben, dem Wege, den Er uns vorzeichnet und auf dem Er uns leitet. Darum wollen wir in aller Demut zu erkennen suchen, welches der Wille Gottes ist, und diesen Willen dann auch bis in alle Einzelheiten hinein tun. Dann werden unsere Schritte nicht wanken. Laßt uns nicht den Tag geringer Anfänge verachten und auch nicht vergessen, daß Gott auf dem Weg der Selbstverleugnung bei uns ist. Verborgen mit Christus in Gott sind wir in Sicherheit und leben gleichzeitig an der Quelle aller Segnungen der Gnade Gottes. Er weiß von Anfang an das Ende. Er will, daß es herrlich und ganz zu Seiner Ehre sei.

25. November

«... Weil er zu Fuß reisen wollte.» Apostelgeschichte 20, 13.

Wenn wir den Apostel Paulus auf seinen Missionsreisen begleiten, fallen uns Einzelheiten auf, aus denen hervorgeht, wie natürlich, verständig und weise alle Entschlüsse und Pläne in seinem großen Glaubensunternehmen waren.

Hier machte dieser treue Diener Gottes eine sehr wichtige Reise. Hinter ihm lag getane Arbeit und vor ihm eine noch größere Aufgabe. Der Geist Gottes nennt in diesem Kapitel eine ganze Reihe von Gehilfen und Mitarbeitern, die der Apostel damals hatte. Und dann heißt es weiter: «Wir aber gingen voraus zum Schiff und fuhren nach Assos, um dort Paulus aufzunehmen; denn so hatte er es angeordnet, weil er zu Fuß reisen wollte.»

Daraus geht klar hervor, daß der Apostel das Bedürfnis hatte, allein zu sein. Er folgte den Spuren seines Meisters, der Sich oft vom Volk und von Seinen Jüngern zurückzog, Seinen Dienst in der Öffentlichkeit unterbrach und auf den Berg ging, um die Nacht über mit Seinem himmlischen Vater allein zu bleiben im Gebet. Auch Paulus spürte, daß er allein sein mußte mit Dem, der ihn in der Vergangenheit geleitet hatte und nun die Zukunft vorbereitete.

Welch ein Beispiel für uns! Unser Leben ist so ausgefüllt! Unsere Berufung drängt uns zu andauernder Tätigkeit und bringt viel Verantwortung mit sich. Auch wir sollten «zu Fuß reisen» können, d. h. uns zurückziehen, um allein zu sein mit Gott.

Wie für den Apostel ist auch für uns die Versuchung groß, ohne Unterbruch bei einer dringend notwendigen Arbeit zu bleiben. Aber unser Dienst verlangt eine Unterbrechung. Unser Meister erwartet von uns, daß wir die Routine zu verlassen verstehen, um uns eine Zeitlang von unserer Arbeit zurückzuziehen und mit Ihm in die Einsamkeit zu gehen. Das kann auf verschiedene Weise geschehen: allein in unserem Zimmer, allein in der Natur, allein auf einem Spaziergang, aber immer allein mit Ihm. Wir, die wir mit unseren Händen arbeiten und mitten im geschäftigen Leben unserer Zeit stehen, brauchen diese Augenblicke allein mit Ihm umso mehr. Darum laßt uns diesen kurzen Satz nie vergessen *«Weil er zu Fuß reisen wollte.»*

«Vor bösem Gerücht fürchtet er sich nicht; sein Herz vertraut fest auf den HErrn, sein Herz ist getrost, er fürchtet sich nicht.»
Psalm 112, 7. 8.

Böse Gerüchte! Damit wartet der Feind uns gern auf! Wenn gute Nachrichten kommen, sind wir glücklich, verlassen uns aber mehr auf sie als auf Den, der sie ermöglichte. Wenn schlechte Nachrichten eintreffen, werden wir niedergeschlagen, fangen an zu grübeln, und manchmal murren wir, weil wir alles übertrieben schwarz sehen und den Sinn für die Wirklichkeit verlieren.

Der Psalmist hat diese Erfahrung gemacht und eine Lehre daraus gezogen; er kann nun sagen: *«Sein Herz vertraut fest auf den HErrn.»* Bei bösen Gerüchten kann uns weder ein unbestimmtes Gottesbewußtsein noch die verschwommene Theorie, daß man das Böse mit Gutem überwinden muß, helfen. Wir brauchen etwas Bestimmteres, Wirklicheres.

Gott ist nicht ferne von uns. Er kam zu uns, hat uns Seinen Willen kundgetan und uns über die Zukunft aufgeklärt. Wenn wir uns auf Seine unwandelbaren Verheißungen verlassen, kann unser Herz fest bleiben. Leider herrscht in den Kirchen viel Unwissenheit über Gottes Wort, und viele Christen versteifen sich nur auf eine Seite der Wahrheit, anstatt die *ganze* Wahrheit zur Grundfeste ihres Herzens zu machen. Der himmlische Vater erstrebt Festigkeit für Sein Kind, damit es in dem Augenblick, wenn böse Gerüchte kommen, nicht erschüttert wird. *«Sein Herz vertraut fest auf den HErrn»*, der es durch Sein Wort unterweist und durch Seine Verheißungen stärkt.

Wenn schlechte Nachrichten eintreffen, wollen wir Ihn um die Gnade bitten, das Geheimnis des Sieges zu erkennen und ein festes Herz zu haben, das auf den HErrn vertraut. Ist Der, an welchen wir glauben und der zu uns geredet hat, nicht der Anfang und das Ende, der Erste und der Letzte, das Alpha und das Omega? Er will uns ein unerschütterliches Vertrauen geben, einen festen Glauben, der sich nicht fürchtet, sondern unter allen Umständen an Seinem Wort festhält. Sein Versprechen bindet uns an Ihn, und durch kindliches Vertrauen ehren wir Ihn, den Erben dieser Welt, die Hoffnung der Völker.

«Was ihr in Meinem Namen bitten werdet, will Ich tun, auf daß der Vater verherrlicht werde in dem Sohne.» Johannes 14, 13.

Mit dieser Verheißung kündigte der HErr den Tag an, an dem der neue und lebendige Weg durch den zerrissenen Vorhang Seines Fleisches hindurch eröffnet wurde. Seit Seiner Kreuzigung und Auferstehung und seitdem der Heilige Geist den Erlösten gegeben wurde, leben wir in einer Zeit, in welcher Gebetsdienst ein Geschenk Seiner Gnade ist. In 4. Mose 18, 7 lesen wir: «Zum Geschenk gebe Ich euch das Amt eures Priestertums.» Was haben wir in den Gottesdiensten, in unserem Verhältnis zu Gott, in unserer Familie und Umgebung mit diesem Geschenk gemacht?

Alles, um was wir bitten, soll uns gegeben werden, aber unter einer Bedingung: unsere Bitte muß dem Willen Gottes entsprechen und in Seinem Namen vorgebracht werden. Wenn wir uns von unseren eigenen Interessen ins Gebet treiben lassen, oder etwas anderes im Auge haben als Gottes Ehre und das Heil der Menschenseelen, gilt uns die Verheißung unseres Textes nicht.

Unser Gebet soll den Vater verherrlichen durch das Wirken des Sohnes. Denn Er fügt hinzu: «*Wenn ihr etwas in Meinem Namen bitten werdet, so werde Ich es tun*», wörtlich: Ich werde eingreifen. Das Gebet in Seinem Namen dringt durch den Vorhang hindurch, erklimmt die Stufen zum Thron der Gnade und berührt das goldene Zepter, das uns entgegengestreckt wird. Solange der Tag der Gnade währt, ehe die Gerichte Gottes über die Erde kommen, hat jeder Erlöste das Vorrecht, in Seinem Namen bitten zu dürfen. Dadurch kann er größere Werke tun als der Messias auf Erden. V. 12.

Beten wir immer in der Überzeugung, daß Gott erhört, und mit dem Wunsch, daß der Vater verherrlicht werde in dem Sohne? Oder vergeuden wir unsere Zeit mit fleischlichen Bemühungen, anstatt zu beten? Dadurch wird der Heilige Geist betrübt! Darum wollen wir unser Erstgeburtsrecht wahren und unser Leben Dem weihen, der uns größere Werke zu tun gibt, die Gebete in Seinem Namen, die Seine Jünger bis dahin noch nicht kannten. «Bis jetzt habt ihr gar nichts in Meinem Namen gebeten», sagte Er zu ihnen. Johannes 16. 24. Die größeren Werke sind Früchte eines anhaltenden Gebetslebens und machen Seinem Namen Ehre.

«Daran haben wir die Liebe erkannt, daß Er Sein Leben für uns eingesetzt hat.» 1. *Johannes 3, 16.*

Während Seines Erdenlebens offenbarte Sich unser HErr als Gottes Sohn, um die Menschen zu retten und ihr Leben umzugestalten. Er zeigte ihnen die Liebe des Vaters und verkündigte, daß Er Sich zum Opfer bringen werde, um ihre Sünden zu sühnen. Aber die Menschen wollten nicht zu Ihm kommen, um dieses Leben zu empfangen. Sie widerstrebten Seinem Ruf und achteten Seiner Liebe nicht. Darum konnten sie schließlich nicht mehr glauben. Johannes 12, 37—40.

Wir leben am Ende des Tages der Gnade, der mit dem Kommen Jesu Christi begann. Wie vor 2000 Jahren wollen die Menschen Gottes Geschenk nicht annehmen. Sie lieben die Finsternis mehr als das Licht und kritisieren Sein Wort. Dadurch verhärten sich ihre Herzen. Warum die Augen verschließen vor der schrecklichen Wirklichkeit, daß es ein Gericht der Verblendung gibt, welches sich wie ein Leichentuch über viele von denen legt, die sich Christen nennen?

Aber Gottes Kinder, die durch Seinen Geist erneuert und durch Sein Blut erlöst sind, folgen Ihm nach und werden von der treuen Fürsorge des verworfenen Retters umgeben. Er bittet für sie, behütet sie und verleiht ihnen aus Seiner Fülle «Gnade um Gnade».

Wir, die wir Ihm angehören, leben im Bereich Seiner Liebe, die uns nie verläßt. Gott benützt Anfechtungen und Leiden und das Rufen und Warnen Seines Wortes, damit wir uns immer Seiner Liebe bewußt sind und Ihm unserer Herzen Gegenliebe schenken. Er liebt uns nicht nur bis ans Ende, sondern auch bis aufs äußerste. Dafür gibt Er uns immer wieder deutliche Beweise. Darum kam Er vom Himmel herab. Wir wollen also in Gemeinschaft mit Ihm leben und uns durch Seine Gnade und Seine göttliche Gegenwart bereichern lassen, damit wir mitten in der Finsternis unserer Zeit ein klares Zeugnis ablegen können. Solange es noch nicht Mitternacht geschlagen hat, gibt es Seelen zu retten. Darum *«weiset diejenigen zurecht, welche widersprechen; andere aber rettet, indem ihr sie aus dem Feuer reißet; und wieder anderer erbarmt euch aus Furcht.»* Laßt uns unser Leben rückhaltlos Dem weihen, *der «mächtig genug ist, uns vor jedem Fall zu bewahren»*. Judas 22—24.

«Ich habe gelernt ... ich verstehe ... ich vermag alles.»
Philipper 4, 11—13.

Von drei Gnadengaben zeugt Paulus mit diesen Worten.

«Ich habe gelernt, mit der Lage zufrieden zu sein, in welcher ich mich befinde.» Auch der große Heidenapostel hat im Lauf seines Lebens und Wandelns mit Gott «lernen» müssen. Er ließ sich durch gewisse Erlebnisse belehren. Er lernte von Dem, der sanftmütig und von Herzen demütig ist, und dadurch wurde sein Leben bereichert, geheiligt und gestärkt.

Hast du den Eindruck, als bliebest du immer auf dem gleichen Fleck, machtest Erfahrungen, ohne durch sie bereichert zu werden? Sei bereit zu lernen und aus den Lehren, die der HErr dir erteilt, Nutzen zu ziehen, dann gibt es keinen Stillstand in deinem Leben. Paulus hatte jeden Tag etwas zu lernen und zu lehren. Er schrieb an die Philipper: «Was ihr gelernt und empfangen und gehört und an mir gesehen habt, das tut, so wird der Gott des Friedens mit euch sein.»

«Ich verstehe mich so gut aufs Armsein wie aufs Reichsein.» Sein Einfügungsvermögen und seine Demut ermöglichten dem Apostel, Gott wohlgefällig zu leben. Er wußte, daß wir in Gott die Gnade finden, auch mit Armut «zufrieden» zu sein, dabei unseren HErrn besser kennenlernen und Hilfe und Segen empfangen. Er folgte darin einfach dem Beispiel seines Retters, der Sich «Selbst erniedrigte und gehorsam wurde bis zum Tod, ja bis zum Kreuzestod».

Er verstand sich auch aufs Reichsein, nicht um es zu mißbrauchen, sondern damit andere Nutzen davon hätten. Er verstand es tatsächlich, in allen Lagen für Gott dazusein.

«Ich vermag alles, durch Den, der mich stark macht.» Der Apostel wußte, daß ihm nichts unmöglich war, wenn er dem Willen Gottes gehorsam blieb und den Anweisungen des HErrn folgte. Für alle Lagen, Schwierigkeiten und Anfechtungen fand er eine Lösung, denn er trat ihnen in der Kraft seines Gottes entgegen. Er wußte, daß sein HErr wahrhaftig bei ihm war. Er kannte die göttliche Macht des Auferstandenen und schöpfte alle seine Kraft aus Ihm.

Diese Haltung wollen auch wir einnehmen, dann wird der Gott des Apostels auch unsere Bedürfnisse nach Seinem Reichtum in Herrlichkeit befriedigen.

30. November

«Seid getrost und unverzagt, alle, die ihr des HErrn harrt!»
Psalm 31, 25.

Im bewegten Leben dieser Welt, im mächtigen Strom verschiedenartigster Beschäftigungen, bei unserer Hände Arbeit oder beim Dienst auf geistigem und religiösem Gebiet wendet Gott Sich an die, die «hören, was der Geist den Gemeinden sagt»: Harret, harret des HErrn! Fasset eure Seelen in Geduld. Lukas 21, 19.

Diener Gottes, die ihr von allen Seiten gedrängt werdet, übereilt euch nicht mit euren Entschlüssen. Wartet in der Gemeinschaft mit eurem HErrn auf Seinen Rat und Seine Entscheidung. Er kommt, Er greift ein.

Warten? Harren? Nur Gott kann uns Verständnis geben dafür, was das bedeutet. Es heißt nicht, untätig, passiv oder nachlässig sein, auch nicht Ausflüchte suchen, wenn es gilt, eine Verantwortung zu übernehmen. Harren bedeutet, in vollkommener, tätiger Gemeinschaft mit Gott Seinem Willen kindlich unterworfen sein. Es bedeutet dienen, und dienen bedeutet warten. Um warten zu können, bis die «Wolkensäule» sich in Bewegung setzt, bis Gott uns Seinen Willen zeigt, müssen wir uns in Zucht nehmen, wie die Jünger, als der Heilige Geist ihnen wehrte, ihre Reise fortzusetzen, und ihre Pläne umwarf. Apostelgeschichte 16, 6. 7.

Durch Harren wird deine Gemeinschaft mit Gott vertieft. Er bereitet dich zu, macht dich reif und wappnet dich für den Kampf, in den Er dich führen will. Der Allmächtige wird eingreifen, den Jordan zerteilen, die Mauern Jerichos zu Fall bringen, die Absichten des Feindes zunichte machen und dich in Seinem Siegeszug mitführen. «*Sei getrost und unverzagt*» ... *und harre!* Darin liegt das Geheimnis, und das ist die Bedingung für ein noch mächtigeres Kundwerden Seiner Gnade und Herrlichkeit. Die fruchtbarsten Menschenleben waren die, welche zu warten verstanden.

Wie viele Niederlagen hat es im Kampf gegeben, weil man nicht auf Gottes strategischen Augenblick warten konnte! Wie viele herrliche Siege sind errungen worden, weil man gewartet hatte, bis Gottes Befehl erging, der zum Siegeszeichen wurde! Die echten Streiter Gottes verstehen zu warten und sich in der Stille Seiner Gegenwart ausrüsten und zubereiten zu lassen.

«Aber die Leviten beeilten sich nicht.» 2. *Chronika* 24, 5.

Dem König Joas lag es am Herzen, das Haus Gottes auszubessern. Darum befahl er den Priestern und Leviten, die unter dem Gesetz allein dazu berechtigt waren, sich zu beeilen. Aber die Leviten beeilten sich nicht. So wurde das Werk des HErrn von denen, die dafür verantwortlich waren, aufgehalten oder gar nicht getan.

Ist das nicht eine Warnung für uns? Schon vor langer Zeit erhielten wir den Befehl, das Haus Gottes auszubessern. Schon lange wissen wir den Willen unseres HErrn. Er will, daß wir unseren Mitmenschen dienen und sie mit dem wunderbaren Heil bekannt machen, das wir besitzen. Aber haben wir uns damit beeilt? Oft beschäftigen wir uns mit anderen Dingen, erlauben uns, träge zu sein, und was Gott vollendet sehen möchte, ist immer noch nicht fertig. Oder gehören wir etwa zu denen, die sagen: «Die Zeit ist noch nicht gekommen, daß das Haus des HErrn gebaut werde»? Haggai 1, 2. Wir beeilen uns mit der Erledigung unserer persönlichen Angelegenheiten. Unsere eigenen Interessen kommen in erster Linie. Die Sache Gottes, die Seelen der Menschen ... können warten!

«*Die Leviten beeilten sich nicht* ...» Wie viel Zeit haben wir vergeudet, wie viele Gelegenheiten zum Dienen versäumt, weil unsere Gedanken, unser Herz mit etwas anderem beschäftigt war! Die Welt eilt dem Abgrund zu, das Weltgeschehen rollt sich mit überwältigender Schnelligkeit ab ... aber die Leviten beeilen sich nicht!

Jakobus sagt: «Wer nun weiß Gutes zu tun und es nicht tut, dem ist es Sünde.» Möge dieses Wort uns aus dem Schlaf und der Unwirklichkeit aufrütteln. Es sollte unsere trockene, kalte Rechtgläubigkeit ohne göttliches Leben und göttliche Kraft schonungslos aufdecken. Wir besitzen so viele Kenntnisse, die anderen Menschen zum Segen werden könnten, aber wir wenden sie nicht an! Das ist Sünde!

Das Baumaterial ist vorhanden. Gottes Wort steht uns zur Verfügung. Drum auf, ans Werk! Laßt uns unsere Trägheit, unseren Mangel an Eifer bekennen und uns beeilen, ehe die Nacht kommt und niemand mehr wirken kann!

«Wo sind aber die neun?» Lukas 17, 17.

Der HErr hatte durch Seine Messiaskraft zehn Aussätzige geheilt. Da das Gesetz noch nicht zufriedengestellt, das göttliche Opfer noch nicht dargebracht und angenommen war, redete Er als Messias zu ihnen und gebot ihnen, sich dem Priester zu zeigen. «Einer aber von ihnen, als er sah, daß er geheilt worden war, kehrte wieder um und pries Gott mit lauter Stimme, warf sich auf sein Angesicht zu Jesu Füßen und dankte Ihm. Und das war ein Samariter.»

Für diesen Menschen gab es etwas Wichtigeres als die Erfüllung seiner religiösen Pflicht, die ihn in diesem Fall sogar von seinem HErrn wegführte. Er wollte zu Jesus Selber gehen, dem Urheber aller Gnade, und Ihm seine Dankbarkeit bezeugen. Darum trennte er sich von seinen Kameraden, kehrte um und warf sich Ihm zu Füßen, um auf die einzige ihm mögliche Weise kindlich «Danke» zu sagen. Diesen Dank erwartet der HErr auch von uns, und erhält ihn so oft nicht!

Der HErr hat uns nicht nur vom Aussatz der Sünde errettet und geheilt, sondern auch von dem Tage an, da wir Ihn als Retter für uns annahmen, nicht aufgehört, für uns zu sorgen und uns zu segnen. Wir sind Gegenstand Seiner Gnade und Seiner göttlichen Fürsorge. Gehören wir zu den neun, die vergaßen, Ihm ihre Dankbarkeit zu bezeugen?

Sind wir unter denen, die viele Vorrechte genießen und gesegnet werden, aber nicht wissen, nicht verstehen, was sie ihrem HErrn schuldig sind? Ist unsere Frömmigkeit nur eine Angewohnheit, die unser Herz kalt läßt? Woher kommt es, daß es so viel Fruchtlosigkeit, so viel Klagen und Streiten unter den Christen gibt, wenn nicht daher, daß sie den Sinn für Loben und Danken verloren haben? Sie blicken nur auf sich selbst und auf andere, nicht auf den HErrn.

Er gab aus Liebe zu uns Sein Leben. Wo bleibt aber unser Lobgesang? Oh, laßt uns auf unser Angesicht fallen, zu Jesu Füßen, und Ihm mit lauter Stimme die Ehre geben!

«Es ist ein Knabe hier ... aber was ist das unter so viele?»
Johannes 6, 9.

Die Menge der Fünftausend war da. Diese Leute waren hungrig und in Not, das lag auf der Hand. Philippus, der auf die Probe gestellt wurde, suchte eine menschliche Lösung für ein unlösbares Problem. Sein Vorschlag brachte keine Hilfe; er war unausführbar. Philippus redete menschlich und rechnete mit menschlichen Zahlen.

Andreas machte es besser. Was er dem HErrn vorschlug, reichte zwar auch nicht aus; aber er stellte Ihm doch wenigstens etwas zur Verfügung, was vorhanden war: *«Es ist ein Knabe hier, der hat fünf Gerstenbrote und zwei Fische.»* Und mit dem Segen des HErrn war das schließlich übergenug.

Oh, laßt uns ebenso einfach sein wie dieser junge Knabe und uns dem HErrn zur Verfügung stellen mit dem, was wir haben. Dann wird Er Wunder tun, den Weg bahnen und das Hindernis überwinden, damit wir sehen, daß Ihm nichts unmöglich ist. Wenn wir umständlich sind, wenn wir uns zurückhalten lassen im Gedanken an das Wenige, das wir besitzen, und das Viele, das uns fehlt, dann kann Gott Seine Macht nicht entfalten. Wir dürfen nicht eins von unseren fünf Broten, nicht einen von unseren zwei Fischen für uns behalten, denn gerade mit ihnen will Er ein Wunder tun. Laßt uns Ihm unsere Fähigkeiten, unseren Beruf, unser Geld zur Verfügung stellen. Er weiß, was Er tun will. Er hätte unseren kleinen Beitrag gar nicht nötig, aber Er verlangt nach unserer gänzlichen Hingabe und Mitarbeit. Und damit wir Seine Wunder erleben können, müssen wir befreit werden von unseren verkehrten Ansichten, unserem Mangel an Fügsamkeit, durch den wir Ihm die Hände binden, so daß Er uns nicht leiten kann. Solange wir uns in unsere Überlegungen einspinnen, kann Er nichts tun und uns weder führen noch erleichtern.

«Ein Knabe ... was ist das unter so viele?» Ein Leben nur, mit scheinbar so wenig Gaben zum Dienst! Aber weil es dem HErrn gänzlich zur Verfügung stand, wurden Tausende gespeist. Wird unser Leben dazu dienen, vielen das Brot des Lebens zu bringen?

«Denn wer ist Gott außer dem HErrn, und wer ist ein Fels außer unserem Gott?» Psalm 18, 32.

Diese Frage stellt der Psalmist nicht so, als ob sie ein unlösbares Problem wäre. Er hatte herrliche Erfahrungen gemacht, darum floß sein Herz über von Bewunderung und Anbetung. Er war aus der Hand aller seiner Feinde erlöst, in allen Gefahren und Anfechtungen, denen er bis dahin begegnet war, bewahrt worden.

Darum bezeugt er: «Ja, HErr, Du bist meine Leuchte! Der HErr macht meine Finsternis licht. Denn mit Dir kann ich Kriegsvolk zerschmeißen und mit meinem Gott über die Mauern springen. Dieser Gott! Sein Weg ist vollkommen, die Rede des HErrn ist geläutert; Er ist ein Schild allen, die Ihm vertrauen.» 2. Samuel 22, 29—31. «*Denn wer ist Gott*», so fügt er hinzu, «*außer dem HErrn?*» Er hatte Gottes Allmacht erlebt, in seinen schweren Anfechtungen Beweise von ihr gesehen. Er wußte, daß der Schöpfer des Himmels und der Erde, dem alle Dinge möglich sind, auch der Gott ist, der die Verheißungen gab und treu zu dem steht, was Er verspricht. «In Ihm ist keine Veränderung noch Schatten infolge von Wechsel.» Jakobus 1, 17.

«*Wer ist ein Fels außer unserem Gott?*» In diesem Leben, wo alles sich verändert und nichts feststeht, ist Er der einzige, auf den wir uns verlassen können, auf den unser Haus gegründet ist. In Seinem Schutz finden wir Schatten, wenn die große Hitze kommt. Jesaja 25, 4. Auf diesem Felsen steht die Gemeinde Christi, und die Pforten der Hölle werden sie nicht überwältigen. Diesen Fels unseres Glaubens rühmten schon Mose und die Propheten ohne Aufhören.

Ein Kind Gottes mag noch so schwach sein im Glauben, der himmlische Vater hat für seinen Schutz gesorgt und hilft ihm, durchzuhalten; denn Er heißt der treue Gott, Er ist der Fels, der dem Leben Seines Kindes die Festigkeit verleihen will, die Er besitzt. Was können uns eigentlich unsere Schwierigkeiten, Anfechtungen und Feinde ausmachen, da wir durch sie doch einen solchen Gott wirklich kennenlernen?

«Es ist genug, daß ihr die vergangene Zeit des Lebens nach heidnischem Willen zugebracht habt, indem ihr euch gehen ließet in Ausschweifungen, Lüsten, Trunksucht, Schmausereien, Zechgelagen und unerlaubtem Götzendienst.» 1. Petrus 4, 3.

Jesus Christus starb, um uns durch Seine an unserer Statt erduldeten Leiden zu Gott zu führen. Sein Opfer soll uns aber auch den Sieg über das Fleisch und seine Werke ermöglichen.

Wir müssen auf Christus am Kreuz schauen. Dort wurde unser Fleisch mit Ihm gekreuzigt. Galater 5, 24. Wir sollen uns wappnen mit dem Gedanken, daß da der Ort ist, wo unser Fleisch hingehört. Unser HErr hat am Fleisch gelitten, um uns von dem nagenden Feuer der Lüste und Angewohnheiten unseres Fleisches zu erlösen. Am Kreuz wurde unser Fleisch an den Pranger gestellt, so abscheulich, wie es ist, und mit seinen Leidenschaften gekreuzigt durch Den, der ausrief: «Es ist vollbracht!» — «Da nun Christus am Fleische gelitten hat, so wappnet auch ihr euch mit demselben Gedanken, denn wer am Fleische gelitten hat, der hat mit den Sünden abgeschlossen, um ... nicht mehr den Lüsten der Menschen, sondern dem Willen Gottes zu leben.» 1. Petrus 4, 1. 2.

«*Wappnet euch mit demselben Gedanken.*» Diesen sieghaften Gedanken sollen wir als Waffe gebrauchen. Will dann der Feind uns verführen, wird in uns der Schrei der Entrüstung und des Triumphes erklingen: «Es ist genug!» Ja, «*es ist genug, daß ihr die vergangene Zeit des Lebens nach heidnischem Willen zugebracht habt, indem ihr euch gehen ließet ...*» 1. Petrus 4, 3.

Dann wird ein Siegeslied das Seufzen über die Niederlagen ersetzen. Hoffnung, die nicht zuschanden werden läßt, wird an die Stelle von Mutlosigkeit treten. Lange genug lebten wir als Überwundene, Gebundene; jetzt können wir keine Niederlagen mehr ertragen. *Jetzt ist es genug!* Wir sind ganz erfüllt von dem Blick auf das Kreuz und die Auferstehung. «So gibt es nun keine Verdammnis mehr für die, welche in Christus Jesus sind. Denn das Gesetz des Geistes des Lebens in Christus Jesus hat mich frei gemacht von dem Gesetz der Sünde und des Todes.» Römer 8, 1. 2.

Bei jedem Angriff des Feindes wollen wir uns wappnen mit dem Gedanken an das Kreuz und den dort errungenen Sieg.

«Tritt dafür ein, es sei gelegene oder ungelegene Zeit.»
2. Timotheus 4, 2.

Der Apostel beschwört uns, das Wort zu predigen und bei jeder Gelegenheit, sei sie günstig oder nicht, dafür einzustehen. Er ermahnt uns, tätig zu sein und folgerecht zu leben, weil das Gericht naht und die Menschen dann keinerlei Aussicht auf Rettung mehr haben. Im Namen der plötzlichen Erscheinung Christi und Seines Reiches, und weil die Zeit kurz ist, beschwört uns der Apostel vor Gott und Jesus Christus, die Menschenseelen eindringlich zu warnen.

Tun wir das, oder sind wir kampfunfähig? Die ernsten Worte des Apostels sind eine schwere Anklage gegen unsere Gleichgültigkeit, unsere Selbstsucht und unseren Leichtsinn. Im Namen Dessen, der Lebendige und Tote richten wird, im Namen der furchtbaren Wirklichkeit der Ewigkeit, ermahnt uns der Apostel, die Seelen der Menschen zu drängen, es sei gelegene oder ungelegene Zeit.

Wir wollen doch nicht sagen, wir hätten keine Gelegenheit dazu! Das ist ja nicht wahr! Wir suchen nur Ausreden, und unsere eigene Weisheit hindert uns, die Gelegenheiten zu sehen und zu handeln.

Wie oft haben wir kein Zeugnis abgelegt! Seien wir ehrlich: wie oft habe *ich* nichts gesagt! Ich habe geschwiegen, weil ich in Gedanken mit etwas anderem beschäftigt war, oder mich vor den Menschen fürchtete und ein Sklave bin von dem, «was die Leute sagen».

Unser Heil ist uns sicher. Aber nicht sicher ist, was der HErr zu uns, Seinen Kindern sagen wird, wenn wir vor Seinem Richterstuhl offenbarwerden müssen und Er unseren Dienst untersucht. 2. Korinther 5, 10. Wenn wir Besitzer des Heils und der unendlichen Reichtümer Seiner Liebe und Seines Wortes sind, aber nicht bei jeder Gelegenheit dafür eintreten, sind wir schuldig, da gilt keine Ausrede. Menschenseelen gehen verloren, weil wir sie nicht gedrängt haben! Möge der Geist der Buße uns erfassen! Ohne noch länger zu warten, sollten wir die Gabe Gottes anfachen, die in uns ist. Der HErr Selber beschwört uns ... und die Ewigkeit naht!

«Höret Mir zu . . . Sehet auf den Felsen, aus dem ihr gehauen seid.»
Jesaja 51, 1.

«Höret Mir zu» . . . Der HErr möchte uns etwas sagen und wünscht, daß wir Ihm unsere ganze Aufmerksamkeit schenken. Wie oft sind wir zerstreut, oder geben uns zufrieden mit dem, was wir besitzen, und merken gar nicht, daß wir dabei wie Israel in der Wüste umkommen. Wenn wir die Verbindung mit unserem HErrn verlieren, setzen wir uns allen Gefahren aus, vor denen Er uns gewarnt hat.

Aber mitten in der Verwirrung unserer Zeit ist der heutige Text ein Ruf der Liebe, ein Befreiungsangebot, das uns an unseren Ausgangspunkt zurückführt. Wir tun gut zu bedenken, aus welchem Felsen wir gehauen sind, von welchen Banden wir befreit wurden und wie wir von Natur beschaffen sind. In uns ist nichts, des wir uns rühmen könnten, und wenn Gott uns berufen hat, Ihm zu dienen, so ist das lauter Gnade. Unser Erlöser hat uns nicht nur erkauft und errettet, sondern auch einen Plan für unser Leben gemacht, wie für Abraham. *«Sehet auf Abraham, euren Vater . . . denn als Einzelnen habe Ich ihn berufen und ihn gesegnet und gemehrt.»* Jesaja 51, 2. Dieser Plan besteht darin, daß wir im Bewußtsein unserer Unwürdigkeit und uns erinnernd, aus welchem Holz wir geschnitzt sind, unser ganzes Leben Dem zur Verfügung stellen sollen, der uns gebrauchen, uns mehren und uns Frucht schenken will.

Wir wollen uns doch nicht gegen die Durchführung dieses Planes wehren! Wenn wir das Heil erfaßt haben, können wir es zwar nicht wieder verlieren; aber wenn wir einen bequemeren Weg wählen, können wir unserer Berufung verlustig gehen, wie Esau, der leichtfertig sein Erstgeburtsrecht und damit den Segen verkaufte. Wie viele Christen machen einen guten Anfang im neuen Leben, verfallen dann aber ins Formenwesen. Sie erfüllen ihre religiösen Pflichten und beruhigen damit ihr Gewissen. Sie waren berufen, Seelen zu gewinnen, dem lebendigen Gott zu dienen! Aber sie haben ihre Berufung verkauft.

Laßt uns darum auf den Ruf der Liebe Gottes hören, daran denken, was der HErr für uns getan hat, und nichts zurückhalten, wenn Er als Gegengabe unser ganzes Leben haben möchte.

«Er blieb noch zwei Tage an dem Ort, wo Er war.» Johannes 11, 6.

Der HErr, der so viele Kranke geheilt hatte, wußte, daß Lazarus krank war und sogar im Sterben lag. Aber Er wartete zwei Tage. Dann starb Lazarus, und Jesus hatte nicht eingegriffen! Dennoch hatte Er Martha lieb, und ihre Schwester, und Lazarus. Sie waren Seine Freunde, und die beiden Schwestern hatten sich an die richtige Stelle gewandt, als die Krankheit ihres Bruders sich verschlimmerte und sie ihr Leid ihrem Meister klagten. Dennoch kam der HErr ihnen erst nach vier Tagen zu Hilfe. Warum?

Als Messias hatte Jesus alle Arten von Krankheiten geheilt, sogar tödliche. Aber in Bethanien wollte Er nicht nur als Messias handeln, sondern als Gottes Sohn, der die Auferstehung und das Leben ist. Wenn Er zu den Schwestern gekommen wäre, um den Tod des Lazarus zu verhindern, hätte Er Sich nicht so offenbaren können, und die Familie in Bethanien wäre in den Grenzen des Messiastums geblieben, ohne die Hauptsache im Christentum zu erkennen: das ewige Leben, welches den in seinen Sünden und Übertretungen toten Menschen erweckt. Das sollte die Auferweckung des Lazarus darstellen. Jesus Christus spricht: *«Ich bin die Auferstehung und das Leben; wer an Mich glaubt, der wird leben, auch wenn er stirbt.»* Johannes 11, 25. Die zwei Tage scheinbarer Verspätung waren also nötig, damit die Herrlichkeit Gottes offenbar wurde.

Wartest du auf die Erhörung eines Gebets, das dem Willen Gottes entspricht? Vielleicht hast du wie die Schwestern in Bethanien dein Herz vor Gott ausgeschüttet; aber alles ist beim alten geblieben oder gar schlimmer geworden. Dann zweifle nicht. Höre nicht auf die «Freunde», die alle vor dir liegenden Unmöglichkeiten aufzählen. Verzweifle nicht wie Thomas, der, als er Jesus nach Jerusalen gehen sah, ausrief: «Laßt uns auch hingehen, daß wir mit Ihm sterben.» Nein! Diese «zwei Tage» sind nicht nutzlos. Der HErr hat deine Bitte gehört, des kannst du sicher sein. Aber erst wenn Seine Stunde gekommen ist, erfüllt Er Seine Verheißungen und führt Seine Pläne durch, und zwar genau so, wie Er will. Auch in deinem verzweifelten Fall wird Er beweisen, daß Er *die Auferstehung und das Leben* ist!

«*So bleibt Er treu.*» *2. Timotheus 2, 13.*

Wenn alles gut geht, vergessen wir, daß wir die Hilfe des treuen Gottes brauchen. Wir gewöhnen uns an sie und leben in einer gefährlichen, inneren Geruhsamkeit. Wir nehmen alles hin, als müßte es so sein, und führen im Grunde genommen ein oberflächliches, nur der Form nach christliches Leben. Wenn aber alles gegen uns ist, brauchen wir eine andere Hilfe als die, welche wir in uns selber finden, und dann stellen wir fest, daß Gott treu ist. Unser «Gold» wird «durchs Feuer erprobt», und dadurch wachsen wir in Gottes Gnade und Seiner Erkenntnis.

«Christen» wurden die Gläubigen zuerst in Antiochia genannt. Es waren verachtete, verfolgte Männer und Frauen. Apostelgeschichte 11, 26. Für sie war Gott der treue, der Sich ihnen in der Not offenbarte, — und Er will es auch für uns tun.

Wenn Gottes Wege verhüllt scheinen, dann weiß der Glaube, daß Gott treu bleibt. Er kann «die Finsternis zum Licht und das Höckrichte zur Ebene» machen. Jesaja 42, 16. Und wenn der Heilige Geist uns zeigt, daß wir untreu gewesen sind, dann wollen wir Ihm unsere Untreue bekennen. «*Sind wir untreu, so bleibt Er treu; denn Er kann Sich Selbst nicht verleugnen.*»

Wenn die Erhörung unserer Gebete auf sich warten läßt, wollen wir bedenken, daß wir zur Gemeinschaft mit Gott berufen sind. Die Wartezeit ist notwendig, damit die Bewährung unseres Glaubens, die dem HErrn viel wertvoller ist als die des vergänglichen Goldes, Lob, Preis und Ehre für Ihn zur Folge habe bei Seiner Wiederkunft. Gott ist treu!

Und wenn uns das schlichte, sich immer gleichbleibende Alltagsleben bedrückt, weil es wie bei so vielen Menschen nur aus unscheinbarer Arbeit besteht, ist Gott auch treu, der uns berufen hat zu Seiner Gemeinschaft. Er arbeitet an uns und durch uns. Er hat verheißen, unserem Zeugendienst eine Tür zu öffnen. Wir dürfen also anklopfen, dann wird Er uns auftun. Er bleibt treu.

Oh, laßt uns nie an Gottes Treue zweifeln! «*Die Berge mögen weichen und die Hügel wanken; aber Meine Gnade wird nicht von dir weichen und Mein Friedensbund nicht wanken, spricht der HErr, dein Erbarmer.*» Jesaja 54, 10.

«Aus diesem Grunde erinnere ich dich daran, die Gabe Gottes anzufachen, die in dir ist.» 2. Timotheus 1, 6.

Das Heil ist eine Gabe. Das wissen wir und sind glücklich, es zu besitzen. Aber hier ist die Rede von der Ausrüstung, die Gott Seinem Kinde gewährt für einen Dienst, der Ihn ehren soll.

Erstens handelt es sich um *etwas, was wir von Natur nicht haben, was Er uns aber aus Gnaden schenkt.* Darüber sagt Paulus in 1. Timotheus 1, 13—14: «Der ich zuvor ein Lästerer und Verfolger und Frevler war, ... mir ist Erbarmung widerfahren, weil ich es unwissend, im Unglauben getan habe. Über alle Maßen groß aber wurde die Gnade unseres HErrn samt dem Glauben und der Liebe, die in Christus Jesus ist.» Paulus war selber ein lebendiges Zeugnis für die Tatsache, daß Gott ein Leben, welches Ihm ganz angehört, von Grund auf umgestalten kann. Hier handelt es sich nicht um Begabung, die sogar ein Hindernis sein kann, sondern um Geistesgaben, die der verherrlichte HErr nach Seinem Willen austeilt.

Zweitens: *Was Gott uns als Schöpfer verleiht, bringt Er als guter Hirt zur Entfaltung.* Begabung kommt nicht aus dem Heiligtum, dringt auch nicht hinein. Hier erschafft Gott etwas, was nicht ist. Er handelt als Schöpfer des Lebens und hat dabei den Dienst im Auge, den Er von uns erwartet. Durch die Wiedergeburt legt Er den Grund und bringt dann diese Neuschöpfung zur Entfaltung. Epheser 4, 11. 12. Wie ein ausgestreutes Samenkorn Wurzel schlägt, zu einer Pflanze wird und wächst, je nachdem, wie das Land gut, die Bewässerung regelmäßig und der Lebensraum groß genug ist, so wächst unsere Fähigkeit zu dienen in dem Maße, wie wir gehorsam sind und diese Fähigkeit recht gebrauchen. Gott pflegt sie mit größter Sorgfalt. Auch wir sollten sorgfältig mit ihr umgehen, abhängig von unserem Meister bleiben und Ihm in aller Demut untertan sein.

Drittens sind *wir verantwortlich für diese Gabe.* «Vernachlässige die Gabe nicht», 1. Timotheus 4, 14. Wenn wir mit anderem beschäftigt sind, kann sie sich nicht entfalten. Darum müssen wir wachen, damit uns auch ganz berechtigte Dinge nicht ablenken und wir den Heiligen Geist nicht betrüben, sondern, da wir gewarnt sind, standhaft auf der vorgezeichneten Bahn bleiben.

«Das Wort vom Kreuz ist eine Torheit denen, die verlorengehen; uns aber, die wir gerettet werden, ist es eine Gotteskraft.»
1. Korinther 1, 18.

Das Kreuz besteht aus zwei Balken, die sich kreuzen. Das eine Ende des senkrechten Balkens ragt zum Himmel empor, als ob es die Stätte durchforschen wollte, aus der der Retter in die Welt kam und wohin Er wieder zurückgekehrt ist. Das andere Ende steckt in der Erde, als ob es diese Erde ergründen und bis in die Hölle hinabreichen wollte, um das Verdammungsurteil zu fällen.

Der zweite Balken, der waagrechte, streckt seine Arme nach Osten und Westen aus, als ob er den Menschen auf dem Weg des Verderbens aufhalten und die ganze Welt umfassen wollte. Gleichzeitig versperren diese in unendlicher Barmherzigkeit und unbeschreiblicher Liebe ausgestreckten Arme denen den Zugang zum Himmel, die «auf einem anderen Wege» hineinkommen wollen und die Bedingungen ablehnen, die Gott für Sein so großes Heil festgesetzt hat. Ja, «Gottes Torheit ist weiser als die Menschen sind, und Gottes Schwachheit ist stärker als die Menschen sind».

Wenn wir die Stellung dieser beiden Balken zueinander untersuchen, sehen wir, daß der Leib unseres Erlösers dort hängt, wo sie sich kreuzen. Wer das Kreuz verstehen will, darf diese Tatsache nicht übersehen. Es ragt zum Himmel empor als Zeugnis der alles übertreffenden Liebe, die von den himmlischen Chören besungen wird. Gott hat Sich durch den sühnenden Tod Seines Sohnes verherrlicht. Der Himmel rühmt Ihn. Der Mensch kann aus Gnaden gerettet werden. Die Sünde wurde gesühnt. Darum streckt Gott allen, die glauben, in vollkommener Gnade Seine Arme entgegen. Die Ewigkeit wird nicht genügen, um die Tiefen des Kreuzes zu ergründen und Den zu loben, der es erdacht hat.

Diese Botschaft entspricht den tiefsten Bedürfnissen des Menschenherzens und bringt ihm Frieden. Nur Gott kann eine solche Tat der Barmherzigkeit vollbringen, nur Er durch Gnade dem Sünder Ruhe geben und den gerechten Forderungen Seines Gesetzes für immer Genugtuung verschaffen. Das ist die Botschaft des Kreuzes, die denen, die verlorengehen, eine Torheit ist; uns aber, die wir gerettet sind, ist sie Gottes Kraft, eine herrliche Wirklichkeit.

«*Sie hat ein edles Werk an Mir getan.*» *Markus 14, 6.*

Die vier Evangelien berichten von Marias Liebestat an ihrem Meister und von der Kritik, die Judas und einige andere Jünger an ihr übten. Aber Jesus sagt Seine Meinung über Marias Tat und fügt hinzu, in der ganzen Welt werde man davon reden. Marias Handlungsweise, die von vielen verachtet und kritisiert wurde, deren wahren Wert Gott aber kannte, wird in alle Ewigkeit Segen stiften.

«*Sie hat ein edles Werk an Mir getan.*» Der HErr kennt die Herzen. Er sieht alles, das Sichtbare und das Verborgene. Diese von Ihm gesprochenen Worte sind also von unschätzbarem Wert. Es war am Abend vor dem Verrat und der Kreuzigung. Die größte Liebestat Gottes und der gemeinste Verrat der Menschen fanden zu gleicher Zeit statt. Maria hatte geistliches Verständnis für das, was vor sich ging. Von Liebe zu ihrem Meister getrieben, zerbrach sie ihr kostbares, alabasternes Gefäß und goß die Salbe auf Sein Haupt. Warum hatte diese Tat solch großen Wert gerade vor dem Opfer und den Leiden des HErrn? Wir antworten mit einer Gegenfrage: Hätte Maria etwas, was ihr gehörte, zurückbehalten können, da Jesus verraten, verleugnet und gekreuzigt werden sollte?

Wir wollen uns vergewissern, daß wir auf diesem Niveau stehen und als Jünger eines verworfenen Meisters handeln. Wir wollen Ihm unser kostbares, alabasternes Gefäß schenken! Der HErr fügte es so, daß der Bericht über die Tat dieser wenig bekannten Frau als letzter vor der Schilderung Seines Opfertodes in den Evangelien steht. Er setzte gewissermaßen Sein Siegel darunter und verfügte, daß er in der ganzen Welt gelesen werden sollte.

Du unbekannter Jünger, der du deinen Meister über alles liebst und Ihm mit dem wenigen, was dir zur Verfügung steht, deine Liebe beweisen möchtest, dieser Bericht über Marias Tat wurde zu deiner Ermutigung geschrieben. Deine in vieler Augen bedeutungslose Hingebung, deine trotz Müdigkeit und Erschöpfung standhafte Treue ist kostbar in Seinen Augen. Deine verborgenen, aber aus Liebe zu Ihm verrichteten Dienste hat Er gesehen und angenommen. Dadurch wird das Leben zu einem angenehmen Geruch für den HErrn. Wir wollen uns die Lehre aus dieser Geschichte zu Herzen nehmen und vor allen Dingen in die Tat umsetzen.

«Deine Gnade war mir vor Augen, und ich wandelte in Deiner Wahrheit.» Psalm 26, 3.

Mangel an Dankbarkeit gegen Gott, Vergessen Seiner Gnade, Seiner Wohltaten materieller und geistlicher Art, sind Kennzeichen unserer Zeit. Christen bilden darin leider keine Ausnahme.

Dieser gefährliche Zustand ist die Folge der Verhärtung unserer Herzen, die nach und nach immer unempfindlicher werden für das Rufen Gottes und Seines Geistes. Dann erobert sich das Eigenleben wieder seine frühere Stellung und geht sogar zum Angriff über. Wie Judas es in seinem Brief ausdrückt, droht dem Christen die Gefahr, *die Gnade Gottes in Ausgelassenheit zu verkehren,* alle Gnadengeschenke hinzunehmen, als ob sie ihm zukämen, und Gottes Reichtümer und Gaben zu mißbrauchen, um ein bequemes, oft selbstsüchtiges Leben führen zu können.

Was David mit den Worten unseres Textes bezeugt, ist ein Beispiel normaler Dankbarkeit. David war nicht blind geworden für Gottes Güte. Seine Leiden und Schwierigkeiten hatten ihn von sich selbst gelöst und ihn seine Vorrechte schätzen gelehrt. Tag für Tag hatte er die Gnade Gottes vor Augen, darum wandelte er in der Wahrheit. Gläubige, die sich an Gottes Gnade gewöhnen, erkennen infolge ihrer Selbstsucht die Wahrheit nicht mehr und geraten in die mannigfaltigen Schlingen des Teufels.

Unser Eigenleben verschleiert uns Gottes Güte, bringt einen Mißton in unseren Verkehr mit Ihm und macht unseren Zeugendienst fruchtlos. Anstatt völlig in der Wahrheit mit Gott zu wandeln, bekennen wir uns nur rein äußerlich und knechtisch zum Glauben, unser Dienst ist nur Lippendienst.

Gott gibt uns auf materiellem und geistlichem Gebiet so viele Beweise Seiner Gnade, daß wir sie gar nicht alle aufzählen können. Je größer sie sind, desto mehr müssen wir wachen, daß wir uns nicht an sie gewöhnen. Im 5. Buch Mose ermahnt der HErr Sein Volk mehr als ein dutzendmal, an alles zu gedenken, was Er in der Vergangenheit an ihm getan hat. Auch wir sollten nie vergessen, was Er für uns getan hat, und Ihm Lob und Dank dafür sagen. Er hat ein Recht darauf! Haben wir nicht einen an Gnade und Treue reichen Gott?

«Er hat uns mitauferweckt und mitversetzt in die himmlischen Regionen in Christus Jesus.» Epheser 2, 6.

Das Heil sichert uns nicht nur Vergebung und Rechtfertigung vor Gott, sondern wir sind, da Jesus in den himmlischen Regionen zur Rechten des Vaters thront (Epheser 1, 20), ebenfalls im Geist mit Ihm dort. Paulus sagt: «*Wer dem HErrn anhängt, ist* ein *Geist mit Ihm.*» 1. Korinther 6, 17. Wenn wir in Verbindung mit unserem HErrn stehen, sind wir also mit Ihm auferstanden und sitzen mit Ihm in den himmlischen Regionen, dort, wo Er Seinen Sieg über die Welt, das Fleisch und den Teufel vollendet hat. Wir sind entweder mit Ihm und in Ihm, leben von Seinem Leben, denken Seine Gedanken, oder wir sind in der trüben, satanischen Atmosphäre, in der die Welt versinkt. Wo sind wir?

Wenn wir in der Atmosphäre dieser Welt leben, ohne eins zu sein mit dem HErrn, entspringen unsere Gedanken unserer eigenen Weisheit, von der Jakobus sagt, sie könne dämonisch werden. Dann sind wir ständig in Ängsten, und die Zukunft erschreckt uns. Wir nehmen unser Erstgeburtsrecht, unsere herrliche, geistliche Stellung im Mittelpunkt der Herrlichkeit und des Sieges unseres HErrn nicht in Anspruch. Wie können wir unter den Trümmern dieser Welt im Reich der Finsternis erfolgreich wirken, wenn unser Geist verfinstert ist und unser Denken pessimistischen Auffassungen in uns Raum gibt?

Laßt uns deshalb Besitz ergreifen von dem, was uns als eine der größten Gaben Seiner Gnade von rechtswegen gehört. «Denn wenn durch den Sündenfall des einen der Tod zur Herrschaft kam durch den einen, wieviel mehr werden die, welche den Überfluß der Gnade und der Gabe der Gerechtigkeit empfangen, im Leben herrschen durch den Einen, Jesus Christus!» Römer 5, 17.

Wenn wir unsere Unwissenheit bekennen und erkennen, wie falsch es war, unser Leben nach unseren eigenen, religiösen Gedanken und nicht nach dem biblischen Niveau einzurichten, dann werden wir erleben, was es bedeutet, mit Christus auferstanden zu sein. Laßt uns deshalb *ein* Geist mit Ihm sein, Seine Gedanken denken, Seinen Willen widerspiegeln und Seinen völligen Sieg ausleben, uns fest an den Unsichtbaren haltend, als sähen wir Ihn!

«Da nun Christus am Fleisch gelitten hat, so wappnet auch ihr euch mit demselben Gedanken.» ***1.*** *Petrus 4, 1 (S).*

Die Wirkungskraft des Kreuzes ist unabsehbar. Erst in der Herrlichkeit werden wir ihre ganze Tragweite erkennen. Gott wird uns in den zukünftigen Zeiten «den überschwenglichen Reichtum Seiner Gnade und Güte gegen uns in Christus Jesus zeigen».

Dem Apostel wurde eingegeben, uns mit den Worten: «Wappnet euch mit demselben Gedanken» eine ganz besonders wichtige, zeitgemäße, segensreiche Seite der Macht des Kreuzes zu zeigen. Das Kreuz ist eine geistliche Waffe, die der Glaube gegen seine Feinde, die Welt, das Fleisch und den Teufel gebraucht.

Die Welt umgibt und belagert den Christen mit ihren mächtigen Strömungen und Lockungen. Aber das Kreuz ist die Waffe zur Befreiung. «Von mir sei es ferne, mich zu rühmen, denn allein des Kreuzes unseres Herrn Jesus Christus, durch welches mir die Welt gekreuzigt ist und ich der Welt.» Galater 6, 14. Die Waffe des Kreuzes ist unbesiegbar. Am Kreuz wurden die Welt, ihre Macht und ihre Versuchungen gerichtet. Wenn wir uns betend darauf berufen, ist das unser Zeugnis gegen diesen Feind.

Das Fleisch ist zäh, stark und listig. Es ist Gottes Feind und streckt nur die Waffen, wenn es dazu gezwungen wird. Was hat unser Retter getan, um uns von unserem Fleisch zu befreien? «Welche Christus angehören, die haben das Fleisch gekreuzigt samt den Leidenschaften und Begierden.» Galater 5, 24. Mit diesem Gedanken sollen wir uns wappnen! Das Kreuz verkündigt, daß wir von der Macht des besiegten, gekreuzigten Fleisches befreit sind, und wenn wir diese Waffe im Augenblick der Versuchung anwenden, erleben wir, daß sie mächtig ist.

«Dazu ist der Sohn Gottes erschienen, daß Er die *Werke des Teufels* zerstöre.» 1. Johannes 3, 8. Auch mit diesem Gedanken wollen wir uns wappnen! Da wir in Christus sind, *ein* Geist mit Ihm, dürfen wir uns dem Teufel gegenüber auf den Sieg Jesu Christi berufen. Wir können nichts ausrichten, aber Christus hat alles vollbracht. Sein Kreuz und Seine Auferstehung haben unfehlbare Wirkungskraft, denn durch sie hat Er die Hölle überwunden und besitzt Macht über sie. Diesen Sieg laßt uns ausrufen!

«Es bleibt noch sehr viel Land einzunehmen.» Josua 13, 1.

Nur noch 14 Tage, dann ist das Jahr zu Ende. Haben wir irgend etwas, was wir tun sollten, noch nicht getan? Wir wollen doch nichts ungetan lassen, was ausgeführt werden müßte, sondern das hinter uns liegende Jahr überschauen und uns hüten, es zu beenden, ohne in allen Dingen unserem Gott gehorsam gewesen zu sein.

Wir wollen auch über alles nachdenken, was in Ordnung gebracht oder an einem Glaubensbruder wieder gutgemacht werden sollte. «Wenn du deine Gabe zum Altar bringst und daselbst eingedenk wirst, daß dein Bruder etwas gegen dich habe, so laß deine Gabe dort vor dem Altar und gehe hin und versöhne dich mit deinem Bruder, und alsdann komm und opfere deine Gabe.» Matthäus 5, 23. 24. Wenn wir absichtlich oder unabsichtlich jemandem einen Schaden zugefügt haben, dann wollen wir in dieser Sache dem Wort Gottes gehorchen. Bleibt da vielleicht noch etwas « einzunehmen »?

Und auf dem Gebiet des Zeugendienstes hätte die Posaune erklingen sollen, hat aber oft keinen Ton von sich gegeben. Die Fackel hätte hell scheinen sollen, hat aber oft nicht geleuchtet. Das Schwert hätte gezogen werden sollen, ist aber oft in der Scheide geblieben. Auch dieses Land, das noch einzunehmen bleibt, wollen wir in Besitz nehmen, ehe das Jahr zu Ende geht.

Haben wir das Wort Gottes zu gelegener und ungelegener Zeit verbreitet? Noch vor Jahresschluß wollen wir den Vorsatz fassen, Menschen, die Gott sucht, zu Ihm zu führen.

Und was bleibt auf materiellem Gebiet zu tun übrig? Was sollten wir noch ins Schatzhaus Gottes bringen? Wir verließen uns auf die anderen und taten nicht unser Möglichstes. Wir haben in Fülle empfangen, aber nicht freigebig ausgeteilt. Alles Land, das auf diesem Gebiet noch einzunehmen bleibt, wollen wir doch in Besitz nehmen, ehe das Jahr zu Ende geht, damit die letzten Tage des Jahres noch Zeugen dieser Eroberungen für unseren Gott werden.

Wenn das alte Jahr vollendet ist, sollten auch wir vollendet haben, was Gott auf allen diesen Gebieten von uns erwartet. Dann können wir das neue Jahr in der Zuversicht auf den vollen Segen Gottes beginnen.

«Und es war Winter ...» Johannes 10, 22.

«Winter» bedeutet Kälte und Dunkelheit, Erstarrung, Sturm und Traurigkeit. Die Sonne ist verschleiert und die Natur scheinbar leblos.

Jesus war da, und es war Winter! Er kam in diese Welt, um auch *das* kennenzulernen. Er, der Abglanz der Herrlichkeit des Vaters und des Himmels, wo es nie Winter wird, kam und erduldete auch das für uns!

Winter ... die Eiseskälte der Verständnislosigkeit, die Zweifel, die verschlossenen Herzen Seiner Feinde, der Winter religiösen Hasses gegen Seine Person, führte zu Seiner Verwerfung. Und an jenem Dezembertage «hoben die Juden wiederum Steine auf, um Ihn zu steinigen».

Winter umgab Ihn Sein ganzes Leben lang und erreichte seinen Höhepunkt in den drei Stunden unsagbaren Schreckens, als Er am Kreuz unsere Sünde sühnte. Aber dieser Winter endigte mit Seiner Auferstehung und Seinem Einzug in die Herrlichkeit, von wo aus Er Seinen Heiligen Geist in unsere Herzen sendet, um alles Eis darin zu schmelzen und sie mit Leben und Licht, Freude, Früchten und Schönheit zu erfüllen.

Als Jesus, unser HErr, den «Winter» um unsertwillen und an unserer Statt ertrug, verließ Er nie den Bergungsort der Gemeinschaft mit Seinem Vater. Er konnte sagen: «Der, welcher Mich gesandt hat, ist mit Mir; Er läßt Mich nicht allein, denn Ich tue allezeit, was Ihm gefällt.» Johannes 8, 29. Er zog Sich aus der Öffentlichkeit zurück und fand Sein «Heim» in Seinem himmlischen Vater.

Er konnte sagen: «Ich bin das Licht der Welt. Wer Mir nachfolgt, wird nicht in der Finsternis wandeln, sondern er wird das Licht des Lebens haben.» Johannes 8, 12. Der Jünger, der diesem Meister nachfolgt, erlebt auch den «Winter» und seine Härte. Wenn er sich aber dem Willen seines Meisters fügt und Seine Schmach trägt, wird diese Gemeinschaft Seiner Leiden den Frühling der Himmelsfreude in sein Herz bringen.

Laßt uns deshalb «aufblicken auf Jesus, den Anfänger und Vollender des Glaubens, welcher für die vor Ihm liegende Freude das Kreuz erduldete, die Schande nicht achtete und Sich zur Rechten des Thrones Gottes gesetzt hat.» Hebräer 12, 2. 3.

«Mein Sohn, achte nicht gering die Züchtigung des HErrn und verzage nicht, wenn du von Ihm gestraft wirst.» Hebräer 12, 5.

Der Geist Gottes ermahnt die Glaubenden, sich vom himmlischen Vater erziehen zu lassen, nicht nur zu ihrem Besten, zu ihrem Wohlbefinden und zu ihrer Heiligung im jetzigen Leben, sondern auch um sich auf ihre Rechte als Erben des kommenden Reiches vorbereiten zu lassen.

Im Brief an die Hebräer wird uns Christus als Erbe aller Dinge geoffenbart, und wir, Seine Kinder, sind Seine Miterben. «Wenn wir standhaft bleiben, werden wir mit Ihm herrschen.» Jesus Christus ist der Anfänger und Vollender unseres Glaubens, und wir sind berufen, Seinen Spuren zu folgen, um mit Ihm das herrliche Ziel zu erreichen. Und da wir keine unechten Söhne sind, erzieht und bereichert uns Gott für das jetzige Leben und für die kommende Herrschaft. Darum wollen wir Seine Züchtigung nicht gering achten und nicht verzagen, wenn es schwierige Lektionen zu lernen gibt.

Wir dürfen überzeugt sein, daß der himmlische Vater hinter jeder Prüfung steht, hinter jeder «Geduldsprobe», die wir nicht gewählt hätten, die uns vielleicht sogar gegen Gottes Willen zu sein scheint. Darum wollen wir uns nicht vom Verkläger der Brüder anklagen lassen und nicht mutlos werden, sondern zu erkennen suchen, welches Ziel der Vater im Himmel für uns im Auge hat. Er möchte, daß wir Seinem Sohn in Seiner freiwilligen Unterwerfung unter den Vater immer ähnlicher werden. Anstatt also der Züchtigung auszuweichen und unsere Ohren vor Seiner Zurechtweisung zu verschließen, anstatt uns wohl gar gegen Seine Erziehungsmittel zu sträuben, wollen wir uns fügen, weil wir wissen, daß es zu unserem Besten dient und der HErr dadurch in uns verherrlicht wird.

Gott befreit unser Leben und Dienen von so manchen Fehlern und Angewohnheiten, die zur geistigen Unmündigkeit gehören, und diese Schulung unseres Geistes bringt uns zu innerer Reife. Unser himmlischer Vater ist mit Eifer darauf bedacht, uns vorwärts zu führen, Er leitet Seine Kinder von einer Stufe zur anderen, von einem Lebensabschnitt zum anderen, damit sie erfüllt werden mit Seiner ganzen Gabenfülle. Darum wollen wir nicht verzagen!

«Ich habe mein Vertrauen auf den HErrn gesetzt; ich werde nicht wanken.» Psalm 26, 1.

In diesem Psalm bittet David den HErrn, ihn zu prüfen und zu erproben, seine Nieren und sein Herz zu läutern. Mitten in allen Kämpfen seines Lebens bemühte er sich, in der Wahrheit zu wandeln. Darum konnte er sagen: *«Ich habe mein Vertrauen auf den HErrn gesetzt, ich werde nicht wanken.»*

Wir leben in einer Zeit, in der Himmel und Erde wanken. Da ist es gut zu wissen, daß es eine Haltung, einen Gemütszustand gibt, der nicht zum Wanken gebracht werden kann. Wir wollen uns also nicht so leicht und so unnötigerweise von den Umständen erschrecken lassen. Wenn unser Glaube an Gott und unser Vertrauen auf Gott ins Wanken gerät, genügt das, um unsere Gemeinschaft mit Ihm zu trüben, und wir zweifeln dann daran, daß Er alles vermag. Wenn wir den HErrn aber in uns wirken lassen, prüft und erprobt Er uns, Er erforscht uns, «läutert unsere Nieren und unser Herz» und zeigt uns, warum wir ins Wanken geraten. Psalm 26, 2.

Es kommt leider vor, daß wir wankelmütig werden. Es fehlt uns an Festigkeit, Treue und Aufrichtigkeit gegen den HErrn und Seine Kinder. Wir müssen gestehen, daß es so ist, und wollen die Schuld nicht bei anderen suchen. Der HErr prüfe und läutere uns und erforsche unsere innersten Empfindungen! Wenn wir in unserem Denken wankelmütig werden, dann zeigt sich das auch in unseren Worten und Taten. Aus wankelmütigen Gedanken, die nicht von der Liebe Christi eingegeben sind, kommt nichts Gutes. Was kann ein wankelmütiger Christ in einer wankenden Welt ausrichten? Doch nur die Verwirrung vergrößern!

Darum laßt uns den HErrn bitten, daß Er uns prüfe und erprobe, unsere Nieren und unser Herz läutere. Dann werden wir mit David sagen können: «Ich bin in Lauterkeit gewandelt und habe mein Vertrauen auf den HErrn gesetzt; ich werde nicht wanken.»

20. Dezember

«Ein beständiges Feuer soll auf dem Altar brennen, es soll nie erlöschen.» 3. Mose 6, 6.

Die Bilder des Alten Testaments sind reich an Lehren und Anweisungen für das Christenleben und die Kirche.

Das Feuer auf dem Altar durfte nie erlöschen. Das ist der Wunsch im tiefsten Herzen vieler Gläubigen, in denen Gott Sein Feuer des Neuen Bundes angezündet hat. Die segensreiche Erfahrung, daß Gottes Geist ein Leben in Besitz nimmt, so daß das Feuer Seiner Gegenwart das Eis der Unfruchtbarkeit und des Formenwesens schmilzt, läßt sich nicht beschreiben. Wer könnte das Wirken des Heiligen Geistes in Worte kleiden? Er überzeugt uns von unserer Sünde und führt uns zur völligen Hingabe an Gott. Dann wird die Liebe Gottes zu einer lebendigen Wirklichkeit, zu einem brennenden Feuer, und wir beginnen zu begreifen, was die herrliche Freiheit der Kinder Gottes im Gebet, im Loben, Danken und Zeugen bedeutet.

Wenn wir durch Gottes Gnade diese Erfahrung gemacht haben, wollen wir hören auf das, was unser Text sagt: *«Ein beständiges Feuer soll auf dem Altar brennen, es soll nie erlöschen.»* Was Gott begonnen hat, will Er weiterführen. Was Er uns gegeben hat, will Er vervollkommnen. Was in uns entbrannt ist, soll andere gewinnen. Feuer breitet sich aus oder erlischt. Welches von beiden wählen wir?

Damit das Feuer beständig brennen kann, muß es genährt werden. Nur wenn das Holz des Kreuzes im Mittelpunkt unseres Lebens steht, brennt das Feuer. Darum wollen wir nie den Boden von Golgatha verlassen. Dort, bei unserem HErrn, ist unsere Zuflucht. Das Kreuz hat seine Kraft nicht verloren, es will beständig sein Reinigungswerk in unseren Herzen vollbringen. Das Feuer des Heiligen Geistes will bis auf den Grund unseres Wesens alle Sünde, unser Eigenleben und alles Widerstreben verzehren, und in dem Maße wie es in uns wirken kann, wird es auch andere erfassen.

Wenn das Kreuz täglich in unser Leben eingepflanzt wird, können Gegenwinde und Ermüdung durch langwierige Prüfungen dieses Feuer nicht löschen; das Wehen des Geistes oder der Sturm der Widerwärtigkeiten wird es weitertreiben. Gott mache uns treu und standhaft im Wachen, daß das Feuer nie erlischt!

«Er verleihe euch nach dem Reichtum Seiner Herrlichkeit, an Kraft zuzunehmen durch Seinen Geist am inwendigen Menschen.»
Epheser 3, 16.

Der inwendige Mensch ist nicht unsere in der Öffentlichkeit oder Familie bekannte Persönlichkeit und auch nicht die, die wir selber kennen. Es ist das Allerheiligste unseres Wesens, das nur unserem Gott bekannt ist und wo Er mit uns zusammenkommt.

Aber gegen diesen inwendigen Menschen richtet der Satan immer wieder seine Anläufe und versucht, ihn durch Verführung an sich zu locken. Oft tritt die Versuchung, wie es bei Eva der Fall war, in einer ganz selbstverständlichen, lockenden Form an uns heran. Der Satan verkleidet sich sogar in einen Engel des Lichts und verbirgt sich hinter einem geistlichen Äußeren. Wenn wir aber durch Gottes Geist am inwendigen Menschen an Kraft zunehmen, sind wir fähig, die Verführung zu erkennen und abzuweisen.

Der inwendige Mensch auch empfindet die Schläge, die uns durch schweres Erleben treffen und denen wir oft nicht gewachsen sind. Wenn wir aber durch Gottes Geist am inwendigen Menschen an Kraft zunehmen, können sie uns nichts anhaben, denn wir sind mit Christus verborgen in Gott; Christus Selbst fängt sie für uns auf.

Im inwendigen Menschen bleiben auch alle in der Vergangenheit empfangenen Eindrücke haften. Schmerzliche Erinnerungen, gegnerische Einflüsse, die wir nicht als vom Feind stammend erkannt haben, Spuren vom Anrühren verbotener Dinge, das alles liegt wie ein dunkler Schleier über dem inwendigen Menschen und verhüllt ihm das Angesicht Gottes. Auf dem überaus empfindlichen Film des inwendigen Menschen stehen zu viele Abdrücke, die nicht von Gott stammen. Deshalb wollen wir Ihn bitten, uns alles aufzudecken und uns zu reinigen. Dann werden wir durch Seinen Geist am inwendigen Menschen an Kraft zunehmen.

Im inwendigen Menschen liegen auch die Lebensquellen, denen unsere Gedanken und Taten entspringen. Wenn er durch Gottes Geist an Kraft zunimmt, fließen Ströme lebendigen Wassers aus uns, wie die Schrift sagt. Dann zeigt Sich Christus, der durch den Glauben in unseren Herzen wohnt, durch unser ganz menschliches Leben denen, die Sein wunderbares Heil noch nicht kennen.

«Wer da hat, dem wird gegeben werden; wer aber nicht hat, von dem wird auch das genommen werden, was er hat.» Markus 4, 25.

Dieser ernste Ausspruch unseres HErrn ist die Fortsetzung des Gleichnisses vom Sämann und desjenigen vom Licht, das unter den Scheffel gestellt wird, und zweimal sagt der HErr: «Wer Ohren hat zu hören, der höre.»

Er will uns darauf aufmerksam machen, daß wir, die wir das große Vorrecht haben, Sein Wort und Sein Heil zu besitzen, dafür verantwortlich sind. Wenn wir es richtig verwalten, d. h. wenn wir Sein Wort ausstreuen und Sein Heil verkündigen, um Menschen zu Christus zu führen, wenn wir unserem Bekenntnis entsprechend leben, dann wird der HErr das, was wir besitzen, noch vermehren. Er wird es uns gelingen lassen und uns mehr Verantwortung übertragen.

Wenn wir hingegen alle diese Reichtümer für uns behalten, wenn wir uns selbstsüchtig mit religiösen Angewohnheiten und kraftloser Frömmigkeit begnügen, dann wird uns der HErr auch das nehmen, was wir haben.

Wie steht es mit uns? Wir wollen doch an das denken, was wir empfangen haben und wofür wir verantwortlich sind. Wenden wir es recht an? Kann der HErr mehren, was wir besitzen, oder geht es uns verloren?

Das Leben eines Christen, der wenig sät, bringt nur spärliche Früchte. Wer aber reichlich sät, genießt wahrhaftige Gemeinschaft mit Gott und hat die Freude, Früchte für Ihn zu ernten. Die Aussaat steht zu unserer Verfügung, sie trägt den göttlichen Lebenskeim in sich. Unsere Aufgabe besteht darin, sie gewissenhaft auszustreuen. Gott wird sie aufgehen lassen und ihr Wachstum verleihen. Welche Freude wird dann am Tage der Ernte herrschen!

«Der aber, der dem Sämann Samen darreicht und Brot zur Speise, der wird auch euch die Saat darreichen und mehren und die Früchte eurer Gerechtigkeit wachsen lassen, damit ihr an allem reich werdet ...» 2. Korinther 9, 10. 11.

«Damit ihr des HErrn würdig wandelt, ... in allem guten Werk fruchtbar und in der Erkenntnis Gottes wachsend.»
Kolosser 1, 10.

In diesem Gebet des Apostels liegt *ein ganzer Plan* für das Leben der Christen, die ihrem HErrn wohlgefallen und ihrer Berufung folgen möchten.

Der Apostel spricht mit einfachen, kurzen Worten von diesem Plan: «*Fruchtbar sein in allem guten Werk.*» Ein Baum ist fruchtbar, weil der Schöpfer Seine Gesetze für Leben und Vermehrung aufgestellt hat, und der Apostel benützt dieses Bild, um zu zeigen, daß dieselben göttlichen Gesetze auf geistlichem Gebiet im Leben jedes Christen gelten.

Das Gebet des Apostels enthält auch eine ernste Mahnung. Denn fehlende Frucht ist das Zeichen, daß etwas nicht stimmt. Daran ist nicht der Saft schuld, sondern der Baum. Wenn unser Leben keine Frucht bringt, so ist das unnatürlich.

Außerdem offenbart uns Paulus hier unser großes Vorrecht. Der Glaubende ist dazu bestimmt, in der Erkenntnis Gottes zu wachsen, in erster Linie in der Erkenntnis des Willens Gottes, Vers 9. Ist es nicht ganz herrlich, daß wir, Seine schwachen Kinder, berufen sind, Ihn zu erkennen und zu wissen, was Sein Wille ist, um ihn dann auszuführen? Welch sichere Zuflucht, welcher Ansporn für uns!

Beachte den Zusammenhang der Gedankengänge: der HErr will, daß wir Frucht bringen, und Fruchtbringen ist eine Folge unserer Erkenntnis Gottes. Viele Christen begreifen das nicht, sondern begnügen sich mit ihrer Tätigkeit, der sie sich ganz widmen, ohne aber Gott wirklich zu kennen. Unsere innige Gemeinschaft mit dem himmlischen Vater ist der Lebenssaft, das Licht und die frische Luft, die der Baum unseres Dienstes zum Wachsen braucht.

Nur wenn wir in fruchtbarem Boden, dem Boden des Wortes Gottes, Wurzel schlagen, werden wir so ernährt, daß wir anderen helfen und Nahrung geben können. Wir sollten wie ein Baum sein, der an Wasserbächen gepflanzt ist, der seine Frucht bringt zu seiner Zeit und dessen Blätter nicht verwelken. Psalm 1, 3. Auf allen unseren Wegen, in allen Lebenslagen, täglich bei unserer Hände Arbeit sollen wir «fruchtbar sein in allem guten Werk.»

«Das sagt, der die sieben Sterne in Seiner Rechten hat, der inmitten der sieben goldenen Leuchter wandelt: Ich weiß deine Werke und deine Arbeit und deine Standhaftigkeit.» Offenbarung 2, 1—2.

Wir tun vielleicht einen verborgenen Dienst und leiden unter mancher Schwierigkeit. Aber wenn wir treue Zeugen sind, hat Er, der Vollender unseres Glaubens, uns in Seiner Rechten. Wie tröstlich ist das für Sein Kind, das Ihm von nahem nachfolgt! Unser göttlicher Anführer, der jetzt noch in Gnaden wirkt, hilft uns bei der Erfüllung unserer Aufgabe und bei unserem Zeugendienst. Er wacht darüber, daß unser Leuchter Licht verbreitet.

Jesus Christus wandelt auch unter Seinen Kindern. Er wirkt mit ihnen zusammen, begleitet sie, gesellt Sich zu ihnen. Sie sind nicht allein, aber der HErr muß der Führende sein und vorangehen. Wenn die Kirche die Führung in die Hand nimmt, tritt Christus in den Hintergrund, Sein Licht wird ausgelöscht und Sein Leben erstickt. Wenn Sein Volk aber Ihm die Initiative überläßt und Seiner Führung folgt, werden Segen und Erfolg nicht ausbleiben.

Die Menschen mögen uns nicht verstehen, uns widersprechen und kritisieren, was sie nicht zu fassen vermögen, — das Auge des HErrn sieht alles! Er weiß, welches der Beweggrund der Werke Seiner Kinder, welches der Ursprung ihrer Unternehmungen ist. Er wägt die verborgenen Triebfedern, die geheimen Ziele. Vor Ihm ist alles bloß und aufgedeckt. Wenn unsere Absichten lauter sind und Ihm Ehre machen, werden wir einst Sein «Wohl dir!» hören. Wir dürfen nicht erwarten, von den Menschen verstanden zu werden. Wenn wir nach den Anweisungen Seines Wortes arbeiten, genügt uns die Zustimmung unseres göttlichen Hauptes, und wir tun die uns anvertraute Arbeit mit um so größerem Eifer. Seine Worte: «Ich weiß deine Werke und deine Arbeit und deine Standhaftigkeit», trösten uns.

Doch dürfen wir nicht vergessen, daß Christus zu derselben Gemeinde in Ephesus sagen mußte: «Du liebst Mich nicht mehr so wie im Anfang.» Wohl dürfen wir unsere Vorrechte genießen, müssen aber wachen und beten, daß das Feuer der ersten Liebe nicht erlischt, daß die Frische und der Eifer dieser Liebe nie durch unsere Geschäftigkeit oder unsere Kenntnisse ersetzt wird.

«*Kein Raum ...*» *Lukas 2, 7.*

Lukas zeichnet uns ein genaues Bild von des Retters Geburt: «*Sie gebar ihren Sohn, den Erstgeborenen, und wickelte Ihn in Windeln und legte Ihn in eine Krippe, weil für sie kein Raum war in der Herberge.*» Es war auch kein Raum für Ihn unter der Geistlichkeit und unter den Großen dieser Welt, kein Raum in Seiner Familie, Seiner Verwandtschaft und Seinem Land. Und schließlich riefen die Menschen, zu deren Rettung Er gekommen war: «Kreuzige Ihn!»

Aber Gott hatte Ihm im Himmel einen Platz bereitet, zur Rechten Seiner göttlichen Majestät. Von diesem Gnadenthron aus sandte Er Seinen Geist in dieselbe Welt, die Ihn gekreuzigt hatte, und gebot Seinen Jüngern, überall in Seinem Namen Buße und Vergebung der Sünden zu predigen. Wenn die Zeit, in der Seine Gnade waltet, zu Ende ist, wird die Welt die Frucht ihrer Torheit ernten. Sie wird unter die Schreckensherrschaft des Antichrists kommen, den der HErr umbringen wird mit dem Geist Seines Mundes, um Sein herrliches Reich wieder aufzurichten und es den Völkern mit eisernem Zepter aufzuzwingen.

Als der Sohn Gottes in dieser Welt erschien, konnte der Himmel den Lobgesang, der Seinem Namen gebührt, nicht mehr für sich behalten. Ein himmlischer Chor sang im Weltenraum, und Gott hat zugelassen, daß wir das Thema dieses Liedes erfuhren: «*Ehre sei Gott in der Höhe und Friede auf Erden, an den Menschen ein Wohlgefallen.*»

Bis dahin hatte der Mensch sich den Plänen Gottes immer entzogen. Aber nun kam Gott Selber auf die Erde. In Bethlehem begann eine neue Verwaltungszeit. Das Kreuz und die darauf folgende Auferstehung ist das Kennzeichen dieser Zeit. Alle menschlichen Versuche, den Krieg abzuschaffen, schlagen fehl. Aber in Bethlehem wurde im Blick auf Golgatha der *Friede* durch das am Kreuz vergossene Blut verkündigt, ein Friede, der nur vom Himmel kommen kann. Die Gabe des Friedens für das gequälte Gewissen kommt vom verherrlichten HErrn, und der Friede unter den Nationen kann nur durch die Herrschaft des Friedefürsten eingeführt werden. Unterdessen hat Gott in Jesus Christus den Stellvertreter gefunden, der Sich für den schuldigen Menschen opferte, und seitdem kann Gott der Vater *Wohlgefallen* an dem Menschen haben, der an Jesus Christus glaubt.

«Ihr habt die Salbung von dem Heiligen und wisset alles.»
1. Johannes 2, 20.

Der HErr hat uns in der Bibel geoffenbart, daß der große Lügner und sein Werk in den himmlischen Regionen durch den «Verkläger der Brüder» vertreten wird. Er verklagt die, welche Johannes «Kindlein» nennt, Tag und Nacht vor Gott. Aber diese Kindlein haben im Himmel auch einen Fürsprecher, der für sie eintritt, und auf Erden eine Deckung, ein Siegesgeheimnis: *die Salbung.*

Im Dienst der Stiftshütte war die Salbung mit heiligem Öl eine wichtige, bedeutsame Handlung. Das heilige Öl wurde aus auserlesenen Spezereien hergestellt und sorgfältig vom Hohenpriester überwacht. Es durfte auf keines Menschen Fleisch gegossen werden. Jeder Mißbrauch, jede Nachahmung wurde mit dem Tode bestraft.

Aber heute muß jedes Kind Gottes, um zum Kampf für seinen HErrn bereit zu sein, diese göttliche Salbung erhalten. Wie die Wolkensäule Israel schützte, so deckt uns die Salbung, die wir von dem Heiligen erhalten, vor den Angriffen des Feindes.

Aber sie ist nicht nur ein Schutz und eine Deckung, sondern auch eine tätige Kraft, die unser Wachstum in Christus fördert. «*Der Gott, der uns samt euch für Christus befestigt und uns gesalbt hat, der hat uns auch versiegelt und in unsere Herzen das Pfand des Geistes gegeben.*» 2. Korinther 1, 21. 22.

Die Salbung verleiht uns Erkenntnis und Unterscheidungsvermögen und ermöglicht uns, unserer Berufung treu zu bleiben. «Was ihr von Anfang an gehört habt, das bleibe in euch! Wenn in euch bleibt, was ihr von Anfang gehört habt, so werdet auch ihr in dem Sohn und in dem Vater bleiben.» 1. Johannes 2, 24. Sie erzeugt in uns Wachsamkeit und Gebet und führt uns in den Dienst an Menschenseelen im Namen unseres Herrn Jesus.

Aber sie bereitet uns auch zu für den Augenblick, in dem wir plötzlich entrückt werden zur Begegnung mit Christus. Das betont der Heilige Geist mit den folgenden, ernsten Worten: «*Und nun, Kindlein, bleibet in Ihm, damit, wenn Er erscheint, wir Freudigkeit haben und uns nicht schämen müssen vor Ihm bei Seiner Wiederkunft.*» 1. Johannes 2, 28.

«Danket dem HErrn, denn Er ist gütig, denn Seine Gnade währet ewig! So sollen sagen die Erlösten des HErrn, die Er aus der Hand des Feindes erlöst hat.» Psalm 107, 1. 2.

«So sollen *sagen* die Erlösten des HErrn ...» Ja, *sie sollen es sagen!* Es gibt so viele stumme, gelähmte Christen, die Gott ihren Dank für alles, was Er für sie getan hat, nicht aussprechen, so viele überwundene, ängstliche Kinder Gottes, die kein Zeugnis ablegen vor ihren Mitmenschen. Sie hüllen sich in egoistisches Schweigen, als ob Gott nie etwas für sie getan hätte. Und doch betont unser Text: «So sollen *sagen* die Erlösten des HErrn, die Er aus der Hand des Feindes erlöst hat.» Und von was für einem Feind hat Er uns erlöst! Wir wollen doch unserem Gott nicht vorenthalten, worauf Er ein Recht hat, und unseren Mitmenschen nicht versagen, was wir ihnen schuldig sind. Gott gebietet uns, in unserer Umgebung von Seinem Namen zu zeugen. Wer den HErrn lobt, ehrt Seinen Namen, sagt Er.

Laßt uns also überlegen, was wir Ihm schuldig sind und was wir Ihm von dem Lob, das Seinem Namen gebührt, vorenthalten. Gott loben heißt, Ihm unsere Dankbarkeit für all Seine Güte aussprechen und beweisen. Er hat gehört, als wir aus tiefer Not zu Ihm riefen. Er hat uns in Seiner Treue viele Male erhört. Er hat uns materielle und geistige Segnungen gewährt. Aber haben wir Ihn deswegen gelobt? Haben wir Ihm durch die Tat und durch ein Zeugnis, das Ihn ehrt, unsere Dankbarkeit bewiesen?

Wenn es im Leben eines Christen an Loben und Danken fehlt, entsteht eine Leere in ihm, die sehr bald durch den Ehrgeiz des Eigenlebens mit seinen Illusionen, Forderungen und Klagen ausgefüllt wird. Daraus erklärt es sich, daß so viele Menschen unzufrieden sind, auch wenn sie im Überfluß leben. Sie drehen sich um sich selber und seufzen, anstatt Gott zu loben und anzubeten, oder aus Liebe und Dankbarkeit gegen Gott ihren Mitmenschen zu dienen.

«Danket dem HErrn, denn Er ist gütig, denn Seine Gnade währet ewig!»

«Betrübet nicht den Heiligen Geist Gottes, mit welchem ihr versiegelt seid auf den Tag der Erlösung.» Epheser 4, 30.

Als wir Jesus Christus als unseren Retter annahmen, wurden wir mit dem Heiligen Geist, der dritten Person der heiligen Dreieinigkeit, versiegelt. Die überaus empfindsame Liebe Gottes und Gnade unseres Herrn Jesus Christus neigt sich zu uns herab und weckt Gebete und Sehnen nach Gott in uns. Der Heilige Geist bringt uns die Gegenwart Gottes zum Bewußtsein, macht unsere Herzen weit, öffnet uns die Augen und läßt uns aus den Quellen lebendigen Wassers trinken.

Wir wollen Ihm doch keinen Kummer machen! Er kann uns nicht verlassen, Er bleibt als Siegel in uns, bis zu dem Tage, an dem wir Christus gleich sein werden. Aber wir können Ihn betrüben. Sind wir im Lauf stehengeblieben? Ist uns Gottes Angesicht verhüllt? Das kommt daher, daß der Heilige Geist betrübt ist. Er hatte begonnen, uns zu segnen. Wir hatten Fortschritte im Beten, in der Heiligung und im Zeugendienst gemacht, und dann gab es einen Stillstand. Es ist so überaus wichtig, daß wir lernen, demütig ganz nahe bei Ihm zu bleiben und wachsam zu sein in unseren Gedanken, Worten und Taten, damit wir den feinfühligen göttlichen Hauch in uns nicht betrüben.

Der Apostel zeigt uns, womit man den Heiligen Geist betrübt und Seinen Hauch erstickt. Er führt eine Reihe von Sünden an, die wir leider nur allzugut kennen. Lesen Sie den Vers, der auf unseren Text folgt und beachten Sie, daß diese Dinge ferne von uns sein sollten.

Also wollen wir uns endlich ermannen, alle Bitterkeit, Grimm, Zorn und böse Nachrede aus unseren Herzen verbannen und dann, wie der Apostel sagt, freundlich und barmherzig gegeneinander sein. Wenn Gott einen besonderen Segen für uns bereithält, bemüht sich der Satan, ihn uns zu rauben, und zwar gerade durch diese Sünden, vor denen der Apostel uns warnt. Darum laßt uns umso wachsamer sein, um Satans Angriffe überwinden zu können.

Anstatt den Heiligen Geist zu betrüben, wollen wir uns Ihm fügen und an dem Werk, das Er in unserem Leben begonnen hat, mitarbeiten. Dann wird Gott uns größeres sehen lassen.

«Der Geist und die Braut sprechen: Komm! Und wer es hört, der spreche: Komm! Und wen dürstet, der komme; wer will, der nehme das Wasser des Lebens umsonst.» Offenbarung 22, 17.

Der Wert dieses viermal wiederholten Rufes fällt auf dem dunklen Hintergrund der in der Offenbarung geschilderten Ereignisse besonders auf. Unter dem Druck der Endgerichte *tönt es zum letztenmal aus dem Himmel: «Komm!»* Gott gebe uns Ohren, diesen Ruf jetzt schon zu hören, und einen willigen Sinn, ihn weiterzugeben!

Der Geist und die Braut sprechen: Komm! Die Braut, die endlich der Tempel und Sprecher des Heiligen Geistes geworden ist, kann in inniger Gemeinschaft mit dem Heiligen Geist, den sie nicht mehr betrübt, der Welt den Ruf weitergeben: Komm! In Erwartung dieses Tages völliger Gemeinschaft sollte unser Zeugendienst eine große Anziehungskraft ausüben und in unserer Umgebung den Wunsch wecken, Gott zu finden. Von unserem ganzen Leben und Sein sollte das göttliche Wort ausgehen: Komm!

Wer es hört, der spreche: Komm! Ein Christ, der die Worte der Bibel liest und in die Tat umsetzt, ein von Gott erweckter Christ, der die Geister unterscheidet und sich auf die Zeiten versteht, sagt zu der suchenden Seele: Komm! Oh, laßt uns Herz und Mund auftun und diesen Ruf der Endzeit an unsere Mitmenschen weitergeben!

Ferner ergeht dieser Ruf an den, der Durst hat, der sich nach dem Wasser des Lebens sehnt, damit ihn nicht wieder dürste. Wenn Gott in unserem Leben ungehindert Quellen entspringen lassen kann, dann werden bestimmt durstige Seelen zu uns kommen und Ströme lebendigen Wassers von uns fließen. Aber alles hängt davon ab, ob wir Gott in uns wirken lassen wollen. Unsere Gemeinschaft mit Ihm muß so wirklich, so innig sein, daß Seine Gegenwart in unserem Leben erkennbar ist und Sein Gnadenruf «Komm!» sich dadurch an die leidende, aus den Fugen gehende Welt richtet.

Diese Botschaft am Schluß der Bibel soll uns eine Lehre sein. Wir müssen zuerst zu Gott kommen, dann werden die anderen auch kommen. Wenn wir endlich mit Gott und untereinander eins sind, wenn wir begriffen haben, welche Verantwortung wir tragen, wenn wir nicht mehr zögern, dann werden sich die Durstigen angezogen fühlen, und unser Ruf wird überzeugend wirken: Komm!

«Wie Er geliebt hatte die Seinen, die in der Welt waren, so liebte Er sie bis ans Ende.» Johannes 13, 1.

Diese Liebe, mit der wir bis ans Ende geliebt werden, reicht aus für die größten Bedürfnisse, die schwierigsten Verhältnisse und Probleme der Menschen. In der Not lernen die Jünger mit Gott rechnen, und ihr Leben wird dadurch bereichert. Diese Liebe bringt ihnen auch Antwort, Lösung und Hilfe durch Umwandlung ihres Herzens, ihres Lebens und ihrer Verhältnisse. Für diese lebendige, immer gegenwärtige Liebe gibt es keine Lage, in der sie nicht siegreich wirken könnte. *So* werden wir geliebt bis ans Ende.

Bisher war der HErr *bei* Seinen Jüngern gewesen, nun wollte Er *in* ihnen Wohnung nehmen. Er wollte sie nicht als Waisen zurücklassen. Er verließ sie, um aber wiederzukommen, in ihr Herz hinein!

Diese Liebe ist ein Teil Seiner Selbst. Sie muß sich erweisen, muß ihr Ziel erreichen. Gott hat die Welt so geliebt, daß Er Seinen eingeborenen Sohn gab. Der gute Hirt geht dem verlorenen Schaf nach, bis Er es findet. Die unersättliche Liebe Gottes sucht nach Jüngern, die sie widerspiegeln, ausstrahlen und verkündigen. Tun wir das durch unser Leben, unseren Zeugendienst, unsere Aktion? Die Liebe ist tätig und kampfbereit, geduldig und langmütig. Und wir?

Diese Liebe schließt alles in sich, was Gott für uns ist und hat, schließt aber auch alles aus, was Ihm in unserem Leben nicht gefällt.

Diese Liebe ist anziehend, aber auch abstoßend. Der HErr sagt: «Wenn Ich von der Erde erhöht bin, werde Ich alle zu Mir ziehen.» Aber gleichzeitig treibt Er alles aus Seinem Tempel hinaus, was sich Seinem Willen und Seiner Gegenwart widersetzt.

Damit diese Liebe in der Welt lebendig wird, braucht sie Jünger, in denen sie sich verkörpern kann. «Jesus sprach zu ihnen: Friede sei mit euch! Wie Mich der Vater gesandt hat, so sende Ich euch.» Johannes 20, 21. «Nicht ihr habt Mich erwählt, sondern Ich habe euch erwählt und eingesetzt, damit ihr hingehet und Frucht bringet und eure Frucht bleibe, auf daß, was irgend ihr den Vater bitten werdet in Meinem Namen, Er es euch gebe.» Johannes 15, 16.

«HErr, was willst Du, daß ich tun soll? Und der HErr antwortete ihm: Steh auf und gehe in die Stadt hinein, so wird man dir sagen, was du tun sollst.» Apostelgeschichte 9, 6.

Diese Worte zeigen uns, wie lauter das Begehren des Apostels und wie durchaus aufrichtig seine Gesinnung war. Die «himmlische Erscheinung», wie er es später nannte, hatte ihn so erfaßt und ergriffen, daß er sich seinem HErrn zur Verfügung stellte und Seinen Willen zu erkennen suchte, um ihn zu tun.

Ehe wir ein neues Jahr beginnen, sollten auch wir zu unserem HErrn kommen und Ihm unser Leben zur Verfügung stellen. Wie einfach und klar ist dieses Gebet und die Antwort darauf! Paulus hatte es eilig. Er wünschte zu wissen, was der HErr wollte, und war entschlossen, Seine Befehle auszuführen. Wenn wir das Neue Jahr auf diese Weise beginnen, wenn unsere Werke aus dieser Gesinnung heraus getan werden, dann ist unsere Zukunft gesichert.

«Gehe in die Stadt hinein, so wird man dir sagen, was du tun sollst.» Der Lichtglanz der himmlischen Erscheinung verschwand, die außergewöhnliche apostolische Erfahrung nahm ein Ende, obschon sie unermeßliche Folgen haben sollte. Aber die Offenbarung vom Willen Gottes war da, «in der Stadt», im Verkehr mit den Menschen, in schlichter, demütiger Pflichterfüllung trotz allen Widerstandes. «In der Stadt» warten Menschenseelen in ihrer Not darauf, daß jemand mit ihnen redet. Gott kennt sie. Sie sind vielleicht nicht auf den vielbegangenen Wegen, sondern dort, wo andere nicht hinkommen. Es sind solche, um die sich niemand kümmert. Dort hast du ein Zeugnis abzulegen!

Gott zünde dieses Feuer in uns an und gebe uns, «in der Stadt», dort, wo wir gerade sind, die Seelen zu suchen, die Er sucht. Wir wollen unsere Verantwortlichkeit auf uns nehmen, solange es Zeit ist. An uns ist es, uns Mühe zu geben und zu den Seelen zu gehen und Gott zu bitten, uns von aller Trägheit zu befreien, aus allen eingefahrenen Geleisen herauszureißen. Wenn wir ehrlich und entschlossen täglich unsere Pflicht tun, wird uns gezeigt werden, was wir tun sollen, und dann werden wir im vor uns liegenden Jahr die Freude erleben, Menschenseelen zum HErrn führen zu dürfen.

INHALTSVERZEICHNIS

*) Die Abkürzungen der biblischen Bücher sind die der Schlachterbibel.

Seite